Christina Winkler / Christian Winkler

Entdeckertouren mit dem Wohnmobil

Venetien und Friaul

Die Anleitung für
einen Erlebnisurlaub

WOMO®
Der Wohnmobil-Verlag

Die Deutsche Bibliothek – CIP-Einheitsaufnahme

Bibliografische Information der Deutschen Bibliothek

Die Deutsche Bibliothek verzeichnet diese Publikation in der Deutschen Nationalbibliografie.
Detaillierte bibliografische Daten sind im Internet über <http://dnb.ddb.de> abrufbar.

Titelbild: Canal Vena, Chioggia
Innenumschlag: Cinque Torri, Cortina D`Ampezzo
Seite 6/7: Lago di Fedaia, Belluno

3. Auflage 2023

Reihen- und Umschlaggestaltung:
www.martinveicht.de

Druck:
Beltz Grafische Betriebe GmbH, 99941 Bad Langensalza

Vertrieb:
GeoCenter, 70794 Filderstadt

Herausgeber:
WOMO-Verlag, OT Mittelsdorf, 36452 Kaltennordheim
GPS: N 50°36'38.2" E 10°07'55.6""

Fon: 0049 (0) 36946-20691
Fax: 0049 (0) 36946-20692
eMail: verlag@womo.de
Internet: www.womo.de

Autoren-eMail: winkler@womo.de

MIX
Papier aus verantwortungsvollen Quellen
FSC® C089473

ISBN 978-3-86903-763-9

EINLADUNG

"Bella Italia" hat viele Gesichter. Eines der bekanntesten und beliebtesten findet sich gleich am nordöstlichen Ende des italienischen Stiefels, mit der Provinz Venetien und ihrer Hauptstadt Venedig. Die Stadt auf Pfählen, mit ihrem Labyrinth kleiner und großer Kanäle, gehört nicht ohne Grund zu den bekanntesten Sehenswürdigkeiten der Erde und ist schon für sich eine Reise wert.

Doch nicht nur die berühmte Lagunenstadt, sondern auch ihr Hinterland, die großartigen Städte Verona, Vicenza oder Padua und die unglaublich abwechslungsreiche Natur sorgen für Urlaubsvergnügen pur. Wem dann nach einem Sprung ins Meer ist, der findet hier kilometerlange Strände und Badeorte, mit so bekannten Namen wie Jesolo, Bibione oder Lignano.

Wenige Kilometer weiter nördlich erheben sich 3000er und bieten einige der besten Wandergebiete des gesamten Alpenraums. Wo sonst kann man schon an einem Tag morgens in den Dolomiten wandern oder Ski fahren und nachmittags im Meer baden?

Egal, wo Ihre Interessen liegen, ob Kultur, Erholung oder Natur – Sie sind meist nur einen Steinwurf entfernt.

Neben Venetien darf auch der kleinere östliche Nachbar Friaul nicht vergessen werden, denn mit seinen weiten Weinanbaugebieten, dem felsigen Karst rund um das ganz im Südosten gelegene Triest und den vielen stillen Winkeln, die vom Tourismus bislang meist nur verhalten touchiert werden, ist es ein wunderbarer Fleck für alle, die es etwas ruhiger und gemächlicher mögen.

Zuguterletzt noch ein Wort zur Infrastruktur für Wohnmobile: selbst, wenn nicht jede Ver- und Entsorgungsstation auf dem allerneuesten Stand ist und nicht jeder Stellplatz die pure Idylle versprühen mag, ist das Netz an entsprechenden Einrichtungen so dicht wie kaum wo anders in Europa und macht das mobile Reisen besonders einfach – ein weiterer Pluspunkt, den Sie vor Ort sicher schätzen werden.

Und nun – auf ins Urlaubsvergnügen, auf ins Abenteurer und in die Sonne, Venetien und das Friaul warten schon auf Sie.

Allzeit gute Fahrt
Christian Winkler

***TIPP:* Denken Sie rechtzeitig vor der Reise daran, die Gebrauchsanweisung vorne und die Tipps hinten im Buch durchzublättern. Auch wenn Sie nicht alles darin brauchen werden, helfen viele der Angaben, Ihren Aufenthalt in Venetien und Friaul noch etwas komfortabler zu gestalten.**

1: Verona

Die „Heimatstadt“ Romeos und Julias glänzt mit italienischen Bilderbuchgassen, stimmungsvollen Plätzen, der berühmten Opernarena und viel Flair.

Tour 1, Seite 32

2: Delta del Po

Zwischen den sehenswerten Städten Ferrara und Chioggia liegen ruhige Strände und weitläufige Naturschutzzonen, die selbst Flamingos ein Zuhause bieten.

Tour 2, ab Seite 60

3: Venedig

Die Lagunenstadt mit ihren umliegenden Nachbarinseln ist trotz der Touristenströme einfach ein Muss – auch abseits von Markusplatz und Rialtobrücke.

Tour 4, Seite 99

4: Caorle

Venetiens hübschester Badeort glänzt mit einer gewachsenen Altstadt und guten Stränden in der Umgebung, wie Eraclea Mare und Valle Vecchia.

Tour 4, Seite 120

5: Aquilea

Antike Ausgrabungen finden sich in Norditalien nur vereinzelt, dafür gehört die Stadt und die Basilika von Aquilea zu den echten Hochkarätern der Archäologie.

Tour 5, Seite 138

6: Grotta Gigante

Gleich hinter Triest versteckt sich in den stillen Winkeln des Karst diese größte Einraumschauhöhle der Welt – ein wahrhaft gigantisches Erlebnis!

Tour 6, Seite 161

7: Cividale del Friuli

Die sagenumwobene, einstige Langobardenhauptstadt wartet mit einem attraktiven Stadtbild, einer sehenswerten Umgebung und mystischen Stätten auf.

Tour 7, Seite 175

8: Cortina D`Ampezzo

Nicht die Stadt selbst, dafür ihre Umgebung ist einfach nur großartig: Mehr Dolomiten als an den fünf Türmen, drei Zinnen und dem Lago di Misurina geht nicht.

Tour 9, Seite 224

9: Lago del Mis

Ein eher unbekannter Stausee in den Bergen nahe Belluno hat das Zeug zum echten Geheimtipp – wenn Ihnen nach etwas Ruhe, Baden oder Paddeln ist.

Tour 9 und 11, Seite 241

10: Colline del Prosecco

Entspanntes Dahingleiten entlang sanfter, weinbebauter Hügel und Spritz trinken zwischen Vittorio Veneto und Bassano del Grappa – was will man da noch mehr?

Tour 11, ab Seite 265

Inhaltsverzeichnis

Gebrauchsanleitung und Reisegebiet

Aufbau der Touren und Tourenkarten

Die Touren im Buch sind alle gleich aufgebaut. Links finden Sie zu Beginn die Tourenkarte mit der rot eingezeichneten Tourenstrecke, alternative Streckenverläufe sind gestrichelt dargestellt, anschließende Nachbartouren in orange. Darin sind alle Stellplätze und Sehenswürdigkeiten vermerkt. Offizielle Übernachtungsplätze sind auf den Karten mit WOMO-Icons gekennzeichnet, andere, inoffizielle Plätze mit Ovalen. Alle besitzen fortlaufende Nummern und Icons für die wichtigsten Ausstattungsdetails, die in der Umschlagklappe des Buches erklärt werden. Auf der allerletzten Seite finden Sie außerdem eine Übersicht aller Touren des Buches.

Zu Beginn jeder Tour gibt der Tourenkopf mit Name, Kilometerangabe sowie den wichtigsten Orten einen Überblick. Der farbige Kasten darunter gewährt Ihnen eine schnelle Übersicht über alle Stellplätze, Sehenswürdigkeiten sowie die beschriebenen Bade- und Wandermöglichkeiten.

Der danach folgende Text beginnt jeweils mit einer kurzen Einleitung, danach folgt die ausführliche Beschreibung mit vielen relevanten Informationen zur Fahrtstrecke, Städten, Sehenswürdigkeiten, Badeplätzen und vielem anderen, was aus unserer Sicht für Sie von besonderem Belang sein könnte. Diese Texte werden durch Zwischenüberschriften und Stellplatzkästen unterbrochen. Dort werden mögliche Übernachtungsplätze genauer beschrieben, weitere werden kurz im Text erwähnt.

Außerdem gibt es hellgelb hinterlegte Kästen mit etwas kleiner gedruckter Schrift im Buch, die Hintergrundinformationen zu wichtigen Persönlichkeiten, lokalen Spezialitäten oder landestypischen Themen enthalten. In anderen dieser Kästen finden Sie Beschreibungen von Stadtrundgängen. An einigen Stellen werden auch die Alternativstrecken zur Hauptroute mit einer Überschrift gekennzeichnet und beschrieben.

Ähnlich aufgebaute hellgrüne Kästen zeigen verschiedene Wanderungen entlang der Route, sofern diese eingehender behandelt werden, andere Wanderwege erwähnen wir nur gekürzt an entsprechender Stelle.

Am Ende vieler Textabschnitte haben wir Ihnen, durch eine kleinere Schrift vom Haupttext abgesetzt, Zusatzinformationen angefügt. Dabei handelt es sich um Näheres zu den beschriebenen Sehenswürdigkeiten, wie Adressen, Öffnungszeiten und kodierte Preise. Der Preisschlüssel für Sehenswürdigkeiten bedeutet:

€	bis etwa 6 EUR
€€	bis etwa 12 EUR

€€€	bis etwa 24 EUR
€€€€	über 24 EUR

Stellplätze

Natürlich sind eine große Anzahl und Auswahl an Stellplätzen ein besonders wichtiger Teil eines Wohnmobilreiseführers. Dabei erheben wir ausdrücklich nicht den Anspruch, alle nur möglichen (und unmöglichen) Stell- und Campingplätze aufzuführen. Dies erledigen Campingführer, Stellplatz-Apps und -Internetseiten inzwischen zur Genüge. Die in diesem Buch genannten Plätze sind geprüft, haben sich meist über einen längeren Zeitraum bewährt und liegen direkt oder nah an der beschriebenen Route.

Damit Sie die Übernachtungsplätze schnell und mit allen relevanten Daten gut erfassen können, haben wir diese im Text durch farbige Kästen hervorgehoben und, analog zu den Übersichtskarten, fortlaufend durchnummeriert. Alle sind gleichartig aufgebaut. Neben dem Namen des Platzes und der Ortschaft ist ersichtlich, ob es sich um einen offiziellen oder inoffiziellen Stellplatz handelt. Des Weiteren unterscheiden wir namentlich als auch durch die Kastenfarbe gekennzeichnet zwischen den Arten der Stellplätze.

- Auf normale Stellplätze weist die Farbe Gelb hin (z.B. in Städten).
- Übernachtungsplätze mit Bademöglichkeit sind hellblau unterlegt.
- Wanderparkplätze sind grün gekennzeichnet.
- Picknickplätze erkennen Sie an der violetten Farbe.
- Gastro- und Agriturismo-Stellplätze haben einen grüngelben Hintergrund.
- Campingplätze besitzen ein olivgrünes Kästchen.
- „P"-Symbole mit dem jeweiligen farbigen Rand weisen auf entsprechende Tagesparkplätze hin.

Darunter folgen die exakten GPS-Koordinaten im Format Grad / Minuten / Sekunden **(bitte passen Sie ihr Navigationsgerät gegebenenfalls an, falls dieses auf ein anderes Format voreingestellt sein sollte)** und die Straßenangabe, soweit benennbar. Bei Plätzen oberhalb von 1000 Metern ist zusätzlich die Seehöhe verzeichnet. In den nächsten Zeilen finden Sie Angaben zu der Kontakttelefonnummer und der Internetadresse soweit vorhanden, sowie zu den Öffnungszeiten. Letztere sind bei Campingplätzen immer verzeichnet, ansonsten nur, falls der Stellplatz nicht ganzjährig zur Verfügung steht. „Max. WOMOs" soll andeuten, wie viele Wohnmobile dieser Stellplatz maximal verträgt und nicht, wie viele theoretisch auf ihn passen würden, es gibt ja auch Anwohner oder andere Urlauber, die dort parken wollen. Zu viele Wohnmobile sorgen ansonsten schnell dafür, dass Verbotsschilder aufgestellt werden. Bei Campingplätzen entfällt diese Angabe. „Ausstattung" benennt alle relevanten Informationen zu Ver- und Entsorgungseinrichtungen, Stromanschlüssen, ob Duschen / Toiletten verfügbar sind, ob es Mülleimer und WLAN-Empfang gibt oder was sonst noch für Sie wichtig sein könnte. Bei Campingplätzen dürfen Sie, falls nicht anders vermerkt, dagegen immer von Ver- und Entsorgungsmöglichkeiten, Strom sowie Duschen und Toiletten ausgehen. Daher werden diese Angaben dort nicht jedes Mal wiederholt. Alles darüber hinaus Relevante finden Sie ebenfalls in dieser Rubrik. Unter „Beschreibung" geben wir Ihnen ein paar mehr Informationen zur Optik, zum Untergrund und der Umgebung der Plätze mit auf die Reise. Beachten Sie bitte, dass in ganz Italien Campingverhalten, also das Aufstellen von Tischen und Stühlen, Ausfahren von Markisen und Ausbreiten diverser Utensilien außerhalb von Campingplätzen offiziell meist untersagt ist! Der Begriff „klappstuhlgeeignet" verdeutlicht, wo das dennoch möglich ist.

Nur, wenn ein Platz kostenpflichtig ist, taucht die Zeile „Preis" auf. Diese ist für Stell- und Campingplätze im Buch wie folgt kodiert:

€	bis etwa 8 EUR
€€	bis etwa 16 EUR
€€€	bis etwa 24 EUR
€€€€	bis etwa 32 EUR
€€€€€	über 32 EUR

Als Referenz wird dabei immer mit zwei Erwachsenen und einem Wohnmobil bis acht Meter kalkuliert. Sollte ein Platz saisonal oder ausstattungsbedingt unterschiedliche Preise verlangen, finden Sie Preisangaben wie zum Beispeil „€-€€". Der günstigste Preis bezieht sich dann immer auf die Nebensaison, einfache Parzellen und, falls wählbar, nicht vorhandenen Stromanschluss, der teuerste Preis auf die Hauptsaison mit Premiumparzelle und Strom.

Zu guter Letzt folgt die Anfahrtsbeschreibung, die Ihnen dann ergänzend weiterhilft, wenn Ihr Navi mal nicht mitspielt oder sie eine zusätzliche Beschreibung, wie vielleicht in Städten, ganz gut gebrauchen können. Zusätzlich zu den Kästen werden einfache Stellplätze am Wegesrand oder weitere Campingplätze, statt so umfangreich wie eben beschrieben, in einigen Fällen auch nur als GPS-Koordinaten mit wenigen Zusatzinfos direkt in den Text oder im Hinweis eines Stellplatzes als Alternative erwähnt. Dann erhalten diese einen farbigen Hintergrund der jeweiligen, zuvor beschriebenen Kategorie.

Wenn GPS-Daten nur einen Rahmen besitzen, statt farblich voll hinterlegtzusein, zeigtdiesreine Tagespark-/Tagesbade-/Tageswander-/ Tagespicknickplätze an – ohne Eignung zur Übernachtung.

Tipps von A-Z und Abspann

Das Ende unseres Buches bildet eine große Anzahl weiterführender Tipps zu Venetien und Friaul, die über Land, Leute, Geschichte und alle möglichen reiserelevanten Dinge informieren. Wir empfehlen Ihnen, diese bereits vor der Reise und auch vor der Nutzung der Tourenkapitel einmal durchzublättern. Nicht alles wird für Sie relevant sein, aber mit Sicherheit Vieles interessant, Einiges sogar unverzichtbar.

Ganz am Ende folgen dann noch Bildnachweis und Stichwortverzeichnis sowie die bereits erwähnte Übersichtskarte aller Touren im rückwärtigen Umschlag.

Ein paar Infos zu Ihrem Reisegebiet

Meer und Strand, sanfte Hügellandschaften, Weingegenden, die Bergriesen der Dolomiten, Kulturhighlights wie Venedig und Verona – Italiens Nordosten ist nicht ohne Grund eine der beliebtesten Ferienregionen des Landes. Selbst auf einer mehrwöchigen Reise, werden Sie kaum alle vorgestellten Sehenswürdigkeiten, Wanderrouten, Bademöglichkeiten und Orte erforschen können.

Und natürlich kommen Sie in Italien auch kulinarisch voll auf Ihre Kosten, nicht ohne Grund ist die mediterrane Küche weltweit so beliebt wie kaum eine andere. Egal, ob Sie es in einer Trattoria, Osteria, Pizzeria, Rosteria, Piadineria oder was es sonst noch alles gibt, verschlägt, dürfen Sie meist mit guter, oft sogar mit sehr guter Küche rechnen, denn ein Restaurant, das in Italien schlechte Pizza, Pasta oder Dolci anbietet, wird in der Regel nicht lange existieren – von Touristenfallen an besonders hochfrequentierten Orten einmal abgesehen... Versuchen Sie aber auch die vielfältigen Fleisch- und Fischgerichte, die die Region zu bieten hat, probieren Sie Risottos, Käseplatten oder die herrlichen Schinkenprodukte in Montagnola oder San Daniele. Oder Sie entscheiden sich für einen Halt an einem der vielen Weingüter. Zu einer Verkostung erhalten Sie oft auch leckere kalte Platten, manchmal sind richtige kleine Gasthäuser angeschlossen.

Grandios ist in Italien auch die Infrastruktur für Wohnmobile. Die Auswahl an offiziellen Stellplätzen mit Ver-/Entsorgungsmöglichkeit und oft noch mehr ist wirklich riesig. Zugegeben, nicht immer ist die Lage die allerschönste und nicht immer funktionieren alle Stromsäulen oder Wasserzapfstellen einwandfrei, dafür finden Sie die nächste intakte Anlage meist nicht sehr weit entfernt, in vielen Fällen kostenlos oder für kleines Geld. Das mobile Reisen wird so jedenfalls erheblich erleichtert. Mehr zu diesem Thema finden Sie hinten im Buch bei den Tipps von A bis Z.

Die Anzahl der vorhandenen Campingplätzen ist dagegen recht unterschiedlich verteilt. Während man sie im Landesinneren teils suchen muss, reihen sie sich an der Küste vielerorts wie an einer Perlenschnur auf. Einige sind eher einfach, naturnah und nur mit dem Nötigsten versehen, viele firmieren aber im gehobenen Segment und lassen kaum Wünsche in Sachen Ausstattung offen.

Klimatisch machen Sie von etwa Ostern bis Ende Oktober nichts falsch – außer Sie möchten in den Dolomiten Ski fahren und Wintercampen – dann sind die Monate von Dezember bis März Ihre Zeit – für die dieses Buch allerdings nicht geschrieben wurde.

In den Hochlagen gibt es im Frühling und Spätherbst hier und dort Schnee, ab Mai und bis in den Oktober hinein stehen die Chancen dagegen gut, am Meer, aber auch in einigen Seen und Freibädern sowohl Erfrischung als auch ausreichend warmes Badevergnügen genießen zu können. Dazu genießen Sie an dem meisten Sommertagen nahezu Schönwettergarantie.

In Sachen Tourismus müssen Sie sich klar machen, dass Sie in den Hochburgen zwischen Jesolo und Grado sowie rund um Venedig, Verona und Co zwischen Mitte Juni und Mitte September selbstverständlich nicht allein sein werden. Doch auch in dieser Zeit können Sie nur wenige Kilometer entfernt, im Hinterland, den Bergen oder im Podelta ausreichend Ruhe finden, denn dort geht es das ganze Jahr viel relaxter zu.

Recht entspannt läuft auch der Straßenverkehr – die meisten Straßen sind breit genug für ein Standardwohnmobil und selbst die Bergpässe sind größtenteils gut ausgebaut. Wenn es schnell gehen muss, existiert ein recht umfangreiches Autobahnnetz, das allerdings mautpflichtig ist.

Ein letztes Wort sei an dieser Stelle dem Thema Kriminalität gewidmet. Die gute Nachricht vorweg – um Leib und Leben müssen Sie kaum fürchten, Gewaltverbrechen sind in Norditalien ähnlich selten wie in Ihrer Heimat. Dagegen besteht zweifelsohne ein erhöhtes Risiko, was Taschendiebstähle oder die zuletzt steigende Zahl an Wohnmobilaufbrüchen angeht. Achten Sie daher immer gut auf Ihre Wertsachen, vor allem wenn Sie in größeren Menschenmengen unterwegs sind. Das Parken auf öffentlichen Flächen birgt immer ein gewisses Risiko, am besten können Sie dem mit einer Parkkralle und Alarmanlage entgegen wirken oder einfach etwas Umsicht bei der Wahl des Stellplatzes wirken lassen. Das Risiko sollte aber auch nicht überschätzt werden – wir selbst sind während vieler mehrwöchiger Reisen durch Venetien und das Friaul noch nie bestohlen worden.

Unsere Bitte an Sie:

Wie bei allen Reiseführern werden, trotz aller Sorgfalt, am Ende Fehler vorkommen. Auch ändern sich Angaben, wie Öffnungszeiten und Preise regelmäßig. Stellplätze schließen oder werden möglicherweise in kurzer Zeit heruntergewirtschaftet, wechseln Namen und / oder Besitzer. Wenn Sie solche oder ähnliche Entdeckungen machen, helfen Sie uns und allen anderen Nutzern sehr, indem Sie sich an uns wenden und davon berichten. Auch über Neuentdeckungen aller Art (idealerweise mit Koordinatenangaben) freuen wir uns immer. Selbst, wenn Sie einfach „nur“ zufrieden waren oder mitteilen können, dass sich an besuchten Stellen nichts verändert hat, unterstützen Sie unsere Arbeit. Wir bitten Sie, uns solche Angaben am einfachsten direkt per Email zukommen zu lassen:

winkler@womo.de.

Alternativ können Sie sich direkt an den Verlag wenden. Bitte beachten Sie auch das Womo-Forum (**www.forum.womoverlag.de**). Dort werden wir zwischen den Auflagen, sofern nötig, wenigstens einmal jährlich, unter der Rubrik „Korrekturen“ besonders relevante Änderungen zum Buch veröffentlichen, die Sie für noch mehr Aktualität gegebenenfalls ausdrucken und mitnehmen können.

Eine letzte Bitte in eigener Sache betrifft unser aller Verhalten als Wohnmobilreisende. Immer wieder müssen wir unterwegs feststellen, dass einstmals schöne Übernachtungsplätze schließen und Parkplätze mit Höhenbarrieren oder Verboten versehen werden. In vielen Fällen liegt das nicht (nur) an der Willkür der Gemeinden, sondern am Fehlverhalten einiger Weniger. Achten Sie bitte darauf, nicht dazu beizutragen, Wohnmobilurlauber in ein schlechtes Licht zu rücken. Dafür ist es allein schon hilfreich, die Maximalangaben für freie Stellplätze zu beachten und nicht sämtlichen Platz für andere Fahrzeuge zu blockieren oder wild zu campen, also Tische und Stühle an Stellen aufzubauen, die dafür nicht vorgesehen sind. Mit dem wilden Entsorgen von Müll und dem Leeren von Fäkalientanks im benachbarten Gebüsch wollen wir gar nicht anfangen, haben aber all das leider bereits erlebt... Im Zweifelsfall klären Sie, wenn denn möglich, freundlich, aber bestimmt auf. Am Ende kommt das Ihnen und uns allen zu Gute.

Herzlichen Dank und allzeit gute Fahrt.

Band 18: Mit dem Wohnmobil nach Baden-Württemb.
Band 16: Mit dem Wohnmobil i.d. Schwarzwald/Bodens.
Band 84: Mit dem Wohnmobil nach Bayern (Südost)
Band 59: Mit dem Wohnmobil nach Österreich (Ost)
Band 24: Mit dem Wohnmobil ins Allgäu
Band 60: Mit dem Wohnmobil nach Österreich (West)
Band 30: Mit dem Wohnmobil nach Süd-Tirol
Band 34: Mit dem Wohnmobil nach Ungarn
Band 50: Mit dem Wohnmobil in die Schweiz (West)
Band 51: Mit dem Wohnmobil in die Schweiz (Ost)
Band 42: Mit dem Wohnmobil durchs Trentino/Gardasee
Band 56: Mit dem Wohnmobil nach Slowenien
Band 73: Mit dem Wohnmobil durchs Piemont/Aostat.
Band 48: Mit dem Wohnmobil nach Kroatien
Augsburg
München
Linz
Freiburg
Villingen-Schwenningen
Memmingen
Salzburg
Garmisch-P.
Basel
Zürich
Innsbruck
Graz
Luzern
Bern
Meran
Lienz
Villach
Klagenfurt
Maribor
Bozen
Trient
Udine
Ljubljana
Bergamo
Vicenza
Triest
Zagreb
Mailand
Verona
Padua
Venedig
Rijeka
F
D
A
CH
LIE
H
SLO
HR
Variante 1
Variante 2
Variante 3
V1.1
V1.2
V1.3
V1.4
V1.5
V1.6
V1.7
V2.1
V2.2
V2.3
V2.4
V3.1
V3.2
V3.3
50 km
N

Anreise

Die italienische Adria-Nordküste genießt gegenüber anderen Urlaubsregionen einen unschätzbaren Vorteil: Nach vergleichsweise wenigen Kilometern erreicht man das Ziel! Urlauber aus Süddeutschland und Österreich können gar nicht schneller ans Meer gelangen, als in den Raum Venedig / Jesolo oder Lignano / Grado. Auch aus Norddeutschland und der Schweiz sind die Fahrwege noch überschaubar. Die Gesamtfahrzeit ab deutscher Grenze liegt, je nach Strecke und Geschwindigkeit, bei komfortablen drei bis maximal sechs Stunden. Eine Übernachtung unterwegs ist da kaum nötig. Dennoch geben wir Ihnen am Ende dieses Abschnitts ein paar gut geeignete Transitplätze vor der italienischen Grenze und in Italien an.

Variante 1: Über die Brennerautobahn:

Ideal für: Urlauber aus Deutschland, Tirol und Vorarlberg, östliche Schweiz

Kosten: In Österreich werden für die Vignette, je nach Laufzeit, mindestens 9,60 € fällig (über 3,5 Tonnen muss eine Go-Box angeschafft werden, die Gebühren pro Kilometer belaufen sich, je nach Emissionsklasse, Tageszeit und Achsen auf etwa 5 bis 34 Cent, mehr unter www.go-maut.at). Die Brennerautobahn kostet zusätzlich 10,50 € und von der Grenze bis zum Beginn unserer Tour 1 fallen in Italien ca. 19 € an.

Variante 1.1 (ca. 430 km): ab München, A8/A93 bis Kufstein, A12 bis Innsbruck, Brennerautobahn A13 bis Brenner, A22 über Trento bis zum Kreuz Verona. Möglich ist auch bereits bei Rovereto abzufahren und dann die Fahrt durch das Pasubio Tal zu nehmen. Sie stoßen dann bei Recoaro Terme auf Tour Zwölf zu unseren Routen.

Variante 1.2 (ca. 520 km): ab Memmingen A96 bis Lindau, A16 über Bregenz bis Bludenz, S16 bis Landeck, A12 bis Innsbruck, Brennerautobahn A13 bis Brenner, A22 über Trento bis zum Kreuz Verona.
Wenn Sie mit unserer Tour Eins in der Region Venetien starten wollen, ist dies sicher Ihre beste Route. Kein Weg bringt Sie schneller dorthin. Der Nachteil: In der Ferienzeit ist der Brenner manchmal heillos überlastet. Man kann mit dem Wohnmobil zwar rechts ranfahren und abwarten, bis das Schlimmste vorüber ist – doch ein idealer Start in den Urlaub sieht anders aus.

Alternativen:

Garmischer Autobahn, V1.3 (-20 km):
Ab München A95 bis Eschenlohe, B2 über Garmisch und Mittenwald bis zur Grenze, B177 über Scharnitz bis Zirl, A12 bis Innsbruck. Diese Strecke ersetzt das oft überlastete Teilstück München – Kufstein – Inntalautobahn. Wenn auf der A8 am Inntaldreieck, der A93 bis Kufstein oder A12 bis Innsbruck schon Stau ist, kommen Sie auf der Garmischer Autobahn A95 oft noch unbeschadet voran. Zwischen Eschenlohe (Achtung: am Autobahnende kann es schnell mal zäh werden) und Innsbruck, müssen Sie die Landstraße nehmen und dabei den teils recht steilen Minipass am Zirler Berg überwinden.

Fernpass Reutte, V 1.4 (-80 km):
Ab Memmingen, A7 über Kempten bis Füssen/Grenze, B179 über Reutte bis Wiesenmühle, B189 bis Mötz, A12 bis Innsbruck. Ersetzt das Teilstück Memmingen – Bregenz – Innsbruck. Auch wenn Sie ein gutes Stück über die Landstraße fahren müssen – diese Variante lohnt sich oftmals, denn die 80 Kilometer Wegersparnis machen sich bemerkbar. An Tagen, an denen hier nichts mehr geht, sind auch die anderen Routen in der Regel „dicht“.

Reschenpass V 1.5 (-30 km):
Ab A12 Anschluss Landecker Tunnel, B180 über Nauders bis zur Grenze, SS40/SS38 über Silandro und Meran bis A22 Anschluss Bozen. Ersetzt das Teilstück Landeck – Innsbruck – Brenner - Bozen. Bei dieser Variante sparen Sie die Brennermaut und ein kleines Stück mautpflichtige italienische Autobahn. Allerdings sollten Sie zusätzliche Zeit für die kurvigen Bergstraßen einkalkulieren. Wenn Sie diese Route mit der Garmisch- oder Reutte-Variante kombinieren, sparen Sie sich die österreichische Vignette ganz.

Timmelsjoch V 1.6 (+/-0 km):
Ab A12 Anschluss Ötztal, B186 über Sölden bis zur Grenze, SS44 über San Leonardo bis A22 Anschluss Sterzing. Ersetzt das Teilstück A12 ab Anschluss Ötztal, Innsbruck, Brenner, Sterzing / Brixen. Diese Alternative ist eine reine Genussroute. Die Fahrt über die kostenpflichtige Timmelsjochstraße ist fantastisch, schlägt aber mit mindestens 16 € (einfache Strecke, über 3,5 t mit 28 €) zu Buche und ist streckenweise recht schmal und steil. Eine Zeitersparnis werden Sie nicht herausfahren.

Plöckenpass V 1.7 (280 km):
Ab München, A8/A93 bis Kufstein, B173/178 bis St. Johann,

B 161 über Kitzbühel bis Mittersill, B108 bis Lienz, B100 bis Oberdrauburg, B110 bis zur Grenze/Plöckenpass. Von allen Varianten ist dies die günstigste und, ab München, die kürzeste aller Anreiserouten. Weder österreichische Vignette noch italienische Maut werden fällig, nur der Felbertauerntunnel kostet 11 € Gebühren und bei der Ankunft starten Sie auf unserer Tour Acht. Selbst in den Ferienzeiten halten sich Staus hier meist in Grenzen, dafür müssen Sie zum Beispiel bei der Ortsdurchfahrt von Lienz oder Kitzbühel mit etwas mehr Verkehr rechnen, werden also eher Zeit verlieren. Der größte Nachteil: Sie müssen gleich über drei Pässe fahren: Pass Thurn, Felbertauern und Plöckenpass. Diese können, hinter Schwerverkehr, genauso an den Nerven zehren wie ein Stau auf der Autobahn.

Variante 2: Über die Tauernautobahn

Ideal für: Urlauber aus Bayern und nördlich davon, Österreicher (außer Tirol und Vorarlberg).

Kosten: In Österreich werden für die Vignette, je nach Laufzeit, mindestens 9,60 € fällig, die Tunnel der Tauernautobahn kosten dann nochmals 13 € extra (über 3,5 Tonnen muss eine Go-Box angeschafft werden siehe Abschnitt zuvor).

Variante 2.1 (ca. 350 km): ab München, A8 bis Salzburg, A10 bis Villach, A2 bis zur Grenze, A23 bis Tarvisio.

Variante 2.2 (ca. 340 km): ab Passau, A3 bis zur Grenze, A6 bis Wels, A1 bis Salzburg, A10 bis Villach, A2 bis zur Grenze, A23 bis Tarvisio.

Variante 2.3 (ca. 390 km): ab Wien A2 über Graz, Klagenfurt und Villach bis zur Grenze, A23 bis Tarvisio.
Bei dieser Route starten Sie in Tarvisio auf unserer Tour Acht in der Region Friaul. Egal ob Sie von München oder Wien kommen: dies ist für das oben genannte Gebiet die kürzeste Autobahnvariante, um Italien zu erreichen. Die Straßen sind gut ausgebaut und oft weniger stark befahren als der Brenner. Nachteil: In der Haupturlaubszeit werden Katschberg-, und Tauerntunnel zu Nadelöhren mit Blockabfertigung und schlimmstenfalls droht eine stundenlange Wartezeit. Preislich ist bis Italien nichts gewonnen. Die Tunnel schlagen, genau wie der Brenner, mit einer Extra-Maut zu Buche, die italienische Autobahnmaut sparen Sie aber, denn Tarvisio liegt gleich hinter der Grenze.

Alternativen

B99, V2.4 (+20 km):
Ab A10 Anschluss Altenmarkt, B99 über Radstadt, Obertauern, und Katschberg bis A10 Anschluss Spittal an der Drau. Diese Route ist zumindest möglich. Ob sie ratsam ist, sei dahingestellt, denn Sie müssen ihr Wohnmobil über fünf Kilometer mit einer durchschnittlichen Steigung von über 12 Prozent aufwärts quälen und natürlich wieder hinunter fahren. Dazu machen einige enge Serpentinen das Leben nicht gerade leichter. Wenn Sie Herausforderungen und die Berge mögen und partout lieber fahren als im Stau zu stehen – warum nicht?

Variante 3: Über die Schweiz

Ideal für: Urlauber aus Baden-Württemberg und nördlich davon, Vorarlberg und der Schweiz.

Kosten: Die Straßenvignette in der Schweiz schlug zuletzt mit 40 Franken (ca. 42 €) zu Buche und ist auf allen Straßen der Kategorien Eins und Zwei (also Autobahnen und Schnell-/Fernverkehrsstraßen) fällig. Für Wohnmobile über 3,5 Tonnen ist eine tageabhängige Schwerverkehrsabgabe (PSVA) zu lösen. Diese beläuft sich auf 3,25 Schweizer Franken pro Tag, mindestens aber 25 Schweizer Franken und ist für das Befahren des gesamten öffentlichen Straßennetzes während des Aufenthalts im Land zu berappen. Für die Autobahnen in Italien sind nochmals rund 18 € Maut fällig.

Variante 3.1 (ca. 560 km): ab Freiburg A5 bis Basel, A2 über Luzern, Gotthardtunnel und Bellinzona bis zur italienischen Grenze, A9/A8 bis Mailand, A4 bis zum Kreuz Verona.

Variante 3.2 (ca. 560 km): ab Villingen-Schwenningen A81 über Singen bis zur Grenze, A4 über Schaffhausen, Zürich, Cham und Schwyz bis Altdorf, A2 über Gotthardtunnel und weiter wie Variante Eins.

Variante 3.3 (ca. 529 km): ab Memmingen A96 bis Lindau, A16/Pfändertunnel bis Bregenz, zur Schweizer Grenze, A13 über San-Bernardino-Pass, A2 über Bellinzona und weiter wie Variante Eins.
Für Reisende aus dem Westen Deutschlands und Schweizer sind diese Wegvarianten meist die bessere Alternative zum Brenner. Die Schweizer Vignette schlägt zwar genauso wie die italienische Autobahnmaut zu Buche, doch kommt man

auf den Schweizer Straßen oft besser voran. Nur im Raum Mailand kann es, vor allem im Berufsverkehr, eng werden. Ein längeres Teilstück über den San-Bernardino-Pass ist nicht als Autobahn ausgebaut und kostet somit zusätzliche Zeit, was Sie bei Ihrer Reiseplanung beachten sollten.

A1: Österreich, Pill (Plankenhof)

GPS: N 47°19'19" E 11°41'01", Dorf 7. **Max WOMOs**: 30.
Ausstattung: Ver-/ Entsorgung, Strom, Toilette / Dusche, WLAN.
Beschreibung: Neuer, gebührenpflichtiger Stellplatz kurz vor Innsbruck nahe der Autobahn, Schotter, teils schattig, relativ ruhig und eben, klappstuhlgeeignet.

A2: Österreich, Trins

GPS: N 47°04'30" E 11°24'16", Am Sportplatz. **Max WOMOs**: 12
Ausstattung: Ver-/ Entsorgung, Strom, Toilette / Dusche.
Beschreibung: Ruhiger, gebührenpflichtiger Parkplatz im Grünen neben einem Sportplatz, kaum Schatten, auf ebenem Schotterrasen, klappstuhlgeeignet.

A3: Österreich, Arnoldstein

GPS: N 46°32'59" E 13°42'01", Seltschacher Str. 3. **Max WOMOs**: 20.
Ausstattung: Teils Strom, WLAN.
Beschreibung: Nagel, gebührenpflichtiger Stellplatz kurz vor Tarvis in Autobahnnähe, Schotter, kein Schatten, relativ ruhig und eben, bedingt klappstuhlgeeignet.

A4: Österreich, Gailberghöhe

GPS: N 46°42'56" E 12°58'04", Plöckenpass Straße. **Max WOMOs**: 25.
Ausstattung: Ver-/ Entsorgung, Strom Toiletten.
Beschreibung: Terrassierter, hübsch angelegter Schotterplatz neben einem Gasthof, meist ruhig, kaum Schatten, recht eben, klappstuhlgeeignet.

A5: Italien, Sterzing

GPS: N 46°52'49" E 11°26'19", Zona Artigianale 10. **Max WOMOs**: 50.
Ausstattung: Ver-/ Entsorgung, Strom, Toilette / Dusche.
Beschreibung: Zweckmäßiger, kostenpflichtiger Platz direkt neben der Autobahn. Nicht ruhig, kaum Schatten, recht eben, bedingt klappstuhlgeeignet.

A6: Italien, Trient

GPS: N 46°02'55" E 11°07'11", Via Fersina. **Max WOMOs**: 32.
Ausstattung: Ver-/ Entsorgung, Strom, Toilette / Dusche.
Beschreibung: Bewachter, großer, kostenpflichtiger Platz südlich des Zentrums, relativ ruhig, eben, Schotter, kaum Schatten, klappstuhlgeeignet.

A7: Italien, Rovereto

GPS: N 45°54'08" E 11°02'12", Rue du Vivier. **Max WOMOs**: 16
Ausstattung: Ver-/ Entsorgung, Strom, Toilette / Dusche, WLAN.
Beschreibung: Asphaltierte, ebener, kostenpflichtiger Platz. Nicht ruhig, teils Schatten, nahe der Autobahn, eben, bedingt klappstuhlgeeignet.

A8: Italien, Bergamo

GPS: N 45°42'01" E 9°39'06", Via dello Statuto. **Max WOMOs**: 30
Ausstattung: Ver-/ Entsorgung, Toilette, WLAN.
Beschreibung: Geschotterte, bewachte, kostenpflichtige Parkfläche in Zentrumsnähe, eben, etwas Schatten, relativ ruhig, bedingt klappstuhlgeeignet.

TOUR 1
10 km
TRENTINO
Garda-
see
Band 42
Trentino/Gardasee
1: Urzeitmuseum
2: Sphinxtal
3: Urzeitmuseum
4: Ponte Veja
5: Wasserfallpark
6: Parco Sigurta
7: Ponte Visconteo
Recoaro
Terme
TOUR 12
1766m
M. Tomba
Parco Naturale Regionale
della Lessinia
S. Anna
Erbezzo
Giazza
Campo-
silvano
Bosco
Chiesa-
nuova
Selva di Progno
Molina
Velo V.
Bolca
Urzeitmus.
Vestenanova
Badia C.
Klosterkirche
San Georgio
S. Ambrogio d.V.
Negrar
S. Pietro in C.
Grezzana
Tregnano
Weingut
Novare
Weinmuseum
Illasi
Villen
Colognola A.C.
Bussolengo
Sona
S. Martino B.A.
Verona
Soave
Sommacam-
pagna
S. Giovanni
Zevio
Etsch
Valeggio Sul Mincio
Villafranca
di Verona
Castel
D`Azzano
Wehrturm
Isola
della
Scala
Bovolone
Salizzole
Cerea
LOMBARDEI
Mantua
TOUR 2

Tour 1: Verona und die Lessinischen Berge, 250 km

Soave – Bolca – Camposilvano – Molina
San Georgio – Verona – Valeggio s. M. – Isola d. S.

Stellplätze:	Soave, Colognola, Illasi, Bolca, Selva di Progno, Velo Veronese, Camposilvano, San Giorgio (2x), Branchetto, Ponte di Veja, Molina, San Pietro, Verona, Valeggio sul Mincio (2x), Villafranca di Verona, Isola della Scala, Salizzole, Cerea
Agricampeggi:	Verona (3x)
Campingplätze:	Camposilvano, Branchetto, Verona (2x)
Besichtigen:	Soave, Museum und Villen in Illasi, Museum in Bolca, Giazza, die Museen von Camposilvano und S. Anna, die Klosterkirche von San Georgio, das Weingut bei Novare, Verona, Ponte Visconteo bei Valeggio sul Mincio, Isola della Scala
Baden:	Wasserfallpark bei Molina, Wasserpark bei Valeggio
Wandern:	Sphinx-Tal bei Camposilvano, im Naturpark Lessinische Berge, an der Ponte Veja, im Wasserfallpark bei Molina, Parco Sigurtà in Valeggio sul Mincio

Auf der ersten Etappe geht es zu Beginn recht kurvig zu: hinter dem Weinort Soave kreuzen Sie durch die Lessinischen Berge. Westlich werden diese durch den Gardasee begrenzt, nördlich gehen sie in die Region Trentino/Südtirol über. Im Süden wartet mit Verona eine der bekanntesten Städte Italiens auf Sie, bevor Sie Ihre Fahrt durch die südliche Tiefebene in Richtung Meeresküste fortsetzen.

Soave *(Markttag: Di., Via Roma/Via Camuzzoni)*
Statt sich direkt in das Getümmel der Großstadt Verona zu stürzen, startet unsere Tour 1 entspannter und einige Kilometer weiter im Osten. Von der Autobahn A4 wählen Sie die Ausfahrt Soave / San Bonifacio. Am Kreisverkehr gelangen Sie beschildert in nördlicher Richtung schon bald in die kleine Stadt. Immer den „Centro"-Schildern nach, erreichen Sie den bis heute komplett von Stadtmauern umschlossenen Kern. Soave ist Namensgeber des bekannten Weißweins, der in der Umgebung kultiviert wird. Von Weinkennern oft als Massenprodukt geschmäht, ist er besser als sein Ruf – in den Bars, Restaurants und einigen Geschäften der Altstadt können Sie sich davon überzeugen. Für einen Kurzbesuch wählen Sie den Parkplatz an der **Via Covergnino** bei [N 45°25'14" E 11°15'01"]. Für einen längeren Aufenthalt oder die erste Nacht gibt es einen eigenen Wohnmobilstell-

Soave mit Castello

platz. Auch dieser befindet sich ganz zentral vor der Mauer, ein Stück weiter nordwestlich.

(001) Offizieller WOMO-Stellplatz: Soave

GPS: N 45°25'25" E 11°14'43", Via Mere 13 **Max. WOMOs**: 12-14.

Ausstattung: V/E, Strom, Mülltonnen, beleuchtet.
Beschreibung: Recht ordentlicher, zentraler, direkt an der nordwestlichen Stadtmauer gelegener Platz neben Polizeistation. Kaum Schatten, eben, recht ruhig, bedingt klappstuhlgeeignet.
Preis: €€.
Zufahrt: Fahren Sie im Zentrum nis an die Stadtmauer heran, dann links. Kurz nach dem Haupttor rechter Hand, wechseln Sie auf die linke Seite des Wassergrabens und bleiben immer entlang der Stadtmauer. Nach einem weiteren Portal finden Sie den Stellplatz ausgeschildert auf der linken Seite.

Rundgang durch Soave

Mitten in den Weinbergen gelegen, bietet Soave mit seinen trutzigen Wehrtürmen und zinnengesäumten Befestigungen ein Bild wie aus einer anderen Zeit. Vermutlich ist die Stadt langobardischen Ursprungs und gehörte später zum Einflussgebiet der Skaliger, die die alles überwachende Burg errichteten. Wenn Sie durch das dem Stellplatz nahegelegene Westtor eintreten, müssen Sie erst durch eine schmale Gasse gehen und stehen dann am großen **Corso V. Emanuele**. Dies ist eine der beiden parallel verlaufenden Hauptachsen durch die Stadt. Wenn nicht gerade Markt ist, macht Soave einen etwas verschlafenen, aber dennoch freundlichen Eindruck. Vor allem wenn Sie hungrig sind, liegen Sie goldrichtig, denn es gibt gleich eine ganze Reihe lohnenswerter Osterias und Trattorias. Gehen Sie rechts bis zum mächtigen Hauptstadttor mit der **Touristeninformation.** Dort erhalten Sie auf Wunsch wertvolle Tipps zu Ausflügen sowie Wander- und Fahrradtouren in der Umgebung. Dann gehen Sie entlang der zweiten große Hauptachse, der etwas lebendigeren **Via Roma,** zurück. In Haus Nr. 5 befindet sich hinter einer burgähnlichen Fassade die Wein- und Delikatesshandlung **Coffele Viticoltori**, die einen Besuch wert ist. Das

Markt in Soave

kleine Hauptensemble liegt schon vorher an der **Piazza Antenna**. Links steht die **Pfarrkirche San Lorenzo** und geradeaus stoßen Sie auf den über 800 Jahre alten, arkadengesäumten **Palazzo Giustizia**. Rechts davon führt eine grobe Steinstraße hinauf zum Castello. Kurz bevor dieser Weg nach links abknickt, passieren Sie rechter Hand die alte **Dominikaner-Kirche Santa Maria** aus dem 15. Jahrhundert. Vom Westen aus betreten Sie das alte **Castello di Soave.** Es gruppiert sich um drei Höfe. Bei einem Besuch wandeln Sie auf den Spuren von Ezzelino da Romano, der Ihnen auf Ihrer Venetien Reise noch öfters begegnen wird – auf Tour 11 ist ihm ein eigener Infotext gewidmet. Benannt ist das Castello nach der Veroneser Herrscherfamilie der Skaliger, die lange Zeit im Besitz der Burg war. Später ging sie durch viele Hände – die Herren von Mailand, Padua, Cambrai und Venedig gaben sich sprichwörtlich, jedoch meist nicht ganz freiwillig, die Klinke in die Hand. Auch die Germanen versuchten im 16. Jahrhundert ihr Glück, blieben aber erfolglos. Nicht viel später ging die Festung in private Hände über. Nun kehrten ruhigere Zeiten ein. Dies ist bis heute so geblieben. Einige Räume, wie Speisesaal und Rüstkammer sowie der Hauptturm, wurden inzwischen renoviert und können besichtigt werden. Besonders schön ist ein Gang entlang der Zinnen mit Aussicht weit hinab aufs Land *(Mai bis Sep, Di bis So 9 bis 12 Uhr und 14 bis 16.00 Uhr, Ende Dez bis Mitte Feb nur Sa / So 9 bis 12 Uhr, €, www.castellodisoave.it).*

Von Colognola über Illasi bis Tregnano

(Markttage: Cologna Do., Piazzale Trento; Illasi Do., Poazza Libertá; Tregnano Sa., Piazza Abramo)

Über kleine Provinzstraßen wechseln Sie nun in westlicher Richtung zur SP10, die Sie in die Lessinischen Berge führt. Unterwegs durchfahren Sie das kleine **Cologna ai Colli** ohne nennenswerte Highlights, dafür mit einem kostenlosen Stellplatz am örtlichen Sportplatz. Auch zu Beginn des nächsten Örtchens, **Illasi**, steht ein schöner Stellplatz zur Auswahl.

(002) Offizieller WOMO-Stellplatz: Colognola Ai Colli
GPS: N 45°26'00" E 11°10'54", Via Nogarola. **Max. WOMOs**: 7-8.

Ausstattung: V/E (€) frei zugänglich, Mülleimer.
Beschreibung: Einfacher Asphaltparkfläche neben Friedhof und Sportplatz in Ortsrandlage, eben, kein Schatten, meist ruhig, Ortsmitte mit Gastronomie etwa 500 Meter entfernt.
Zufahrt: Gleich nachdem Sie rechts in die Hauptverkehrsstraße SP10 eingebogen sind, wählen Sie die nächste Möglichkeit erneut nach rechts. Der schmale Fahrweg entlang der Sportplatzmauer führt direkt zum Stellplatz.

(003) Offizieller WOMO-Stellplatz: Illasi

GPS: N 45°27'20" E 11°10'19", Via Paradiso. **Max. WOMOs**: 10-12.
Ausstattung: V/E (€) frei zugänglich, teils Strom (€), Mülleimer, Beleuchtung, Spielplatz, klappstuhlgeeignet.

Beschreibung: Recht schön angelegte Schotterfläche am Rand eines Industriegebietes mit Kellereien. Etwas Schatten, eben, etwa 1,3 km bis ins Ortszentrum.
Zufahrt: Direkt am Ortsanfang von Illasi links ins Industriegebiet auf die Via Paradiso abbiegen. Wenn sich die Straße etwas später gabelt, auf den schmaleren Fahrweg links wechseln. Die Einfahrt zum Gelände kommt nach gut 200 Metern.

Im Zentrum von **Illasi** gibt es gleich zwei stattliche Villen, die allerdings nur nach Voranmeldung für Gruppen zu besichtigen sind, außerdem ein **Weinmuseum**. Die oberhalb des Ortes gelegene Burg ist leider geschlossen.

Falls Sie einen Blick auf all dies werfen möchten, biegen Sie nach der Tankstelle rechts in die Via Rimembranza ein und parken am Rathaus, Piazza Libertá, [N 45°27'59" E 11°11'05"]. Ein Stück zurück, entlang der Zufahrtsstraße, kommen Sie zur **Villa Pompei Carlotti** aus dem 17. Jahrhundert. Die neben der Villa abzweigende Via Cadene führt zur zweiten noch größeren **Villa Veneta Sagramoso**. Dort gewährt zumindest das eher hochpreisige Restaurant Le Cedrare Einlass und eine Website informiert über Gebäude, Park und Zugangsmöglichkeiten *(www.villasagramoso.com)*. Auf dem Rückweg können Sie noch rechts einen Abstecher in die Via Castello machen. Hier finden Sie ganz am Ende rechts das **Weinmuseum**. Es informiert über Herstellung und Weinkultur in Wandel der Zeit, leider nur auf Italienisch und Englisch. Eine Weinverkostung mit Shop des initiierenden Weingutes Canestrari ist natürlich angeschlossen.

Es folgt der etwas größere Ort **Tregnano**. Er besitzt keine sonderlichen Auffälligkeiten – auch hier ist die Burg nicht zugänglich. Allerdings gelten die Restaurants im Zentrum des Ortes als überdurchschnittlich gut.

***Weinmuseum**: Parken siehe Haupttext, Via Castello 20, Besichtigung nach Voranmeldung über Website www.villacanestrari.com*

Bolca

Sofern Sie Interesse an Versteinerungen haben, bekommen Sie auf den folgenden Kilometern in gleich drei Museen die Möglichkeit, sich vom Fossilienreichtum der Region zu überzeugen. Das bedeutendste liegt im kleinen Dorf **Bolca**, für das ein Abstecher von der Hauptstraße nötig ist. Am nahen Monte Bolca, der aufgrund der vielen Funde versteinerter Fische auch Monte Pescaria genannt wird, gab es so viele Entdeckungen, wie sonst nirgends in Italien. Grund dafür ist eine zweifache Aufwerfung der Alpen, die hier vor vierzig und ein zweites Mal vor rund vierundzwanzig Millionen Jahren auftrat. In der dadurch gut erreichbaren, rund 20 m dicken Kalkschicht, haben sich erstaunlich gute Abdrücke erhalten, die nicht nur innere Organe, sondern teilweise sogar die Farben der Tiere konservierten. Das **Museo dei Fossili di Bolca** steht etwas erhöht von der Durchfahrtsstraße am Ortsbeginn. Schräg gegenüber wurde 2017 ein neuer Womo-Stell- und Parkplatz errichtet.

Von der Aufmachung des Museums dürfen Sie nicht allzu viel erwarten, es wirkt etwas angestaubt. Die Fundstücke sind aber durchaus sehenswert. Ganze Krokodile und urzeitliche Haie, die hier einst durch eine tropische Lagune schwammen, haben ihre Spuren hinterlassen. Schade ist, dass die meisten Info-Texte, abgesehen von Überschriften, nur auf italienisch verfügbar sind. Sprachkenntnisse sind also von Vorteil. Neben dem Museum können Sie noch eine paläontologische Wanderung zu einem Fundort in einer Grotte starten. Wenn Sie unter der Woche kommen, haben Sie vielleicht das Glück, unterwegs auf eine Schulklasse zu treffen und mit dieser den Paläontologen bei der Arbeit über die Schulter schauen zu können. Anderenfalls ist dies nur nach Voranmeldung für Gruppen möglich.

***Museo Bolca**: 9 bis 12 Uhr und 14 bis 18.30 Uhr, Nov bis Feb nur 10 bis 12 Uhr und 14 bis 17 Uhr, Grotte nur im Sommer, 10 bis 18 Uhr, €, www.museodeifossili.it*

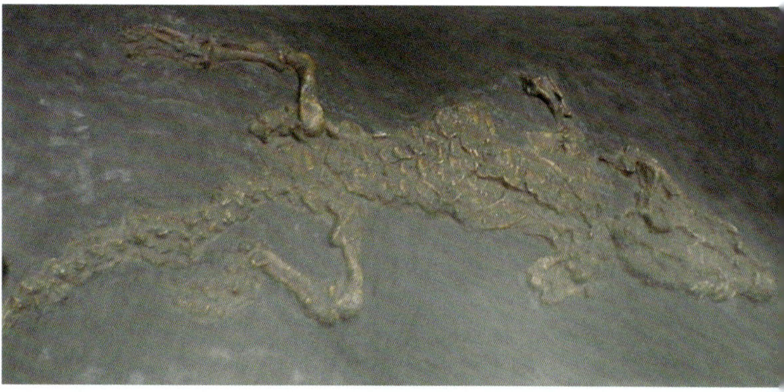

Kroko-Fossil im Museum von Bolca

(004) Offizieller WOMO-Stellplatz: Bolca

GPS: N 45°35'35" E 11°12'37", SP 17 **Max. WOMOs**: 10-12.
Ausstattung: V/E frei zugänglich, teils Strom, Mülleimer, bedingt klappstuhlgeeignet.
Beschreibung: Große, nicht ganz ebene Schotterfläche in Ortsrandlage unterhalb der Straße, kein Schatten, meist ruhig, Minimarkt und Pizzeria benachbart.
Zufahrt: Am Ortsanfang von Bolca linker Hand neben dem Sportplatz..

Auf der Fahrt zurück zur SP10 finden Sie außerdem einen Picknickplatz mit Wasser und Grillgelegenheit am Wegesrand bei [N 45°36'35" E 11°10'41"].

Lessinische Berge
Sie nähern sich nun dem Naturpark Lessinische Berge, einem Eldorado für Outdoorbegeisterte, der bei **Selva die Progno** beginnt.

(005) Offizieller WOMO-Stellplatz: Selva di Progno

GPS: N 45°36'49" E 11°08'17", Via Trento (SP 10). **Max. WOMOs**: 6-7.

Ausstattung: V/E frei zugänglich, Mülleimer, Beleuchtung, Picknickbänke.
Beschreibung: Umzäuntes Areal links der Hauptstraße auf Asphalt. Kein Schatten, eben, nachts relativ ruhig, Ort mit Trattoria und Laden 200 Meter entfernt.
Zufahrt: Am Ende der Ortsdurchfahrt von Selva di Progno linker Hand angeschrieben..

Entweder nehmen Sie kurz danach direkt die Abzweigung Richtung Bosco Chiesanuova oder fahren vorher noch ein Stück weiter bis **Giazza**, der letzten Gemeinde im Illasi-Tal. In dem Ort lebte einst die zimbrische Minderheit mit einer dem altbayerischen Dialekt ähnlichen Sprache, die im Laufe der Zeit mit italienischen Begriffen angereichert wurde. Heute findet man allerdings kaum noch Jemanden, der ihr mächtig ist. Auch der alte Ortsname Ljetzan ist im täglichen Sprachgebrauch nicht mehr geläufig. Um den Ort herum kann man einige stille Wanderwege begehen, oder einfach etwas durch die Gassen schlendern *(parken bei [N 45°39'15" E 11°07'30"], SP 10)*. Nach dem Dorfrundgang müssen Sie für die Weiterfahrt allerdings umkehren, da die Straße zu einem für Wohnmobile ungeeigneten, steilen Fahrweg wird und schließlich ganz endet.

Zurück an der Hauptstraße, windet sich diese in mehreren Kehren und steiler ansteigenden Teilstücken bis nach **Velo Veronese** hinauf. Ein weiterer, sogar übernachtungsgeeigneter

Picknickplatz folgt kurz danach bei [**006:** N 45°36'40" E 11°05'42", SP13, 1085 Hm]. Dann gelangen Sie nach **Camposilvano**. Gleich am Ortsanfang ist rechts das **Museo Geopaleontologico** angeschrieben. Auch hier dreht sich alles um Fossilien und es kann, wie zuvor in Bolca, eine zugehörige Grotte besichtigt werden. Star der Sammlung ist ein Höhlenbär.

Zimberndorf Giazza (Ljetzan)

***Museo Geopaleontologico**: [N 45°37'30" E 11°05'30"], Mitte Jun bis Anfang Sep 9.30 bis 12.30 Uhr und 15 bis 18 Uhr, Mitte Sep bis Mitte Jan und Mitte Mär bis Mitte Jun nur Sa/So und an Feiertagen 10 bis 12.Uhr und 14.30 bis 16.30 Uhr, €, www.museocamposilvano.it*

Nur wenige hundert Meter entfernt können Sie das **Valle delle Sfingi**, das Sphinx-Tal, besuchen. Den Namen hat es von Kalksteinmonolithen, die durch Erosion und Zerfall aus dem Rest der Landschaft gelöst wurden und nun, wild zerstreut, in bizarren Formen aus dem Erdboden ragen. Gleich neben dem Museum führt ein markierter Pfad dorthin, vorbei an einer Höhle und durch ein kleines Wäldchen. Alternativ können Sie im Ort auf einer ziemlich schmalen Straße rechts zum beliebten Agriturismo und Restaurant Gaspari abfahren und vom dortigen Parkplatz aus den Spaziergang antreten.

An der nächsten Gabelung befindet sich rechts der ganzjährig geöffnete, einfache **Campingplatz Camposilvano** [**007:** N 45°37'43" E 11°05'17", SP6, 1172 Hm, +39 045 783 56 58, €€€, ganzjährig geöffnet].

Für die Weiterfahrt schlagen Sie entweder links den direkten Weg über die SP13 ein oder fahren, vorbei am Campingplatz, noch weiter in die Berge. Diese landschaftlich schöne Strecke macht eine Schleife und führt schließlich zurück zur Hauptroute. Stellplätze entlang des fast gänzlich unbebauten Naturparkgebietes finden Sie gleich mehrere. Zum Beispiel an den Liftanlagen nördlich von Cam-

Im Sphinx-Tal

Stille Weite: Bauernhof in den Lessinischen Bergen

posilvano bei [**008:** N 45°38'44" E 11°05'33", SP6, 1401 Hm]. Der zwischenzeitlich hier eingerichtete offizielle Womo-Stellplatz war zuletzt aber wieder geschlossen. Auch am Ski-Hotspot **San Giorgio** gibt es ein großes, schlichtes Parkareal neben der Straße, [**009:** N 45°41'10" E 11°04'55", SP6, 1510 Hm]. Wer es komfortabler mag, kann ein paar Kilometer weiter in **Branchetto** das ganz ansprechende **Campeggio Branchetto** aufsuchen [**010:** N 45°40'27" E 11°03'51", SP 6, 1490 Hm, www.branchetto-camping-it, +39 340 590 60 39, €€€€, ganzjährig geöffnet]. Als „Budget"-Lösung stehen Gäste des Berggasthofs Malga Moscarda bei Einkehr und auf Anfrage am dortigen Parkplatz mit herrlicher Aussicht über Nacht. Die Auffahrt ist allerdings etwas schmal, [**011:** N 45°40'15" E 11°02'59", 1478 Hm]

In vielen Kurven schlängelt sich die Straße dann über **Bosco Chiesanuovo** mit Nachtparkplatz bei [**012:** N 45°37'10" E 11°02'13", Contrada San Margherita, 1050 Hm] und **Erbezzo**, immer den Schildern nach, bis **Sant`Anna D`Alfaedo**. Hier können Sie, angeschrieben in der Ortsmitte und etwas erhöht am Ende einer Piazza, das dritte angekündigte, **Paläontologische Museum** der Region besichtigen. Im vergleichsweise modernen Gewand werden Fossilien, Werkzeuge und andere frühgeschichtliche Fundstücke aus der näheren Umgebung präsentiert. Auch Informationsmaterial zu Ausflügen in die Region liegt hier bereit.

***Museo Paleontologico**: [N 45°37'42" E 10°57'12"], Piazza dalla Bona Gian Attilio, www.museosantaanna.it, MItte Jun bis Anfang Sep, Sa/So 10 bis 13 und 15 bis 18 Uhr, €*

Etwas südlich von Sant`Anna gelangen Sie zu einem besonders imposanten Felsbogen. Wasser und Erosion haben diese natürliche Brücke aus dem Berg gewaschen – mit gut 50 Metern Spannweite immerhin die größte ihrer Art in ganz

Die Ponte di Veja

Europa. Seit frühester, prähistorischer Besiedlungszeit haben Menschen Schutz in ihrer Nähe gesucht und die danebenliegenden Höhlen als Siedlungsgebiet auserkoren. Südlich von Sant'Anna beginnt ab der Ortschaft **Giare** der Weg zu dieser **Ponte di Veja**. Über eine schmale Nebenstraße erreichen Sie schließlich einen großen Parkplatz samt einem Panzer. Benachbart befindet sich auch ein Kletterpark.

(013) WOMO-Parkplatz: Ponte di Veja

GPS: N 45°36'25" E 10°58'12", Ponte di Veja **Max. WOMOs**: 4-5.

Ausstattung: Wasser, Mülltonnen.

Beschreibung: Große, schattenlose und fast ebene Kiesfläche, Trattoria, nachts ruhig.

Zufahrt: Südlich von Sant`Anna auf der SP12 immer geradeaus bis links die Ponte di Veja angeschrieben steht. Nach etwa 2,5 km kommt der Platz auf der rechten Seite.

Neben dem Lokal führt ein kurzer Weg nach unten in eine Schlucht. Auch eine Hütte, wie sie die frühen Siedler nutzten, wurde zur Veranschaulichung aufgestellt. Am Ende des Weges stehen Sie unter dem beeindruckend großen Bogen. Die Höhle daneben ist aufgrund der immer noch stattfindenden paläontologischen Untersuchungen gesperrt.

Achtung: Wer ab der Brücke dem Navigationssystem folgt, wird möglicherweise auf direktem Weg über den Weiler Spiazzo geleitet. Die Straße ist jedoch extrem schmal und endet mitten im kleinen Bergdorf unterhalb der Hauptstraße. Wohnmobile über Campingbus-Größe sollten daher die paar Kilometer zurück bis Sant`Anna in Kauf nehmen und über **Fosse** und **Breonio** weiterfahren.

Molina

Nahe Molina entspringen in einem Seitental eine große Anzahl von Quellen. Im urwaldähnlich grünen Canyon neben dem Ort gibt es daher eine besonders viele Wasserfälle und Flussläufe, die schon vor Jahren unter dem Namen **Parco delle Cascate** erschlossen wurden und einen schönen Rundgang bieten.

Parkplätze befinden sich oberhalb am Ortsrand, am offen gelassenen, ehemaligen Wohnmobilstellplatz können Sie über Nacht bleiben, [**014:** N 45°36'47" E 10°54'30", Via G. di Sotto].

Parco delle Cascate

Um in den Wasserfallpark **Parco delle Cascate** zu kommen, gehen Sie ein Stück die Straße hinab und dann links ins Dorfzentrum. Der Weg ist ausgeschildert. Die Lage am Grund der Schlucht erfordert einen längeren Abstieg, der, besonders im Hochsommer, zwangsweise wieder in einem recht schweißtreibenden Aufstieg enden wird... Da kommt die Erfrischung unten im Park gerade recht. Am Eingang des Geländes sind drei Routen markiert (grün 30 Min, rot 60 Min, schwarz 90-120 Minuten), die Sie je nach Zeit, Lust und Kondition in Angriff nehmen können. Die schön angelegten Wege führen vorbei an Wasserfällen, Bächen, Gumpen und Höhlen. Ein kleines Museum ist neben der Snackbar am Eingang eingerichtet. Verschiedene Picknickgelegenheiten gibt es außerdem. Highlights, die auch Kinder von der Wanderung überzeugen werden, sind das Flying Wire, eine Rutschpartie entlang eines langen Metallkabels, das über einen Teich gespannt ist und die Riesenschaukel vor einem Wasserfall *(www.parcodellecascate.it, Mär Sa/So 10 bis 18 Uhr, Apr bis Sep täglich 9 bis 19.30 Uhr, Okt 9 bis 18 Uhr, bis Mitte Nov 10 bis 15.30 Uhr, €€).*

Riesen-Wasserfallschaukel und Bachlauf im Parco delle Cascate

San Giorgio in Valpolicella

San Giorgio in Valpolicella

Um das Bergdorf San Giorgio in Ihre Rundfahrt einzubeziehen, fahren Sie ab Molina ein Stück zurück bis Breonio und weiter über die SP33 in Richtung **Cavalo**. Unterwegs haben Sie die Möglichkeit, immer wieder an Picknickplätzen Rast zu machen, die alle mit Grillstationen ausgerüstet sind. Direkt nach dem Ortsschild steuern Sie rechts beschildert auf **Sant Ambroglio** zu. Das zweite große Weinbaugebiet der Reise erwartet Sie hier: Valpolicella. Zunächst ändert sich landschaftlich nicht viel, doch sobald Sie über den Kamm des Hügels kommen, öffnet sich das Land nach Westen und gibt den Blick auf die große Ebene bis hinüber zum nahen Gardasee frei. Links ab folgen Sie einem Sträßchen den Hang hinauf nach **San Giorgio** und fahren einmal mehr durch weites Weinland. Direkt an der Umgehungsstraße gibt es beidseits mehrmals Parkmöglichkeiten. Ersparen Sie sich unbedingt den Versuch direkt hinauf zu fahren, denn dort wird es extrem eng!

Nirgends sonst hat man einen so schönen Blick nach unten in die Ebene, wie von San Giorgio aus. Die engen Gassen des kleinen Bergdorfes haben einen besonderen Charme und ganz oben wartet die alte romanische Ortskirche mit einer Klosteranlage auf Besucher. Teile der Gebäude sind bereits über 1200 Jahre alt. Der langobardische Kelch am Altar datiert sogar noch weiter zurück. Wenn Sie wieder bei Ihrem Fahrzeug sind, fahren Sie den Hang hinab bis Sant Ambroglio und weiter bis **San Pietro in Cariano**. Hier finden Sie einen Wohnmobilstellplatz.

(015) Offizieller WOMO-Stellplatz: San Pietro in Cariano

GPS: N 45°30'56" E 10°53'29", Via Fontego **Max. WOMOs**: 10.
Ausstattung: V/E, Mülltonnen, Picknickbänke, Beleuchtung.
Beschreibung: Zweckmäßiger, asphaltierter Platz am Industriegebiet in Ortsrandlage, mit Zugangsschranke und Videoüberwachung. Eben, etwas Schatten, nicht ganz ruhig, Einkaufsmöglichkeiten in der Nähe, bedingt klappstuhlgeeignet.

Villa Mosconi Bertani

Preis: €, vor Einfahrt muss erst ein Chip am Platz gelöst werden.
Zufahrt: Durchfahren Sie San Pietro ganz. Am Ende des Ortes erreichen Sie einen großen Kreisverkehr. Hier nehmen Sie die erste Ausfahrt. Nach gut 150 m auf der rechten Seite.

Villa Mosconi Bertani
Nicht nur für Weinliebhaber lohnt ein Halt an der Villa Mosconi, die zum Weingut Tenuta Santa Maria gehört. Neben Teilen der beeindruckenden Villa können die Weinkeller sowie Garten und Park besichtigt werden. Sie wurden mit dem Siegel der 40 schönsten Gärten Italiens ausgezeichnet. Die Tour ist mit oder getrennt von einer Weinverkostung buchbar und es gibt deutschsprachige Erklärungen. Eine Vorabreservierung über die Website ist kein Muss, aber sehr empfehlenswert. Zusätzlich existiert ein reiner Weinverkauf.

***Villa Mosconi**: [N 45°30'11" E 10°56'45"], Via Novare, Negrar, www.mosconibertani.it/de, Touren und Weinproben Mai bis Okt, 2 bis 3 Mal täglich, Nov bis Apr Mi bis Sa 2 Mal täglich, je nach Art und Umfang ab €€, Weinshop 9.30 bis 12.30 und 14 bis 17.30 Uhr*

Via Mazzini, Verona

Verona *(Markttage: Di., Via A. Turchi, Sa. Via L. Da Vinci, Mi, Via A. Poerio.)*
Einen Rundgang durch die sehenswerte Innenstadt Veronas sollten Sie nicht verpassen. Je nachdem, ob Sie über Nacht bleiben möchten oder nur für einige Stunden, können Sie einen Parkplatz suchen oder einen Übernachtungsplatz ansteuern.

Gute Chancen, auch mit einem längeren Fahrzeug zentral eine Lücke zu finden, haben Sie südwestlich der Innenstadt an der Etsch, zum Beispiel am **Lungadige Cangrande**, etwa bei [N 45°26'36" E 10°59'01"], oder nahe der Kirche San Zeno, in der **Via Tomaso da Vico**, [N 45°26'37" E 10°58'47"]. Auch am letzten verbliebenen offiziellen Wohnmobilstellplatz der Stadt können Sie stundenweise Tickets ziehen, die weiteren angegebenen Plätze sind private Agricampeggi und Campingplätze.

(016) Offizieller WOMO-Stellplatz: Verona

GPS: N 45°26'03" E 10°58'41", Via G. dalla Bona 2 **Max. WOMOs**: 36.
Internet: www.amt3.it/turismo/camper
Ausstattung: V/E, Beleuchtung
Beschreibung: Asphaltierter, schattiger und ebener Platz, etwa 500 m vom Zentrum entfernt, belebt, zugangsbeschränkt und videoüberwacht. Historische Altstadt etwa 2,5 km, zum Beispiel per Bus Nr. 32,33 oder 63 (Station hinter der Porta Palio östlich des Platzes) bis Corso Cavour, ab dort etwa 250 m zur Piazza Bra.

Preis: €€, auch stundenweise möglich.
Zufahrt: Gleich nach dem Ortsschild „Verona" biegen Sie rechts ab, dem „tutte le direzione" Hinweis nach. Immer geradeaus, bis die linke Spur in einer Unterführung verschwindet. Hier bleiben Sie auf der rechten Spur nach „S.Lucia". Direkt vor dem folgenden Kreisverkehr beschildert rechts abfahren, dann nach 50 m auf der linken Seite.

(017) WOMO-Agricampeggio: Verona 1
Corte Agricola Monrò

GPS: N 45°25'24" E 10°59'34", Via B. Avesani 21 **Max. WOMOs**: 12.
Internet: www.corteagricolamonro.com,
Ausstattung: V/E, Strom, einfache Toilette/Dusche, WLAN, Mülltonnen, Waschmaschine, Grillgelegenheit, Spielplatz, Tiere.
Beschreibung: Schönes, grünes Gelände direkt an der Etsch, ebene, teils schattige Stellplätze, recht ruhig, etwa 1,6 km bis in die Altstadt.
Preis: €€€€.
Zufahrt: Gleich nach dem Ortsschild „Verona" biegen Sie rechts ab, dem „tutte le direzione" Hinweis nach. Immer geradeaus, dann nach einiger Zeit der linken Spur in einen Tunnel folgen. Nach dem dritten Tunnel rechts Richtung „Centro" abbiegen und nach einer Unterführung vor dem Zebrastreifen links halten. Die Einfahrt kommt nun nach rund 350 m links.

(018) WOMO-Agricampeggio: Verona 2
Lazzaretto

GPS: N 45°25'26" E 11°02'17", Via Lazzaretto **Max. WOMOs**: 6-8.
Ausstattung: Wasser, Toilette/Außendusche, Mülleimer.
Beschreibung: Naturnahes Gelände am Rand der Stadt auf einem Acker in einer Flussschleife. Badeplatz benachbart, sehr einfache Ausstattung, nicht ganz eben, teils etwas Schatten, ruhig, Bushalt etwa 1,2 km entfernt, Altstadt 4km, manchmal werden Fahrräder vermietet, Fahrzeuge bis max. 7 m.
Preis: €€, ist niemand da kann das Geld eingeworfen werden.
Zufahrt: Gleich nach dem Ortsschild „Verona" biegen Sie rechts ab, dem „tutte le direzione" Hinweis nach. Immer geradeaus, dann nach einiger Zeit der linken Spur in einen Tunnel folgen. Nach der Etsch-Brücke weiter der Hauptstraße folgen, bis rechts Vicenza angeschrieben steht.

Arena di Verona

Dem Schild nach, bei einer Tankstelle auf die rechts, schmale Spur wechseln und durch die Unterführung fahren. Der teils schmalen und als Einbahnstraße ausgeführten Spur immer weiter folgen, bis Sie rechts Richtung „Lazzaretto“ abfahren können. Den Schilden nun bis zum Ende folgen.

(019) WOMO-Agricampeggio: Verona 3
Corte Finiletto

GPS: N 45°26'47" E 10°55'09", Strada Bresciana 41 **Max. WOMOs**: 20.
Internet / Tel.: www.cortefiniletto.it, +39 340 607 50 17.
Ausstattung: V/E, Strom, Toilette/Dusche, WLAN, Spielplatz, Picknickbänke.

Beschreibung: Familiärer Platz neben Obstplantagen. Schöne Lage, aber nicht ganz leise, da nah an einer Hauptverkehrsstraße gelegen. Teils schattig, recht eben. Etwa 6,5 km in die Altstadt, zum Beispiel mit Bus Nr. 33 (Haltestelle direkt vor dem Platz bis Corso Cavour, ab dort ca. 250 m zur Piazza Bra).
Preis: €€€-€€€€.
Zufahrt: Am besten zu erreichen, wenn Sie bereits am Kreisverkehr kurz vor San Pietro in Cariano die erste Ausfahrt Richtung „Autostrada“ nehmen. Dann etwa 7 km geradeaus und erst kurz vor der Autobahn direkt nach einer Unterführung rechts ab Richtung Verona fahren. Nach gut 2 km auf der rechten Seite finden Sie den Stellplatz.

(020) WOMO-Campingplatz: Verona 1
Castel San Pietro

GPS: N 45°27'02" E 11°00'16", Via Castel San Petro 2
Internet / Tel.: www.campingcastelsanpietro.com/de, +39 045 59 20 37.
Öffnungszeiten: April bis Mitte Oktober.
Ausstattung: Campingplatzüblich aber Entsorgung schwierig, Bar, Grillgelegenheit.
Beschreibung: Sehr schöne, aber kleine grüne Oase mitten in der Stadt auf dem Hügel an der alten Festung, schattig, nicht ganz eben, relativ ruhig, unmittelbar nördlich der Altstadt am alten österreichischen Kastell,

Treppe oder Gondel hinab, Fahrzeuge bis max. 7 m, sehr eng.
Preis: €€€€€
Zufahrt: Auf der Einfallstraße immer geradeaus. An einer Kreuzung kurz nach einer Agip Tankstelle ist nach links das „Santuario N.S. Lourdes" auf einem braunen Schild angeschrieben. Hier abbiegen und erneut für längere Zeit auf der Straße bleiben, die später in die Via Castello übergeht. Immer nach oben Richtung Burg weiterfahren, bis rechts ein kleines Schild den Eingang zum Campingplatz signalisiert.

(021) WOMO-Campingplatz: Verona 2
Verona Village

GPS: N 45°23'34" E 10°59'36", Via Forte Tomba 44
Internet / Tel.: www.campingverona.com, +39 045 205 06 60.
Öffnungszeiten: April bis Mitte Oktober.
Ausstattung: Campingplatzüblich, WLAN, Waschmaschine / Trockner, Grillgelegenheit, Bar, Fahrradverleih, Privatbad möglich.
Beschreibung: Recht neuer Platz in Ortsrandlage, eben, auf Schotter, keinm Schatten, Stellplatzcharakter, nicht ganz ruhig, modern und sauber, Busverbindung direkt am Eingang, etwa 5,5 km in die Altstadt.
Preis: €€€€
Zufahrt: Gleich nach dem Ortsschild „Verona" biegen Sie rechts ab, dem „tutte le direzione" Hinweis nach. Immer geradeaus, bis die linke Spur in einer Unterführung verschwindet. Hier bleiben Sie auf der rechten Spur nach „S.Lucia". Dann links halten und Tunnel Richtung SS12 Modena nehmen. Immer geradeaus, etwa 400 m nach der Autobahnunterführung links.

Unterwegs in Verona

Wenn es eine Stadt in der Region gibt, die es zumindest ansatzweise mit Venedig aufnehmen kann, so ist das Verona. Kultur und Konsum geben sich ein Stelldichein – beidem kann man ausgiebig frönen. Worauf Ihr Hauptaugenmerk liegt, müssen Sie selbst entscheiden. Die Geschichte der Stadt verlief weniger unstet, als die vieler kleinerer, die Sie im Laufe Ihrer Reise noch besuchen werden. Als römische Provinzhauptstadt war Verona schon zu Beginn unserer Zeitrechnung ein Schwergewicht. Später gaben sich Goten und Langobarden die Ehre und für ein paar hundert Jahre gehörte die Stadt gar zum Heiligen Römischen Reich deutscher Nation. Zu endgültigem Glanz verhalfen ihr dann die Skaliger, denen Sie bereits zuvor begegnet sind. Ab dem 15. Jahrhundert erging es Verona wie dem Rest des südöstlichen Voralpenlandes: Venezianer, Franzosen und Österreicher kamen und gingen, bis schlussendlich das Königreich Italien entstand und Verona aufnahm.

Sightseeing-Tipps

Sie können bei einer Tour durch die Stadt sparen, wenn Sie sich eine Verona-Card zulegen, erhältlich in allen angeschlossenen Museen und anderen Sehenswürdigkeiten. Außerdem berechtigt sie zur Benutzung öffentlicher Verkehrsmittel *(€€€€ / 24 oder 48 Stunden, mehr unter www.visitverona.it)*. Alternativ gibt es ein Kirchensammelticket *(Duomo, S. Anastasia, S. Fermo, S. Zeno, €€) und am ersten Sonntag im Monat kosten Museen nur 1 €.*

Wenn Sie, statt zu Fuß durch die Innenstadt zu streifen, lieber eine Rundfahrt machen, haben Sie zwei Möglichkeiten.

Mit dem Hop on/Hop Off-Sightseeing Bus können Sie auf zwei verschiedenen Touren auch etwas weiter entfernte Sehenswürdigkeiten, wie den Dom San Zeno oder den Botanischen Garten einbeziehen, ohne allzu weit herumwandern zu müssen. Die Busse verkehren dabei in regelmäßigen Abständen auf zwei Routen und Sie können jederzeit einen Zwischenstopp einlegen und bei nächster Gelegenheit weiterfahren. Per Audioguide erhalten Sie Informationen, auch auf Deutsch *(Mär bis Okt, je nach Saison von 9/10 Uhr bis 18/19.30 Uhr, etwa alle 30 bis 60 min., 24h-Tickets €€€€, Erstzustieg ab Piazza Bra oder jedem anderen Haltepunkt, mehr unter www.city-sightseeing.it/city-sightseeing-verona)*.

Kostengünstiger und sehr viel einfacher ist die halbstündige Fahrt mit einer Bimmelbahn einmal rund um den innersten Stadtkern. Dazu gibt es ein paar Informationen auf Deutsch. Immerhin ein ganz guter Einstieg, um sich einen ersten Überblick zu verschaffen *(Mär bis Okt, 10 bis 19 Uhr, etwa alle 25 Min., €, Zustieg auf der Piazza Bra vor dem rostroten Haus „Societa per il Turismo", mehr unter www.visitverona.it)*.

Viele Tipps und Informationen zu Verona erhalten Sie, nur auf italienisch und englisch, auf den offiziellen Tourismuswebseite www.turismoverona.eu und www.visitverona.it.

Rundgang

Mit dem vorgeschlagenen Rundgang starten Sie am besten dort, wo jeder früher oder später sowieso hinkommt: an der **Piazza Bra**, gleich neben der **Arena di Verona**. Der Platz wird nach Süden vom schönen **Portoni della Bra** abgeschlossen und ist Dreh- und Angelpunkt für die meisten Touristen. Doch auch die Einheimischen wissen „den Bra" zu schätzen. Ringsum finden sich viele Cafes und der Liston. Die „Meile" dient gegen Abend dem Schaulauf der Eitelkeiten. Am südöstlichen Ende, hinter den Bushaltestellen, befindet sich die **Touristeninformation**. Die berühmte Arena wirkt recht niedrig. Der Grund ist, dass sie ein Stück unterhalb des heutigen Niveaus des Platzes beginnt und somit ein wenig abgesunken erscheint – genau genommen ist sie das auch. Früher kämpften hier Gladiatoren gegen Raubtiere. Seit 1913 finden nun Opernfestspiele statt und lassen den Platz so alljährlich zum Dreh- und Angelpunkt des italienischen Kulturkalenders werden. Die erste Aufführung war Aida – am 10. August zu Verdis 100. Geburtstag. 20.000 Menschen finden im Inneren Platz und ein Blick hinein lohnt auch unter tags. Wenn Sie Tickets für eine Aufführung ergattern können, ist das natürlich die Krönung eines Verona-Besuchs *(Piazza Bra*

Piazza Bra

1, www.arena.it, Di bis So von 8 bis 19.30 Uhr, Mo ab 13.30 Uhr, bei Aufführungen nur bis 15.30 Uhr, €€, gratis mit Verona Card). Bevor Sie in das etwas nördlicher in einer Flussschleife gelegene Herz der Altstadt kommen, gehen Sie zunächst im Westen durch die **Via Roma** auf die alte Skaligerburg **Castelvecchio** zu. Die Burg wurde von der großen Herrscherfamilie zu einer Zeit in Auftrag gegeben, als neben der äußeren auch die innere Sicherheit gefährdet war. Das autokratische Regime war alles andere als unumstritten. So wirkt die Burg von allen Seiten gleichermaßen wehrhaft und die **Ponte Scaligero, gleich dahinter,** war wohl mehr Fluchtweg als geschützte Einfallbrücke gegen Fremde. Von der Brücke hat man einen recht schönen Blick auf die Stadt. Im Kastell ist das **Museo di Castelvecchio** untergebracht, das neben seiner Gemäldesammlung auch einen Blick in die Räumlichkeiten der Festung gestattet *(Corso Castelveccio 2, Di bis So von 8.30 bis 19.30 Uhr, Mo ab 13.30 Uhr, Winter Di bis So 10 bis 18 Uhr, €€, gratis mit Verona-Card).*

Wenn Sie sich für Kirchenkunst interessieren, können Sie von hier aus einen Abstecher nach Nordwesten, erst immer am Fluss entlang und dann links ab zur **Basilica San Zeno**, in Erwägung ziehen. Markant ist ihre Fassade aus abwechselnd in Streifen angeordneten Tuff- und Ziegelsteinen. Im Inneren sind viele Fresken, teils noch aus dem 12. Jahrhundert, zu sehen. Angeschlossen ist eine Benediktinerabtei. Der Schutzheilige der Stadt, San Zeno, ruht in einem Sarg in der Krypta *(Piazza San Zeno 2, Mär bis Okt von 8.30 bis 18 Uhr, So 12.30 bis 18 Uhr, Winter 10/12.30 bis 17 Uhr, €, gratis mit Verona-Card und Kirchen-Ticket).*

Von der Burg gehen Sie ansonsten nordöstlich den **Corso Cavour** entlang bis zur **Porta di Borsari**, einem 2000 Jahre alten Stadttor. Schräg rechts zurück durch die **Via Oberdan**, kommen Sie erneut zur Arena, biegen dann aber gleich wieder links in die schmale **Via Mazzini** ab. Sie ist nicht nur die meistfrequentierte Touristenmeile, sondern auch die nobelste Adresse der Stadt mit Boutiquen und anderen Geschäften, die größtenteils für gut gefüllte Geldbörsen gedacht sind. Auch in den Gassen links und rechts finden sich viele Geschäfte, an denen Sie entlang bummeln können.

Am Ende der Straße stoßen Sie linker Hand auf den zweiten großen Prachtplatz der Stadt, den „Platz der Kräuter", die **Piazza Erbe**. Bis heute stehen hier Buden, die allerlei Waren feilbieten. Der Markuslöwe thront über dem Geschehen und großartige Palazzi umrahmen

Ponte Scaligero

die Szenerie. Schon unter den Römern war hier das Forum, an dem sich ein Großteil des gesellschaftlichen Lebens abspielte. Die Madonnenfigur am Brunnen gilt als eines der Wahrzeichen Veronas. Durch den Torbogen im Hintergrund kommen Sie auf einen zweiten, völlig abgeschlossenen Platz, die weit ruhigere **Piazza dei Signori**. In der Mitte steht ein Denkmal von Dante Alighieri, der, aus Florenz verstoßen, hier einst Asyl fand. Auf der rechten Seite steht der **Palazzo del Commune o delle Ragione** – darüber erhebt sich der 84 Meter hohe **Torre die Lambert**, von dem aus man den besten Blick über die Altstadt genießt. Bis ganz nach oben stehen Ihnen fast 370 Stufen bevor. Die ersten 243 können Sie sich alternativ dank eines Aufzugs ersparen *(täglich von 11 bis 19 Uhr, inkl. Galleria D`Arte Moderna Achille Forti, €€, gratis mit Verona-Card exkl. Aufzug)*.
An der Rückseite der Piazza gehen Sie durch einen weiteren Torbogen und stehen nun vor eigenwilligen Tempeln, die, von einem Gitter geschützt, vor einer Kirche stehen. Es handelt sich um die Skaligergräber oder **Arche Scaligere,** der großen Herrscherfamilie aus dem 13. und 14. Jahrhundert *(Via S. Maria Antica 4, €)*. Dahinter können Sie noch rechts in die Gasse gehen und linker Hand einen Blick auf das **Casa Romeo** werfen. Wenn man an Verona denkt, so kommt einem fast unweigerlich auch die Geschichte von Romeo und Julia in den Sinn – und dieses verschlossene und wenig spektakuläre Gebäude wird als Wohnort eines der beiden Protagonisten gehandelt. Kehren Sie nun um und gehen in entgegen gesetzter Richtung weiter und dann rechts in den **Corso Anastasia**. Sie stoßen so auf die **Kirche Sant`Anastasia** *(Piazza S. Anastasia, Mär bis Okt von 9 bis 18 Uhr, So 13 bis 18 Uhr, Winter 10/13bis 17 Uhr, €, gratis mit Verona-Card und Kirchenticket)*. Von außen eher schlicht, lohnt ein Blick ins Innere – außergewöhnlich prunkvoll, mit großen Deckengemälden ist sie den Stopp wert. Die Gasse vor der Kirche nach Nordwesten, die **Via Duomo,** führt Sie danach zum **Dom Santa Maria**. Im Inneren haben sich Meister wie Nicolo und Tizian verewigt *(Via Duomo, Mär bis Okt 10.00 bis 17.30 Uhr ,So 13.30 bis 18 Uhr, Winter 10/13.30 bis 17 Uhr, €, gratis mit Verona-Card und Kirchenticket)*. Im Hintergrund führt die uralte Brücke **Ponte di Petra** aus der Römerzeit hinüber zum anderen Ufer. Freilich nicht mehr ganz im Originalzustand, wurde sie zuletzt im 2. Weltkrieg gesprengt und danach aus den Originalteilen rekonstruiert.

Piazza Erbe

Gleich vor Ihnen liegt nun der Aufgang zum **Castel San Pietro**. Auch von dort hat man einen fantastischen Blick über die Stadt. Das Schloss selbst stammt aus österreichischer Zeit. Von der Treppe erhascht man einen schönen Einblick nach unten ins **Teatro Romano**. Während in der römischen Arena damals noch blutige Kämpfe abgehalten wurden, gab man sich hier schon den schönen Künsten hin. An das Theater angeschlossen ist das interessante **Museo Archeologico** *(Rigaste Redentore 2, Di bis So von 8.30 bis 19.30 Uhr, Mo ab 13.30 Uhr, €).* Wenn Sie noch Muße haben, gehen Sie noch ein Stück die breite **Via Redentore** schräg links den Hügel bergan. Zwei interessante Kirchen, nach links **San Giovanni di Valle** und nach rechts ein Stück weiter **San Maria in Organo**, und der ruhige Barockgarte **Giardino Giusti** hinter dem **Palazzo Giusti,** warten hier noch auf Sie *(Via Giardino Giusti 2, www.giardinogiusti.it, Apr bis Sep von 9 bis 20 Uhr, sonst bis 18 Uhr, €€, ermäßigt mit Verona-Card).*
Anderenfalls bummeln Sie einfach am Ufer entlang. Zurück ins touristische Getümmel führt in jedem Fall die Brücke **Ponte Nuovo**, die im Fortverlauf auf die **Via Cappello** stößt. Gleich rechts davon stehen Sie nun am **Casa di Giulietta**, Julias Haus. Im Durchgang zum Innenhof haben sich unzählige Menschen verewigt. Ein Foto mit der Statue der Julia gehört zum Standardrepertoire – wo besonders gern Hand angelegt wird, erkennt man unschwer an den blank polierten Brüsten... Gleich daneben hat der Brauch Verliebter, sich mit einem gemeinsamen Schloss ein Denkmal zu setzen, längst Einzug gehalten. Regelmäßig müssen sie geknackt und entfernt werden, um Platz für Neue zu schaffen – nichts ist für die Ewigkeit. Der berühmte Balkon ist auch zu sehen. Allerdings wurde er erst nachträglich angebaut, als Reminiszenz an Shakespeares Stück. Das Gebäude kann besucht werden *(Via Cappello 23, Di bis So von 8.30 bis 19.00 Uhr, Mo ab 13.30 Uhr, €€, gratis mit Verona-Card)*. Durch die **Via Stelle** gelangen Sie schließlich zurück zur Arena.

Romeo und Julia Teil 1

Romeo und Julia gelten als das berühmteste Liebespaar der Weltliteratur. Ihre Geschichte wurde unzählige Male aufgeführt, verfilmt und immer wieder aufs Neue literarisch und musikalisch adaptiert. Schöpfer des Dramas ist der englische Lyriker William Shakespeare, der sei-

Julia am Casa Gulietta

ne Geschichte erstmals 1597 veröffentlichte.
Der Plot spielt in Verona und dreht sich um die beiden jungen Protagonisten Romeo und Julia aus den verfeindeten Adelsgeschlechtern Capulet und Montague. Es kann nicht sein, was nicht sein darf – und so ist eine Liebe für die beiden unmöglich. Die gesamte Handlung spielt innerhalb von nur fünf Sommertagen und endet tragisch mit dem Tod der beiden.
Wenn Sie zurück zur Arena gehen, sich dann am Ende des Platzes links und wieder rechts in die **Via del Pontiere** halten, kommen Sie bei Interesse zum (angeblichen) Grab von Julia. Der leere Sarkophag soll ihre Überreste enthalten haben. Woher, wieso, weshalb sollte man nicht zu genau nachfragen, sondern sich einfach an dem Mythos erfreuen, wenn man schon den Extra-Weg auf sich genommen hat *(Haus Nr. 35, Di bis So 8.30 bis 19.00 Uhr, Mo ab 13.30 Uhr, €, gratis mit Verona-Card).*
Vielleicht stellen Sie sich jetzt die Frage: gab es denn eine wahre Vorlage zum Drama oder nicht?
Gewiss ist: die Stadt Verona ist in Wahrheit ein rein fiktiver Schauplatz. Die bereits besuchte Piazza Erbe, ein fester Bestandteil der im Stück genannten Örtlichkeiten, erfreut sich nichtsdestotrotz großer Beliebtheit unter Fans. Genauso wie die zwei unweit voneinander gelegenen (angeblichen) Häuser der Capulets und Montagues Casa Romeo und Casa Gulietta. Die beiden Adelsgeschlechter gab es aber tatsächlich, jedoch lagen ihre Wurzeln an anderer Stelle.
Im Laufe Ihrer Reise durch Venetien und Friaul werden Ihnen Romeo und Julia somit noch öfters begegnen. Und Sie werden erfahren, dass hinter Shakespeares Geschichte tatsächlich mehr steckt als bloße Fiktion...

Valeggio sul Mincio *(Markttag Sa., Piazza Alberto)*
Ab Verona kürzen Sie nun direkt in Richtung Isola della Scala ab – oder folgen uns ans Ufer des Mincio, der hier, südlich des Gardasees, die Grenze zur Nachbarprovinz Lombardei bildet. Das recht hübsche 14.000 Einwohner-Städtchen besitzt neben einer alten Skaligerburg noch zwei weitere Sehenswürdigkeiten, die den Abstecher lohnen: da wäre einmal die riesige, ganze 600.000 Quadratmeter große Gartenanlage **Parco Sigurtà**. Sie war einst im Besitz der Villa Maffei und existiert bereits seit dem frühen 17. Jahrhundert. Doch erst nachdem Napoleon 1795 hier Station machte und später der gartenbe-

sessene Graf Carlo Sigurtà ab den 1940er Jahren Hand anlegte, wurde sie zu dem grünen, abwechslungsreich gestalteten Kleinod, das sie noch heute ist. Tempel, Wasserläufe und Alleen zieren das Gelände und es macht durchaus Sinn ein paar Euro zu investieren, um statt zu Fuß per angebotenen Golfkarts den Park zu erkunden, der seit 1978 der Öffentlichkeit zugänglich ist. Ein weiteres Highlight markiert die **Ponte Visconteo** im Westen des Ortes. Die imposante Brücke wurde jahrelang restauriert und gilt als Wahrzeichen Valeggios und eines der ältesten Bauwerke seine Art. Sie datiert aus dem Jahr 1395 und ringsum ist ein richtiger kleine Gürtel an Souvenirständen und Restaurants entstanden. Ein ganz besonderes Event bietet Valeggio jährlich Mitte Juni: dann werden auf der Brücke lange Banketttische für bis zu 3000 Menschen aufgestellt und einer weltbekannten Spezialität gehuldigt, für die die Stadt bekannt ist: den Tortellini.

Auch das Gelände der bereits erwähnten **Skaligerburg** kann besichtigt werden, im Innenhof finden im Sommer regelmäßig Kino- Musik- und Theateraufführungen statt. Sie stammt aus dem 11. Jahrhundert, weite Teile wurden aber erst später, nach einem großen Erdbeben ergänzt. Im Inneren der Trutzmauern befindet sich heute ein recht moderner Villenbau. Nicht vergessen soll an dieser Stell auch der ganz hübsche Wasserpark **Parco Cavour** werden, etwas außerhalb gelegen, und natürlich die beiden Stellplätze gleich hinter der Brücke, die einen Aufenthalt sehr angenehm machen. Ein dritter guter Stellplatz folgt dann, etwas auf halbem Weg nach Isola

Parco Sigurtà, Ponte Visconteo und Skaligerburg

della Scala an der Wakeboardanlage New Fantasy, **[024:** N 45°19'24" E 10°48'36", Loc. Fantasia 2, Villafranca, www.laghettonewfantasy.it, +39 392 315 16 00, alle Einrichtungen, €€€ - €€€€, Mär bis Okt]

Parco Sigurtà*: parken bei [N 45°21'46" E 10°44'08"], Via Cavour 1, www.sigurta.it, Apr bis Sep 9 bis 19 Uhr, Mär/Okt/Nov bis 18 Uhr, €€€ |* ***Ponte Visconteo****: parken gegen Gebühr bei [N 45°21'11" E 10°43'37"], Via Ponte Visconteo, frei zugänglich |* ***Castello Scaligero****: Fußweg ab dem Brückenparkplatz, Via degli Scaligeri, Gelände täglich 10 bis 19 Uhr, Turm Sa/So 10 bis 13 Uhr und 15 bis 18 Uhr, € |* ***Parco Cavour****: [N 45°20'35" E 10°41'47"], Via Napoeonica 504, www.parcocavour.it, Jun bis Anfang Sep, 10 bis 19 Uhr, nur bei gutem Wetter*

(022) Offizieller WOMO-Stellplatz: Valeggio sul Mincio 1
Parking Visconteo

GPS: N 45°21'19" E 10°43'13", SP 55 **Max. WOMOs**: 40.
Internet/Tel.: www.camper-parking.it, +39 346 402 69 65
Ausstattung: V/E, Strom, WLAN, Waschmaschine / Trock-ner, Grillgelegenheit, Spielplatz, Videoüberwachung.

Beschreibung: Schattige, geschotterte Plätze, eben, nachts ruhig, sauber, nur 100 m von der Brücke entfernt, 300 m zu den Restaurants am Fluss, klappstuhlgeeignet.
Preis: €€.
Zufahrt: Ab Valeggio den Schildern zur Brücke folgen, diese überfahren und danach links halten. Dort auf der rechten Seite.
Hinweis: Wer noch mehr Service wünscht, findet wenige hundert Meter nordöstlich auch einen Campingplatz.

(023) Offizieller WOMO-Stellplatz: Valeggio sul Mincio 1
Parking Viriglio

GPS: N 45°21'16" E 10°43'17", Via M Buonanrotti **Max. WOMOs**: 100.
Internet/Tel: www.parcheggioviriglio.it, +39 338 924 73 82.
Ausstattung: V/E, Strom, Toilette / Dusche, Grillgelegenheit.
Beschreibung: Großer, eigens ausgewiesener Bereich eines öffentlichen Schotterparkplatzes direkt neben der Brücke, kaum Schatten, eben, nachts ruhig, sauber, nur wenige Meter bis zu Gastronomie, bedingt klappstuhlgeeignet.
Preis: €€€.
Zufahrt: Ab Valeggio den Schildern zur Brücke folgen, diese überfahren, danach links und gleich wieder links halten. Dort auf der rechten Seite.

Isola della Scala *(Markttag Fr., Piazza Martiri)*
Richtung Meeresküste durchqueren Sie die südlich von Verona gelegene Tiefebene, die vor allem für ihren Reisanbau bekannt ist. Die verschiedenen Rundkorn-Sorten werden insbesondere für Risotto genutzt, ein bei uns weniger populäres Gericht, verglichen mit dem Siegeszug, den Pasta und Pizza nahmen.

Zentrum des Gebietes ist das Städtchen Isola della Scala.

Die hiesige Sorte heißt „Vialone Nano“ und ist, neben vielen weiteren aus der Umgebung, in ziemlich allen Lebensmittelgeschäften zur Selbstzubereitung oder den örtlichen Trattorien und Osterien zum sofortigen Genuss erhältlich. Wer Risotto mag, wird seine Freude daran haben und wer es bislang nicht mochte, sollte dem typisch italienischen Reisgericht eine zweite Chance geben: es hat sie verdient.

Große Sehenswürdigkeiten und auffällige landschaftliche Reize bietet Isola zwar nicht, dafür authentische italienische Kleinstadtstimmung. Am Ortsanfang zieht unübersehbar ein rötlich schimmernder Turm, der **Torre Scaligera,** die Blicke auf sich, [N 45°16’32” E 10°59’35”]. Bereits im 14. Jahrhundert von der Skaligeri-Familie erbaut, war er Teil eines großen und weitläufigen Befestigungsrings, der Verona gegen die verfeindete Stadt Mantua abschirmen sollte. Da die Gegend früher von Sümpfen und Wasserläufen durchzogen war, reichte dieser Turm, um die einzige Straße zu schützen. Erst Jahrhunderte später „fiel“ er, als sich die Franzosen gegen die Venezianer eben hier ihren Weg in Richtung Brescia frei kämpften und in Folge diesen Teil Italiens einnehmen konnten.

Außerdem finden Sie recht zentral im Ort einen Nachtparkplatz. Ein weiterer folgt im kleinen **Salizzole** bei [**026:** N 45°14’37” E 11°05’05”, Via M. della Scala].

(025) WOMO-Parkplatz: Isola della Scala

GPS: N 45°16’12” E 11°00’19”, Via Remembranza **Max. WOMOs**: 3-4.

Ausstattung: V/E, Mülleimer, Spielplatz, Beleuchtung.

Beschreibung: Parkplatz unmittelbar im Ortszentrum, eher belebt, Asphalt, eben, kein Schatten.

Zufahrt: Vom Turm kommend ortseinwärts, am Ende der Allee rechts in die Piazza Nazario Sauro und nach dem Platz gleich wieder rechts in die Via Monte Pegni, später Via Remembranza. Nach dem Schulgebäude auf der rechten Seite links abbiegen.

Für die Weiterfahrt können Sie nun zwischen zwei Routen wählen. Entweder, entlang des Po über Ferrara (siehe Tour Zwei) oder entlang der angegebenen Hauptroute. Neben der Straße tauchen dort immer wieder Türme und Befestigungsreste aus der Zeit der Skaliger auf, allerdings auch eine zunehmende Zahl eher unschöner Fabrikbauten. Die Gegend ist eine Hochburg italienischer Möbelmanufakturen. Dort sei der Vollständigkeit halber in **Cerea** zuletzt noch der Stellplatz in der Via Risorgimento erwähnt, immerhin mit V/E und Strom, [**027:** N 45°11’55” E 11°12’36”].

TOUR 2
TOUR 1
TOUR 3
1: Mus. Antiche Vie
2: Villa Poiana
3: Mus. Vendramin
4: Oasi Ca' Melo
10 km
N
Chioggia
Sottomarina
Pellestrina
Codevigo
Brenta
Rosolina Mare
Botanischer Garten
Rosolina
Porto Levante
Scanarello
Bocasette
Pila
Scardovadi
Ca' Tiepolo
Porto Viro
Taglio di Po
Parco Regionale del Delta del Po
Mesola
Bosco Mesola
Mesola Wald
Goro
Gorino
Codigoro
Mazzorno
Adria
Cavarzere
Baricetta
Can. Bianco
EMILIA ROMAGNA
Copparo
Rovigo
Polesella
Po
Ferrara
Monselice
Tribano
Parco Regionale dei Colli Euganei
Este
Noventa Vic.
Poiana M.
Montagnana
San Salvaro
Badia Pol.
Lendinara
Etsch
Villa Ca' Dolfin
Fratta Polesine
Villa Badoer
Wasserpark
Castelguglielmo
Occhiobello
Ficarolo
Bondeno
Finale Emilia
Legnago
Cerea
Bovolone
Ostiglia
Borgofranco
Sermide e F.
LOMBARDEI
Libiola
Mirandola

Tour 2: Ferrara, Rovigo und das Po-Delta, 360 km

Montagnana – Lendinara – Fratta Polesine
Ferrara – Rovigo – Adria – Mesola – Goro
Barricata – Rosolina Mare – Chioggia

Stellplätze:	San Salvaro, Montagnana, Poiana Maggiore, Noventa Vicentina, Lendinara, Castelguglielmo, Fratta Polesine, Libiola, Pieve di Coriano, Borgofranco, Sermide, Ferrara, Occhiobello, Polesella, Baricetta, Adria, Mazzorno, Taglio di Po, Museo Ca`Vendramin, Ca`Tiepolo, Mesola, Bosco Mesola, Goro, Sacca degli Scardovari, Oasi di Ca`Mello, Barricata, Scardovari, Boccasette, Scanarello, Porto Levante (2x), Cason Mocenigo, Rosolina Mare, Isola Verde, Chioggia, Sottomarina
Agricampeggi:	Bosco Mesola, Codevigo
Campingplätze:	Stellata, Gorino, Barricata, Rosolia Mare, Sottomarina
Besichtigen:	Museum San Salvaro, Montagnana, Villa Poiana, Villa in Lendinara, Villen von Fratta Polesine, Ferrara, Rovigo, Adria, Museum Ca`Vendramin, Chioggia
Baden:	Wasserpark Castelguglielmo, Wasserpark Bondeno, Boccasette Beach, Barricata Beach, Rosolina Mare, Isola Verde, Sottomarina, Codevigo
Wandern:	Naturpark bei Bosco Mesola, Oasi Ca`Melo, Botanischer Garten Rosolina Mare

Tour 2 führt Sie ins Po-Delta. Italiens größtes Feuchtgebiet wartet mit Ursprünglichkeit und weitgehender touristischer Unberührtheit auf, wie kaum ein anderer Küstenlandstrich Venetiens. Der Grund dafür ist nicht zuletzt der schlechte Ruf des Pos als Italiens schmutzigster Fluss. Tatsächlich war der Po noch in den 90ern die Kloake aller Städte von Mailand bis hinab zu seiner Mündung. Doch in den letzten Jahrzehnten hat sich viel getan. Der Fluss wurde viel sauberer und das Ökosystem erholte sich. Der Artenreichtum an Vögeln und Pflanzen im Delta zeugt davon und die als unbedenklich klassifizierten, schönen Badegelegenheiten im Mündungsbereich ebenso. Am Weg dorthin treffen Sie auf herrschaftliche Villen, gelangen durch interessante Ort wie Montagnana und Rovigo oder wählen die südlich verlaufende Routenvariante zur sehenswerten Stadt Ferrara.

San Salvaro

Ein erster Stopp lockt in das kleine Dorf San Salvaro. Der Abstecher macht Sinn, wenn Sie einen abgelegenen Stellplatz dem in

Stadtmauer von Montagnana

der Stadt vorziehen und Interesse haben, sich das **Museo delle Antiche Vie** in der ehemaligen Abtei anzuschauen. Es wurde 2004 eingerichtet und widmet sich den Reisewegen des Mittelalters. Entgegen den heutigen Vorstellungen, waren die Menschen auch damals schon viel unterwegs, vor allem um Handel zu treiben, Arbeit zu finden oder aus religiösen Gründen. San Salvaro wurde von einer wichtigen Pilgerroute tangiert, die bis ins über 2000 Kilometer entfernte Santiago de Compostela reichte – zu damaligen Zeiten, selbst bei kühner Schätzung, eine Reise von mindestens 100 Tagen. Eine Osteria, die sich optisch an die alten Zeiten anlehnt, gehört zum Komplex.

Museo della Antice Vie: *Via Pozotto 42, geöffnet zuletzt nur Mitte Apr bis Mitte Sept, So/Ft 15 bis 19 Uhr, €*

(028) Offizieller WOMO-Stellplatz: San Salvaro

GPS: N 45°12'17" E 11°24'36", Via Marconi. **Max. WOMOs:** 2-3.
Ausstattung: V/E (frei zugänglich), Mülleimer.
Beschreibung: Gekennzeichnete Parkfläche in dem kleinen, etwas verlassen wirkenden Ort, eben auf Asphalt, kein Schatten, die ehemaligen Stromsäulen sind leider schon lange außer Funktion, Dorfbar in der Nähe.
Zufahrt: Von der SR10 in Bevilacqua zunächst südlich Richtung Terrazzo fahren. In Marega nach San Salvaro abfahren. Nach der Brücke im Ort bei jeweils erster Gelegenheit zweimal links halten zum gekennzeichneten Stellplatz
Hinweis: Ohne Einrichtungen können Sie alternativ auch am Kiesstreifen hinter dem Klostergebäude die Nacht verbringen. Einfach ab der Einfahrt den „P"-Schildern folgen, bei [N 45°12'18" E 11°24'27"].

Montagnana *(Markttag Do., Zentrum)*
Schon im Mittelalter galt das gut befestige Motagnana als Bollwerk gegen Angriffe. Zum ersten Mal fiel es 1242, als der aus dem 25 Kilometer entfernten Monselice stammende Landvogt Ezzelino da Romano, den Sie bereits in Kapitel Eins kurz kennenlernten, brandschatzend die ganze Region unter seine Gewalt brachte. Er ließ die Befestigung wiederaufbauen und das augenscheinlich sehr gut: Sie ist zwei Meter dick, etwa 16 Meter hoch und bis heute vollständig und nahezu unbeschädigt mit al-

len 24 Türmen und vier erhaltenen Stadttoren. Davor umgibt ein breiter grüner Wallgraben den Ortskern.

Palio Dei Dieci Comuni
Wer Anfang September nach Montagnana kommt, sollte sich das größte Spektakel des Jahres nicht entgehen lassen: am ersten Sonntag findet alljährlich im zwei Kilometer langen Graben ein mittelalterliches Reitturnier statt, das „Palio Die Dieci Comi“: zehn Gemeinden der Region „kämpfen“ dabei hoch zu Ross gegeneinander – heutzutage freilich nur noch um die Ehre.

Da die niedrigen, alten Stadttore Fahrzeugen, die über VW-Bus-Größe hinausgehen, den Einlass verwehren – diese können aber einfahren und auf der großen zentralen Piazza parken – fahren Sie den direkt vor den Toren gelegenen Stellplatz an, um sich von dort zu Fuß zur weiteren Erkundung aufzumachen.

(029) Offizieller WOMO-Stellplatz: Montagnana
GPS: N 45°14'13" E 11°27'49", Via Trevisan. **Max. WOMOs**: 20.
Ausstattung: V/E, teils Strom, Mülleimer, Beleuchtungd, Videoüberwachung.
Beschreibung: Eingegrenzter Bereich auf Asphalt und Rasengitter, teils schattig, recht eben, relativ ruhig, 200 m zum historischen Zentrum, Bäckerei, Waschmaschinen und Supermarkt in direkter Nachbarschaft.
Preis: €€.
Zufahrt: Von der SR10 kommend, fahren Sie vor der Stadtmauer nach links auf die Via Circonvallazione und gleich bei nächster Gelegenheit wieder links in die Via IV Novembre. Vor dem Lidl-Supermarkt führt rechts die schmale Via Trevisan zum Stellplatz.
Hinweis: Gegen Aufpreis lassen sich die Duschen/Toiletten und das WLAN der benachbarten Pension nutzen.

Rundgang durch Montagnana
Das Örtchen ist mit seinen etwa 9.500 Einwohnern recht übersichtlich. Egal durch welches Stadttor man kommt – alle Wege führen zur zentralen **Piazza Vittorio Emanuele II**. Hier kann man schön unter den Laubengängen flanieren, einen Cappuccino oder ein Eis genießen und einen Blick in den **Dom Santa Maria** aus dem 15. Jahrhundert werfen. Die Fresken und Gemälde, unter anderem von Veronese, sind durchaus einen Stopp wert. Wenn Sie den Platz in östlicher Richtung auf der **Via Carrarese** verlassen, kommen Sie zur **Porta Padova**, dem Padua-Tor. Die Festung **Castello di San Zeno** ist in die Stadtmauer integriert. Sowohl die **Touristeninformation** als auch ein kleines Museum sind hier zuhause. Letzteres bietet vor allem Funde aus rö-

mischer Zeit, dem Mittelalter und Informationen zu den beiden Star-Tenören der Stadt, Aureliano Pertile und Giovanni Martelli, *(**Museo Civico**, Piazza Trieste 15, mit Führungen Mi – Fr. 11 Uhr sowie Sa/So und Feiertags um 11, 12, 16, 17, 18 Uhr, im Winter nur am WE, €).* Eine Stippvisite wert ist die von Palladio, dem Stararchitekten des 16. Jahrhunderts, direkt außerhalb des Mauerrings erbaute **Villa Pisani**. Das Innere ist nicht für die Öffentlichkeit zugänglich, es bleibt ein Blick von außen. Auch ein kulinarisches Highlight hat Montagnana zu bieten – den Prosciutto Crudo Montagnana. Die Rohschinken-Spezialität ist in Deutschland so gut wie nicht erhältlich. Mit dem kräftigen, rauchig-süßlichen Geschmack kann sie es ohne Weiteres mit den bekannteren Vettern aus Parma und San Daniele aufnehmen. Eine gute Adresse zum Einkauf dieses und anderer regionaler Produkte ist die urige Botega Mantuan mitten im Ort *(Via Carrarese 25)*.

Auch die nächste Ortschaft, **Pojana Maggiore** bietet einen Womo-Stellplatz an. Nur rund hundert Meter entfernt, liegt gleich am Ortsbeginn ein weiteres, von Palladio geschaffenes Bauwerk, die **Villa Poiana**. Sie kann im Sommer besichtigt werden.

Villa Poiana: *Parken am Stellplatz, Via Castello 43, etwa Jun bis Anfang Sep, Mi bis Fr 10 bis 13 Uhr und 14 bis 18 Uhr, Sa/So 10 bis 18 Uhr*

(030) Offizieller WOMO-Stellplatz: Pojana Maggiore

GPS: N 45°17'14" E 11°29'55", Via A. Palladio. **Max. WOMOs:** 3 – 4. **Ausstattung**: V/E (frei zugänglich), Mülleimer, Beleuchtung. **Beschreibung**: Etwas kurz geratene und eher zweckmäßige, ebene Parkplätze auf Rasengittersteinen, nahe der Hauptstraße, nachts meist ruhig, Ortszentrum nach 400 m. **Zufahrt**: Von Montagnana kommend, direkt linker Hand am Ortseingang, beschildert.

Noventa Vicentina *(Markttag Di., rund um den Corso Matteotti)*
Ähnlich groß wie zuvor Montagnana kann die Kleinstadt jedoch nicht mit einem so gut erhaltenen Stadtkern aufwarten. Sollten Sie an einem Dienstagvormittag vorbeikommen, lohnt ein Besuch des Marktes, eines der größten in der Umgebung. Auch der Hauptplatz mit dem Rathaus ist recht hübsch anzuschauen. Einen zentralen Parkplatz samt V/E-Station gibt es in der Nähe, [**031:** N 45°17'33" E 11°32'15", Via Dei Martiri 21]. Zur Weiterfahrt in Richtung Rovigo eignet sich im Anschluss am besten die Autobahn 31, um so etwas Zeit zu sparen.

Lendinara und Castelguglielmo
(Markttag Lendinara Sa., Piazza Risorgimento)
Lendinara ist aus touristischer Sicht nicht sonderlich aufregend. Es fügt sich in die Reihe der Städte ein, die einst vom wilden

Ezzelino da Romano unterworfen und zerstört wurden...

Markttag in Noventa Vicentina

Im Ort gibt es einen passablen Stellplatz neben dem Sportgelände. Außerdem hat Lendinara einen ganz adretten Kern und kann mit der im venezianischen Stil errichteten **Villa Ca`Dolfin** aus dem 15 Jahrhundert und dem dazugehörigen, in einigen Ecken wie verwunschen wirkenden Park, ein ganz interessantes Stück Kulturgeschichte bieten.

***Villa Ca`Dolfin**: Via Garibaldi 24, Park ganzjährig geöffnet, Villa im Sommer mit wechselnden Zeiten, teils Führungen, €*

(032) Offizieller WOMO-Stellplatz: Lendinara

GPS: N 45°04'48" E 11°35'59", Via della Pace 7. **Max. WOMOs:** 6.
Ausstattung: V/E (frei zugänglich), Mülltonnen, Beleuchtung.
Beschreibung: Kein Schatten. Ausgewiesener Asphalt-Parkplatz neben einem Sportgelände, ruhige, relativ grüne Lage, Polizeistation benachbart, Ortszentrum nach 600 m.
Zufahrt: Von der Autobahn kommend, am zweiten Kreisverkehr im Ort nach dem Familia-Markt rechts abbiegen und bald darauf am nächsten Kreisel erneut rechts fahren (SP 17). Nach der Brücke über einen Kanal rechts Richtung Zentrum halten. Vierte Straße rechts, nach rund 150 m linker Hand.

Das kleine **Castelguglielmo**, etwas abseits der Route, bietet für Wohnmobile einen besonders gut ausgestatteten und ruhigen Stellplatz nahe dem **Canale Bianco**. Die flache Tiefebene ist ideal für ausgedehnte Radtouren in der Gegend. Am Platz ist eine entsprechende Übersichtstafel angebracht und Sie können hier sogar E-Bikes mieten. Wer sich abkühlen möchte, kommt auf seine Kosten: am Ortsrand befindet sich der schön gestaltete **Wasserpark Castelbeach** – er ist nicht nur für Kinder eine Attraktion.

***Wasserpark Castelbeach**: [N 45°02'03" E 11°32'15"], Via Giarona, www.castelbeach.it, Jun bis Anf. Sep. 10 bis 19 Uhr, €€.*

(033) Offizieller WOMO-Stellplatz: Castelguglielmo

GPS: N 45°01'20" E 11°32'09", Via A. Moro. **Max. WOMOs:** 10.
Ausstattung: V/E, Strom, Beleuchtung, Mülltonnen.
Beschreibung: Schöner, ruhiger Platz am Ortsrand hinter einer Parkfläche für PKWs und neben dem Friedhof, kein Schatten, eben, etwa 400 m in den Ort.
Preis: €.

Zufahrt: Angeschrieben, im Ort über die Brücke fahren, danach rechts und bei der dritten Straße links halten. Dort erreichen Sie das Ziel nach rund 400 m.

Fratta Polesine

Wer italienischer Baukunst etwas abgewinnen kann, sollte das kleine Fratta Polesine nicht außer Acht lassen. Hier können Sie eine ganze Reihe schöner, alter Villen bestaunen. Als größtes Kapital der Gemeinde sind sie gut ausgeschildert. Am bekanntesten ist die palladianische **Villa Badoer** aus dem Jahr 1556. Im Umkreis gibt es meist ausreichend Parkmöglichkeiten entlang der Straßen. Ob der Eintritt lohnt oder der Blick von außen genügt, ist allein Ihrem Interesse an Kunst und Architektur überlassen. Im Erdgeschoss finden wechselnde Kunstausstellungen einen Platz. Es sind wertvolle und sehenswerte Wandbemalungen erhalten. Das Obergeschoss ist gänzlich leer geräumt. Angeschlossen ist das **Museo Civico Archeologico** mit Fundstücken aus der vorrömischen Zeit. Gleich nebenan steht die ebenso schöne **Villa Mulin Avezzo**.

***Villa Badoer**: [N 45°01'50" E 11°38'27"], Via G. Tasso 1 – 3, Do/Sa/So 10 bis 12 Uhr und 15.30 bis 18.30 Uhr, Mär bis Okt auch Fr, Museum 8.30 bis 19.30 Uhr, € | **Villa Avezzo**: www.avezzu.it, Sa/So/Ft 9.30 bis 12.30 Uhr und 15 bis 18 Uhr, €*

Ein Stück weiter nördlich und östlich finden Sie weitere interessante Bauwerke, die allerdings nicht öffentlich zugänglich sind. Der kostenfrei besuchbare Park hinter der nur wenige hundert Meter südlich gelegenen **Villa Labia,** lädt zu einem Picknick ein *(Apr bis Okt 9 bis 19 Uhr)*. Ein kostenfreier Stellplatz mit V/E-Einrichtung befindet sich bei [**034:** N 45°01'42" E 11°38'47", Via A. Oroboni 14, Stromsäulen zuletzt ohne Funktion]. Für die Fortführung dieser Routenvariante lesen Sie nun bitte bei „Rovigo" weiter.

Alternativroute über Ferrara

Wenn palladianische Villen nicht so Ihr Ding sind, können Sie ab Isola della Scala unserer Alternativroute nach Rovigo folgen, die unterwegs die sehr sehenswerte Stadt Ferrara streift. Vorher steht eine ruhige Landpartie durch verschlafene Orte am Poufer an, viele recht ordentliche Stellplätze inklusive. Vielleicht auch eine gute Gelegenheit für Radenthusiasten, denn die flachen, ruhigen Dämme des Flusses sind geradezu prädestiniert für einen Ausflug im Sattel. Den ersten Stellplatz erreichen Sie wenige Kilometer westlich des Ortes Ostiglia im kleinen **Libiola**. Er verfügt über beinahe campingpatzähnliche Ausstattung samt Duschen und Toiletten sowie eine automatengesteuerte Einfahrschranke, [**035:**

N 45°03'38" E 11°03'42", Via C. Belfiore 8, Zufahrt bei N 45°03'44" E 11°03'38", €]. Wenn Sie eine kostenfreie Variante bevorzugen, werden Sie in **Pieve di Coriano** bei [**036:** N 45°01'58" E 11°06'22", Via Gorgadelli], in **Borgofranco sul Po** bei [**037:** N 45°02'52" E 11°12'17", Via Turati 17] und in **Sermide** fündig, [**038:** N 45°00'42" E 11°17'40", Argine Po]. Ersterer und letzterer bieten neben Ver- und Entsorgung auch Strom an. Wer auf Komfort wert legt, trifft am Weiler **Stellata** dann auf den **Campingplatz Lucciole Nelle Nebbia** [**039:** N 44°56'24" E 11°25'08", Argine Po 35a, www.luccioleneIlanebbia.it, +39 0532 88 54 42, €€€€-€€€€€] und in **Bondeno** erwartet Sie das recht schön gestaltete Spaßbad **Bondy Beach** mit großem Freibereich, um für eine Weile abzutauchen.

Stellplätze 35, 37 und 38

Bondy Beach*: [N 44°53'05" E 11°24'16"], Via Gardenghi 7, www.bondybeach.com, wechselnde Öffnungszeiten über das Jahr, €€*

Ferrara (Markttag Fr., Piazza Travaglio)

Auch wenn Ferrara streng genommen nicht mehr Teil Venetiens ist, sondern bereits in der Emilia-Romagna liegt, touchiert die sehenswerte Stadt unser Reisegebiet, so dass ein Besuch beinahe auf der Hand liegt. Die bereits 1391 gegründete Universität macht Ferrara seit vielen Jahrhunderten zu einem Ort der Wissenschaft und Kultur – und auch der Jugend, was durch ein lebendiges Nachtleben unterstrichen wird. Der in weiten Teilen unter der Herrschaft der Estes entstandene Stadtkern steht heute unter UNESCO-Welterbe-Schutz. Ein alljährlich in historischen Kostümen ausgetragenes Pferderennen, der Palio, bietet Mai einen weiteren Grund die Stadt zu besuchen. Ein sehr zentral gelegener Stellplatz ist auch vorhanden.

(040) Offizieller WOMO-Stellplatz: Ferrara

GPS: N 44°50'07" E 11°36'39", Rampari di San Paolo. **Max. WOMOs:** 25.
Ausstattung: Videoüberwachung, sonst keine Einrichtungen.

Beschreibung: Einfache Parkfläche, zuletzt mit Bauarbeiten. Sehr zentral, beschrankter Zugang, nicht ganz eben, etwas Schatten, meist eher belebt.
Zufahrt: Aus der Richtung Bondeno kommend der SP69 bis nach Ferrara folgen. Am 2. Kreisverkehr rechts Richtung „Ravenna / Bologna" halten und den blauen Schildern folgen, bsi Sie eine Brücke überfahren, am Ende scharf rechts halten. Den Fluss queren, dann rechts Richtung „centro" und am 2. Kreisverkehr links Richtung „tribunale" fahren. Der Parkplatz befindet sich nun rechts von Ihnen, am Ende rechts abbiegen, um zur Einfahrt zu gelangen.

Rundgang durch Ferrara

Vom Parkplatz aus erreichen Sie die innere Altstadt indem Sie direkt gegenüber der Einfahrt die Via della Grotta nehmen und am Ende rechts in die Via Piangipane abbiegen. Dort stoßen Sie zunächst auf das **Museo dell`Ebraismo**, das Jüdische Museum Ferraras. Die noch recht neue, erst teilweise eröffnete Ausstellung widmet sich der Geschichte der italienischen Juden, ihrer Geschichte und der Zeit des Faschismus *(Via Piangipane 81, www.meis.museum, Di bis So 10 bis 18 Uhr, €€)*.
Wenig später biegen Sie links in die Via B. di Santo Stefano ein und folgen ihr, bis Sie rechts über die Via G. Baruffaldi zur Piazetta del Castello gelangen und von dort zum Milttelpunkt Ferraras, dem prächtigen **Castello Estense**. Das 1385 konstruierte Gebäude wurde als

Castello Estense in Ferrara

Cattedrale San Giorgio

Zwingburg mit erhaltenem Wassergraben errichtet, um sich vor allem gegen Volksaufstände wehren zu können. Später war die Burg Herzogsresidenz und kann mit ihren vielen Sälen und Verliesen im Untergeschoss wenigstens teilweise besichtigt werden *(Largo Castello, www.castelloestense.it, Mi bis Mo 10 bis 18 Uhr, €€)*. Über die Fußgängerzone in südliche Richtung erreichen Sie dann die Piazza della Cattedrale. Rechts befindet sich der **Palazzo Municipio**, der ehemalige Hofpalast. Im begehbarem Innenhof ist die überdachte Freitreppe ein beliebtes Fotomotiv. Gleich daneben schließt der prächtige Bau der **Cattedrale San Giorgio** mit der **Loggia dei Merciai**, eine überdachte Ladenzeile aus dem 15. Jahrhundert, an. Die etwas uneinheitliche Fassade ist der zweihundertjährigen Bauzeit ab 1135 geschuldet, während der sich verschiedene Stile gemischt haben. Auch ein Blick ins Innere, das im 17. Jahrhundert in heutiger Form gestaltet wurde lohnt. Den Abschluss des Ensembles bildet der freistehende, teils unvollendet gebliebene Glockenturm.

Am nordöstlichen Ende des Gebäudes, über die Via Voltapaletto und die Via Savonarola, erreichen Sie dann die **Casa Romei** mit einer Mischung aus mittelalterlichen Elementen und Renaissance-Bauweise. Im Innenhof zeigt sie wunderschöne Bogengänge. Als Museum ist es täglich geöffnet *(Via Savonarola 28, www.casaromei.byethost18.com, So bis Mo 8.30 bis 14 Uhr, Do bis Sa 14 bis 19.30 Uhr, €)*.

Ein Stück weiter östlich biegen Sie dann rechts in die Via Madama ein, dann links in die Via Scandiana, wo Sie links auf den **Palazzo Schifanoia** treffen. Der Name bedeutet in etwas so viel wie „nur keine Langeweile" und war Programm. Im Inneren war alles auf Spaß, Zeitvertreib und Laster ausgerichtet, um dem Adel Gelegenheit zu geben, aus dem „eintönigen" Palastalltag zu entkommen. Heute werden dort noch erhaltene, teils wirklich großartige Fresken und andere Kunstwerke gezeigt *(Via Scandiana 23, www.artecultura.fe.it, Di bis So 10 bis 19 Uhr, €€)*.

Wenige Meter zurück folgen Sie dann der Via del Mellone und im Anschluss der etwas versetzt anschließenden Via Porta d`Amore zum Palazzo Costabili. Einst Botschaftersitz, ist er heute Heimat des **Museo Archeologico Nazionale** mit griechischer und etruskischer Kunst *(Via XX Settembre 122, www.arechoferrara.beniculturali.it, Di*

bis So 9.30 bis 17 Uhr, €).
Weiter der Via Porta d`Amore folgend biegen Sie kurz darauf rechts in die Via B. II D`Este ein, die zum **Sant Antonio Kloster** führt. Bei Interesse können Sie dort drei freskierte Chorkapellen mit Wandmalereien der Schüler Giottos bestaunen *(Via del Gambone 15, www.ferraraterraeacqua.it, Mo bis Sa 9.30 bis 11.30 Uhr und 15.15 bis 16.45 Uhr, Eintritt frei)*.
Wenn Sie nun noch ein Stück weiter entlang der Via B. II D`Este gehen und dann am Ende links, erreichen Sie die Stadtbefestigung an der Porta San Pietro. Folgen Sie dieser ein Stück nach Norden und treten Sie am Ende der **Piazza del Travaglio**, an der jeden Montag und Freitag ein Markt stattfindet, rechts entlang des Corso Porta Reno wieder in die Altstadt ein. Lassen Sie sich nun noch ein wenig durch die hübschen Gassen treiben oder genießen Sie zum Abschluss vielleicht ein Eis in der Gelateria La Romana *(Via Palestro 33)*, eines der besten, die wir bislang versuchen durften...

Bevor Sie entlang der SS16 bei Rovigo dann wieder auf die Hauptroute treffen, passieren sie noch zwei weitere gute Übernachtungsplätze. Entweder, den etwas abseits gelegenen Stellplatz bei **Occhiobello**, **[041:** N 44°56'11" E 11°33'04", SP20, mit V/E, Einfahrt nur bis 3,40 Meter Höhe], Oder den nahe am Poufer, neben einer Brücke gelegenen, bei **Polesella**, **[042:** N 44°57'23" E 11°45'25", nur Versorgung und Strom].

Stellplatz 42

Rovigo (Markttag Di., Piazza Matteotti)
Ihr nächstes Ziel ist die gleichnamige Hauptstadt der Provinz Rovigo. Fast gänzlich vom Tourismus verschont oder, je nach Blickwinkel, verschmäht, bietet der Ort eine ganz adrette Altstadt. Zentrumsnahe, ausreichend große Parkplätze finden Sie 400 Meter östlich des Hauptplatzes an der Piazzale G. di Vittorio bei [N 45°04'16" E 11°47'08"] und in der Viale Tre Martiri neben der Polizeistation bei [N 45°04'29" E 11°48'04"].

Rundgang durch Rovigo
Mit über 50.000 Einwohnern ist Rovigo neben Ferrara die größte Stadt in der Umgebung und ein wirtschaftliches Zentrum. Vom Parkplatz aus gelangt man schnell ins teilweise als Fußgängerzone ausgewiesene „Centro Storico". Folgen Sie ab dem erstgenannten Parkplatz der Via Levico und dem Corso del Popolo, ein erst in den 1950er Jahren verfüllter Seitenkanal der Etsch, ostwärts. Erster markanter Punkt ist der **Torre Dona**, ein Überrest der Burg von Rovigo aus dem 10. Jahrhundert. Nach links, stoßen Sie auf die parallel verlaufende **Via Domenico Angeli** mit schönen Laubengängen, in denen sich Geschäfte aneinanderreihen. Am Ende gelangen Sie an den Hauptplatz, die **Piazza Vittorio Emanuele II**. Auf einer Seite steht die Markussäule, der Uhrturm gehört zum Rathaus. Im Eck gegenüber finden Sie die **Accade-**

mia dei Concordi mit der Pinakothek. Weit über 400 Bilder alter Meister wie Tizian oder Bellini gibt es im Inneren zu entdecken *(Piazza V. Emanuele II 14, www.concordi.it, Mo bis Fr 9 bis 19 Uhr, Sa/So bis 20 Uhr, im Winter abweichende Zeiten, €).*
Durch die Laubengänge rechts neben dem Rathaus spazieren Sie in die schmale **Via 10 Luglio** und biegen erneut rechts ab, um im verkehrsberuhigten Bereich zu bleiben. Linker Hand erriechen Sie die **Piazza Garibaldi** mit einigen Cafés, Reiterstatue und dem am Boden markiertem Grundriss einer abgerissenen, mittelalterlichen Kirche. Hier stoßen Sie auf den Rundgang, wenn Sie vom zweitgenannten Parkplatz immer nur geradeaus stadteinwärts spaziert sind. Nun zweigen Sie nochmals links in die **Via 4 Novembre** ab. An deren Ende treffen Sie rechter Hand auf die Wallfahrtskirche **Beata Vergine del Soccorso**, ihrer achteckigen Form wegen kurz **La Rotonda** genannt. Grundsteinlegung war 1594. Gebaut wurde die ungewöhnliche Kirche unter Aufbringung ungeheurer finanzieller Mittel der Bürger Rovigos, um einem Wunder vollbringenden Madonnenbild ein gebührendes Umfeld zu schaffen – es soll die Stadt von der Pest befreit haben. Das ursprüngliche Gemälde existiert heute nicht mehr. Eine wertvolle Orgel, diverse Bilder aus dem 16. Jahrhundert und der ungewöhnliche Aufbau sind einen Besuch wert *(Piazza XX Settembre 37, www.tempiolarotonda.it, Di bis Fr 14.30 bis 18 Uhr, Sa/So 10 bis 12.30 Uhr und 14.30 bis 18.00 Uhr, Eintritt frei).* Über die **Piazza 20 Settembre** verlassen Sie den Kirchplatz und gehen am Ende rechts zurück zur **Piazza Garibaldi,** von wo aus Sie Ihren Rückweg sicher finden.

Piazza Garibaldi, unten: La Rotodna

Leider gibt es in Rovigo keinen empfehlenswerten Übernachtungsplatz. Erst im rund neun Kilometer entfernten Weiler **Baricetta** finden Sie eine einfache, beleuchtete Parkfläche, direkt am Canale Bianco, die sich zur Zwischenübernachtung eignet [**043:** N 45°03'20" E 11°59'57", Loc. Pignatta].

Adria *(Markttag Sa., Coros Mazzini)*
Nun ist es nicht mehr weit bis Adria. Wohlgemerkt nicht der gleichnamige Mittelmeerabschnitt ist gemeint, sondern ein Ort,

der dem ganzen Meer einst seinen Namen gab. Welch große Bedeutung der Hafenstadt einst zukam, kann man sich also vorstellen. Heute liegen zwischen Ort und Küste gute 20 Kilometer Landmasse, die im Laufe der Jahrhunderte vom Po mitgeschwemmt und abgelagert wurde. Immerhin hat Adria durch einen Kanal bis heute einen schiffbaren Zugang zur Küste. Die 20.000 Einwohnergemeinde wirkt etwas verschlafen. Um sich in den Altstadtgassen ein wenig die Füße zu vertreten oder einen Kaffee am Kanal zu trinken, bietet sie sich aber an. Wer sich für Archäologie und Spuren der einstigen römischen Besiedelung interessiert, kann einen Besuch des recht interessanten **Museo Archeologico Nazionale** erwägen und im Anschluss Wohnmobilstellplatz die Nacht verbringen

***Museo Archeologico**: Via G. Badini 59, 8.30 bis 19.30 Uhr, So teils erst ab 14 bis 19 Uhr, €*

(044) Offizieller WOMO-Stellplatz: Adria

GPS: N 45°02'53" E 12°03'39", Via Bettola 75. **Max. WOMOs:** 8
Ausstattung: V/E (frei zugänglich), Strom, Mülleimer, Videoüberwachung,

Beleuchtung. **Beschreibung**: Modern angelegter Wohnmobilstellplatz am Poufer und in direkter Zentrumsnähe. Eben, kein Schatten, auf Betonboden. **Zufahrt**: Von Rovigo kommend am besten schon zuvor in Richtung Baricetta rechts abbiegen, die Poseite wechseln und dann links fahren. Am Einkaufszentrum scharf links halten, wieder über die Brücke zurück zum Nordufer fahren und dort rechts in die Via F. Nisotti abbiegen. Am Parkplatz am Ende rechts zum Stellplatz fahren.

Parco Regionale del Delte del Po

Kurz hinter Adria wechseln Sie auf die Südseite des Pos und befinden sich nun im naturgeschützten Mündungsdelta des Flusses. Die folgenden Gebiete sind weitestgehend junges Schwemmland, flach und durch Feuchtwiesen und Salzmarschen geprägt. Bis heute wächst diese Landmasse kontinuierlich an und verlagert den Küstenverlauf stetig.

Ganz abseits und direkt am Po-Damm gelegen passieren Sie zuerst die Einmündung zum Weiler Mazzorno. Vor der ehemaligen Schule wurde ein Stellplatz eingerichtet.

(045) Offizieller WOMO-Stellplatz: Mazzorno Destro

GPS: N 45°01'05" E 12°06'29", Via Gesú Crepaldi **Max. WOMOs:** 4.
Ausstattung: V/E (frei zugänglich), Strom (€), Mülleimer, Picknickbänke, Beleuchtung.
Beschreibung: Abgelegener Platz im winzigen Dorf neben der Kirche. Kaum Schatten, eben ruhig, auf Asphalt, Bar benachbart.
Zufahrt: Von der SP46 in Richtung Taglio di Po nehmen Sie rund 800 m

nach der Tangente links den kleinen Abzweig (Via Marchi) ins Dorf. Am Ende links halten. Sie erreichen den Platz gleich nach der Kirche vor der ehemaligen Grundschule linkerhand.

Pumpenwerk im Museum Ca`Vendramin

Auch in **Taglio di Po** besteht Gelegenheit nahe der Polizeistation zu nächtigen [**046:** N 45°00'24" E 12°13'20", Viale J-F-Kennedy 81], wenn auch eher zweckmäßig als schön. Dann folgt ein kurzes Stück Schnellstraße Richtung Ravenna. Die Hauptroute zweigt jetzt direkt in Richtung Küste nach Ca`Tiepolo ab. Als Variante können Sie den etwas längeren Weg über Mesola und Goro wählen. Dabei fällt eine kleine Maut für zwei Schwimmbrücken an. Achtung: Zuletzt war die bei Gorina allerdings immer wieder außer Betrieb und es könnte daher passieren, dass Sie bis Mesola-Riva zurückfahren müssen.

Hauptroute über Ca`Tiepolo:

Die Weite der großen, flachen Delta-Ebene wird immer spürbarer. Kein Hügel unterbricht die Horizontlinie. Verstreut liegen Gehöfte links und rechts des Weges. Viele sind heute unbewohnt und dem langsamen Verfall preisgegeben. Rechts taucht bald ein auffälliges Bauwerk mit großem Schornstein auf. Es handelt sich um das **Museo Regionale della Bonifica Ca`Vendramin**. Im Inneren sind im Original erhaltene Pumpen zu sehen, mit denen die Menschen einst zur Landgewinnung, das sumpfige Schwemmland trockenlegten. Dadurch wurden Acker-, Weide- und Wohnflächen gewonnen. Für Besucher ist die Übernachtung am Parkplatz möglich [**047:** N 44°56'40" E 12°16'56", Via Veneto].

***Museo Ca`Vendramin**: Via Veneto 38, etwa Apr bis Okt von Di bis So 9.30 bis 12.30 Uhr und 15 bis 18 Uhr, sonst 10 bis 13 Uhr außer Mo/Mi, €*

Ca´Tiepolo gleicht eher einem staubigen Straßendorf als dem Zentrum der **Isola della Donzella,** auf der Sie nun angelangt sind. Der Ort ist für Ihre Deltarundfahrt allerdings die beste Gelegenheit, sich am Bankautomaten mit Geld oder im Supermarkt mit Lebensmitteln einzudecken. In der **Pro Loco-Touristeninformation** erhalten Sie Informationen zum Delta, möglichen Bootstouren, Wanderungen und vielem mehr. Wer über Nacht bleiben möchte, wählt den meist recht verwaisten, aber gar nicht so schlechten Stellplatz bei [**048:** N 44°56'56" E 12°20'02", Via L.d.Vinci 11, inkl. V/E und Strom].

***Touristeninformation**: Piazza Ciceruacchio 1, Di bis Sa von 9 bis 12.30 Uhr, Apr bis Sep zusätzlich Fr bis So von 15.30 bis 18.30 Uhr, www.prolocoportotolle.it*

Rechts ab über Donzella fahren Sie anschließend auf einsamen Straßen bis zum südlichsten Punkt der gesamten Venezien Rundreise. Dort erreichen Sie das Meer und die Haupttour vereint sich wieder mit der Alternativroute.

Alternativroute über Mesola (bis max. 5 to)

Die Straße 309 führt Sie in südlicher Richtung zunächst über die Regionengrenze in die Emilia Romagna bis nach **Mesola**. Hauptattraktion ist das **Castello Estense,** direkt in der Ortsmitte gelegen. Es beherbergt das Besucherzentrum des Podelta-Regionalparks und von Zeit zu Zeit wechselnde Ausstellungen. Für Besucher wurde in fußläufiger Entfernung ein Stellplatz errichtet.

***Museo Castello Estense**: Piazza Umberto 1, Apr bis Okt Di bis So 9.30 bis 12.30 Uhr und 15 bis 18 Uhr, sonst nachmittags 14.30 bis 17.30 Uhr*

(049) Offizieller WOMO-Stellplatz: Mesola

GPS: N 44°55'26" E 12°13'59", Via 2 Giugnio **Max. WOMOs:** 10

Ausstattung: Wasser, Strom (€), Mülltonnen, Beleuchtung.
Beschreibung: Mittelmäßig attraktiver Platz mit großen Buchten auf Asphalt, eben kein Schatten, ruhig, SPortplatz benachbart. Laden und Gastronomie etwa 250 m entfernt.
Zufahrt: In Mesola von der Schnellstraße rechts in den Ort abzweigen. Dann nach rechts ausgeschildert.

Gleich hinter dem Ort zweigt links eine schmalere Straße nach **Bosco Mesola** ab. Sie führt zum gleichnamigen, weit über hundert Hektar großen **Naturpark**. Das umzäunte, teils gepflegte, teils urwaldähnlich verwucherte Areal ist für seine große Hirschpopulation bekannt. Rund 600 Tiere bewegen sich weitgehend frei darin. Durch die isolierte Lage des Gebietes, entwickelten sie sich endemisch und gelten heute als einziger einheimischer Stamm Italiens, der genetisch auf eine sonst ausgestorbene Urform zurückgehen soll. Auch große Schildkröten, Dachse, Kauze und Schwarzmilane leben in dem Schutzgebiet. Mehrere markierte Wander- und vor allem Radwege erschließen den Wald. Wer kein eigenes mitbringt, kann einige hundert Meter vor dem Haupteingang Fahrräder mieten. Außerdem gibt es einen kleinen botanischen Garten. In den Bereich mit den Hirschen gelangt man zuletzt, aber nur auf einer geführten Tour im Minibus. oder per Fahrrad auf festgelegten Routen. Der Hauptparkplatz befindet sich in der **Via Frassini** bei [**050:** N 44°51'27" E 12°14'42"], Übernachtung möglich. 800 Meter weiter finden Sie alternativ einen gut ausgestatteten Womo-Park.

__Bosco Mesola__: www.parcodeltapo.it, Mär bis Okt, Di/Fr/Sa/So 9 bis 18 Uhr, Winter 8 bis 16 Uhr, €, geführte Rundgänge €, Touren ab €€ nur Sa/So/Ft bis zu 4x täglich

(051) WOMO-Agricampeggio: Bosco Mesola Oasi Park

GPS: N 44°52'07" E 12°14'59", Via Cristina 84. **Max. WOMOs:** 50.
Internet/Tel.: www.oasi-park.it, +39 324 090 91 14
Ausstattung: V/E, Strom, Toilette/Duschen, teils WLAN, Mülltonnen, Pool, Fahrradverleih
Beschreibung: Große, campingplatzähnliche Stellfläche auf Rasenuntergrund, nicht ganz eben, meist recht ruhig, meist schattig, umzäunt und mit Platzwart, schön und gepflegt, gut 1 km in den Ort.
Preis: €€€.
Zufahrt: Nach Mesola von der Schnellstraße links in den Ort abzweigen. Dann an der SP27 nach rechts ausgeschildert.

In **Goro** stoßen Sie erstmals auf die Adriaküste. Es gibt einen Fischereihafen und einen Fischmarkt, allerdings noch keine Gelegenheit zum Baden. Wenn Sie über Nacht bleiben wollen, können Sie dies auf der eigens ausgewiesenen, aber recht unattraktiven Parkfläche auf der **Piazzale N. Bellotti** tun, [**052:** N 44°50'56" E 12°17'42"].

Weiter in Richtung **Gorino** gelangen Sie links ab, zur Schwimmbrücke, die Sie bei Betrieb zurück ins „Veneto" bringt *(Gebühr €, max. 5 to)*. Wer möch-te, kann zuvor noch einen Abstecher ins isoliert gelegene Dorf **Gorino** an der Landspitze unternehmen. Ganz vorn an der Mole gibt es einen hübschen **Minicampingplatz**. Er eignet sich vor allem als Basis für Radtouren oder Bootsfahrten, wenn Sie beispielsweise ein Kanu

Stellplätze 52 und 53

Reiher in der Scardovari-Bucht

mitführen. Sie erreichen so einsame, vorgelagerte Sandbänke wie den „Spiaggia dell`Amore“, die anderen verwehrt bleiben. Im Dorf werden in der Saison organisierte Bootsfahrten angeboten. Ansonsten können Sie versuchen, einen Fischer zu überreden, Sie mitzunehmen [**053:** N 44°49'05" E 12°21'04", Via al Mare, €€]).

Haben Sie die erste Schwimmbrücke erst einmal gemeistert wartet auch schon die zweite auf Sie. Diese mutet fast noch abenteuerlicher an, soll aber ebenfall bis zu fünf Tonnen Belastung standhalten und leitet Sie für einen weiteren kleinen Obolus nach Santa Giulia, wo Sie, rechts ab, wieder auf die Hauptroute treffen.

Oasi di Ca`Mello

Vorbei am schön gelegenen Fischlokal Marina 70 fahren Sie, immer der Küstenlinie folgend, nun entlang der Bucht **Sacca degli Scardovari**. Unterwegs dümpeln nur ein paar Fischerboote und Hütten auf Pontons vor sich hin. In erster Linie werden in diesem Gebiet heute Venusmuscheln gezüchtet. Viele Fischer haben vom herkömmlichen Betrieb auf dieses lukrativere Geschäft umgesattelt. Direkt neben der kleinen Straße finden sich mehrere einsame Parkbuchten, die bei Bedarf zu einer Übernachtung einladen, etwa bei [**054:** N 44°49'53" E 12°23'33"]. Doch seien Sie gewarnt: mehr noch als an anderen Orten in der Gegend gehen hier in manchen Sommernächten blutrünstige Raubtiere auf die Jagd – man nennt sie Moskitos und sie lassen sich selbst mit Schutzlotion kaum vertreiben...

Wenn Sie den Blick umherschweifen lassen, sehen Sie vielleicht einen Reiher beim Fischfang, einen Sumpffalken auf Beutezug oder andere seltene Vögel. Besonders groß ist die Chance dafür in der **Oasi di Ca`Mello**. Am Parkplatz dieser auf Ökotourismus ausgelegten Einrichtung könnten Sie sogar die Nacht verbringen.

(055) WOMO-Parkplatz: Oasi di Ca'Mello

GPS: N 44°53'28" E 12°24'00", SP38. **Max. WOMOs**: 3-4.
Ausstattung: Wasser, tagsüber Toiletten, Mülleimer, Picknickbänke.
Beschreibung: Sehr ruhiger Parkplatz des Naturparkzentrums, nachts

einsam, teils etwas Schatten, relativ eben, Restaurant etwa 800 m entfernt, Wanderwege.
Zufahrt: Entlang der Bucht linker Hand nicht zu übersehen und beschildert.

Rundgang/Fahrradtour durch die Oasi di Ca'Mello
Links der Straße befindet sich am weitest eingeschnittenen Punkt der Sacca Degli Scardovari Bucht, wenige hundert Meter nach dem Ausflugslokal „Marina 70", die Oasi di Ca' Mello. Der 40 Hektar große Süßwassersumpf entstand, als vor etwa 300 Jahren ein Seitenarm des Pos hier versiegte. Entgegen den anderen landwirtschaftlich genutzten Flächen ließ man diese Zone in ihrer Natürlichkeit bestehen. Ein Rundweg, der großteils auf hölzernen Stegen angelegt ist, verläuft durch das Gebiet. Unterwegs sind Vogelbeobachtungsposten eingerichtet. Auch vielen seltenen Pflanzen, wie der violetten Seeaster und den fleischfressenden, gelben Wasserschläuchen, hat man hier eine Heimat bewahrt. Im Hochsommer kann es unterwegs sehr heiß werden, da es nur wenige Schattenplätze gib. In der Nebensaison sind Sie meist ganz alleine.
Die Weglänge der Tour lässt sich individuell gestalten, von wenigen hundert Metern auf bis zu 15 km, ganz nach Lust und Laune. Vor allem die große Runde eignet sich gut als Fahrradtour, Teile des Hinterlandes werden dabei miteinbezogen. Genauere Informationen finden Sie im Besucherzentrum auf einer außen angebrachten Übersichtstafel, sofern geschlossen ist *(Besucherzentrum geöffnet 15. Mär bis 15 Jun und Sep/Okt Sa 10 bis 12.30 Uhr und 15 bis 17 Uhr, So 10 bis 18 Uhr, Eintritt frei, So 16 Uhr Führungen, €, ab und zu auch geführte Fahrrad- und Bootstouren, Fahrradverleih während den Öffnungszeiten).*

Barricata

Sie folgen der Küstenstraße nun noch weitere sechs Kilometer bis zur Landspitze. Ganz abseits der üblichen Touristenrouten befindet sich dort der Campingplatz Barricata, die einzige Möglichkeit weit und breit mit entsprechender Infrastruktur.

(056) WOMO-Campingplatz: Villagio Barricata

GPS: N 44°50'46" E 12°27'48", Strada del Mare 74
Internet/Tel.: www.villagiobarricata.com/de, +39 041 553 58 11.
Öffnungszeiten: Mitte Mai bis Mitte Sep, Jul/Aug beträgt der Mindestaufenthalt 7 Tage.
Ausstattung: Alle Einrichtungen, Wasserpark, Restaurants und Bars, Shops, Sportangebote, Spielplatz, Miniclub, Animation.
Beschreibung: Stellplätze auf Rasen mit Beschattung, recht ansprechend gestaltet. Große aber noch überschaubare Anlage fernab der üblichen Urlauberströme.
Preis: €€€-€€€€€, je nach Saison und Stellplatzgröße
Zufahrt: Dem Tourverlauf folgend rechts der Straße nicht zu übersehen.

Barricata Beach

Stellplätze 57 und 58

Gegenüber kann man auf einer Brücke den Kanal überqueren und sich am schönen **Barricata Beach** die Zeit vertreiben. Selbst in der Hauptsaison finden Sie hier auf über drei Kilometern Länge immer ein ruhiges Plätzchen. Mehrere Strandbuden sorgen für Erfrischungen und kleine Speisen. Liegestühle können Sie bei Bedarf mieten.

Wer nur tagsüber bleiben möchte, findet direkt vor dem Campingplatz eine kostenlose Parkgelegenheit. In der Hauptsaison kann man gegen Gebühr am zum Parken frei gegebenen Feld direkt im Anschluss stehen. Richtig voll wird es dort höchstens an den Wochenenden. Gegen eine Gebühr von ein paar Euro darf man mit dem Womo über Nacht bleiben. Ideal, wenn Sie während der Saison nur ein bis zwei Nächte in Barricata verbringen möchten, [**057:** N 44°51'01" E 12°27'49", keine Einrichtungen, €].

Scardovari

Nicht viel mehr als ein Straßendorf ist Scardovari dennoch der seit längerer Zeit erste nennenswerte Ort überhaupt. Am Parkplatz vor dem Sportplatz lässt sich in der **Viale della Repubblic** eine Nacht verbringen, [**058:** N 44°53'55" E 12°27'09"]. Gleich gegenüber oder auf der vorgelagerten Insel, die Sie im nächsten Weiler Ca Dolfin über eine Brücke erreichen, gibt es gleich mehrere gute Ausflugsrestaurants.

Boccassette

Zunächst führt die Straße fast zurück bis Porto Tolle. Dann überqueren Sie den Kanal in Richtung Ca`Venier und lenken das Wohnmobil auf Ca`Zulani zu.

Links ab erreichen Sie ein paar Minuten später **Boccasette**. Bis zum gleichnamigen Strand, der ab dem Ort beschildert ist, sind es noch sieben Kilometer, Sie fahren auf einer Stichstraße über Deiche mitten durch eine Schilflandschaft. Am Ende gelangen Sie dann zu einem oft einsamen Parkplatz. Rechts geht es über eine Holzbrücke an den schönen Strand mit einigen einfachen Bars. Im Sommer lohnt vor allem gegen Abend ein Spa-

Unten und oben: Abenddämmerung in Boccasette

ziergang entlang des weiter nach Norden führenden Dammes, denn dann lassen sich im dahinter gelegenen Brackwassersee oft hunderte Flamingos nieder.

(059) WOMO-Parkplatz: Boccasette Beach

GPS: N 45°01'36" E 12°25'17", Verso Spiaggia **Max. WOMOs**: 10 .
Ausstattung: Tags Toiletten, Mülleimer.
Beschreibung: Unmittelbar hinter dem Strand, tags gut besucht, nachts einsam, teils viele Mücken, nicht ganz eben, etwas Schatten, zuletzt leider etwas heruntergekommen.
Zufahrt: Von Bocasette aus der Beschilderung zum Strand folgen.

Auf der gleichen Straße geht es für die Weiterfahrt zunächst zurück ins Dorf. Dort kann man rechts hinauf zum Deich fahren und über die Schwimmbrücke **Ponte in Barche sul Po di Maistra** die andere Kanalseite erreichen (*maximal bis 6 Tonnen)*. Sie darf allerdings nur zu den angeschriebenen Zeiten befahren werden, im Winter sogar nur am Wochenende. Falls die Überfahrt gerade verboten ist oder wem die Brücke aus anderen Gründen nicht behagt, der muss sie etwas umständlich umfahren: erst weiter bis Ca Venier, dort rechts halten und nach der Brücke sofort wieder rechts, unbeschildert in einen kleinen Fahrweg einfahren. Beide Wege stoßen am Weiler **Scaranel-**

Flamingos bei Porto Levante, unten Stellplätze 61 und 62

lo wieder aufeinander. An einem Vogelbeobachtungsplatz mit Picknickbänken und Parkgelegenheit kurz nach den wenigen Häusern, haben Sie nochmals gute Chancen, Flamingos zu sehen. Auch über Nacht können Sie diese Stelle gut nutzen, doch Vorsicht, Mückengefahr, [**060:** N 45°00'16" E 12°23'40"].

Porto Levante

Auf schmaler, aber gut ausgebauter Straße führen die Deiche nun auf Porto Levante zu. Unterwegs treffen Sie nach rund sieben Kilometern auf einen weiteren schönen Parkplatz, der sich zum Übernachten eignet, [**061**: N 45°01'36" E 12°22'01"]. Porto Levante selbst ist nicht mehr als ein kleiner Yachthafen, mit einigen wenigen Häusern an der Mündung des Canale Bianco. Auf der gegenüberliegenden Seite erkennt man die Zufahrtsstraße zur bekannten Ferieninsel Albarella, die sich voll und ganz dem Pauschaltourismus verschrieben hat. Wenn Sie sich ein wenig die Beine vertreten, etwas Essen oder Trinken möchten oder über Nacht bleiben wollen, parken Sie gleich am Ortsanfang linkerhand bei [**062:** N 45°03'01" E 12°21'52", Via delle Valli].

Rosolina Mare *(Markttag Do., Piazzale Europa)*

Die Straße führt nun, immer dem Kanal folgend, bis Rosolina. Entweder Sie entscheiden sich für die direkte Weiterfahrt Richtung Chioggia auf der Straße 309 oder legen noch einen Stopp im Badeort Rosolina Mare ein. Dazu biegen Sie für den schönsten Anfahrtsweg vor dem Ortsanfang von Rosolina rechts in Richtung Albarella ab und etwa einen Kilometer später links nach **Cason Mocenigo**. Nach einer kleinen Kirche lädt ein gemütlicher Picknickplatz unterwegs zu einem Zwischenstopp oder auch

einem etwas längeren Aufenthalt ein, [**063**: N 45°04'20" E 12°18'03", Via Mocenigo]. Nach einigen Kilometern durch das Landschaftsschutzgebiet Valle Casonetto zweigen Sie schließlich rechts in die Hauptzufahrt nach **Rosolina Mare** und **Rosa Pineta** ab. Sie finden all das, was man von einem italienischen Badeort erwartet: Hotels, Ferienwohnungen, Gastronomie und breite, fast durchgängig mit Liegestuhlreihen ausstaffierte Strände. Es geht dennoch etwas ruhiger zu, als an vielen anderen touristisch voll erschlossenen Strandabschnitten der Adria. Die zuletzt einzig verbliebene Möglichkeit selbst während der Saison frei zu stehen, finden Sie am Parkplatz des **Strandbades Tamerici,** auf den extra ausgewiesenen Womo-Parkplätzen, [**064:** N 45°07'33" E 12°19'25", Via delle Campanule, €€]. Nach Süden gelangen Sie von dort auch schnell zu mehreren unbestuhlten, freien Strandabschnitten. Für Wohnmobile und Co stehen ansonsten vier Campingplätze zur Auswahl. Direkten Zugang zum Strand, recht große Stellflächen und, entgegen den meisten anderen Plätzen, Kurzaufenthalte ab nur einer Nacht, selbst in der Hauptsaison, ermöglicht der **Campingpark Vittoria** am Südende des Ortes [**065**: N 45°07'00" E 12°19'31", Strada Sud 340, www.camping-vittoria.it, +39 340 914 99 77, Restaurants, Pools, Animation und viele mehr, Mai bis Mitte Sep, €€€-€€€€€ je nach Saison und Platz].

Auf der Hauptstraße, über die Sie den Ort erreichten, können Sie auch noch etwas weiter in südliche Richtung in Richtung Landzunge fahren. Unterwegs treffen Sie auf mehrere Fußwege, die ab der Straße durch den Piniengürtel bis zum schönen,

Oben: Stellplatz 64, unten Strand von Rosolina Mare

Treibholzburgen am wilden Strand hinter Rosolina Mare

naturbelassenen Strand führen. Wer es ruhiger mag, findet hier ideale Bedingungen fast ganz für sich zu sein und eine der von Vorgängern errichteten Treibholz-Burgen in Beschlag zu nehmen. Parken können Sie an vielen Stellen parallel zur Straße. Achten Sie aber auf die markierten Verbotszonen! Gegen Ende der Straße erreichen Sie dann noch linker Hand den **Giardino Botanico Litoraneo di Porto Caleri.** In dem botanischen Garten können Sie zwischen drei möglichen Besucherrundwegen wählen. Entweder eine Tour im Pinienwald, ein Spaziergang über Holzbrücken durch die niedrig bewachsene Küstenmacchia-Zone oder, die längste Route, in großer Runde entlang des Strandes. Auch dort darf man baden, am Parkplatz jedoch nicht übernachten.

***Giardino Botanico**: [N 45°05'47" E 12°19'40"] Via delle Boccavecchia, Apr bis Okt Di/Do/Sa/So 10 bis 13 Uhr und 15 bis 18 Uhr, Jun bis Mitte Sep 10 bis 13 Uhr und 16 bis 19 Uhr, 10.30/15.30/16.30 Führungen, €*

Chioggia

Auf der Weiterfahrt in Richtung Chioggia wartet dann mit **Bacucco** ein weiterer Badeort auf Besucher, der nicht ganz so trubelig wie das später genannte Sottomarina ist. Kurzer Badestopp gefällig? Dann bietet sich der Parkplatz in der Via della Nazioni Unite 92 an [**066:** N 45°10'25" E 12°19'08", €]. Für längere Standzeiten haben Sie die Wahl zwischen mehreren Campingplätzen.

Chioggia *(Markttag Do., Corso del Popolo)*
Einst selbst eine Macht am Mittelmeer, wurde die Stadt im 14. Jahrhundert vom alles überstrahlenden, nahen Venedig unterworfen und konnte bis heute nicht aus dessen Schatten treten. Die enge Bindung und Nähe beider Städte über viele Jahrhunderte hinweg bemerkt man gleich, wenn man in der Altstadt ankommt. Kanäle, Kirchen und Architektur ähneln dem berühmten Nachbarn, selbst die Häuser im Zentrum sind gleichermaßen auf Pfählen erbaut. Nur fahren Autos durch die meisten Gassen, alles ist einige Nummern kleiner, unprätentiöser aber auch ursprünglicher und weniger kulissenhaft. Gerade das macht den Charme Chioggias aus und gibt der Stadt etwas Eigenständiges. Wenn am Abend die Einheimischen laut gestikulierend durch die Straßen spazieren, alte Nonnas auf den Bänken beisammensitzen und die in Schale geschmissene Jugend die Cafés bevölkert, spürt man das besondere italienische Flair so richtig.

Mit dem Wohnmobil in die Altstadt zu fahren macht wenig Sinn. Besser, Sie nutzen den Stellplatz am Busbahnhof. Entweder nehmen Sie von dort den Pendelbus oder gehen die rund 1100 Meter entlang der Uferpromenade ins Zentrum zu Fuß.

(067) Offizieller WOMO-Stellplatz: Chioggia

GPS: N 45°12'29" E 12°16'37", Granatieri di Sardegna. **Max. WOMOs**: 16
Ausstattung: V/E, Strom, Mülleimer, Beleuchtung.
Beschreibung: Moderner, schöner Platz zwischen Busbahnhof und Kanal, kein Schatten nicht ganz ruhig. Einfahrt und V/E sind allerdings absurd kompliziert gestaltet und Sie müssen die Infotafel genau studieren – ein höherer Schulabschluss mit Auszeichnung schadet dabei nicht... bis in die Ortsmitte etwa 1,1 km.
Preis: €€.
Zufahrt: Von der SS309 kommend die Abfahrt „Porto Chioggia“ nehmen. Dann am Kreisverkehr in Richtung Zentrum halten und kurz darauf rechts Richtung Parkplatz Lusenzo abzweigen. Ab jetzt beschildert nach rund 350 m am Ziel.

An der Hafenpromenade von Chioggia

Rundgang durch Chioggia
Entlang der Hauptstraße **Corso del Popolo** kann man bei Sonne wie Regen unter den Laubengängen entlang spazieren und in den Geschäften stöbern oder einen Kaffee genießen. Ein wenig Vorsicht schadet dabei nicht, oft herrscht ein ordentliches Gedränge. Sie passieren dabei die nicht zu übersehende **Kathedrale** linker Hand und etwas später die interessantere **Chiesa di San Domenico**. Im anschließenden **Museo dell Orologio** erfahren Sie bei einem Rundgang über mehrere Stockwerke bis hinauf zur mittelalterlichen Turmuhr einiges über die Stadtgeschichte *(Corso del Popolo, Sa 17.15 bis 19 Uhr, So 9.15 bis 12.30 Uhr und 16.30 bis 19.00 Uhr, €)*. Bis zur Landspitze können Sie so flanieren, dann ein Stück zurück und links halten. Über eine Fußgängerbrücke erreichen Sie den **Fondamente della Vena** und schlendern am Kanal zurück. Wenn Sie sich an der ersten größeren Querstraße links auf die **Calle San Giacomo** halten, gelangen Sie, gleich danach erneut nach links, zum Mercato Ittico, dem hiesigen Fischmarkt – übrigens einem der größten in der ganzen Provinz! Er ist zwar offiziell nur für Händler gedacht ist, so richtig interessiert das aber niemanden. Der Obst- und Gemüsemarkt befindet sich gleich daneben. Noch weiter geradeaus kommen Sie in die Neustadt, nach Sottomarina. Zurück zum Ausgangspunkt geht es stattdessen zunächst auf gleichem Weg immer geradeaus bis zum Corso del Poppolo und von dort zurück zum Womo.

Sanddünen am Ca`Roman Strand von Pellestrina

Ausflugstipp: Von Chioggias Landspitze am Ende des **Corso del Poppolo** aus kann man mit dem Vaporetto (Wasserbus), einen interessanten Ausflug bis nach Venedig unternehmen. Zunächst setzt man zur vorgelagerten Insel Pellestrina über. Auf dem ruhigen, schmalen Eiland kann man baden, ein Fahrrad an der Mole mieten, wandern oder eine gemütliche Trattoria aufsuchen. Ein Bus bringt einen ansonsten bis zur anderen Landseite. Ansonsten geht die Vaporettofahrt weiter bis zum Lido di Venezia, der zweiten, deutlich geschäftigeren Insel vor Venedig. Von dort gelangen Sie mit einem anderen Boot bis in die Altstadt. Sicher ist das nicht der schnellste Weg in die Lagunenstadt, aber eine abwechslungsreiche Alternative, wenn Sie Zeit haben. Mehr Infos dazu und Tickets erhalten Sie direkt am Bootsableger.

Sottomarina

Sie haben Lust auf Baden und stören sich nicht an Trubel, Strandclubs und einer fast überall wahrnehmbaren Musik- und Geräuschkulisse? Dann ist der Strand von Sottomarina vielleicht eine geeignete Wahl für Sie – anderenfalls sind Sie anderswo besser aufgehoben. Wer es nicht so auf Ruhe und Erholung anlegt, wird sich dagegen pudelwohl fühlen – Tausende andere tun es auch!

Etwas ruhiger geht es ganz am südlichen Ende der Promenade zu. Weiter nördlich steigt der „Bespaßungsfaktor“ dann kontinuierlich an, am besten machen Sie sich selbst ein Bild von Spielhallen, Hüpfburgenparks und (Freiluft-)Diskotheken.

Sowohl zum Parken am Tag als auch für eine Übernachtung eignet sich der Platz vor der Arena. Zwei beinahe voll ausgestattete Stellplätze gibt es am Nordende des Strandes und eine große Menge an Campingplätzen. Einen relativ günstigen, kleineren Platz im Süden haben wir näher ausgeführt.

(068) Offizieller WOMO-Stellplatz: Sottomarina 1 Dal Padoan

GPS: N 45°13’20” E 12°17’47”, Lungomare Adriatico. **Max. WOMOs**: 70.
Tel.: +39 388 355 56 25.
Ausstattung: V/E, Strom, Toilette / Dusche, WLAN, Waschmaschine / Trockner

Abendstimmung im Doppelort Chioggia-Sottomarina

Beschreibung: Große parkplatzähnliche Anlage mit ebenen Flächen auf Rasengitter, nicht ganz ruhig, teils beschattet, etwa 300 m bis zum Strand und 700 m in den Ort.
Preis: €€-€€€, je nach Saison.
Zufahrt: Direkt am nördlichsten Ende der zentralen, Nord-/Süd-Achse von Sottomarina, dem Lungomare Adriatico.

(069) Offizieller WOMO-Stellplatz: Sottomarina 2 Due Palme

GPS: N 45°13'17" E 12°17'44", Lungomare Adriatico. **Max. WOMOs**: 90.
Internet/Tel.: www.area-sosta-camper-2-palme.business.site +39 331 599 42 98.
Ausstattung: V/E, Strom, Toilette / Dusche.
Beschreibung: Optik und Lage entsprechen dem vorgenannten Platz, er ist nur noch eine Nummer größer.
Preis: €€€, je nach Saison.
Zufahrt: Direkt am nördlichsten Ende der zentralen, Nord-/Süd-Achse von Sottomarina, dem Lungomare Adriatico.

(070) WOMO-Parkplatz: Sottomarina

GPS: N 45°12'25" E 12°17'42", Via Tirreno 100. **Max. WOMOs**: 40.
Ausstattung: Keine Einrichtungen
Beschreibung: Ebene, schattenlose Parkflächen auf Rasengitter neben einer Arena, nachts meist beleuchtet. Etwa 300 m bis zum Strand, dort Toiletten, Wasser, Strandduschen, zweckmäßig.
Preis: Stundenabhängig, nur von 8 bis 20 Uhr (€)
Zufahrt: Ab der parallel zum Strand verlaufenden Nord-/Süd-Achse von Sottomarina Lungomare Adriatico angeschrieben. Von dort noch rund 150 m rechter Hand.

(071) WOMO-Campingplatz: Sottomarina Camping Miramare

GPS: N 45°11'25" E 12°18'12", Via A. Barbarigo 103.
Internet/Tel.: www.miramarecamping.com, +39 041 49 06 10.
Öffnungszeiten: Mitte April bis Ende September.
Ausstattung: Alle Einrichtungen, Restaurant, Pool, Sportangebote,

Anmiation, eigener Strandzugang.
Beschreibung: Recht ruhige, grüne und schattige Lage im Süden des Ortes, auf Rasen, fast eben, gepflegt, etwas abseits des großen Trubels, rund 1,8 km ins Zentrum.
Preis: €€€€€.
Zufahrt: Am Südende des Lungomare A. biegt dieser vom Meer weg in den Ort hinein ab. Dort links den Schilden zu mehreren Campingplätzen folgend in die Via A. Barbarigo abbiegen. Nach einigen hundert Metern beidseits der Straße.

Auf der E55 gelangen Sie auf direktem Weg weiter nach Venedig. Zu unserer Tour Drei, nach Padua und in die Euganeischen Hügel wechseln Sie stattdessen nach ein paar Kilometern links auf die Straße 105 Richtung Monselice. Falls Sie die letzten Tage frei gestanden sind, finden Sie unterwegs in **Codevigo** eine Entsorgungsstation in der **Via Adige** vor der Kläranlage, [N 45°14'53" E 12°06'26"]. Den ruhigen kleinen Strand Boschettona samt einfachem Agriturismo finden Sie in der Nähe an einem abgelegenen Strandabschnitt, den Sie auch einfach so für einen kurzen Erholungsstopp nutzen können (parken bei [N 45°15'29" E 12°11'23"]).

(072) WOMO-Agricampeggio: Conche Antica Boschettona

GPS: N 45°15'27" E 12°11'33", Via Valcittadella 33. **Max. WOMOs**: 6-8.
Ausstattung: Wasser, Strom, Toilette, WLAN, Mülltonnen.
Beschreibung: Einfach ausgestatteter und etwas improvisiert wirkender Platz an einem Erholungs- und Sportvereinsgrundstück. Parken auf Rasen, nicht ganz eben, teils etwas Schatten, ruhig, Strand 200 m entfernt, knapp 3 km in den Ort.
Preis: €€€-€€€€, je nachdem, ob SIe nur über Nacht bleiben oder auch am Tag länger verweilen möchten.
Zufahrt: Von der SS309 rechts nach Conche abzweigen, den Ort auf der Hauptstraße durchfahren und weiter geradeaus. Am Ende der Straße rechts in die Via Valcittadella wechseln und nach knapp 2 km links auf die mit „Boschettona" beschilderte Schotterpiste wechseln. Nach etwa 1 km links.

Am Boschettona-Stramd

TOUR 3
10 km
1: Villa Barbarigo
2: Museo Fluviale
3: Castello Catajo
4: Cast. S. Pelagio
5: Ausgrabungen
6: Casa d. Farfalle
7: Villa di Vescovi
8: Bot. Garten
9: Abbazia Praglia
10: S. Madonna d.S.
Venedig
V.-Mestre
Malcontenta
Villa Malcontenta
Fusina
Laguna Veneta
Lido di Venezia
Pellestrina
Oriago
Mira
Villen Widmann und Valmarena
Dolo
Brenta-kanal
Brenta
Pianiga
Vigonza
Villa Pisani
Stra
Cadoneghe
Noventa Padovana
Saonara
Piove di Sacco
Codevigo
Vigodarzere
Padua
Ponte San Nicolo
Albignasego
Conselve
Castello di San Pelagio
Abano Terme
Montegrotto Terme
Battaglia Terme
Tribano
Rubano
Mestrino
Selvazzano D.
Torreglia
Luvigliano
Galzignano Terme
Valsanzibio
Arquà Petrarca
Monselice
Treponti
Teolo
Parco Regionale dei Colli Euganei
F. Bacchiglione
Cinto Euganeo
Villa Beatrice
Museo Bomba
Este
Museo Atestino
TOUR 4
TOUR 2
TOUR 12

Tour 3: Padua und die Euganeischen Hügel, 110 km

Monselice – Este – Arqua Petrarca
Battaglia Terme – Montegrotto Terme – Luvigliano
Abano Terme – Padua – Stra – Mira – Malcontenta

Stellplätze:	Monselice, Este, Arqua Petrarca, Battaglia Terme, Montegrotto Terme, Torreglia, Monte Venda, Monte di Rua, Abano Terme, Padua (2x), Stra, Dolo
Agricampeggi:	Monselice, Trattoria al Roccolo, Abano Terme (2x), Padua
Campingplätze:	Este, Montegrotto Terme, Abano Terme
Besichtigen:	Monselice, Museum und Burg in Este, Museen in Cinto Euganeo, Arqua Petrarca, Villa Barbarigo, Castello Catajo, Castello San Pelagio, Ruinen und Schmetterlingshaus Montegrotto Terme, Villa di Vescovi, Abbazia di Praglia, Padua, Villa Pisani, Villen in Mira, Villa Malcontenta
Baden:	Battaglia Terme, Montegrotto Terme, Abano Terme
Wandern:	Am Monte Venda, am Monte di Rua, bei Teolo

Auf dieser Tour lernen Sie die Provinz Padua näher kennen. Erstes Ziel ist der Naturpark Euganeische Hügel. Dieser ist bei rennradbegeisterten und Erholung suchenden Städtern aus der Umgebung gleichermaßen beliebt und hat dank der am Fuße der Berge sprudelnden Heilwasserquellen internationale Bekanntheit erlangt. Vor allem Abano und Montegrotto Terme gelten als beliebte Reiseziele für Kuraufenthalte. Im Anschluss lockt die Kulturstadt Padua mit ihren Sehenswürdigkeiten. Gegen Ende der Tour steuern Sie entlang des Brentakanals mit seinen herrschaftlichen Villen aus vergangenen Zeiten auf Venedig zu.

Markt in Monselice

Monselice *(Markttag Mo., Via Zanellato)*
Die interessante Stadt bildet das südöstliche Eingangstor zum Naturpark Euganeische Hügel und kann

Die Sette Chiese von Monselice

mit einer mehr als 1300 Jahre alten Geschichte aufwarten. Um das Kastell, Kloster oder den Kreuzweg des Ortes zu entdecken, haben Sie die Wahl zwischen einem privaten Womo-Stellplatz des örtlichen Ruderclubs oder einem etwas außerhalb gelegenen Agriturismo. Tagesparkplätze gibt es am Stadthügel bei [N 45°14'37" E 11°45'12", Via Castello].

(073) Offizieller WOMO-Stellplatz: Monselice

GPS: N 45°14'38" E 11°45'01", Via Argine Destro. **Max. WOMOs:** 10-12.
Internet/Tel.: www.remieraeuganea.it, +39 348 841 43 15
Ausstattung: V/E, Strom, Beleuchtung, Kajakvermietung
Beschreibung: Umzäunte Schotterrasenfläche am Fluss neben der Stadtmauer im Besitz des Ruderclubs, 300 m ins Zentrum, teils schattig, recht eben, nachts relativ ruhig. Eventuell muss das Tor von Hand geöffnet werden. Dann telefonisch anmelden unter der angegebenen Rufnummer. Reservierung auch über die Website möglich.
Preis: €€.
Zufahrt: Von der SS104 kommend nach Monselice abbiegen und am Aldi Supermarkt rechts abbiegen. Den Burghügel linker Hand passieren und direkt danach links abbiegen und den Schildern links zum „Castello" folgen. Weiter geradeaus bis zum Flussufer, dort nach 100 m linker Hand.

(074) WOMO-Agriturismo: Monselice Ai Pilastri

GPS: N 45°13'23" E 11°45'13", Strada Rovigana 43. **Max. WOMOs:** 10.
Tel.: +39 0429 745 20
Ausstattung: V/E, Strom, Toieltte / Dusche, Waschmaschine / Trockner, Restaurant, Spielplatz.
Beschreibung: Teils schattige, recht ebene und parzellierte Plätze auf Rasen/Erdboden. Ruhige Lage außerhalb des Ortes, familäre Atmosphäre, etwa 2 km ins Zentrum.
Preis: €€.
Zufahrt: Von der SS104 kommend nach Monselice abbiegen. Etwa 80 m nach einer Pizzeria rechter Hand links in die kleine Einfahrt mit zwei Mauerpfeiler einbiegen

Rundgang durch Monselice
Monselice existiert seit dem 7. Jahrhundert und wurde von den Langobarden gegründet. Später gab der Landvogt Ezzelino da Romano dem Ort Stadtrechte und machte von hier aus die Nachbarn Este und

An der Villa Duodo

Montagnana, sowie weitere Städte der Umgebung im wahrsten Sinne des Wortes platt. Der angegebene Tagesparkplatz entstand in einem ehemaligen Steinbruch. Sie verlassen ihn durch den südlichen Fußgängerdurchgang und gelangen direkt ins Zentrum.
Nehmen Sie linker Hand die **Via del Santuario,** bergauf gelangen Sie bald zum **Castello di Monselice**. Hier lebte einst Ezzelino in einem turmartigen Gebäude mit mächtigen Verteidigungsmauern. Später wurde immer wieder an- und umgebaut, bis eine venezianische Villa entstand. Nach dem Ersten Weltkrieg wurde das Gebäude komplett geplündert. Seine heutige, reiche Ausstattung voller antiker Möbel und einer umfangreichen Waffensammlung verdankt es seinem letzten privaten Besitzer, den Conte Vittorio Cini. Zusätzlich kann im Gebäudekomplex eine **langobarische Nekopole** besichtigt werden, die hierher umgelagert wurde. Der Eintritt in die Verteidigungsruine am Gipfel „**Mastio Federiciano**" erfolgt vom Kastell aus *(Eintritt zum Kastell nur mit Führung, Mär bis Okt, 9/10/11/15/16/17 Uhr, sonst 10/11/14/15 Uhr, €€, Nekropole Apr bis Nov von 10 bis 12 Uhr und 15 bis 17 Uhr, €, Festung: Apr bis Okt nur So/Ft 14.30 bis 18 Uhr, €, www.castellodimonselice.it).*
Weiter den Hügel hinauf, gelangt man, vorbei an der bewohnten **Villa Nani Moncenigo** und der **Antica Pieve di Santa Giustina,** zum Gelände des **Santuario delle Sette Chiese**. Sieben kleine Kapellen ziehen sich nach dem Tor den Berg hinauf und enden an einer Hauptkapelle ganz oben, der **Chiesa di San Giorgio**, mit schönem Ausblick auf Stadt und Umland. Papst Paul V. verfügte 1606, dass Pilgern, die dieses Heiligtum besuchen, die gleichen Ablässe gewährt werden wie denen, die zu den sieben Hauptkirchen nach Rom reisen. Dies hat bis heute Bestand und macht Monselice zu einem renommierten Wallfahrtsort. Ganz am Ende des Komplexes steht die herrschaftliche **Villa Duodo**, die Sie nur von außen betrachten können.
Zurück am Ausgangspunkt gehen Sie geradeaus auf die **Piazza Mazzini** mit der **Touristeninformation**. Sie befinden sich nun mitten im historischen Zentrum mit dem zentralen **Palazzo del Monte die Pietà**, dem **Torre Civico** und der dahinter gelegenen alten Fischhalle.

Vorbei am gemütlichen kleinen **Naturcampingplatz Alba** mit eigenem Pool **[075:** N 45°13'29" E 11°42'15", Via Madonnetta delle Ave, €€€€€] ist es nur einen Katzensprung zur zweiten interesanten Stadt südlich der Euganeischen Hügel, die einige

Kilometer weiter westwärts liegt. In **Este** können Sie zwischen einem Tagesparkplatz bei [N 45°13'44" E 11°39'32", Via Vigo di Torre] und dem Stellplatz wählen.

(076) Offizieller WOMO-Stellplatz: Este

GPS: N 45°13'37" E 11°39'32", Via P. Umberto. **Max. WOMOs:** 2-4.
Ausstattung: V/E (frei zugänglich), Strom (gegen Gebühr), Mülleimer.
Beschreibung: Gekennzeichnete Plätze als Teil eines PKW Parkplatzes im Zentrum. Recht eben. teils schattig, nicht ganz ruhig.
Preis: Parkplatz nur tagsüber kostenpflichtig, €.
Zufahrt: Wie Stellplatz zuvor, dann weiter geradeaus und dem Verlauf der Mauer nach rechts folgen. Nun links und am Hauptplatz sofort wieder links in die Via Principe Umberto.
Hinweis: Da die Parkplatzausfahrt durch einen niedrigen Torbogen führt, müssen Sie entgegen der Fahrtrichtung durch den Eingang ausfahren (erlaubt für „spezielle Fahrzeuge".

Aus Este stammt das gleichnamige Adelsgeschlecht, dessen Macht einst bis weit über die Grenzen Norditaliens reichte. Erhöht über der Stadt thronen die Reste des einstigen „neuen" Kastells aus dem 14. Jahrhundert. Die ursprüngliche Festung zerstörte schon 100 Jahre früher der machthungrige Ezzelino da Romano...

Rund um die Ruinen erstreckt sich heute ein schöner Stadtpark, der zu einem Spaziergang einlädt. Von der Burgruine aus genießen Sie einen umfassenden Blick auf Ort und Region. Verlassen Sie den Park durch das südliche Haupttor, gelangen Sie zum rechter Hand in die Mauer integrierten **Museo Nazionale Atestino**. Es zeigt interessante Fundstücke und Kulturgegenstände von der Altsteinzeit bis zu den Römern und gilt als bedeutendstes Museum seiner Art im venezianischen Raum.

im Zentrum gruppieren sich vor allem um die **Piazza Maggiore** Geschäfte und Restaurants, teils unter Säulengängen. Hier schlägt das Herz von Este.

***Museo Atestino**: Via G. Negri 9c, www.atestino.cultura.gov.it, meist 8.30 bis 19.30 Uhr, €*

Euganeische Hügel

Seit 1989 steht die idyllische Hügellandschaft südwestlich von Padua unter Naturschutz. Eine Vielzahl von Rad- und Wanderwegen durchzieht die sanft geschwungenen Erhebungen, die sich mit einem Mal aus der sonst tellerflachen Ebene erheben. Die vielen kleinen und teils sehr schmalen Sträßchen sind nicht unbedingt für Wohnmobilmaße ausgelegt. Hinzu kommt, dass viele Rennradfahrer die Gegend als Spielwiese auserkoren haben. Es gilt also, ganz besonders umsichtig zu fahren.

Vorerst noch am Rand entlang, tasten Sie sich über die SP247 und **SP89** in Richtung Teolo vor. Nach wenigen Kilome-

Castello di Este

tern können Sie einen Stopp am **Museo Geopaleontologico di Cava Bomba** einlegen. Das Museum befasst sich in erster Linie mit der Geologie und Mineralogie der Region, die großteils vulkanischen Ursprungs ist, und den im Umkreis des einstigen Kalksteinbruchs gefundenen Fossilien. Im Außengelände wurden zu den Funden passende prähistorische Tiermodelle in Lebensgröße aufgestellt.

Bei Interesse können Sie danach einen Abstecher zur nahen **Villa Beatrice d`Este** auf dem **Monte Gemola** unternehmen. Dafür bewegen Sie sich für rund 1,5 Kilometer entlang einer schmalen Zufahrtsstraße, bevor ein Schild mit der Beschriftung „La Beatrice“ nach rechts zur Toreinfahrt weist. In dem ehemaligen Nonnenkloster lebte im 13. Jahrhundert die heilige Beatrice für einige Jahre. Heute beherbergt es das Naturhistorische Museum des Naturparks. Es widmet sich der Flora und Fauna der Region und zeigt unter anderem präparierte Insekten, Reptilien, Amphibien und Vögel.

Die Hauptroute erstreckt sich dann weiter auf meist größeren Straßen nach Osten, die Alternativroute führt mitten durch die Hügel in nördliche Richtung.

***Museo Geopaleontologico**: [N 45°16’21” E 11°39’23”], Via Bomba 48, Sa/So von 10 bis 18 Uhr, € | **Villa Beatrice**: [N 45°16’37” E 11°40’45”], Via Gemola 7, Feb bis Okt, So. 10 bis 18 Uhr, €*

Hauptroute

Arqua Petrarca

Arqua ist der bekannteste Ort im Naturpark und schmückt sich seit 1870 mit dem Zusatz „Petrarca", nach dem berühmten Dichter Francesco Petrarca, der hier seine letzten Jahre verbrachte. Gleich am Ortseingang wurde rechter Hand ein großer Parkplatz mit drei Ebenen angelegt. Er wird regelmäßig von Wohnmobilen frequentiert und darf zum Übernachten genutzt werden.

(077) WOMO-Parkplatz: Arqua Petrarca

GPS: N 45°16'06" E 11°43'14", Via Fontana
Max. WOMOs: Etwa 20.
Ausstattung: Wasser (an der obersten Ebene), Toilette, Mülleimer, Beleuchtung.
Beschreibung: Teils schattiger, großer, asphaltierter Besucherparkplatz, Tags sehr belebt, nachts ruhig. Etwa 200 m in den Ort.
Preis: Tages-Womo-Tickets €€, 20 bis 7 Uhr kostenfrei.
Zufahrt: Direkt am Ortsbeginn unterhalb des Hügels nicht zu übersehen.

Rundgang durch Arqua Petrarca

Der kleine Ort wird immer wieder als einer der schönsten Italiens beschrieben und hat man erst einmal die Stufen bis in den Kern erklommen, kann man sich davon selbst überzeugen: zumindest ein uriges Dorf, das einen Besuch wert ist. Gleich linker Hand erhebt sich die mehr als 1000 Jahre alte **Kirche Santa Maria Assunta**, vor der in einem großen Steinsarkophag, dem Tomba del Petrarca, die sterblichen Überreste Petrarcas aufbewahrt werden.

Folgen Sie der mit Restaurants und Cafés gesäumten Hauptstraße weiter bergauf, gelangen Sie zur **Casa del Petrarca**, dem ehemaligen Wohnhaus, das Sie besichtigen können. Es enthält einige Originalgegenstände jener Zeit sowie Decken- und Wandbemalungen aus dem 16. Jahrhundert und umfangreiche Informationen zum Leben seines berühmtesten Bewohners *(Via Valleselle 4, www.arquapetrarca.com, Mär bis Okt Di bis So 10 bis 12.30 und 15.30 bis 19.00 Uhr, sonst 9 bis 12.30 und 14.30 bis 17.30 Uhr, während den Ferien auch Mo geöffnet, €, Infos nur auf italienisch und englisch).* Wer noch weiter nach oben, bis zum höchsten Punkt des Hügels wandert, erreicht dort das **Dreifaltigkeits-Oratorium** und davor die **Loggia del Viscari**. Hier beteten und diskutierten einst die einflussreichsten Familien der Region mit dem Klerus.

Casa Petrarca

Villa Barbarigo

Francesco Petrarca

Der 1304 in Arezzo geborene Francesco Petrarca war einer der größten Dichter und Geschichtsschreiber Italiens. Sein berühmtestes und größtes Werk „Canzoniere“ umfasst ganze 366 Gedichte. Er gilt als Mitbegründer des Humanismus und unternahm während seines Lebens ausgedehnte Reisen nach Frankreich, Deutschland und Belgien. Er starb am 18. Juli 1374 in Arqua. Sechs Jahre später ließ sein Schwiegersohn das rote Marmorgrab vor der Kirche errichten.

Mit stattlichen 1,84 m galt Petrarca als ein echter Riese in seiner Zeit. Um die Echtheit seines Leichnams und seine angebliche Körpergröße zu belegen, wurde 2004 sein Grab geöffnet und untersucht. Dabei stellte sich heraus, dass der beim Skelett liegende Schädel in Wahrheit zu einer Frau gehört. Wann und von wem der echte Kopf ausgetauscht wurde, lässt sich nicht mehr genau sagen. Noch immer bittet der italienische Staat öffentlich darum, die Erben des Grabräubers mögen ein Einsehen haben und „den alten Knochen“ zurückgeben...

Valsanzibio

Das kleine Dorf schmiegt sich recht zersiedelt an die Ostausläufer der Hügel. Touristisch interessant ist es vor allem wegen dem **Giardino di Villa Barbarigo**. Die Anlage wird als Perle der Euganeischen Hügel bezeichnet. In dem wunderschön angelegten, schattigen Park lässt es sich auch an heißen Tagen gut aushalten. Bei einem Rundgang gibt es ein wie von Geisterhand gesteuertes Wasserspiel, eine Haseninsel, Wasserläufe und kunstvoll gestutzte Hecken und Bäume zu entdecken. Hauptattraktion ist das größte intakte Buchsbaumlabyrinth der Welt – falls Sie sich für eine Runde darin entscheiden, planen Sie auf alle Fälle etwas Zeit ein – oder genießen Sie ein kinderfreies Stündchen... Ein Picknickbereich und ein in der Hauptsaison und an Sonntagen geöffneter Laden mit Snack Bar gehören zur Anlage. Die Villa können Sie nicht besichtigen.

***Giardino Barbarigo**: [N 45°17’28” E 11°43’43”], Via Diana 2, www.valsanzibiogiardino.it, Ende Feb bis Anfang Dez von 10 bis 13 Uhr und 14 Uhr bis Sonnenuntergang, So und feiertags durchgehend, €€, Achtung, es sind vergünstigte Kombitickets inkl. Castello Catajo und Villa Vescovi, zu denen Sie später noch kommen, verfügbar.*

Labyrinth der Villa Barbarigo

Battaglia Terme *(Markttag Sa., Piazza della Libertà))*
Über Galzignano gelangen Sie in kurzer Zeit nach Battaglia. Es sind die ersten beiden Orte, die den Zusatz „Terme“ für ihre heißen Heilquellen im Namen führen dürfen. Weit weniger bekannt als die großen Nachbarn Abano und Montegrotto, geht alles ruhiger zu und viel weniger Urlauber sind in den Gassen unterwegs. Vor allem die Battaglia Terme ist für Womo-Urlauber interessant, denn es gibt einen eigens eingerichteten Stellplatz und nicht weit entfernt eines der wenigen öffentlichen Thermalbäder. Die meisten anderen Bäder der Region gehören zu Hotelkomplexen und sind deren Gästen vorbehalten oder lassen Externe nur zu im Vergleich zum Gebotenen horrenden Preisen ein. Das **Bad La Contea** mit mehreren Innen- und Außenbecken ist etwas in die Jahre gekommen aber sauber und gepflegt. Es verfügt im Sommer über Liegewiesen und einen Kinderbereich sowie einen eigenen Parkplatz gleich nebenan. Und wer sich für Schifffahrt und frühe Navigation interessiert, findet am östlichen Ortsende ein ganz interessantes Spezialmuseum zu diesem Thema, das **Museo delle Navigazione Fluviale.**

***Bad La Contea**: [N 45°17'20" E 11°46'12"], Via F. Petrarca 11, www.termelacontea.com, meist Mo bis Fr 10 bis 20 Uhr, Sa/So 10 bis 19 Uhr, €€ | **Museo Navigazione**: [N 45°17'15" E 11°47'16"], Via Ortazzo 63, www.museonavigazione.eu, 10 bis 12 Uhr und 15 bis 18 Uhr, €*

(078) Offizieller WOMO-Stellplatz: Battaglia Terme

GPS: N 45°17'31" E 11°46'29", Via Degli Alpini. **Max. WOMOs:** 6-8.
Öffnungszeiten: Mai – Oktober.
Ausstattung: V/E, teils Strom, Mülleimer.
Beschreibung: Plätze auf Erdboden, hinter einem per Schranke abgetrennten Parkplatz, teils schattig, recht eben, schöne Lage am Ortsrand, Hauptstraße daneben, daher tags nicht ganz ruhig, Snackbar mit WC nebenan, 700 m in den Ort, 450 m zum Thermalbad.

Preis: €€, zu entrichten an der Snackbar. Ist diese geschlossen, müssen Sie evtl. anrufen oder ohne V/E vor der Schranke stehen bleiben.
Zufahrt: Am Ortsbeginn im Kreisverkehr nach links abbiegen. Die Einfahrt kommt nach wenigen Metern linker Hand.

Am nördlichen Ortsrand erscheint links der SS16 kurz darauf das interessante **Castello Catajo**. Von außen Burg, innen im Stil einer italienischen Villa gehalten, wurde es 1543 errichtet. Die Anlage besteht aus einem schönen, ruhigen Park mit einem großen Seerosenteich, der zu einem Rundgang einlädt, und einem großen Gebäudekomplex. Da das Schloss bewohnt ist, sind nur einige der reich bemalten und mit Fresken verzierten Räume auf einer Führung zu besichtigen.

***Castello Catajo**: [N 45°17'48" E 11°47'20"], Via Catajo 1, www.castellodicatajo.it, Di/Do/Fr/So und in den Ferien geöffnet, Apr bis Aug, 15 bis 19 Uhr, Mär und Sep bis Nov von 14.30 bis 18.30 Uhr, €€, Führung meist Ital./Engl. kombiniert, nur manchmal auch auf Deutsch*

Castello Catajo

Castello San Pelagio

MONTEGROTTO TERME *(Markttag Do., Piazza Mercato)*
Noch bevor Sie von der Schnellstraße in den bekannten Badeort abbiegen, können Sie rechts zum **Castello di San Pelagio** steuern. Die Räume sind im Stil eines Museums ausgestattet und widmen sich ganz dem Thema Luftfahrt und deren Entwicklung. Hintergrund ist die enge Verbindung der Besitzer zur italienischen Luftwaffe und die Begeisterung für das Fliegen. Sie finden neben vielfältigen Informationen ganze Flugzeuge, Modelle von Luftschiffen und Ballons und allerlei Luftfahrtmemorabilien vor, an der Kasse sind auch deutsche Hinweise erhältlich. Im Garten gibt es Picknickbänke, Tiere und ein Labyrinth. Ein Restaurant ist angeschlossen und Besucher dürfen auf dem Parkplatz mit dem Womo über Nacht stehen, [**079:** N 45°18'54" E 11°49'16", Via San Pelagio 34].

***Castello San Pelagio**: Via San Pelagio 50, www.castellosanpelagio.it Mär – Nov, Mi/Do/Sa 10 bis 13 Uhr und 14.30 bis 18.30 Uhr, So/Ft 10 bis 19 Uhr, Dez bis Feb nur Di/Fr/Sa, und So/Ft, €€€*

Montegrotto Terme lässt sich am besten als typisch italienischer Urlaubsort mit gediegenem Kurcharakter beschreiben. Bodenständiger als Abano ist das Publikum zwar etwas jünger, dennoch bestimmt die Generation 50+ das Straßenbild. Wenn Sie ein wenig bleiben möchten, haben Sie die Wahl zwischen einem zentralen Parkplatz, an dem das Übernachten geduldet wird und dem Hotel Sporting Center mit dazugehörigem Campingplatz. In dem Fall können Sie die hauseigenen Heilwasserbecken nutzen. Externe Gäste werden zu einem annehmbaren Preis eingelassen. In allen anderen Hotels und Spas im Ort, müssen Sie als Tagesgast mit Preisen von 25 € aufwärts rechnen, auch für nur kleine Einrichtungen.

(080) WOMO-Parkplatz: Montegrotto Terme

GPS: N 45°19'52" E 11°47'34", Via Ottaviana. **Max. WOMOs:** 6-8.
Ausstattung: Mülleimer, Beleuchtung.
Beschreibung: Schattenloser, größerer Parkplatz im Zentrum, Geschäfte

und Restaurants in Laufweite, etwa 150m entfernt.
Zufahrt: Von den Hauptstraßen im Ort am besten den Hinweisen zum „Casa delle Farfalle“ folgen. Der Parkplatz befindet sich direkt davor.

(081) WOMO-Campingplatz: Camping Sporting Center

GPS: N 45°20'31" E 11°47'51", Via Roma 123
Internet/Tel.: www.sportingcenter.it/de, +39 049 79 34 00.
Öffnungszeiten: Ende März bis Anfang November.
Ausstattung: V/E, Strom, (teils private) Toilette / Dusche, Thermalbad, Restaurant, Diskothek, Spielplatz.
Beschreibung: Stellpl#tze meist schattig auf Rasen, recht eben und ruhig, große Anlage eines Thermenhotel mit angeschlossenem Bad, div. Sporteinrichtungen, Anwendungen gegen Buchung möglich, Ortszentrum 2km.
Preis: €€€€€.
Zufahrt: Der Platz liegt an der Hauptstraße SP2. Wenn Sie vom Zentrum Montegrotto nach Norden fahren, folgen Sie der Wegweisung Richtung Abano Terme. Dann nach rund 1,5 km links.

Im Casa delle Farfalle

Außer dem Heilwasser hat Montegrotto noch zwei weitere Attraktionen zu bieten. Zum einen das **Casa delle Farfalle**. In mehreren, als unterschiedliche Lebensbereiche gestaltete Räume sind hier lebende Schmetterlinge aus allen Teilen der Welt zu sehen, die einem buchstäblich um die Nase fliegen. Von winzig klein bis mehr als handtellergroß reicht die Auswahl der bunten Insekten. Ein paar weitere Tierarten sind ringsum in Terrarien zu sehen, Papageien fliegen zusätzlich umher und im Freigelände gibt es einen etwas obskur anmutenden Märchenpark für die Kleinen.

Unweit entfernt in der **Via degli Scavi**, können Sie sich **Ausgrabungen** des antiken Montegrotto ansehen – schon die Römer wussten das Heilwasser zu schätzen und bauten eine Therme. Ein weiterer archäologischer Ort befindet sich in der **Via Neroniana**. Dabei handelt es sich um eine römische Villa. Leider sind die Bereiche umzäunt und sechs Tage die Woche nur von außen einsehbar. In Planung ist ein archäologischer Park, der aber bislang nur auf dem Papier bzw. im Internet existiert,

***Casa Farfalle**: Via Scavi 21, www.micromegamondo.com Mär bis Mai täglich, Jun/Jul und Sep bis Anfang Nov von Mi bis So, Aug Di bis So, jeweils 10 bis 17 Uhr, €€ |**Area Archeologico**: Via Scavi 15, www.aquaepatavinae.it Frühling/Sommer, Sa 16 bis 18 Uhr, €*

Sie können nun direkt nach Abano Terme weiterfahren oder noch einen zusätzlichen Schlenker durch die Euganeischen Hügel machen. Sie finden den Text dazu nach der folgenden Alternativroutenbeschreibung ab „Luvigliano".

Alternativroute ab Villa Beatrice durch die Euganeischen Hügel

Zunächst stoßen Sie auf dieser Wegvariante in Fontanafredda auf die etwas größere SP99 und folgen ihr Richtung Galzignano Terme. Vorbei an mit Weinstöcken bepflanzten Hängen schraubt sich die Straße mäßig steil auf den **Monte Venda** zu. Eine ganze Reihe von Weingütern laden zur Verkostung und natürlich zum Kauf ihrer Produkte ein, z.B. die **Azienda Cà Lustra** *(Via San Pedro 50)* kurz nach dem Weiler Faedo. Noch ein paar hundert Meter und Sie erreichen eine Abzweigung nach links, direkt an einem kleinen Picknickplatz. Die Via Roccolo wurde zwar geflickt, sieht aber noch immer etwas brüchig aus und ist mit einer Warnung versehen, dass nur Fahrzeuge bis Maximalbreite 2,20 Meter hier entlangfahren können. Tatsächlich darf man aber noch gute 10 Zentimeter aufaddieren. Falls Sie Zweifel haben oder tatsächlich umkehren müssen, können Sie alternativ auf der Hauptstraße weiter bis Galzignano fahren und stoßen dort auf die Hauptroute.

Haben Sie die Hürde gemeistert, zweigt 800 Meter weiter nach links die Via Sottovenda ab. Sie führt zum **Giardino Botanico dei Colli Euganei** neben der Herberge Casa Marina. Der Garten zeigt typische Blumen und Pflanzen der Region und verfügt über einen großen, allerdings nur über eine etwas steile Rampe zugänglichen Parkplatz bei [N 45°18'41" E 11°41'53"]. Nach weiteren 600 Metern kommen Sie zu einem kleinen Wanderparkplatz, der für alle Womos erreichbar ist.

(082) WOMO-Parkplatz: Monte Venda

GPS: N 45°18'32" E 11°41'27", Via Sottovenda. **Max. WOMOs:** 3

Ausstattung: Keine Einrichtungen.
Beschreibung: Schattig, in der Nähe eines Gasthofes, etwas abschüssig, Wanderwege und botanischer Garten in der Nähe, nachts sehr ruhig. Achten Sie darauf, keine Wege zu verstellen, um den Verkehr nicht zu behindern.
Zufahrt: Ab dem botanischen Garten immer geradeaus auf der Via Sottovenda, dann rechter Hand.

Blick vom Monte Rua

Wanderung zum Monte Venda
Ab dem Wanderparkplatz gehen Sie links einen rollstuhl- und kinderwagengerecht ausgebauten und nicht sehr steilen Wanderweg entlang der Flanken des Monte Venda. Anfänglich beidseitig mit Buschwerk bewachsen, bietet er später schöne Blicke über weite Teile der Region. Nach knapp sechs Kilometern gelangen Sie an einen Picknickplatz mit Wetterschutz. Unterwegs können Sie frühzeitig links abzweigen und so einen Gasthof erreichen. Auch als Schleife ist der Weg begehbar (Via Sasoni). Er wird aber zwischendurch zum schmaleren Pfad. Neben Fußgängern sind oft Mountainbiker am Monte Venda unterwegs.

Eine nächste Stellplatzalternative bietet die **Trattoria Al Roccolo**. Wer mit schönem Blick von der Terrasse einkehrt und freundlich fragt, darf die Nacht über auf dem schattigen Parkplatz mit dem Womo stehen bleiben, aber Vorsicht, *teils machen tief hängende Äste as Rangi*eren schwierig, [**083:** N 45°19'07" E 11°42'05", Via Roccolo 8]. In sechs, teils recht engen Serpentinen verlieren Sie nun rasch an Höhe, bis Sie an die größere SP43 gelangen. Dieser folgend stoßen Sie auf die Hauptroute. Links ab können Sie noch einen Zwischenstopp an der **Eremia de Rua** einlegen. Für große Fahrzeuge besser geeignet ist der erste von zwei kleinen Parkplätzen, [**084:** N 45°19'03" E 11°43'02", Via Monte Rua]. Den Rest des Weges müssen Sie von dort an per pedes erklimmen.

Eremita Monte Rua
Die Einsiedelei am Monte di Rua wurde 1537 von Kamaldulensermönchen gegründet und gilt bis heute als eines der strengsten Klöster des Landes. Die ganze Spitze des Hügels wird von den zugehörigen Bauten eingenommen. Der Besuch ist nur zu genau festgelegten Stunden und ausschließlich Männern erlaubt. Entsprechende Kleidung (lange Hosen, keine ärmellosen Oberteile) versteht sich von selbst. Den Rest der Zeit leben die letzten verbliebenen acht Mönche völlig abgeschieden und in strenger Isolation. Besichtigt werden kann die Kirche und eine der 14 Mönchs-Zellen, die als einfache, kleine Wohnhäuser ausgeführt sind *(Zutritt nur Do. und So. von 14.30 bis 16.30 Uhr)*.

Fortsetzung Hauptroute

Luvigliano

Nächstes Ziel ist die **Villa di Vescovi** in Luvigliano.Sie wurde auf einer Anhöhe erbaut und ist schon aus einiger Entfernung zu sehen. Da der Platz am Parkplatz vor allem am Wochenende selten reicht, und das Rangieren schwierig wird, parken Sie für eine Besichtigung besser unten an der Hauptstraße vor dem Grundstückszaun und wandern die paar Meter hinauf. Entgegen den meisten anderen noch heute existierenden Renaissance-Villen zwischen Venedig und Verona, stammt diese nicht von Andrea Palladio. Mit dem Bau beauftragt wurde der Architekt Giovanni Falconetto, Auftraggeber war 1542 die Kurie von Padua. Bischof Francesco Pisani nutzte sie als eine seiner Sommerresidenzen. Sie gehört zu den besterhaltenen der ganzen Region und zeigt viele Originalfresken und Deckengemälde. Ein Spaziergang durch den umliegenden Park gehört zu einem Besuch. Von der Südterrasse kommen Sie in den schattigen Obstgarten mit Nektarinen-, Birnen-, Pflaumen-, Quitten-, Granatäpfel- und weiteren Bäumen. Das Naschen reifer Früchte ist übrigens erlaubt. Weite Blicke eröffnet der anschließende, hauseigene Weinberg. Der daraus gekelterte Rebensaft kann am Eingang der Villa verkostet werden.

Ab Treponti können Sie einen weiteren Abstecher nach **Teolo**, den Hauptort der Euganeischen Hügel unternehmen. Von dort bietet sich zum Beispiel eine Wanderung auf den direkt nördlich gelegenen **Monte Grande** an *(ab Via Monte Madonna, parken bei [N 45°21'31" E 11°39'48"])*. Und wer seine Geschicklichkeit zwischen den Baumwipfeln in einem Kletterpark testen möchte, kann dies im gleich danebenliegenden **Parco Avventura Le Fiorine** tun.

***Villa dei Vescovi**: [N 45°20'34" E 11°42'39"], Via die Vescovi 4, www.visitfai.it/villadeivescovi, April bis Oktober, Mi bis Sa 10 bis 18 Uhr, So bis 19 Uhr, Mär/Nov bis Mitte Dez von Mi/So 10 bis 17 Uhr, €€*

Villa dei Vescovi

Abbazia di Praglia

Abbazia di Praglia

Zu den großen touristischen Anziehungspunkten der Euganeischen Hügel zählt die am Ende einer in San Biagio beginnenden Stichstraße gelegene **Abbazia di Praglia**. Die Parkplätze vor dem 13.000 Quadratmeter großen Benediktinerkloster sind auch für Ihr Fahrzeug groß genug dimensioniert.

Abgesehen von einer rund 100-jährigen Unterbrechung, während der napoleonischen Zeit im 19. Jahrhundert, existiert die im 11. Jahrhundert gegründete Abtei seit nunmehr fast 1000 Jahren. Aus dieser Zeit stammt der Glockenturm. Die restlichen Gebäude stammen aus dem 15./16. Jahrhundert. Zu sehen gibt es eine dreischiffige Basilika mit verschiedenen Szenen aus dem Leben Christi und den umfangreichen Klosterkomplex. Kapitelsaal, Refektorium und die Bibliothek mit über 120.000 Büchern und Schriften sind mehrmals täglich auf Führungen zu sehen. Im Klosterladen werden selbst erzeugte Produkte wie Tee, Wein, Kosmetik und Honig angeboten. Wer auf der Suche nach Ruhe und Besinnung ist, kann mit Voranmeldung für einige Tage ins Klosterleben eintauchen und die Welt der Benediktiner erleben.

***Abbazia di Praglia**: [N 45°21’56” E 11°44’04”], Via Abbazia di Praglia, www.praglia.it, Di bis So, Klostergebäude nur mit Führung, So/Ft 5 mal täglich, Di bis Sa 4 mal täglich, jeweils nachmittags, gegen Spende*

Abano Terme *(Markttag Mi., Piazza Mercato)*

Die 20.000 Einwohner-Stadt ist einer der bekanntesten Kurorte Italiens. Seit dem 9. Jahrhundert v. Chr. existiert hier eine Siedlung und schon die alten Römer wussten um die Wirkung der aus dem Boden tretenden heißen Quellen. Ihnen wurde inzwischen eine entzündungshemmende, stimulierende, antiseptische und endokrine Wirkung nachgewiesen. Die ältesten Anlagen befanden sich am Hügel **Mont Irone**, um den sich bis heute ein Großteil des Kurbetriebes erstreckt. Mit Tourismus im großen Stil und dem Bau von Hotels wurde erst nach dem 2. Weltkrieg begonnen.

Um ein wenig in der Fußgängerzone zu bummeln und den Flair des Ortes wirken zu lassen, fahren Sie zunächst einen innenstadtnahen Parkplatz an. Gute Chancen auf einen Platz haben Sie in der Via Monte Ricco bei [N 45°21'18" E 11°46'27"] oder 200 m weiter in der Via Previtali bei [N 45°21'08" E 11°46'22"]. In beiden Fällen sind es nur wenige hundert Meter in westlicher Richtung bis ins Zentrum. Ein dritter, noch größerer Parkplatz ist nicht viel weiter von der Innenstadt entfernt und wird regelmäßig von Womos zur Übernachtung genutzt. Sie finden ihn in der Via Pertini, [**087:** N 45°21'16" E 11°47'17"].

Einen speziell für Wohnmobile eingerichteten Platz samt Zugang zur hauseigenen Thermalquelle bietet das Thermenhotel Mamma Margherita. Auch der schon zuvor, etwas außerhalb gelegene, schöne **Agriturismo La Buona Terra** ist eine gute Alternative, [**085:** N 45°24'02" E 11°42'48", Via Repoise 73, www.buonaterrabio.it, +39 328 077 09 77, alle Einrichtungen, €€€€€].

(086) WOMO-Agriturismo: Abano Terme
Hotel Mamma Margherita

GPS: N 45°21'03" E 11°45'30", Via Monteortone 50. **Max. WOMOs**: 28.
Internet/Tel.: www.termesalesiani.it, +39 049 866 93 50.
Öffnungszeiten: März bis November.
Ausstattung: V/E, Strom, Toilette / Dusche, Waschmaschine / Trockner, Grillplatz, Restaurant, Thermenschwimmbad, Abspülgelegenheit.
Beschreibung Schöne ruhige Lage auf Rasengittersteinen hinter dem Hotelgebäude, kein Schatten, eben, Zugang zur hauseigenen Therme, Zentrum etwa 1,9 km entfernt.
Preis: €€€€-€€€€€ saisonabhängig.
Zufahrt: Am Ortseinfahrts-Kreisverkehr von Abano rechts halten Richtung Torreglia – Achtung, Schilder nur schwer einsehbar. Am übernächsten Kreisverkehr dann rechts nach Monteortone abzweigen. Nach rund 1,2 km rechts finden Sie den Stellplatz.

Unterwegs in Abano Terme

Ob es sich bei Abano um einen besonders schönen Ort handelt oder nicht, liegt sicher im Auge des Betrachters. Die Bausubstanz ist, verglichen mit anderen Orten Italiens, eher neu und oftmals im Stil der 60er und 70er Jahre gehalten – aus heutiger Sicht nicht immer glücklich. Und da der Glanz dieses Kurortes nicht mehr ganz so hell strahlt wie noch vor einigen Jahren, steht mancher einst kühn geplante Hotel-

Fußgängerzone in Abano Terme

bunker inzwischen leer. Fürs Ambiente ist das nicht gerade förderlich. Wenn Sie durch die Fußgängerzone schlendern, können Sie das klassische „Abano-Flair" erspüren und einen Hauch von Eleganz und Hautevolee, der mit dem Kurort in die Jahre gekommenen Stammgäste, erleben – trotz des geschlossenen Grand Hotels an erster Adresse. Außerdem finden Sie die **Touristeninformation** in der Fußgängerzone *(Via Pietro d'Abano 18)*. Dort erhalten Sie z.B. kostenlose Informationen zu einer Vielzahl lohnender Wanderungen und Radtouren quer durch die Euganeischen Hügel.
Wenn Sie wegen Abanos größtem Pfund, dem Heilwasser, gekommen sind und nicht den vorab genannten Thermen-Stellplatz nutzen, müssen Sie entweder bei einem der ziemlich teuren Day-Spas an den Hotels anklopfen oder eines der zwei öffentlichen Bäder aufsuchen. Südlich der Fußgängerzone gelangen Sie rund 300 m nach Queren des Thermalparks zum **Columbus Garden** mit insgesamt vier Thermal-Innen- und Außenbecken *(Via Martiri d`Ungheria, www.columbusthermalpool.it Jun bis Aug von Mo bis Fr 10 bis 22 Uhr, Sa/So, 9 bis 21 Uhr, Sep bis Mai, Mo, 12 bis 23 Uhr, Sa, 9 bis 23 Uhr, So bis 21 Uhr, ab €€€)*. Noch günstiger wäre das öffentliche Bad in der **Via da Feltre**. Dort ist dann allerdings nur ein einfaches, einziges Becken mit Thermalwasser gefüllt *(www.piscinacomunaleabano.it)*.
Die letzte Gelegenheit, in den Genuss des warmen Heilwassers zu kommen, finden Sie im Ortsteil **Monteortone**: In der Wallfahrtskirche **Santuario Madonna della Salute** quillt beständig und gratis Thermalwasser aus einer kleinen Brunnenschale – zugegeben, zum Baden reicht das freilich nicht... *(Via Monteortone, [N 45°21'11" E 11°45'28"])*.

Padua *(Markttag Sa. + 3. So im Monat, Prato della Valle)*
Um sich Padua entspannt ansehen zu können, benötigen Sie zuerst einen guten, zentrumsnahen Stellplatz. Sofern Sie nur für ein paar Stunden bleiben, eignet sich der **Parkplatz „Boschetti"** nördlich der Innenstadt, [N 45°24'45" E 11°52'54", Via Vecchio Gasometro, €]. Genauso gut geeignet ist Paduas Hauptparkplatz neben dem **Prato della Valle** an dem auch übernachtet werden kann. Weiter außerhalb, dafür sehr gut an den öffentlichen Nahverkehr angeschlossen, liegt der eigens eingerichtete Wohnmobilstellplatz der Stadt. Eine dritte Nachtalternative bietet ein Agriturismo.

Piazza Erbe in Padua

(088) WOMO-Parkplatz: Padua Prato della Valle

GPS: N 45°23'45" E 11°52'33", Pizza Rabin. **Max. WOMOs**: 20.
Ausstattung: Mülleimer, Beleuchtung
Beschreibung: Unmittelbar im Stadtkern gelegene, tagsüber sehr gut besuchte, nachts einigermaßen ruhige Asphaltfläche. Teils etwas Schattien, eben.
Preis: €€€.
Zufahrt: Von Abano kommend halten Sie sich ab der südlichen Einfallstraße Via A. Costa am Kreisverkehr links in die Via G. Bruno und dann zweimal rechts. Dort ist am Beginn der Via Marghera der Parkplatz bereits beschildert.

(089) Offizieller WOMO-Stellplatz: Padua Capolinea Nord

GPS: N 45°26'33" E 11°53'21", Via Telemaco Signorini. **Max. WOMOs:** 15
Ausstattung: V/E, Strom, Mülleimer, Beleuchtung.
Beschreibung: Schattenloser. etwas abgelegener, mit Schranken vom restlichen Parkplatz abgetrennter Bereich in einem nördlichen Außenbezirk der Stadt. Busse und Bahnen fahren direkt vom Platz in die Innenstadt. Nicht ganz ruhig, eher zweckmäßig, 5 km in die Mitte, die Trambahn Nummer 1 fährt vom Platz direkt in die Innenstadt.
Preis: €€.
Zufahrt: Von Abano kommend Padua auf der SR47 westlich passieren. Dann kurz vor der Autobahnauffahrt rechts auf den Corso Tredici / SS11 Richtung Venezia wechseln. An der nächsten Ausfahrt verlassen und am Kreisverkehr Richtung Vigodarzere halten. Am nächsten Kreisverkehr nach der Unterführung ist nach links der Stellplatz ausgeschildert.

(090) WOMO-Agricampeggio: Padua Agricola San Pio

GPS: N 45°20'04" E 11°55'17", Vicolo San Pio X 37, **Max. WOMOs:** 8.
Ausstattung: V/E, Strom, Toilette/Dusche, WLAN, Mülleimer, Pool.
Beschreibung: Ruhiger Bauernhof außerhalb der Stadt, etwa 8 km vom

Zentrum entfernt, Plätze ohne Schatten, Bauernladen, relativ eben, ideal für Radfahrer, da Radweg ins Zentrum.
Preis: €€.-€€€.
Zufahrt: Von Padua kommend die SS516 in Richtung Chioggia nehmen, dann rechts auf die Tangenziale 12 wechseln und bei der nächsten Ausfahrt abfahren und dann links Richtung Salboro halten. Nun immer geradeaus. bis Sie am Ende von San Giacomo vor einer Tankstelle links abbiegen können. Ganz am Ende der Straße dann linksseitig.

Unterwegs in Padua

Padua, oder auch Padova auf Italienisch, ist eine der ältesten Städte Italiens und besitzt eine renommierte, seit dem Mittelalter existierende Universität, an der schon Größen wie Galileo Galilei unterrichteten. In ihrer bewegten Geschichte war sie mal eigenständig, mal venezianisch, mal unter österreichischer und mal unter französischer Herrschaft. Während des ersten Weltkrieges und danach unter deutscher Besatzung im zweiten Weltkrieg war Padua jeweils operative Kapitole. Verschiedene Ministerien waren in der Stadt untergebracht. Heute ist Padua nur mehr Provinzzentrum, gehört aber sicher nach wie vor zu den interessantesten Großstädten, die Italien zu bieten hat.

Sightseeing Tipps

Wenn Sie vorhaben, sich verschiedene kostenpflichtige Sehenswürdigkeiten der Stadt, wie beispielsweise die Scrovegni-Kapelle oder den Palazzo della Ragione anzusehen, lohnt der Kauf einer Padua-Card. Sie ist mit 48 oder 72 Stunden Laufzeit erhältlich und berechtigt zusätzlich zur Nutzung des gesamten Nahverkehrs *(48 Stunden / €€€, 72 Stunden €€€€, Kauf zum Beispiel über www.cappelladegliscrovegni.it)*. Wenn Sie lieber eine Rundfahrt durch Padua machen möchten, statt zu Fuß zu gehen, können Sie ein Ticket für den Hop on/Hop off-Sightseeing-Bus erwerben. Die Doppeldecker verkehren in regelmäßigen Abständen durch die Innenstadt und Sie können jederzeit einen Zwischenstopp einlegen und bei nächster Gelegenheit weiterfahren. Per

Prato della Valle

Audioguide erhalten Sie Informationen auf Deutsch *(Apr bis Okt, 5 mal täglich ab 10.30 bis etwa 18 Uhr, rund alle 90 min., 24 h-Tickets, €€€, Erstzustieg am Piazza Erimitani, an der Piazza Prato della Valle oder jedem anderen Haltepunkt, mehr unter www.city-sightseeing.it/en/city-sightseeing-padova-en.* Viele Tipps und Informationen zu Padua bietet die offizielle Tourismus-Website www.turismopadova.it/de.

Rundgang

Starten Sie Ihren Rundgang beispielsweise vom Boschetti-Parkplatz aus, überqueren Sie nur den Brenta-Kanal, halten sich rechts und sind schnell im **Giardini dell`Arena**. Inmitten der Grünfläche befindet sich eine der bekanntesten Sehenswürdigkeiten Paduas, die **Capella degli Scrovegni.** Sie wurde zu Beginn des 14. Jahrhunderts vom Maler Giotto di Bondone komplett mit biblischen Szenen ausgemalt und ist bis heute erstaunlich gut erhalten. Wer sie besichtigen möchte, sollte sich in der Hauptsaison vorab anmelden, um eingelassen zu werden. Eine spezielle Prozedur, die sicherstellen soll, dass nur wohltemperierte Luft in der Kapelle ankommt, zwingt alle Besucher zu einer „Akklimatisierung“ im vorgelagerten Glasbau *(Piazza Eremitani 99 bis 19 Uhr, Reservierung über www.cappelladegliscrovegni.it oder direkt unter Tel. +39 049 - 2010020 mindestens 24 Std. im voraus, Zutrittsdauer 15 bis 20 min., Eintritt inkl. Eremitani Museum und Zuckermann Palast €€€, mit Padua-Card €).*

An der großen **Piazza Eremitani** gleich südlich der Parkanlage können Sie die beiden anderen Sehenswürdigkeiten besuchen, zu denen Ihre bereits erworbene Eintrittskarte berechtigt. Im **Museo Civico Erimitani,** einst ein Kloster der Einsiedlermönche, wird Ihnen die Stadtgeschichte von der Antike über das Mittelalter bis in die Gegenwart nähergebracht und der **Palazzo Zuckermann** stellt angewandte und dekorative Kunst zur Schau *(Piazza Erimitani 8 bzw. Corso Garibaldi 33, Di bis So/Ft, 9 bis 19 Uhr bzw. 10 bis 19 Uhr, €€, beides in der Pa-*

Giottos Fresken in der Scrovegni-Kapelle

dua-Card inkludiert). Letzte Sehenswürdigkeit direkt am Platz ist die **Chiesa degli Erimitani.** Sie ist mit Fresken aus dem 14. Jahrhundert verziert und enthält Reste der berühmten Ovetari-Kapelle, die von Andrea Mantegna stammen *(Piazza Erimitani, Sommer Mo bis Fr, 9 bis 12.30 Uhr und 15.30 bis 19 Uhr, Sa/So/Ft 10 bis 13 Uhr und 16.30 bis 20 Uhr, Winter von Mo bis Fr 7.30 bis 12. 30 Uhr und 15.30 bis 19 Uhr, Sa/So/Ft 9 bis 12.30 Uhr und 16 bis 19 Uhr, Eintritt frei).*

Über den **Corso** und **Piazza Garibaldi** spazieren Sie ins belebte Herz Paduas, weiter über die **Via VIII Febbraio** bis zum berühmten **Café Pedrocchi.** Es ist seit fast 200 Jahren eine Institution in der Stadt. 1831 von Antonio Pedrocchi eröffnet, gelangte es dank seiner zentralen Lage im Herzen der Altstadt schnell zu Ruhm und wichtige Persönlichkeiten wie Maxim Gorki und Lord Byron gaben sich hier ein Stelldichein. Auch revolutionäre Ideen wurden in der damaligen K.u.K.-Stadt gegen die Österreicher und für ein unabhängiges Italien geschmiedet. Das führte zu einem Sturm auf das Café. Die Gewehreinschüsse sind angeblich heute noch im weißen Saal sichtbar. Neben diesem als Bistro-/Restaurant genutzten Hauptraum gibt es, ganz in den Farben der Tricolore gehalten, noch den roten Saal, das klassische Café, und den vor allem für arme Studenten gedachten grünen Saal. Die dürfen dort bis heute bleiben, solange sie wollen und werden mit Kaffee und Wasser versorgt. Spezialität des Pedrocchi ist übrigens ein Espresso mit grünem Schaum. Probieren Sie selbst, was es damit auf sich hat... Im Obergeschoß befinden sich zehn weitere Räume samt Museumsbereich, genannt **Piano Nobile,** die besichtigt werden können *(Via VIII Febbraio, Museum Di bis So, 9.30 bis 12.30 Uhr und 15.30 bis 18 Uhr, €, mit Padua-Card freier Eintritt).*

Fast schräg gegenüber steht der **Palazzo del Bo**, ein Teil der Universität. Auch er lohnt einen Besuch. Absolutes Highlight ist der schmale, steil nach oben geschraubte Anatomiesaal, in dem schon Galileo Galilei Vorlesungen hielt *(Via Viii*

An der Piazza della Garzeria

Febbraio 2, Eintritt nur mit Führung zu wechselnden Zeiten, Info/Buchung unter Tel. +39 049 8273047).
Wieder auf der gegenüberliegenden Seite führt die **Via G. Oberdan** auf die **Piazza della Fruta**, den alten Obst- und Gemüsemarkt der Stadt. Bis heute wird hier Markt gehalten. Die fliegenden Händler verkaufen alles Mögliche – aber kaum Früchte. Gemeinsam mit der Piazza della Erbe, die direkt südlich anschließt, befinden Sie sich nun im Mittelpunkt des alten Padua. Geteilt werden beide durch den wunderschönen **Palazzo della Ragione**. Das aus dem Jahr 1218 stammende Gebäude kann besichtigt werden, architektonische Prunkstücke sind die riesige, abgehängte Holzdecke und die Fresken im „Salone", oder ein riesiges hölzernes Pferd, das für ein Turnier im Jahre 1466 gebaut wurde. Oft finden Wechselausstellungen statt *(Di bis So 9 bis 19 Uhr, Winter bis 18 Uhr, €€, mit Padua-Card frei, Sonderausstellungen extra).*
Statt gleich zur Piazza Erbe hinüberzugehen, sollten Sie Ihren Rundgang noch ein wenig nach Westen ausdehnen und über den **Corte S. Clemente** zur nahen **Piazze dei Signori** hinüberschlendern. Ein perfekter Ort, um im Schatten des markanten Uhrturms in einem Café Pause zu machen. Lassen Sie Atmosphäre und Treiben auf sich wirken... Vor allem am Abend ist richtig was los, wenn sich die Studenten von Padua zum „Vorglühen" treffen.
Am südwestlichen Ende treffen Sie auf die **Via Monte di Pieta**. Sie leitet zum **Dom** von Padua, **Santa Maria Assunta**. Daneben steht das interessante **Battistero.** Die Taufkapelle, mit vielen außergewöhnlich schönen Fresken *(Piazza Duomo, 10 bis 18 Uhr, €).*
Schon ein kurzes Stück zuvor, links ab auf die **Via D. Manin** führt der Weg zurück und nun direkt zur **Piazza Erbe**. An Markttagen findet man hier die zuvor am Piazza della Fruta vermissten Obststände. Sobald Sie auf die **Via Roma** stoßen, biegen Sie nach rechts ab und lassen sich einfach immer weiter südlich treiben. Am Ende treffen Sie bestimmt auf die **Piazza Prato della Valle**, einen der größten Plätze in ganz Europa. Geschmückt mit Statuen verdienter Persönlichkeiten ist er das „neue" Herz der Innenstadt und über das ganze Jahr Austragungsort vieler Feste und Veranstaltungen.

Café Pedrocchi

Botanischer Garten Padua

Verlassen Sie das Oval schließlich in nordöstlicher Richtung durch die **Via Beato Luca Belludi** und im Anschluss gleich danach rechts durch einen Fußgängerdurchgang und die **Via Donatello**.
Sie sind nun am **Orto Botanico** angelangt, dem ältesten, schon seit 1545 existierenden botanischen Garten der Welt. Als UNESCO-Kulturerbe ausgewiesen, gehört er zu den Highlights eines Padua-Besuchs. Zu sehen gibt es unter anderem verschiedene Medizinpflanzen, seltene Flora Norditaliens und eine über 400 Jahre alte Palme, die schon Goethe bewundert haben soll *(Via Orto Botanico, www.ortobotanicopd.it, Apr bis Sep, 9 bis 19 Uhr, sonst nur Di bis So, Jun bis Sep bis 19 Uhr, Okt bis 18 Uhr, Nov bis Mär bis 17 Uhr, €€, Padua-Card €)*.
Vom Ausgang nach rechts gehen Sie durch die **Via Orto Botanico** zur **Basilica di Sant Antonio di Padova** mit angeschlossenem Kloster. Die schöne, große und reich ausgestattete Kirche beherbergt das Grab des heiligen Antonius. In einem Reliquienschrein wird, unter anderem, seine Zunge ausgestellt. Was er dazu wohl selbst gesagt hätte, kann man nur erahnen... Des Weiteren können Sie das Oratorium San Giorgio, die “Scuola del Santo” mit Fresken von Tizian, das Antoniusmuseum, und etwas weiter entfernt den Komplex der **Loggia und Odeo Cornaro** aus dem 16. Jahrhundert besichtigen.
Weiter in nördlicher Richtung gehen Sie durch teils mit Laubengängen versehene Nebenstraßen, die **Via del Santo** und später durch die **Via Zabarella** mit dem **Museo Zabarella**. Es zeigt wechselnde Kunstausstellungen. Am Ende kehren Sie zurück zur Piazza Erimitani. Von hier ist es bekanntermaßen nicht mehr weit bis zu Ihrem Parkplatz.

Stra

Entlang des Brenta-Kanals fahren Sie nun Richtung Venedig. Unterwegs gibt es eine auffällig große Zahl interessanter Renaissance-Villen zu sehen. Was heute die Amalfiküste ist, war dieser Kanal vor ein paar hundert Jahren: das Zentrum der Schönen und Reichen...

Nicht alle Gebäude sind in gutem Zustand. So mancher Palast wirkt etwas verkommen, manchmal sind sie gänzlich dem Verfall preisgegeben. Die Ufer sind vielerorts verbaut und man

Villa Pisani

kann nur noch erahnen, welche romantische Stimmung die Upper Class einst dazu trieb, gerade hier ihre feudalen (Ferien-) Häuser zu errichten.

Der größten und wichtigsten aller Villen begegnen Sie gleich zu Beginn. Es ist die **Villa Pisani** in **Stra**, genannt **„La Nazionale“**. Fast schon ein Schloss, ist sie für Italien von großer historischer Bedeutung. Ein Zwischenstopp an diesem „Klein Versailles“ lohnt auf alle Fälle. Sie besitzt eine riesige Parkanlage inklusive Orangerie. Am hinteren Parkplatz kann man sogar eine Nacht verbringen, [**091:** N 45°24’39” E 12°00’31”, Via Nazionale]. Einen echten Stellplatz gibt es nicht allzu weit entfernt am Dorf Pianiga, einige Kilometer weiter nördlich, [**092:** N 45°27’22” E 12°02’01”, Via G. Onesti 2, mit V/E und Strom, €].

Villa Pisani

Von allen Brenta-Villen ist sie die größte und imposanteste. „La Nazionale“ gehört zum besonders geschützten Kulturgut Italiens, denn viel Geschichte wurde an diesem Ort im Laufe der letzten 300 Jahre geschrieben. Gebaut wurde sie ab 1720 im Auftrag der Familie Pisani, die so standesgemäß die Wahl eines Familienmitgliedes zum Dogen von Venedig untermauern wollte. 1807 kaufte Napoleon die Villa, verbrachte aber nur eine Nacht darin: Er konnte sich nicht mit der Größe des Gebäudes anfreunden. Er soll den Satz „Für einen Grafen zu groß, für einen König zu klein“ geprägt haben. Später ging das Anwesen in die Hände der Habsburger und Savoyer über. In den 1930er Jahren trafen sich Mussolini und Hitler erstmals in der Villa Pisani. Neben vielen, teils noch original ausgestatteten Zimmern, beeindruckt vor allem der gigantische Ballsaal in der Mitte des Gebäudes und die umliegenden Parkanlagen mit Tempeln, Schlösschen, Wasserläufen, einer Orangerie sowie einem Irrgarten. *(Via Doge Pisani 7, www.villapisani.beniculturali.it, Di bis So, Jun bis Sep 9 bis 20 Uhr, Apr/Mai/Okt bis 18 Uhr, sonst bis 17 Uhr, Di bis So, Irrgarten nur Apr bis Okt bei gutem Wetter, etwa 10 bis 17 Uhr, €€)*. Gleich neben der Villa Pisani steht die deutlich kleinere Villa Foscarini. Auch diese kann besucht werden. Im Inneren ist das Museum der Schuhmacherkunst untergebracht.

Mira

Über Dolo mit einer regelmäßig von Campern frequentierten, zentralen Parkgelegenheit bei [093: N 45°25'15" E 12°04'18", Via G. Mazzini 158] erreichen Sie bald **Mira** mit der größten Dichte an Villen. Während die Villen Ducale, Brusoni Alberti oder Contarini entweder für die Öffentlichkeit gesperrt oder zu Hotels umgebaut sind, kann die weiter östlich gelegene **Villa Valier** nur von Gruppen besichtigt werden *(Via G. Di Vittorio, www.villavalier.it)*. Lediglich die fast gegenüberliegenden **Villen Widmann** und **Valmarana** können Individualgäste besuchen. Zu sehen gibt es vielerlei Fresken und Verzierungen sowie die großteils noch vorhandene und intakte Ausstattung mit Möbeln und Accessoires. Auch die Gärten sind geöffnet.

Villa Pisani

Beide bei [N 45°26'31" E 12°08'48"] ***Villa Widmann****: Via Nazinonale, www.servizimetropolitani.ve.it, Di bis So 10 bis 13 Uhr und 13.30 bis 16.30 Uhr, € |* ***Villa Valmarana****: Via Valmarana, www.villavalmarana.net, mit Touristeninformation, Mär bis Okt, Di bis So 10 bis 18 Uhr, sonst Sa/So 10 bis 16.30 Uhr, €€, Kombitickets für beide Villen €€*

Malcontenta

Die letzte berühmte Villa liegt ein Stück weiter südöstlich. La Foscari wurde wegen dem Standort auch „La Malcontenta", die Unzufriedene, genannt. Diese ist nach der Villa Pisani das zweitbekannteste Brenta-Herrenhaus und ein Bauwerk des Architekten Andrea Palladio. Sie wurde Mitte des 16. Jahrhunderts im Auftrag der Brüder Foscari, zweier reicher Geschäftsleute aus Venedig, erbaut. Woher der seltsame Beiname „Die Unzufriedene" kommt, ist unklar. Möglicherweise geht er auf einen alten Streit der Städte Venedig und Padua zurück, die sich nicht einig waren, ob der Kanal tatsächlich an dieser Stelle verlaufen solle. Die spannendere Version erzählt von einer Dame aus der Familie Foscari, die wegen Untreue verbannt wurde und, irgendwann dem Wahnsinn verfallen, das Haus nie mehr verlassen durfte.

Villa „Malcontenta"*: parken bei [N 45°26'05" E 12°12'15", Via Pallada], Via die Turisti 9, www.lamalcontenta.com, in Privatbesitz daher nur Apr bis Okt, Di/Sa 9 bis 12 Uhr, €€*

TOUR 4
10 km
N
TOUR 5
Laguna di Marano
Lignano
Bibione
Brussa
Latisana
Stella
Tagliamento
Cordovado
Fossalta
Lugugnana
Sesto Al Reghena
Kloster
Portogruaro
Concordia S.
Ausgrabungen
Caorle
Livenza
Eraclea Mare
Eraclea
Oderzo
Noventa di Piave
Outlet Village
San Dona di Piave
Piave
Jesolo
Freizeitparks
Lido di Jesolo
Cavallino
P. Sabbioni
Torcello
Burano
Mazzorbo
S. Erasmo
Murano
Venedig
Lido di Venezia
Laguna di Venetia
Sile
Roncade
San Biagio d. C.
Treviso
Mogliano V.
V.-Mestre
Spinea
Mirano
Oriago
Mira
Fusina

Tour 4: Venedig und venetische Adria, 235-260 km

Venedig – Jesolo – Lido di Jesolo
Eraclea Mare – Caorle – Portogruaro – Bibione

Stellplätze:	Oriago, Venedig (2x), Portegrandi, Punta Sabbioni, Cavallino (2x), Lido di Jesolo (3x), Eraclea Mare, Caorle (2x), Portogruaro, Sesto Al Reghera, Cordovado, Valle Vecchia, Bibione
Agricampeggi:	Oriago, Punta Sabbioni, Valle Vecchia
Campingplätze:	Oriago, Fusina, Venedig-Mestre (2x), Punta Sabbioni (3x), Cavallino (3x), Eraclea Mare, Caorle, Bibione
Besichtigen:	Venedig, Murano, Burano, Torcello, Outletcenter Noventa di Piave, Caorle, Ausgrabungen in Concordia Sagittaria, Portogruaro, Kloster in Sesto Al Reghena
Baden:	Punta Sabbioni, Lido di Jesolo. Eraclea Mare, Caorle, Valle Vecchia, Bibione
Wandern:	Im Valle Vecchia, Leuchtturm bei Bibione

Auf Tour Vier erschließen Sie sich zunächst die einzigartige Lagunenstadt Venedig mit Ihren Kanälen, Brücken Palästen und Wasserstraßen – eine Welt für sich! Danach fahren Sie am beliebtesten Adria-Teilstück zwischen Jesolo und Bibione entlang. Hier gibt es Badestrände satt, etwas Kultur und sogar noch einige recht verborgene Winkel zu entdecken, an denen der Pauschaltourismus noch nicht angekommen ist...

Venedig

Auch wenn der stets vorherrschende Trubel und verhältnismäßige Aufwand einer Venedig-Erkundung zunächst abschreckend sein mag – diese Stadt ist einmalig auf der Welt! Wenn Sie sich für einen Besuch entscheiden, sollten Sie mindestens einen Tag fest einplanen, um nicht in Zeitnot und Hetze zu geraten. Da die auf Holzstelzen und kleinen Inselchen erbaute Altstadt komplett autofrei ist, benötigen Sie zunächst einen geeigneten Stell- und Übernachtungsplatz und müssen sich entscheiden, von wo aus Sie Ihren Ausflug angehen möchten.

Die erste, bereits auf Tour Zwei vorgestellte Möglichkeit, haben Sie aus südlicher Richtung von Chioggia aus. Am nächsten an der Altstadt liegen die Plätze rund um den befahrbaren Damm nach Venedig. Einer befindet sich sogar direkt an dessen Ende und somit bereits am Rande des Kanalsystems. Eine weitere Gelegenheit von Nordosten her ergibt sich ab Punta Sabbioni, dem äußersten Ende, der wie ein Finger in die Lagune ragenden Halbinsel bei Lido di Jesolo. Die aus unserer Sicht am besten geeigneten Stell-, Park- und Campingplätze haben wir für Sie gesammelt. Darüber hinaus haben Sie von fast allen etwas weiter entfernten Campingplätzen bis hinüber nach Jesolo Gelegenheit, Venedig recht gut zu erreichen.

(094) WOMO-Campingplatz: Oriago
Camping Serenissima

GPS: N 45°27'06" E 12°10'59", Via Padana 334a.
Internet/Tel.: www.campingserenissima.com, +39 041 92 18 50.
Öffnungszeiten: April bis Anfang November.
Ausstattung: Alle Einrichtungen, Waschmaschinen und Trockner, Küche, Restaurant, Minimarkt, Spielplatz, Fahrradverleih.
Beschreibung: Mittelgroßer Platz mit meist schattigen Stellplätzen auf Rasen, ruhig, recht eben. Bis Oriago etwa 700 m, bis Venedig 14 km, direkt vor dem Campingplatz befindet sich die Bushaltestelle. Die mit „Venezia" bezeichneten Busse fahren direkt in die Altstadt zur Piazza Roma, etwa von 4 bis 23 Uhr, alle 30 Min.
Preis: €€€€€.
Zufahrt: Von Mira oder Malcontenta kommend, auf die SS11 am Brenta-Kanal fahren. Am östlichen Ortsende von Oriago, beschildert.

(095) WOMO-Campingplatz: Venedig-Fusina
Camping Fusina

GPS: N 45°25'10" E 12°15'23", Via Moranzani 93.
Internet/Tel: www.campingfusina.it, +39 041 547 00 55.
Ausstattung: Alle Einrichtungen, Waschmaschinen und Trockner, Restaurant/Bar. Pizzeria und Biergarten, Minimarkt, Spielplatz.
Beschreibung: Interessanter, teils von einem Architekten designter Platz in direkter Lagunenlage. Meist schattige Stellplätze auf Rasen, auch schattenlose Plätze direkt am Wasser mit Blick auf Venedig. Nachts wenig Verkehrslärm aber zum Teil Hafengeräuschkulisse. Venedig ist auf dem Landweg etwa 16 km entfernt, aber es gibt eine direkte Bootsverbindung in die Altstadt mit Vaporetto Nr. 16, bis Halt Zattere (ca. 8 bis 18 Uhr, Apr/Mai/Okt bis ca. 20 Uhr, Jun bis Sep bis ca. 22.30 Uhr).

Preis: €€€€€.
Zufahrt: Von Malcontenta kommend auf der SP24 nach Norden fahren. Nach wenigen hundert Metern ist der Hafen Fusina nach rechts angeschrieben. Campingplatz ganz am Ende der Straße auf der linken Seite.

(096) WOMO-Campingplatz: Venedig Mestre 1
Camping Venezia Village

GPS: N 45°28'52" E 12°16'30", Via Orlanda 8
Internet/Tel.: www.veneziavillage.it, +39 041 531 28 28.
Öffnungszeiten: Mitte Februar bis Anfang Januar.
Ausstattung: Alle Einrichtungen, Waschmaschine / Trockner, Restaurant, Minimarkt, Hallenbad, Sauna, Spielplatz.
Beschreibung: Kleinerer, 2017 komplett neu renovierter Platz. Schattige Stellplätze auf Schotter, eben, relativ ruhig. Mestre ist etwa 3 km entfernt,

Venedig 8 km. Die Buslinien 5 und 19 fahren von der Hauptstraße nur 100 m vom Platz entfernt ab und direkt zur Piazza Roma in Venedig. Tickets an der Rezeption, Bus von 4.30 bis 1.30 Uhr, alle 15 bis 30 min.
Preis: €€€€-€€€€€, je nach Saison.
Zufahrt: In Richtung Venedig fahren. Kurz vor dem Damm durch die Lagune führt die SS14 in Richtung Flughafen. An dieser Straße nach gut 2 km rechts abbiegen.

(097) WOMO-Campingplatz: Venedig-Mestre 2 Camping Rialto

GPS: N 45°29'04" E 12°16'59", Via Orlanda 16.
Internet/Tel.: www.campingrialto.com, +39 041 542 02 95.
Öffnungszeiten: April bis Mitte Oktober.
Ausstattung: Alle Einrichtungen, Waschmaschinen und Trockner, Bar/ Pizzeria, Minimarkt, Spielplatz.
Beschreibung: Mittelgroßer Platz, meist schattige Stellflächen auf Rasen, relativ ruhig und eben. Bis Mestre rund 3,5 km, nach Venedig 8,5 km, die Buslinie 19 fährt direkt vor dem Platz ab und direkt zur Piazza Roma in Venedig. von 6.00 bis 21.00 Uhr, etwa alle 20 Min.
Preis: €€€€-€€€€€, je nach Saison.
Zufahrt: In Richtung Venedig fahren. Kurz vor dem Damm durch die Lagune führt die SS14 in Richtung Flughafen. An dieser Straße nach gut 2,4 km rechts fahren.

(098) WOMO-Agricampeggio: Oriago Aladin Camp

GPS: N 45°27'42" E 12°11'09", Via Ca`Rubaldi 19f. **Max. WOMOs**: 16.
Internet/Tel.: www.aladincamp.it, +39 353 427 18 05
Ausstattung: V/E, Strom, Toilette / Dusche, Grillgelegenheit.
Beschreibung: Ruhig gelegener, gepflegter Platz mit großen, ebenen, parzellierten Stellplätzen, kaum Schatten, Videoüberwachung. Etwa 800 m nach Oriago, Venedig 14 km aber nur 450 m zum Bahnhof mit Verbindung nach Venedig.
Preis: €€€€.
Zufahrt: Von Mira oder Malcontenta kommend, auf die SS11 am Brenta-Kanal fahren. Am Ortsende von Oriago links in die Via Colombara abbiegen und dieser bis zur SP81 folgen. Rechts abbiegen und sofort wieder am Kreisverkehr nach links zurückfahren und dann die zweite Ausfahrt rechts nehmen. Wieder rechts in die Via Ca`Rubalid abbiegen und bis zum Platz auf der linken Seite fahren.

(099) Offizieller WOMO-Stellplatz: Oriago Camper Parking Venezia Porta Ovest

GPS: N 45°27'58" E 12°10'32", Via Ghebba 109. **Max. WOMOs**: 40.
Internet/Tel.: www.veneziaportaovest.it, +39 328 936 02 69.
Ausstattung: V/E, Strom, Toilette / Dusche.
Beschreibung: Fast schattenloser Platz mit Schranke neben der Autobahn in verkehrsgünstiger Lage. Einfache Parkflächen auf Rasen und Schotter, nicht ganz ruhig bis Oriago rund 1 km, Venedig 13 km, die Zughaltestelle Porta Ovest liegt aber nur 250 m entfernt. Von dort stündlich (ca. 6 bis 20 Uhr) oder ab Oriago-Zentrum mit Bus 53 alle 15 bis 50 Min. (ca. 4 bis 1 Uhr).
Preis: €€€.

Zufahrt: Von der Autobahn A57 Ausfahrt Mira/Oriago nehmen, am Kreisverkehr links und gleich wieder links abbiegen. Platz auf der linken Seite. Von Malcontenta/Oriago: auf der SR11 direkt am Brenta-Kanal in die Ortsmitte von Oriago fahren. Dort rechts in die kleine Via Rissato e Bellini einbiegen und bis zum Platz nach rund 1,3 km linkerhand fahren.

(100) Offizieller WOMO-Stellplatz: Venedig-San Giuliano

GPS: N 45°28'02" E 12°16'45", Via San Giuliano 19. **Max. WOMOs:** 50.
Internet/Tel.: www.sangiulianovenice.com, +39 041 532 21 06.
Ausstattung: V/E, Strom, Toilette / Dusche.
Beschreibung: Teils schattiger, videoüberwachter Platz nah am Zentrum gelegen, am Rande eines großen Parks, Stellflächen auf Rasen, relativ eben. Recht ruhig, nur am Wochenende teils deutlich hörbare Beschallung eines nahen Nachtlokals im Park nebenan. Mestre etwa 3,5 km, Venedig rund 5,5 km. Die Altstadt ist entweder mit dem privaten Pendelboot (Haltestelle gleich schräg gegenüber, meist 4 bis 8 mal täglich) oder per Bus (mehrere Linien, tags etwa alle 5 bis10 Minuten, fast rund um die Uhr) von der rund 850 m entfernten Haltestelle „San Giuliano" aus erreichbar.

Preis: €€€.
Zufahrt: Richtung Venedig fahren. Direkt am Beginn des Damms in die Altstadt rechts Richtung Treviso abzweigen. Bei erster Gelegenheit nach der Brücke erneut rechts abfahren. Platz kommt nach rund 700 m linker Hand.

(101) WOMO-Parkplatz: Venedig-Porto Maghera

GPS: N 45°28'08" E 12°15'57", SR 11. **Max. WOMOs:** 10-12.
Ausstattung: Keine Einrichtungen.
Beschreibung: Einfache, bewachte Parkfläche direkt am Zufahrtsdamm nach Venedig, die Wohnmobile zulässt. Tags laut, kein Schatten, zweckmäßig. Nach Mestre ca. 4 km, Venedig etwa 4,5 km. Die Altstadt ist ab der nur wenige Meter Richtung Mestre gelegenen Bushaltestelle „Righi" (ca. alle 10 Minuten, fast rund um die Uhr) erreichbar.
Preis: €€.
Zufahrt: Richtung Venedig fahren. Direkt am Beginn des Damms in die Altstadt rechts zur „Zona Industriale" abzweigen. Der für Womos zugelassene Parkplatz befindet sich unmittelbar auf der linken Seite, Einfahrt nach rund 100 m.

(102) WOMO-Parkplatz: Tronchetto

GPS: N 45°26'36" E 12°18'22", Isola del Tronchetto 14. **Max. WOMOs**: 50.
Ausstattung: Keine Einrichtungen.
Beschreibung: Mit Büschen teils getrennte Asphaltstellflächen ohne Schatten. Durch Hafengeräusche eher laut, eben, sehr zentral, aber für das Gebotene teuer. Bei Veranstaltungen etc. öfters kurzfristig nicht nutzbar. Zu Fuß zum Beginn der Altstadt an der Piazza Roma rund 900 m. Mit dem Vaporetto 2 oder N (Wasserbus) ab Halt Tronchetto durchgehend.
Preis: €€€/12h, alle weiteren 12 Stunden €€.
Zufahrt: Über den Damm bis zum Beginn der Altstadt von Venedig fahren. Dort rechts Richtung Parkplatz Tronchetto halten. Ab hier angeschrieben.

Die folgend genannten Plätze liegen alle bereits weiter östlich am Punto Sabbioni. Dieser zweite gute Ausgangspunkt für Venedigerkundungen ist im weiteren Verlauf der Tour auf der Halbinsel hinter Jesolo zu erreichen.

(104) WOMO-Campingplatz: Punto Sabbioni Camping Miramare

GPS: N 45°26'25" E 12°25'16", Lungomare D. Alighieri 29.
Internet/Tel.: www.miramarevenezia.it, +39 041 96 61 50.
Öffnungszeiten: April bis Anfang November.
Ausstattung: Alle Einrichtungen, Waschmaschinen und Trockner, Restaurant, Minimarkt, beheizter Pool, Spielplatz, Grillplatz, Sportgeräte und Fahrradverleih, Shuttleservice zum Bootsanleger und im Sommer zum Strand, dort kostenlose Schirme.
Beschreibung: Größerer Platz mit meist schattigen, ebenen Stellplätzen auf Rasen, ruhig. Ca`Savio etwa 3 km, Venedig ist mit Wasserbussen/ Vaporetti vom nahen Anleger rund um die Uhr erreichbar.
Preis: €€€-€€€€€, je nach Saison.
Zufahrt: Über Lido di Jesolo auf der SP42 bis zur Landspitze in Punto Sabbioni fahren. Vor dem Bootsanleger links. Der Campingplatz kommt nach rund 500 m auf der linken Seite, beschildert.
Hinweis: Mindestaufenthalt, je nach Saison, 3 bis 5 Nächte.

(105) WOMO-Agricampeggio Punta Sabbioni 1 Al Batéo

GPS: N 45°26'33" E 12°25'17", Lungomare D. Alighieri 19a. **Max. WOMOs**: 40.
Internet/Tel.: www.albateo.it, +39 041 530 14 55.
Öffnungszeiten: Mitte Februar bis Anfang November.
Ausstattung: V/E, Strom, Toilette / Dusche, teils WLAN.

Strand in Punta Sabbioni bei den Stellplätzen 104 bis 108

Beschreibung: Kleinerer Platz mit teils schattigen Stellplätzen auf Rasen, ruhig,nicht ganz eben, im Sommer regelmäßiger Shuttlebus zum 1,6 km entfernten Strand. Bootsanleger nach Venedig rund 400 m entfernt. Von dort Wasserbusse/Vaporetti rund um die Uhr in die Altstadt. Bis Ca`Savio etwa 3 km. Verkauf von ökologisch produzierten Gütern des angeschlossenen Bauernhofs.
Preis: €€€-€€€€€, je nach Saison.
Zufahrt: Über Lido di Jesolo auf der SP42 bis zur Landspitze in Punto Sabbioni fahren. Vor dem Bootsanleger links. Der Stellplatz kommt nach rund 400 m auf der linken Seite, beschildert.

(106) WOMO-Agricampeggio: Punta Sabbioni 2 Agricampeggio Mose

GPS: N 45°26'06" E 12°25'45", Via Montegrappa 2. **Max. WOMOs:** 20+.
Internet/Tel.: www.campingmose.com, +39 041 65 89 22.
Zeiten: Ende März bis Mitte Oktober.
Ausstattung: V/E, Strom, Toilette / Dusche, Waschmaschine / Trockner, Grillplatz.
Bescheibung: Kleiner Platz mit meist schattigen, teils großen Stellplätzen auf Rasen, sehr ruhig, nicht immer eben. Shuttlebus zum Bootsanleger nach Venedig in rund 1,6 km, zum Strand etwa 600 m. Ca`Savio rund 5 km, Venedig per Wasserbus/Vaporetto vom nahen Anleger rund um die Uhr. Im Sommer wöchentliche Veranstaltungen. Verkauf der eigenen Güter des angeschlossenen Bauernhofs (z.B.: Prosecco).
Preis: €€€-€€€€, je nach Saison und Platz.
Zufahrt: Am Kreisverkehr kurz vor dem Bootsanleger Punta Sabbioni (großer Busparkplatz rechts) die vierte Ausfahrt, Via Carso, wählen, dann rechts halten. Am Ende der Straße ist die ungeteerte Zufahrt zum Platz angeschrieben. Nach rund 100 m rechts.

(107) Offizieller WOMO Stellplatz: Punta Sabbioni Dante Alighieri

GPS: N 45°26'29" E 12°25'16", Lungomare D. Alighieri 26. **Max. WOMOs:** 20+.
Ausstattung: V/E, Strom, Toilette / Dusche.
Beschreibung: Meist schattige Plätze auf Rasen in einem eingegrenzten Grundstück, ruhig. Ca`Savio rund 3 km, Venedig per Wasserbus/ Vaporetto vom nahen Anleger rund um die Uhr erreichbar, wenige hundert Meter zum Strand.
Preis: €€€.
Zufahrt: Über Lido di Jesolo auf der SP42 bis zur Landspitze in Punta Sabbioni fahren. Vor dem Bootsanleger links. Der Stellplatz kommt nach rund 450 m auf der linken Seite.

(108) WOMO-Parkplatz: Punta Sabbioni

N 45°26'36" E 12°25'19" und N 45°25'44" E 12°25'41", Lungomare D. Alighieri **Max. WOMOs:** 5 bzw.15.
Ausstattung: Keine Einrichtungen.

Beschreibung: Speziell für Wohnmobile markierte Parkplätze an der Strandzufahrtsstraße. Kein Schatten, nicht ganz eben, Naturboden, nachts ruhig, direkt vis a vis der Mole. Die ersten Koordinaten bezeichnen fünf Längsparker recht nahe am Fähranleger nach Venedig, die zweiten Koordinaten Querparker nahe am Strand von Punta Sabbioni. Ca`Savio ca. 3 bis 5 km, Venedig per Wasserbus/

Vaporetto vom nahen Anleger rund um die Uhr erreichbar. Von den Stellplätzen am Strand verkehrt im Sommer tagsüber ein Pendelbus zu den Booten.
Preis: €€, Ticket am Automaten oder im Ristorante Oasi kurz vor den zweitgenannten Koordinaten lösbar.
Zufahrt: Über Lido di Jesolo auf der SP42 bis zur Landspitze in Punto Sabbioni fahren. Vor dem Bootsanleger links. Der erste Stellplatz kommt nach rund 350 m auf der linken Seite, der zweite ganz am Ende kurz vor dem Strand (jeweils mit Womo-Symbolen markiert).

Wer wirklich nur für einen Tag nach Venedig kommt, und nur einen nahen bzw. verkehrsgünstigen Tagesparkplatz sucht, der auch Womos zulässt, wird entweder an den angegebenen Stellplätzen, die auch für die Nacht geeignet sind, fündig oder findet einen solchen z.B.:

- **Neben dem angegebenen Campingplatz in Fusina** bei [N 45°25'11" E 12°15'21"]
- **Nahe des notierten Stellplatzes Porta Ovest am Bahnhof** bei [N 45°27'52" E 12°10'42"]
- **Nahe dem Bootsanleger in Punta Sabbioni am PKW- und Busparkplatz** bei [N 45°26'55" E 12°25'42"]

ACHTUNG: Ab Mitte 2023 verlangt Venedig von Tagestouristen eine Abgabe, wenn man so will, muss **Eintritt** gezahlt werden. Zunächst liegt der Tagespreis bei drei bis zehn Euro, abhängig vom Buchungsdatum, je früher desto günstiger, und von der Saison. Die Abgabe ist im Vorfeld online zu entrichten, per QR-Code am Smartphone kann man dann die Zahlung digital nachweisen. Ob weitere Ticketpunkte, zum Beispiel an den Vaporetti errichtet werden, ist aktuell noch nicht bekannt. Zum Drucklegungszeitpunkt dieses Buches sind die Buchungsportale noch nicht bekannt, bitte informieren Sie sich rechtzeitig vor Ihrem Besuch der Stadt. Ausgenommen von der Gebühr, sollen Kinder bis sechs Jahre, Menschen mit Behinderungen, Einheimische und Gäste, die direkt in Venedig eine Übernachtung gebucht haben, sein. Kontrolliert werden soll dann vorerst zwar nur stichprobenartig. Wer ohne Ticket erwischt wird, soll allerdings 300 Euro zahlen.

Unterwegs in Venedig

So schön die Regionen Venetien und Friaul sind, Venedig spielt ohne Zweifel in einer eigenen Liga und ist schon für sich eine Reise wert. Ob nebelverhangen und regnerisch im Herbst, bunt und berauscht im Karneval oder warm und strahlend im Sommer – der Freude Abbruch tun eigentlich nur die Menschenmassen, die sich mehr oder minder das ganze Jahr durch die Gassen schieben. Und doch kann man bis heute ein anderes, ruhiges und beschauliches Venedig erleben, wenn man die touristischen Hauptrouten verlässt und ins Gewirr der Seitengassen und -wege eintaucht. Ihr Orientierungssinn sollte allerdings nicht der schlechteste sein. Schon so mancher Tourist hat sich böse verirrt. Immerhin: früher oder später kommt man sicher wieder an die wassergesäumten Stadtgrenzen und findet eine Vaporetto-Station, von der aus es recht schnell zurück ins Geschehen, zum Ausgangspunkt oder wohin man möchte, geht.

Ponte dell`Academia

Besorgen Sie sich einen möglichst guten Stadtplan – ohne kann man schnell den Überblick verlieren. Falls Sie nicht schon einen im Reisegepäck haben, können Sie sich an die **Touristeninformation** wenden. Filialen befinden sich beispielsweise am Bahnhof San Lucia und an der Piazzale Roma am Busbahnhof. Über die Website www.veneziaunica.it erhalten Sie vorab viele wichtige Informationen auf Deutsch, können Tickets kaufen sowie den **Venezia Unica Pass**. Er ist online individuell konfigurierbar und bietet vergünstigte Eintrittspreise sowie inkludierte Tickets für den öffentlichen Nahverkehr *(ab €€€)*.

Sehenswürdigkeiten
Detaillierte Beschreibungen aller Sehenswürdigkeiten sowie den gesamten Umfang an möglichen Routen durch die Stadt zu vermitteln, würde den Rahmen dieses Buches sprengen – nicht umsonst gibt es einschlägige Literatur dutzendweise.
Eine Übersicht der wichtigsten Sehenswürdigkeiten, sortiert nach den sieben Sestrieri (Stadtteilen) Venedigs, wollen wir Ihnen dennoch mitgeben.
TIPP: Besonders empfehlen möchten wir Ihnen noch die Internetseite www.camminandoavenezia.com – unter dieser Adresse finden Sie über 50 Spaziergänge durch die Stadt. Immer ausgehend von den markantesten Punkten, können Sie sich diese genau ausgearbeiteten Touren online selbst zusammenstellen. Nach einmaliger Anmeldung (kostenlos) lassen sich alle downloaden, als pdf ausdrucken und mitnehmen. Sogar Fotos von Brücken und Wegen unterwegs sind darin enthalten, so dass Sie sich kaum mehr verlaufen können. Die verfügbaren deutschen Übersetzungen sind zwar nicht immer ganz stimmig, für das Verständnis aber ausreichend.

CANNAREGIO ist der nördlichste, am dichtesten besiedelte und zweitgrößte Stadtteil von Venedig. Neben einer ganzen Reihe bedeutender Kirchen säumen eine große Anzahl an Palazzi die Gassen und Wasserwege, vor allem entlang des Canal Grande. Es gibt geschäftige Einkaufsstraßen mit interessanten Geschäften und ganz stille Winkel in Cannaregio. Der größte Rummel geht an dieser Ecke meist vorbei.
Ca d´Oro: Das „Goldene Haus“ ist ein auffälliger Palazzo am Canal Grande. Seinen Namen verdankt es den einst goldenen Verzierungen

auf der Kanalseite. Im Inneren ist heute die Galerie Franchetti untergebracht. Sie zeigt vor allem venezianische Kunst mit Werken von Tizian, Tiepolo, van Dyck uvm. *(Fondamenta Trapolin, www.cadoro.org, Di bis So, 10 bis 19 Uhr, €€, bei Sonderausstellungen variieren die Preise).*

Kirche Santa Maria Assunta: Die Kirche wurde im 12. Jahrhundert erbaut und zwischen 1715 und 1729 komplett neu im Barockstil umgebaut. Sie ist für ihre auffällige Marmorfassade bekannt und zeigt im Innenraum Malereien, u.a. von Tizian und Tintoretto *(Salizada della Spechiera, 10.30 bis 13 Uhr und 15 – 19 Uhr, Eintritt frei).*

Kirche Madonna dell'Orto: Die Kirche wurde 1350 vom heute nicht mehr existierenden Orden der Humiliaten geweiht, konnte aber erst 1464, also über hundert Jahre später, komplett vollendet werden. Das runde Dach des freistehenden Campanile daneben war laut einigen Historikern Vorbild für die Hauben der Münchner Frauenkirche. Der Maler Tintoretto ist in der Kirche bestattet und viele seiner Werke gibt es zu sehen. Außerdem Arbeiten von Künstlern wie Cima de Congeliano, Tizian, Bellini oder Jacobo Palma d.J. *(Cannareggio 3512, 10 bis 17 Uhr, So ab Uhr, Spende obligatorisch, www.madonnadellorto.org).*

Kirche San Geremia: Die im Inneren relativ schlicht gehaltene Kirche stammt in der heutigen Form aus dem Jahr 1753. Nur der benachbarte Campanile ist ein Überbleibsel einer älteren Kirche aus dem 12. Jahrhundert. Bekannt ist sie vor allem für die Gebeine der Lucia von Syrakus, einer der meistverehrten Heiligen des Christentums, die in ihrem Inneren lagern *(Campo San Geremia, www.santuariodiluca.it, Mi bis So 9.30 bis 13 Uhr und 14 bis 17 Uhr, Eintritt frei).*

Jüdisches Museum und Ghetto: Das „Museo Ebraico“ befindet sich am Hauptplatz des ehemaligen jüdischen Ghettos von Venedig. Es wurde 1954 gegründet und befasst sich mit der Geschichte der jüdischen Gemeinde Venedigs. Des Weiteren werden bedeutende textile Gegenstände und Pretiosen ausgestellt. Daneben liegen die beiden ältesten Synagogen der Stadt *(Campo di Ghetto Nuovo, www.museoebraico.it, 10 bis 17.30 Uhr, €€).*

Kirche Santa Maria dei Miracoli: Die eher kleine, mit auffälligem bunten Marmor verzierte Kirche gilt als eines der besonderen Schmuckstücke Cannaregios. Sie wurde zu Ehren eines angeblich wundertätigen Bildes von Nicolo di Pietro erbaut. Es zeigt die Madonna mit Kind *(Campiello dei Miracoli, www.chorusvenezia.org meist Mo bis Sa, 10.30 bis 13.30 Uhr und 14.30 bis 17 Uhr, Spende obligatorisch).*

Gondoliere bei der Arbeit

CASTELLO ist der Name des größten Stadtteils Venedigs. Er geht auf die heute nicht mehr existierende befestigte Residenz des Bischofs zurück. Castello ist durch sein riesiges Arsenal geprägt und eine der ruhigsten Ecken Venedigs. Man trifft meist nur wenige Touristen an. Im Osten liegen große Parkanlagen, die **Giardini**. Die darin verteilten Pavillons werden von verschiedenen Nationen genutzt und dienen als Hauptaustragungsort, der alle zwei Jahre stattfindenden **Kunstausstellung Biennale**. Sie wird, über die ganze Stadt verteilt, schon seit 1895 abgehalten.

Arsenale: Das Arsenal war Sitz der venezianischen Schiffswerft und Flottenstützpunkt der ehemaligen Republik. Mit seinen 32 Hektar belegt es ein Zehntel der gesamten Fläche Venedigs und war während seiner Blütezeit einer der geschäftigsten Orte der Stadt. Heute ist es viel ruhiger und im Inneren ist die Führungsakademie der italienischen Marine untergebracht. Während der Biennale finden in einigen Räumen Ausstellungen statt. Für Besucher interessant ist das ganzjährig geöffnete Marinemuseum „Museo Storico Navale“. Es dokumentiert auf fünf Etagen und mehr als 4000 qm die Geschichte der Seefahrt, im speziellen natürlich Venedigs. Neben Modellen gibt es u.a. eine ganze Reihe kompletter Boote zu sehen *(Riva S. Biasio, Apr bis Feb, 8.45 bis 17 Uhr, €.*

Basilica dei Santi Giovanni e Paolo: Mit fast 100 Metern Länge gehört der Dominikaner-Dom zu den größten Sakralbauten Venedigs. Er wird auch San Zanipolo genannt und war die bevorzugte Grabeskirche vieler Dogen. Gleich 26 fanden ihr letzte Ruhe im riesigen Innenraum. Bedeutende Künstler wie Bellini, Jacobo Palma d.J. und Gentile sind hier bestattet *(Castello 6363, Mo bis Sa von 9 bis 18 Uhr, So/Ft, 12 bis 18 Uhr, Spende erbeten, www.santigiovanniepaolo.it)*.

Kirche San Zaccaria: Das einstige Nonnenkloster gehört zu den ältesten noch existierenden Institutionen Venedigs. Es wurde bereits 864 geweiht. Im Inneren sind acht Dogen bestattet, Hauptwerk der enthaltenen Gemälde ist die Sacra Conversazione des Malers Giovanni Bellini aus dem Jahr 1505 *(Campo San Zaccaria, 10 bis 12 und 16 bis18 Uhr)*.

Markusdom und Campanile

Museo Palazzo Grimani: Der Palast abseits der größten Touristenströme zeigt eine archäologische Sammlung der Familie Grimani sowie Ausstattungen und die kunstvoll mit Fresken und Stuckarbeiten verzierten Räumlichkeiten,

Live-Musik am Markusplatz

an denen Künstler wie Giovanni de Udine arbeiteten. Darunter das „Zimmer der Psyche" und ein mit Gemälden des Künstlers ausstaffierter Hieronymus-Bosch-Raum *(Ramo Grimani, Di bis So, 8.15 bis 19.15 Uhr, €, www.palazzogrimani.org)*.
San Michele: Diese kleine, nur mit dem Wasserbus erreichbare Insel, beherbergt ein Kamaldulenserkloster und den Friedhof Venedigs. Auf dem interessanten, nach Konfessionen getrennt angelegten Gelände, sind zahlreiche Persönlichkeiten der Geschichte bestattet, z.B. der Komponist Igor Stravinsky und der Dichter Ezra Pound *(Vaporetto Linie 4.1 und 4.2)*.

SAN MARCO ist seit Gründung 697 Mittelpunkt Venedigs. Kein Besucher lässt den Markusplatz aus. In den umliegenden Gassen residieren die luxuriösesten Geschäfte, nobelsten Hotels und teuersten Cafés. An manchen Tagen schieben sich die Touristenströme förmlich durch die Passagen und Gänge. In den Morgen- und Abendstunden sowie außerhalb der Hochsaison kann man in diesem Teil mit seinen vielen Sehenswürdigkeiten eine schöne, stressfreie Zeit erleben.
Markusplatz: Seit jeher das Herz der Stadt, ist der 176 m lange, repräsentative Platz zweifelsohne Venedigs größtes Schmuckstück. Er entstand im 9. Jahrhundert. In seinen heutigen Ausmaßen allerdings erst seit dem Jahr 1156, nachdem ein Seitenarm des Canal Grande verfüllt worden war. Letztmals im großen Stil umgebaut und komplett neu gepflastert wurde er 1722.
Er ist gerahmt vom Markusdom mit dem riesigen Campanile, den mit Arkaden versehenen Prokuratien ringsum und dem schönen Uhrturm *(**Torre dell`Orologio**, kann besichtigt werden, Führung auf Englisch ein- bis dreimal täglich zwischen 11 und 16 Uhr, €€€, Reservierung nötig unter www.torreorologio.visitmuve.it). Auf* der Rückseite, bietet er eine fast unwirklich erscheinende Kulisse. Den Touristenströmen und fast genauso zahlreich auftretenden Tauben kann man von einem der Cafés unter den Arkaden zusehen und den Klängen der klassischen Live-Musik lauschen, die jedes der Cafés auf einer kleinen Bühne bietet. Bekannteste Adresse ist das Café Florian. Richten Sie sich darauf ein, dass Cappuccino und Co zu den teuersten gehören dürften, die Sie je genossen haben.
Vom Bootsanleger vor dem Markusplatz legen die meisten **Gondeln** ab. Natürlich ist an dieser hochfrequentierten Stelle der Preis am höchsten... Falls Sie sich für eine Fahrt entscheiden, müssen Sie mit Kosten von 90 bis 220 € für gut 30 Minuten rechnen... je mehr Mitfahrer desto günstiger wird es.
Markusdom und Campanile: Der Dom ist dem Heiligen Markus geweiht, dessen Gebeine im Inneren ruhen. Die heutige prunkvolle Fassade und die reiche Innenausstattung stammen aus dem frühen 17. Jahrhundert.

Malerisch: stiller Kanal in Venedig

Eine kleinere, als Palastkapelle des Dogen genutzte Kirche, steht seit dem 9. Jahrhundert an diesem Platz. Die Mosaike in den Kuppeln gehören zu den absoluten Höhepunkten dieser Kunstrichtung und entstanden nach Entwürfen Tizians und Tintorettos. Als besonders wertvoll gilt der goldene Pala D`Oro am Hochaltar. Der knapp 99 m hohe Campanile stammt aus dem 16. Jahrhundert. 1902 stürzte er beim Versuch einen Lift einzubauen ein und wurde danach (mit Lift) aus den alten Steinen neu errichtet. Erwähnenswert ist außerdem die schön verzierte Logetta am Fuße des Turms. 1549 errichtet, wurde sie beim Einsturz vollständig zerstört und danach rekonstruiert *(Piazza San Marco, 9.30 – 17.15 Uhr, So ab 14 Uhr, €, angeschlossene Schatzkammer €, Hochaltar €, Markusmuseum €, Campanile je nach Jahreszeit 8.30/9.30 bis 17.30/21 Uhr, €€, www.basilicasanmarco.it)*.

Dogenpalast: Er war seit dem 9. Jahrhundert Sitz der Regierung und Justiz Venedigs sowie Wohnstätte des jeweiligen Dogen (Staatsoberhaupts). Immer wieder umgebaut, erweitert, abgebrannt und erneuert, stammt sein heutiges Aussehen aus der letzten, im alten Stil rekonstruierten Wiedererrichtung ab 1577. Der aus vielen miteinander verbundenen Einzelgebäuden bestehende Palast verfügt über eine Vielzahl interessanter Räume und Innenhöfe, die auf einer Führung besichtigt werden können. Interessant ist das angeschlossene Gefängnis. Die ältesten Zellen, in denen einst Giacomo Casanova einsaß, liegen direkt im Palast, der neuere Trakt ist über die bekannte **Seufzerbrücke** mit dem Haupthaus verbunden. Der Name stammt vom angeblichen letzten Aufstöhnen der Gefangenen bevor sie, oftmals für immer, in den Verliesen ohne Tageslicht weggesperrt wurden *(Piazza San Marco, 9 bis18.00 Uhr, €€€€ inkl. Museo Correr, Museo Archeologico und Monumental Rooms, Vorbuchung, Sonder- und Nachttouren sowie Museumspass inkl. mehrere zugehöriger Museen über die Website palazzoducale.visitmuve.it)*.

Museo Civico Correr: Direkt am Markusplatz gelegen, bietet das Stadtmuseum Stücke und Informationen zu Venedig. In einer zweiten Abteilung werden Gemälde gezeigt. Die dritte Abteilung umfasst Kostüme, Urkunden und geschichtliche Stiche *(Piazza San Marco, 10 bis 18 Uhr, Tickets siehe Dogenpalast, www.correr.visitmuve.it)*.

Scala Contarini del Bovolo: Bei dieser etwas versteckten Sehenswürdigkeit handelt es sich um eine auffällige, reich verzierte Renaissance-

Wendeltreppe von 1499, die außen am Palazzo Contarini angebracht wurde. Samt einigen Räumen des Palastes kann sie besichtigt werden *(San Marco 4303, 10 bis 13.30 Uhr und 14 bis 18 Uhr, €€. www.scalacontarinidelbovolo.com).*

Kirche San Moise: Der Bau in der Nähe des Markusplatzes stammt aus dem 10. Jahrhundert. In heutiger Form wurde er 1632 nach einem Brand neu errichtet. Die spätbarocke Ausstattung ist fast vollständig erhalten. Im Inneren finden sich Werke von Corradini, Tintoretto und Pellegrini *(Campo San Moise, Mo bis Sa von 9.30 bis 12.30 Uhr).*

Kirche San Salvador: Als Teil eines Regularkanonikerklosters wurde San Salvador 1171 von Papst Alexander III. geweiht, in den folgenden Jahrhunderten mehrfach umgebaut und dem Geschmack der Zeit angepasst. Im Inneren ruhen die Gebeine des Heiligen Theodor. An den Wänden hängen Werke von Tizian, Bellini und Bernardino Contin *(Campo San Salvador, Mo bis Sa, 9 bis 12 und 15 bis 19.15 Uhr, So, 15 bis 19.15 Uhr, Jun bis Aug, 16 bis 19 Uhr).*

Palazzo Grassi: Der schöne Palast am Canal Grande entstand im 18. Jahrhundert und ist heute im Besitz des französischen Unternehmers Francois Pinault. Er zeigt darin seine interessante Sammlung moderner Kunstgegenstände *(Campo San Samuele 3231, www.palazzograssi.it, Mi bis Mo, 10 bis 19 Uhr, Kombitickets inkl. Punta Della Dogana in Dorsodura, €€€).*

Palazzo Fortuny: Der Palast aus dem 15. Jahrhundert ist nach seinem letzten privaten Besitzer, dem Maler Mariano Fortuny (1871–1949) benannt und zeigt im ersten Stock dessen Werke, eine Fotosammlung sowie historische Textilien und Kostüme *(San Marco 3958, www.fortuny.visitmuve.it, Mi bis Fr, 10 bis 18 Uhr, Sa bis Mo bis 19 Uhr, €€€).*

La Fenice: Das bekannteste Opernhaus Venedigs gehört bis heute zu den ersten Adressen in Sachen klassischer Musikaufführungen. Viele bekannte Komponisten wie Rossini, Donizetti, Strawinski oder Prokofjew führten ihre Opern erstmals im La Fenice auf. Die bis heute bekanntesten Uraufführungen dürften aber Rigoletto und La Traviata von Giuseppe Verdi sein. Die Saison dauert von Januar bis Dezember, Karten zu bekommen ist in der Regel nur weit im Voraus möglich. Tagsüber werden Führungen durch das Gebäude angeboten *(Campo San Fetin, www.festfenice.com, 9.30 bis 18 Uhr, €€, inkl. deutschsprachigem Audioguide,).*

San Giorgio Maggiore: Die gegenüber dem Markusplatz gelegene kleine Insel ist nur mit dem Wasserbus erreichbar. Sie wird gerade einmal von einer Handvoll Mönchen ständig bewohnt, die im gleichnamigen

Am Canale Grande

Benediktinerkloster leben. Die Gebäude stammen aus der Hand des Architekten Andrea Palladio, die Kirche ist innen u.a. mit Werken von Tintoretto, Carpaccio und Bassano ausgestattet. Die meisten Besucher kommen wegen der Aussicht auf den Markusplatz und Einfahrt in den Canal Grande – ein besonders beliebtes Fotomotiv, vor allem vom Kirchturm *aus (Vaporetto Linie 2, Apr bis Okt, 9 bis 19 Uhr, sonst 8.30 bis 18 Uhr, So erst ab etwa 12 Uhr, Turmbesteigung €).*

DORSODURO ist der südlichste Stadtteil Venedigs. Wörtlich übersetzt bedeutet er „Harter Rücken", was wohl auf den besonders harten, steinigen Untergrund der Inseln zurückgeht, der sich über das Gebiet erstreckt. Während direkt am Canal Grande noch recht viel Trubel herrscht, wird es im Süden und Westen sehr viel ruhiger und die Touristenströme lassen stark nach. Zwar gibt es viele Restaurants und einige Geschäfte, jedoch keine so ausgeprägten Ladenstraßen wie in San Marco oder Cannaregio.
Peggy Guggenheim Collection: Das im Palazzo Venier dei Leoni eingerichtete Museum zeigt das Vermächtnis der im Jahr 1979 gestorbenen, gleichnamigen Kunstsammlerin. Im Garten steht ihre Grabstätte, gleich daneben, die ihrer Hunde. Gezeigt werden Bilder und Kunstgegenstände aus der ersten Hälfte des 20. Jahrhunderts, z.B. von Kandinsky, Picasso, Mondrian oder Max Ernst *(Dorsoduro 704, Mi bis Mo, 10 bis 18 Uhr, €€€, www.guggenheim-venice.it).*
Kirche San Pantalon: Die von außen eher schlichte Kirche geht in ihrer heutigen Form auf einen Neubau aus dem Jahr 1686 zurück, da ihr Vorgänger, wohl aus statischen Gründen kurz zuvor abgerissen werden musste. Neben Werken von Veronese und Vivarini gilt das Deckengemälde „Martyrium und die Apotheose" von Gian Antonio Fumiani als größte Sehenswürdigkeit: Es ist eines der größten Leinwandgemälde der Welt und seine Fertigstellung dauerte rund 24 Jahre *(Dorsoduro 3703, www.sanpantalon.itMo bis Sa, 10 bis 12 und 13 bis 15 Uhr).*
Basilica di Santa Maria della Salute: Die Kirche gehört zu den auffälligsten Bauwerken Venedigs und steht direkt am Eingang zum Canal Grande im äußersten östlichen Zipfel Dordoduros. Sie wurde anlässlich des Endes einer der größten Pestepidemien erbaut, die ein Drittel der Bevölkerung auslöschte und 1687 geweiht. Ihr achteckiger Grundriss galt damals als revolutionär. Bis heute wird am 21. November zum Gedenken an diese Prüfung für Venedig eine Schiffsbrücke zur Kirche geschlagen und ein mehrtägiges Fest mit vielen Gottesdiensten veranstaltet. Innen ist der Bau eher schlicht, jedoch mit ei-

Basilica di Santa Maria della Salute

nem wertvollen Marmorboden versehen und Werken der venezianischen „Hausmaler“ Tintoretto und Tizian geschmückt (*Dorsoduro 1, , www.basilicasalutevenezia.it, 9.30 bis 12 Uhr und 15 bis 17.30 Uhr, €*).

Squero di San Trovaso: In Venedigs letzter Gondelwerft werden die überall anzutreffenden schwarzen Langkähne gebaut. Führungen werden erst ab 25 Personen angeboten. Allerdings kann man an schönen Tagen von der gegenüberliegenden Kanalseite bei der Arbeit zusehen *(Fondamenta Bonlini, www.squerosantrovaso.it)*.

Ca`Rezzonico: Der in den 1680er Jahren erbaute Palast ging im Laufe seiner Geschichte durch viele Hände. Nach 1945 richtete die Stadt ein Kunstmuseum ein. Im „Museum des Venezianischen Siebzehnten Jahrhunderts“ werden Möbel, Fresken und Gemälde von Künstlern wie Canalotti und Tiepolo ausgestellt (*Dorsoduro 3136, , www.carezzonico.visitmuve.it, Mi bis Mo 10 bis 18 Uhr, €€*).

Gallerie dell'Accademia: Die Galerie beherbergt die größte Sammlung venezianischer Kunst von der Gotik bis zum Rokoko und erstreckt sich über drei ganze Gebäude. Kein bekannter Maler dieser Zeit fehlt. Sie ist ein echter Schatz für Kunstinteressierte *(Campo della Carita, www.gallerieaccademia.org, Di bis So 8.15 bis 19.15 Uhr, Mo nur bis 14 Uhr, €€€)*.

Punta della Dogana: Im ehemaligen Zollgebäude neben der Basilica wird heute zeitgenössische und moderne Kunst gezeigt, große Teile wechseln dabei immer wieder. Die Bestände gehen auf die Stiftung Francois Pinaults zurück, der auch im Palazzo Grassi ausstellt (*Dorsoduro 2, Mi bis Mo, 10 bis 19 Uhr, Eintritt wie Palazzo Grassi)*.

SAN POLO ist Venedigs kleinster Stadtteil, gehört dank seiner zentralen Lage aber zu den am stärksten frequentierten Gegenden. Er liegt in einer Schleife des Canal Grande, ist am längsten besiedelt und beherbergt mit dem Campo San Polo den zweitgrößten Platz.

Kirche Santa Maria Gloriosa die Frari: Das oftmals nur als Frarikirche bezeichnete Bauwerk gehört zu den größten und bekanntesten Venedigs. Im gotischen Stil gehalten, war es einst Teil eines Franziskanerklosters. Die Fertigstellung wurde 1518 mit einem Altarbild Tizians abgeschlossen. Daneben sind Werke von Bellini, Vivarini u.a. enthalten *(San Polo 3072, , www.basilicadeifrari.it, Mo bis Sa, 9 bis 18 Uhr, So ab 14 Uhr, €)*.

Scuola Grande di San Rocco: Gleich neben der Kirche befindet sich die „Große Schule“ der Franziskaner. Sie war Teil der klösterlichen Anlagen und wurde der Bruderschaft gestiftet. Sie ist für ihre reichen, prunkvoll ausgestatten Säle bekannt, in denen ein 56 Bilder enthaltener Zyklus von Tintoretto besonders heraussticht *(Campo San Rocco, www.scuolagrandesanrocco.it, 9.30 bis 17.30 Uhr, €€)*.

Kirche San Rocco und Leonardomuseum: Die im Jahr 1489 begonnene Kirche gedenkt einer Pestepidemie in der Stadt. Sie wurde erst 1771 komplett vollendet und beherbergt die Gebeine des Heiligen Rochus, „San Rocco“ sowie verschiedene Kunstwerke. Auffällig ist die reich verzierte Orgel von Pietro Nachini aus dem 18. Jahrhundert. In der ehemaligen Sakristei ist ein Museum zu Ehren Leonardo da Vincis untergebracht. Es zeigt mehr als 60 seiner Erfindungen, anatomische Studien und andere Ideen des Multitalents *(Calle Larga o Campiello de la Chiovere/Campo San Rocco, www.davincimuseum.it, 9 bis 18 Uhr bzw. 10 bis 18.30 Uhr, €€)*.

Rialtobrücke: Die 48 m lange und 22 m breite Brücke gehört zu den Wahrzeichen Venedigs und überspannt den Canal Grande. Nachdem

Rialtobrücke

frühere Holzbrücken immer wieder verrottet und unter der Last der Fußgänger eingebrochen waren, wurde sie als erste Steinbrücke 1591 frei gegeben und blieb bis 1854 die einzige Verbindung über den Canal Grande. Unter ihren überdachten Bögen konnten Ladengeschäfte errichtet werden und sie versprach mehr Sicherheit als die alten Konstruktionen. Heute ist sie eines der beliebtesten Fotomotive der Stadt.
Kirche San Giacomo di Rialto: Die Kirche am Fuße der Rialtobrücke ist für ihre auffällige, überdimensioniert wirkende Uhr an der Frontfassade bekannt. Im Inneren fällt vor allem die große Bronzestatue des Eremiten Antonius auf *(Ponte di Rialto, , www.chorusvenezia.org, 9 bis 17 Uhr)*.
Scuola Grande di San Giovanni Evangelista: Sie gehört zu den sechs großen ehemaligen „Schulen", Gebäuden von Bruderschaften, die in der Stadt verteilt waren. Sie ist bekannt für ihre reich geschmückten Säle und Kunstwerke von Tintoretto, Palma il Giovane und Tiepolo. Zugänglich für Besucher ist sie nur, wenn keine geschlossenen Veranstaltungen und Kongresse im Inneren stattfinden *(San Polo 2454, www.scuolasangiovanni.com, 9.30 bis 14 Uhr und 14.30 bis 17.15 Uhr, €€)*.

SANTA CROCE ist der östlichste aller Stadtteile Venedigs. Er wird in Teilen von Hafenanlagen und dem Busbahnhof geprägt, und ist damit ein wichtiges Einfalltor in die Stadt. In großen Teilen geht es deutlich ruhiger zu als anderswo und die meisten Touristen lassen ihn links liegen.
Palazzo Mocenigo: Der Palast am Canal Grande wurde im gotischen Stil Anfang des 17. Jahrhunderts errichtet. Er beherbergt heute unter anderem eine Sammlung an Textilien und Kostümen und ist Teil der Städtischen Sammlung *(Santa Croce 1992, www.mocenigo.visitmuze.it, Di bis So, 10 bis 17 Uhr, €€)*.
Museo di Storia Naturale: Die modern präsentierte naturgeschichtliche Sammlung sticht aus den übrigen, kunsthistorisch orientierten Ausstellungen Venedigs heraus. Im imposanten Palazzo Fontego dei Turchi untergebracht, spannt sie einen Bogen durch 700 Millionen Jahre Erdgeschichte und zeigt Exponate aus der Paleontologie bis in die heutige Zeit *(Santa Croce 1730, www.msn.visitmuze.it, Di bis So von 10 bis 18 Uhr, €€)*.
Ca' Pesaro Galleria Internazionale d'Arte Moderna: Im auffälligen Marmorpalast residiert im ersten Stock das Museum für Moderne Kunst.

Wenn die Gondeln Trauer tragen: Regen in Venedig

Es führt Werke von Klimt, Chagall, Klee, Matisse und vielen anderen Künstlern. Im zweiten Stock ist ein zweites Museum eingerichtet, das sich der orientalischen Kunst widmet *(Santa Croce 2076, www.capesaro.visitmuze.it, Di bis So 10 bis 18 Uhr, €€).*

GIUDECCA ist streng genommen kein eigener Stadtteil, sondern gehört zum Sestriere Dorsoduro. Durch den von Kreuzfahrtschiffen genutzten Canale della Giudecca vom Rest der Stadt getrennt, lässt sich das Viertel nur mit der Fähre erreichen und ist dadurch die mit Abstand ruhigste Ecke Venedigs.

Casa dei Tre Oci: Der Palazzo mit den auffälligen Glocken-Fenstern im ersten Stockwerk überblickt den großen Kanal und (Fondamenta Zitelle 43) wurde erst im 19. Jahrhundert errichtet. Er zeigt eine Fotoausstellung, in großen Teilen mit immer wieder wechselnden Themenkreisen *(Fondamente Zitadelle, www.treoci.org, Mi bis Mo, 10 bis 18 Uhr, Eintritt frei außer Sonderausstellungen).*

Kirche Santissimo Redentore: „Il Redentore" ist eine der großen Votivkirchen Venedigs und gehört zum angegliederten Kapuzinerkloster. Sie wurde, wie die nahe Basilica Santa Maria della Salute, zum Dank an das Ende der Pestepidemie im 16. Jahrhundert errichtet. Jedes Jahr wird am 3. Sonntag im Juli das Redentore-Fest gefeiert, was an diese Zeit erinnert und mit einem großen Feuerwerk um 0 Uhr startet. Auch diese Kirche wurde nach Plänen Andrea Palladios errichtet und galt zu ihrer Zeit als vollkommen *(Redentore, www.chorusvenezia.org, Di bis Sa, 10.30 bis 16.30 Uhr, Mo nur bis 16 Uhr, Spende/ Ticket obligatorisch).*

Ausflüge in der Lagune:

Neben Venedig selbst, bergen die umliegenden Inseln eine Menge interessanter Orte, die alle mit den Wasserbussen sehr gut erreichbar sind.

• **Lido di Venezia**: Der Lido ist entgegen der meisten anderen Inseln nicht autofrei und bei den Venezianern vor allem für seine Strände bekannt. Wenn Sie während eines mehrtägigen Aufenthaltes in und um Venedig ein paar Stunden am Wasser verbringen möchten, ist dieser Stopp daher keine schlechte Wahl. Noch weiter südlich liegt die Insel **Pelestrina**. Auch dort finden sich schöne, ruhige Strände *(Vaporetti 5.1, 5.2, 6, 8, 10, 14, 18, 20, N).*

Glasbläserhandwerk auf Murano

• **Murano:** Nur gut einen Kilometer nördlich von Venedig liegt die Inselgruppe Murano. Sie ist für ihre Glasbläsereien bekannt. Vielerorts kann man bei der Arbeit zusehen oder entsprechende Führungen machen. In den Showrooms der einzelnen Manufakturen wird alles erdenkliche an Glasobjekten angeboten, was man sich nur vorstellen kann – in jeder Größe und für jede Brieftasche. Außerdem gibt es ein eigenes Glasmuseum *(www.museovetro.visitmuve.it, Apr bis Okt, 10 bis 18 Uhr, sonst bis 17 Uhr, €€, Hinkommen: Vaporetti 3, 4.1, 4.2, 7, 12, 13).*

• **Burano:** Die Inselgruppe Burano ist für ihre bunten Häuser bekannt, die sich an den kleinen Kanälen wie an einer Perlenschnur aufreihen. Sie war früher besiedelt als Venedig und ist bis heute für ihre Spitzenarbeiten bekannt. Die Bebauung ist niedriger aber ebenso dicht wie in Venedig und ähnelt dem großen Nachbarn. Außerhalb der Stoßzeiten geht es behäbiger zu. Dies gilt noch mehr für das mit einer Brücke verbundene, ländlich geprägte Eiland Mazzorbo (*Vaporetti 9, 12, 14).*

• **Torcello:** Im 10. Jahrhundert hatte die Insel über 15.000 Einwohner und war bedeutender als Venedig. Mit der aufstrebenden Metropole nebenan versank Torcello 200 Jahre später in der Bedeutungslosigkeit und die Einwohner zogen weg. Die Gegend versumpfte und wurde beinahe vergessen. Heute legen gerade einmal 15 Bewohner ständig auf Torcello. Besucher kommen vor allem, um die beiden einzigen verbliebenen Kirchen aus dem 7. und 11. Jahrhundert zu sehen oder eines der drei Feinschmeckerlokale aufzusuchen (*Vaporetti 9, 12).*

• **Sant Erasmo:** Die größte Insel in der Lagune zählt weniger als 1000 Einwohner und dient als „Gemüsegarten" Venedigs. Wer hierher kommt, hat garantiert eine ruhige Zeit vor sich. Am besten lässt sich die Insel mit dem Fahrrad erkunden. Im südwestlichsten Winkel gibt es gleich neben dem befestigten „Torre Massimiliana" eine Bar und einen kleinen Sandstrand (*Vaporetti 13, 18).*

Die bunten Häuser auf Burano

Mestre

Venedigs Neustadt hinter der Lagune ist sicher keine Perle und den meisten Durchreisenden nur als Industriemoloch bekannt, den man schnell hinter sich lassen möchte. Dabei gibt es eine ganz hübsche Innenstadt mit Fußgängerzone rund um die **Piazza E. Ferretto**, die als Abwechslung zur Altstadt kaum Touristen anzieht und in gewisser Weise fast authentischer ist... Parken bei [N 45°29'43" E 12°14'22", Parcheggip Umberto I].

Noventa di Piave

Wenn Sie von Venedig in Richtung Jesolo weiterfahren, können Sie einen Abstecher ein Stück landeinwärts nach Noventa machen. Der Ort ist nicht sonderlich sehenswert. Vor den Toren ist aber eine große **Outlet-Mall** entstanden, die für Shoppingbegeisterte nicht nur an Schlechtwettertagen einen Zwischenstopp wert sein dürfte. Mehr als 150 Markenshops warten dort auf Kunden. Ein ruhiger Stellplatz zwischen Mestre und Noventa di Piave findet sich für einen Zwischenstopp bei den archäologischen Ausgrabungen von Altino, [**103:** N 45°32'42" E 12°23'55"].

***Outletcenter**: [N 45°40'20" E 12°32'05"], Via Marco Polo 1, Mo – So, 10 – 20 Uhr, www.mcarthurglen.com*

Lido di Jesolo und Cavallino

Nachdem die Stell- und Übernachtungsplätze in Punta Sabbioni, bereits im Venedig Abschnitt vorweg genommen wurden, bleiben rund 30 weitere Campingplätze und ein halbes Dutzend Wohnmobilstellplätze, die sich zwischen Lido di Jesolo und der Landspitze rund um die Urlauberenklave Cavallino aneinanderreihen. Gemeinsam bilden sie das größte Campingareal Europas und sind, abgesehen vom Ortszentrum Lido di Jesolo, fest in der Hand von Urlaubern mit Wohnwagen, Wohnmobilen, Zelten und Mobilheimen. Sie bieten alle erdenkliche Infrastruktur und einen kilometerlangen Sandstrand. Falls Sie bleiben möchten, haben Sie somit die Qual der Wahl. Ein Manko, vor allem während der Hochsaison, ist, dass die meisten Campingplätze eine Mindestaufenthaltsdauer von bis zu sieben Nächten erwarten. Andere Regelungen hatten zuletzt folgende Plätze:

- **Camping del Sole** *(Mindestaufenthalt 2 Nächte, [**109:** N 45°26'46" E 12°27'27", Via Meduna 12, www.campeggiodelsole.it, +39 041 65 83 33, Anfang Mai bis Mitte Sep, €€€-€€€€€ je nach Saison und Platz,]).*
- **Camping Al Boschetto** *(Mindestaufenthalt 2 Nächte, [**111:** N 45°27'10" E 12°28'35", Via delle Batterie 18, , www.alboschetto.*

it, +39 041 09 61 45, Ende Apr bis Ende Sep, €€€-€€€€€ je nach Saison und Platz]).

• **Camping Cavallino** *(Mindestaufenthalt 2 Nächte,* ***[112:*** *N 45°27'27" E 12°30'02", Via delle Batterie 184, www.campingcavallino.com, +39 041 530 08 26, Apr bis Anf. Nov, €€€-€€€€€, je nach Saison und Platz]).*

Dazwischen verstecken sich sogar an zwei Stellen Parkplätze ohne Nachtparkverbot, die eine kurze Stippvisite ermöglichen, auch ohne vorher längerfristig einzuchecken, so sechs Plätze im Westen von Cavallino bei [**110:** N 45°26'26" E 12°26'34", Via Pealto] und weiter östlich dreimal direkt am Meer bei [**113:** N 45°27'36" E 12°31'00", Via G. Berton].

Wenn Sie mit „Reihe Zwei" zufrieden sind und keinen direkten Strandzugang, Pool oder Animation erwarten, können Sie kurzfristig auf einem der privaten Wohnmobilstellplätze unterkommen. Da der Platz Dei Dogi während der Saison nur mit Buchung und mehrtägigen Aufenthalten genutzt werden kann, beschränken wir uns auf die drei anderen Plätze.

(114) Offizieller WOMO-Stellplatz: Lido di Jesolo 1 Albatros

GPS: N 45°31'27" E 12°41'24", Via Corer 21. **Max. WOMOs:** 100+.
Internet/Tel.: www.campingalbatros.it, +39 042 156 52 86.
Öffnungszeiten: Mitte April bis Mitte September.
Ausstattung: V/E, Strom, Toilette / Dusche.

Beschreibung: Sauber angelegter Platz in der dritten Reihe zum Meer. Noch recht niedrige Bepflanzung, daher nur etwas Schatten, Stellflächen auf Rasen, meist recht ruhig, etwa 3 km in den Ort..
Preis: €€€–€€€€€, je nach Stellplatzgröße und Saison.
Zufahrt: Am Kreisverkehr Ortsanfang Lido di Jesolo nehmen Sie die dritte Ausfahrt und wechseln dann gleich links auf die Viale Kennedy. Nach dem dritten Kreisverkehr noch ungefähr 450 m, dann linker Hand.

Strand bei Cavallino

(115) Offizieller WOMO-Stellplatz: Lido di Jesolo 2 Don Bosco

GPS: N 45°31'19" E 12°41'23", Via Don G. Bosco 28. **Max. WOMOs:** 100+.
Internet: www.areacamperdonbosco.it
Ausstattung: V/E, Strom, Toilette / Dusche, Schwimmbad (gegen Gebühr), Waschmaschine / Trockner,
Beschreibung: Ähnlich dem vorgenannten Platz, teils schattig. Neben dem reinen Womo-Stellplatz gibt es wenige Meter entfernt noch den Campingplatz Bosco Pineta und einen einfacheren, nahen Zusatzstellplatz falls die anderen belegt sind. Alle sind ähnlich ausgestattet, Stellflächen auf Schotter und Rasen, etwas in die Jahre gekommen, aber meist sauber. Rund 3 km in den Ort.
Preis: €€€-€€€€, je nach Saison.
Zufahrt: Am Kreisverkehr Ortsanfang Lido di Jesolo nehmen Sie die dritte Ausfahrt und wechseln gleich links auf die Viale Kennedy. Nach dem dritten Kreisverkehr noch ungefähr 450 m, dann linkerhand. Am dritten Kreisverkehr rechts halten und nun immer geradeaus bis zum Platz nach rund 400 m linker Hand.

(116) Offizieller WOMO-Stellplatz: Cortellazzo

GPS: N 45°31'56" E 12°43'17", Via Oriente 146. **Max. WOMOs:** 50.
Ausstattung: V/E, Toilette / Dusche (nur jeweils eine vorhanden),
Beschreibung: Privater Wohnmobilparkplatz mit rudimentärer Ausstattung auf einer schattigen Wiese im äußersten Osten des Lidos. Meist ruhig, nicht ganz eben, recht nahe zum Strand.
Preis: €€.
Zufahrt: Der Hauptstraße durch Lido di Jesolo immer weite rnach Osten folgen, Dort, wo die Straße ganz am Ende links vom Meer abknickt auf der rechten Seite.

Vor allem in Lido di Jesolo selbst gibt es jede Menge Gelegenheit für Zeitvertreib abseits von Meer und Sand. Falls Sie möchten, können Sie dort das SeaLife- oder Tropicana-Aquarium besuchen, im Aqualandia-Wasserpark plantschen, Minigolfen, GoKart fahren und vieles mehr. Besonders skurril ist die makabre Mischung aus Geisterbahn und Ausstellung „Mostra Serial Killer“, die sich mit dem Treiben ebensolcher beschäftigt... Alle Attraktionen liegen nahe beieinander, sind gut ausgeschildert und mit Parkplätzen versehen.

Eraclea Mare

Die Weiterfahrt direkt in Küstennähe führt über eine private Schwimmbrücke. Die Kosten von 2 € halten sich in Grenzen. Sollte Ihr Fahrzeug mehr als 3,5 t wiegen oder in der Breite an der 2,50 m Grenze kratzen, müssen Sie diese allerdings etwas umständlich umfahren. Zunächst entlang des Flusses Piave bis Eraclea und dann, am Ortsende, wieder rechts zum Meer.

Ähnlich wie bei Jesolo wird an den direkt am Meer gelegenen Satellit Eracleas einfach die Bezeichnung „Mare“ angehängt. Bei Urlaubern weit weniger bekannt, geht es in dem kleinen Ort sehr gediegen zu. Die Ruhe und der wirklich schöne, weiße Sandstrand, den man nach einem Spaziergang durch den

Strand von Eralea Mare

dahinter gelegenen Pinienwald erreicht, sind das größte Kapital. An den am weitesten östlich gelegenen, nicht bestuhlten Abschnitten findet man selbst in der Hauptsaison noch ein ruhiges Plätzchen.

Am strandnächsten parken Sie als Tagesbesucher an der Via Dancalia, [N 45°33'03" E 12°46'04"], von dort sind es nur rund 500 Meter bis zum Meer). Für einen etwas längeren Aufenthalt wurde eine einfache Parkfläche an der Via Marinella als Wohnmobilstellplatz frei gegeben, [**117:** N 45°33'01" E 12°45'38", mit V/E, €€]. Als komfortablere Alternative bietet sich der schön gelegene, einzige Campingplatz am Ort an.

(118) WOMO-Campingplatz: Portofelice

GPS: N 45°33'13" E 12°46'00", Viale dei Fiori 15. **Max. WOMOs:** 100+
Internet/Tel.: www.portofelice.it, +39 0421 664 11.
Öffnungszeiten: Mitte Mai – Mitte September.
Ausstattung: Alle Einrichtungen, Waschmaschine / Trockner, Bar / Restaurant, Minimarkt, Pools, Spielplatz, Fahrradverleih, Sportplätze, Animation.
Beschreibung: Schattige Stellplätze auf Rasen, ruhige Lage, gut gepflegte, angenehme Anlage, eigener Strand, rund 1,3 km in den Ort.
Preis: €€€€-€€€€€ je nach Platz und Saison.
Zufahrt: Am Ortsende von Eraclea Mare rechter Hand.

Caorle *(Markttag Sa., Viale A. Moro)*

Entgegen den zuvor genannten, ist Caorle ein natürlich gewachsener Ort mit altem Stadtkern, Einwohnern, die hier das ganze Jahr über wohnen und einer noch immer existierender Fischereiflotte.

Bis Sie das Zentrum erreichen, ziehen sich rechts entlang des Meeres einige Apartment- und Hotelanlagen an der Küste entlang. Nicht nur zum Baden, auch für einen Bummel durch die Fußgängerzone, vorzugsweise am Abend, lohnt ein Aufenthalt. Wie so oft an der Adria sind strandnahe Tagesparkplätze für Wohnmobile rar. Während direkt am sehr breiten Sandstrand alles mit Verbotsschildern versehen wurde, können Sie Ihr

Fahrzeug eine Parallelstraße weiter abstellen, [N 45°36'36" E 12°53'48", Viale Falconera, , 1h/2 €]. Ganz im Osten liegen die freien Strandabschnitte, das Wasser senkt sich in Caorle besonders flach ab und nicht nur während der Ebbe watet man so ein gutes Stück, damit einem das Wasser „bis zum Hals" steht.

Stellplatz 119, Caorle

Zum Übernachten wählen Sie zwischen einfachen Parkplätzen entlang einer Einfallstraße **[119:** N 45°36'31" E 12°53'11", Via Traghete, wochentags mit Parkuhr, ins Zentrum rund einKilometer], einem richtigen Stellplatz und einem knappen Dutzend Campingplätzen, von denen wir nur einen herausgepickt haben.

(120) Offizieller WOMO-Stellplatz: Caorle

GPS: N 45°36'21" E 12°53'09", Via Traghete 7. **Max. WOMOs:** 50+
Internet/Tel.: www.campercaorle.it, +39 34 363 26 14.
Öffnungszeiten: Meist März bis Oktober und Dezember.
Ausstattung: V/E, Strom, Toilette / Dusche gegen Gebühr, teils WLAN, Waschmaschine / Trockner, Abspülgelegenheit.
Beschreibung: Mit Schranke abgesperrte Stellflächen auf Schotter auf einem abgesperrten Gelände direkt neben dem Wasserpark, eben, wenig Schatten. Tags relativ laut, an den Plätzen neben der Wasserrutsche schwappt öfter mal etwas nach unten... nachts dagegen recht ruhig. Etwa 600 m in den Ort.

Preis: €€-€€€, je nach Saison.
Zufahrt: Nach der Ortseinfahrt am Ende der Straße im zweiten Kreisel rechts abbiegen (SP59). Dann links halten Richtung Spiagga di Levante". Dort ist der Stellplatz bereits angeschrieben. Nach 300 m links.

(121) WOMO-Campingplatz: Caorle Camping Falconera

GPS: N 45°37'01" E 12°54'31", Via Dei Casoni
Internet/Tel.: www.campeggiofalconera.com, +39 042 18 42 82.
Öffnungszeiten: Mitte April bis Mitte September.
Ausstattung: Alle Einrichtungen, Waschmaschine / Trockner, Bar, Minimarkt, Pools, Fahrradverleih.
Beschreibung: Einfacherer, aber gemütlicher Platz mit schattigen Stellplätzen und direktem Zugang zum Strand, Nicht ganz eben, recht ruhig, etwa 2,5 km in die Ortsmitte (mit Busverbindung).
Preis: €€€€-€€€€€, je nach Saison.
Zufahrt: Caorle in östlicher Richtung durchfahren, ganz am Ende angeschrieben. Weiter östlich, dann rechts auf die Via dei Casoni

Abendstimmung in Caorles Altstadt

Unterwegs in Caorle
Einst war Caorle eine Insel. Ihre isolierte und vor Überraschungsangriffen geschützte Lage sicherte lange Zeit das Bestehen und ließ Caorle im Schatten Venedigs die Jahrhunderte überdauern. Durch die Ablagerung von Sand und Sediment der ringsum ins Meer mündenden Flüsse, wurde Caorle mit der Zeit zu einem Vorposten am Festland. Dass der Ort Geschichte hat, merkt man sofort, wenn man durch die kleinen Gassen der schönen Altstadt flaniert, auch wenn die vielen kleinen Läden, Bars und Restaurants mit ihren Waren heute fast ausschließlich an den Tourismus angepasst sind. Abends können in der Saison schon mal einige tausend Menschen unterwegs sein und es ist richtig was los. Meistens verteilen sich die Urlauberströme aber so gut, dass man keine Beklemmungsgefühle erleidet. Westlich der Altstadt liegt der alte Fischereihafen, etwas zurückgesetzt von der Wasserlinie. Dort kann man noch Fischern bei der Pflege ihrer Boote und Netze zusehen oder am kleinen Markt morgens fangfrische Fische erstehen. Unweit der Küste befindet sich die sehenswerte Kathedrale **San Stefano**. Sehr schön ist die kleine Kirche **Santuario Santa Madonna** ganz vorn am Ufer. Nachts, bunt beleuchtet, verbreitet sie eine tolle Atmosphäre, tags ist sie, mit dem Strand direkt daneben, ein beliebtes Fotomotiv.

Concordia Sagittaria
Bei einem Abstecher ins Hinterland gelangen Sie nach rund 15 km zu der am Cavanelle-Flüsschen gelegenen Ortschaft bei der sich einst zwei alte Römerstraßen kreuzten. Schon vor über 2000 Jahren gab es eine antike Siedlung, **Julia Concordia**, deren Reste und Ausgrabungen besichtigt werden können. Ein Parkplatz steht neben dem archäologischen Areal an der **SP67** gegenüber des Friedhofs bei [N 45°45'30" E 12°50'25"] zur Verfügung. Ein Fußweg bringt Sie von dort zum Infozentrum und dem archäologischen Park. Auf Schildern sind zwei miteinander verbundene Wege beschrieben, die Sie gehen können. Einer führt sie, teils durch Ortsgebiet, teils durch das Umland, zu verschiedenen römischen Fundstellen und Ruinen

(Theater, Häuser...) und entlang der ehemaligen Stadtmauer. Der zweite zurück ins Zentrum bis zur Basilika mit weiteren Ausgrabungen gleich daneben.

Portogruaro (Markttag Do., Via Martiri della Linertá)
Fast ist Concordia mit dem heute größeren, nördlich anschließenden Ort zusammengewachsen. Es gibt keine zwingenden Sehenswürdigkeiten aber eine hübsche Altstadt mit einem markanten, schiefen Campanile in der Mitte. Am Parkplatz in der **Via Sommariva** könnten Sie auch übernachten, [**123:** N 45°46'34" E 12°50'44"], deutlich schöner stehen Sie aber etwas außerhalb am **Agriturismo Agrioasi**, [**122:** N 45°46'57" E 12°48'01", Via Risere 15, Mai bis Sep, alle Einrichtungen und Pool, €€€€].

Unterwegs in Portogruaro
Die 25.000 Einwohnerstadt bietet eine nahezu komplett erhaltene Altstadt auf zwei parallelen Straßenzügen, entlang des Flüsschens Lemene. Vom Parkplatz aus spazieren Sie über die **Via Mercali** und **Via Castion** bis zum Ende der Straße und dann links durch das Stadttor ins Zentrum. Unter Arkaden gehen Sie bis zur **Piazza Republica**. Der Markuslöwe prangt hier auf seiner Säule. 300 Jahre lang gehörte Portogruaro zur Serenissima, später war es mal italienisch, mal österreichisch. Daneben das mächtige Rathaus mit Reiterstandbild. Überragt wird die ganze Szenerie vom schief stehenden Turm des Doms. Nach links gelangen Sie an den Fluss und können immer wieder über Brücken schlendern und die kleine Stadt noch ein wenig auf eigene Faust erkunden. Auf der gegenüberliegenden Flussseite befindet sich das **Archäologische Museum**. Es stellt viele Fundstücke aus dem nahen Concordia und der Umgebung aus *(Via Seminario 26, 8.30 bis 19.30 Uhr, €)*.

Sesto al Reghena
Am schnellsten gelangen Sie in die kleine Gemeinde über die nahe Autobahn **A28**. An diesem Teilstück ist sie sogar mautfrei.

Hat auch Kanäle: Portogruaro

Erstmals queren Sie die Regionengrenze ins Friaul und fahren dann durch ein enges, hohes Tor in die Altstadt. Parkplätze gibt es direkt vor dem **Benediktiner-Kloster Santa Maria**, an der **Piazza Castello** bei [N 45°50'52" E 12°48'56"]. Das Kloster stammt aus langobardischer Zeit und war das mächtigste weit und breit. Von der ehemaligen, wehrhaften Einfriedung ist heute nur mehr ein kleiner Wassergraben übrig, den Sie am Eingangstor überqueren. Im Innenhof steht der imposant wirkende Glockenturm direkt vor Ihnen. Links befindet sich ein kleines **Touristeninformationsbüro** mit Fahrradverleih, rechts gelangt man ins **Klostermuseum** mit Werken aus der Schule Giottos. In der Krypta kann der ebenfalls aus langobardischer Zeit stammende Sarkophag der heiligen Anastasia betrachtet werden.

Kloster und Touristeninformation*: 9 bis 12 Uhr und 15 bis 18 Uhr, www.abbaziasestoalreghena.it*

Am Ortsrand finden Sie bei Bedarf einen gut gelegenen Wohnmobilstellplatz.

(124) Offizieller WOMO-Stellplatz: Sesto Al Reghena

GPS: N 45°50'46" E 12°48'46", Via Degli Olmi. **Max. WOMOs:** 6
Ausstattung: V/E, Strom gegen Gebühr.
Beschreibung: Mit Büschen getrennte Stellflächen auf einem asphaltierten Parkplatz am Ortsrand, kein Schatten, eben, nachts trotz Lage an der Hauptstraße recht ruhig, 400 m in den Ort.
Preis: €.
Zufahrt: Vom Kloster kommend bis zur ersten großen Kreuzung zurückfahren, dort rechts abbiegen. Platz folgt nach rund 350 m rechts.

ACHTUNG: Sofern Sie über Gruaro weiterfahren, achten Sie auf die Beschilderung. Um einen nur drei Meter hohen Tunnel zu umgehen, folgen Sie mit einem höheren Fahrzeug der beschilderten Umgehung für LKWs!

In Cordovado lohnt dann ein kurzer Zwischenhalt, wenn Sie sich für süßes Gebäck begeistern können: Spezialität des mittelalterlichen Ortes sind Spaccafumi – besteht aus Feigen,

Valle Vecchia

Rosinen, verschiedenen Nüssen, Reisbällchen und Honig. Parken lässt sich problemlos am großen Ortsstellplatz vor der Kirche, [**125:** N 45°50'38" E 12°53'00"].

Valle Vecchia

Dass es an der stark frequentierten Adria zwischen Jesolo und Bibione noch stille, nur wenig bekannte Strandabschnitte gibt, beweist das Valle Vecchia. Ab Lugugnana angeschrieben, steuern Sie auf einer schmalen Stichstraße auf die Küste zu. Nur wenige Häuser, um den halb verlassen wirkenden Weiler Brussa, unterbrechen die weiten, flachen Felder.

Ein Hinweisschild vor einer Brücke zeigt nach einer ganzen Weile zum Lokal Mazarack. Kulinarisch dreht sich fast alles um Fisch und Meeresfrüchte. Gäste dürfen auf dem großen, schattigen Parkplatz davor gerne über Nacht bleiben, inzwischen sogar samt Serviceangeboten, [**126:** N 45°38'22" E 12°56'48", SP143, V/E, Toilette, WLAN]. Ringsum gib es jede Mengen Natur und beschilderte Radwege durch ein Naturschutzgebiet.

Auch das Meer mit einem wunderbaren Naturstrand hinter Dünen und einem Piniengürtel ist keine zwei Kilometer entfernt. Dort gibt es einen weiteren großen, strandnahen Parkplatz, der eigens für Wohnmobile ein Areal abgesteckt hat.

(127) WOMO-Badeplatz: Valle Vecchia

GPS: N 45°37'29" E 12°57'31", Valle Vecchia. **Max. WOMOs:** 40+.
Ausstattung: Wasser, einfache Toilette und kalte Dusche (nur tagsüber), Mülleimer.

Beschreibung: Teils schattige, abgetrennte Parkparzellen auf Rasenuntergrund, realtiv eben. In der Saison und an Wochenenden durchaus lebhaft, wenn viele Einheimische die freien Tage hier verbringen. Sonst nachts ruhig, saisonal sehr viele Mücken. 100 m zum Strand.
Preis: €€.
Zufahrt: Laut Wegbeschreibung, ganz am Ende der Schotterpiste rechts.

Unterwegs im Valle Vecchia

Vom Stellplatz aus gelangen Sie am hinteren rechten Eck auf einem Pfad quer durch den kleinen Pinienhain und über eine Düne ans Meer. Egal zu welcher Jahreszeit Sie hier sind – spätestens nach ein paar hundert Meter nach links oder rechts finden Sie hier, direkt zwischen den Touristenhochburgen Bibione und Caorle, kilometerlange Strände fernab von mit dem Lineal gezogenen Liegestuhlreihen. Teils wird dort auch FKK praktiziert.

Einst ein Sumpfgebiet, so wie große Teile der umliegenden Küste, wurde die einstige Insel erst vor gut 100 Jahren trockengelegt – und dann vergessen. In den 80er Jahren ausgesetztes Damwild vermehrte sich unkontrolliert, Monokulturen der Agrarwirtschaft bestimmten das Bild und an der Küste entstanden einige wilde Campingplätze mit

Ruhiger Strand trotz Saison: Valle Vecchia

dem einhergehenden Müllproblem. Mitte der 90er begann man mit den Maßnahmen, um aus diesem letzten verbliebenen Küstenstreifen ohne touristische Bauten und Siedlungen ein Naturschutzgebiet zu machen. Tausende von Bäumen wurden gepflanzt, allein 30.000 Steineichen und über 600 alte und neue Pflanzenarten wurden in den letzten 20 Jahren heimisch. Auf Wanderwegen *(Infotafeln am Parkplatz, Broschüren im Besucherzentrum neben der Zufahrtsstraße)* kann man das Gebiet durchstreifen und mit etwas Glück Meerstrandläufer, Bussarde, Purpurreiher aber auch Smaragdeidechsen oder während der Dämmerung Dachse beobachten. Am Kanal östlich des Stellplatzes und am äußersten westlichen Ende befinden sich außerdem einige **Casoni**. In diesen traditionellen Fischerhütten aus Schilf lebten einst die Fischer während ihrer Arbeitswochen. Originale Hütten wie hier gibt es sonst kaum mehr zu sehen.

Bibione (Markttag Di., Piazza Mercato)

Neben dem Lido rund um Jesolo zählt Bibione zu den beliebtesten Reisezielen der Deutschen und Österreicher. Das langgestreckte Zentrum rund um die Viale Aurora ist nichts Besonderes, die meisten Besucher kommen ohnehin wegen dem Strand. Und davon gibt es reichlich. Nicht Campingplätze, sondern Hotels und Appartements dominieren und die Möglichkeiten für Wohnmobile sind dadurch recht begrenzt. Viele Parkplätze sind mit (Nacht) Parkverboten versehen. Eine letzte, strandnahe Parkgelegenheit, die bisher keine Einschränkungen aufweist, finden Sie an der Via Delfino, allerdings ist das nichts für Frühschläfer, denn es herrscht meist Trubel bis nach Mitternacht **[128:** N

Stellplatz 128 in Bibione

45°38'03" E 13°03'59", 9 bis 23 Uhr, €€]. Wenn Sie lieber am freien Strand baden, finden Sie bei rechtzeitiger Ankunft vielleicht ein freies Plätzchen entlang der Via Procione am östlichsten Ende der Ortschaft bei [N 45°38'11" E 13°04'20"]. Dort beginnt ein Weg zum rund zwei Kilometer entfernten Leuchtturm an der Landspitze. Beim Rückweg entlang des Strandes finden Sie selbst in der Hochsaison immer ausreichend Platz ganz für sich.

Fahren Sie dagegen durch Bibione in westliche Richtung, erreichen Sie am Ende den Ortsteil **Pineda**. Dort befinden sich die fünf Campingplätze und eine weitere strandnahe Parkfläche, die zumindest tagsüber genutzt werden darf in der Via die Lauri, [N 45°37'50" E 13°00'43"].

(129) WOMO-Campingplatz: Bibione-Pineda
Camping Capalonga

GPS: N 45°37'50" E 12°59'40", Via della Laguna 16.
Internet/Tel.: www.cappalonga.com, +39 0431 43 83 51.
Öffnungszeiten: Mitte April – Mitte September.
Ausstattung: Alle Einrichtungen, Waschmaschine / Trockner, Bar, Restaurant, Minimarkt, Pools, Spielplatz, Bootsverleih, Sportangebote, eigener Strand.
Beschreibung: Sehr großer, gepflegter Platz mit schattigen Stellplätzen und vielen Angeboten auf der gesamten westlichen Landspitze, bis in den Ort sind es rund 4km, es gibt eine Busverbindung.
Preis: €€€€-€€€€€, je nach Stellplatzart und Saison.
Zufahrt: in Bibione bis ganz ans westliche Ortsende zum Eingang des Platzes fahren.
Hinweis: Mindestaufenthaltszeit, wie auf allen Campingplätzen in Bibione. Je nach Saison, 2 bis 7 Tage.

Am Weg dorthin passieren Sie die **Bibione Thermae**. Ungewöhnlich für einen italienischen Badeort wurde schon vor einigen Jahren damit begonnen, über 50 Grad warmes Thermalwasser von einiger Entfernung bis an die Küste zu pumpen und diese Wellnessanstalt, keine 300 Meter vom Strand entfernt, zu errichten. Neben den Hallen- und Freibecken gibt es die Möglichkeit, Anwendungen zu buchen.

***Bibione Thermae**: Via delle Colonie 3, www.bibionethermae.it, Mi bis Fr und Mo ,14 bis 21 Uhr, Sa/So 10 bis 20 Uhr, €€€*

Da ist was los: Strand von Bibione

Tour 5: Die friulanische Adriaküste, 210 km

Lignano – Latisana – Marano Lagunare – Ariis
Palmanova – Aquileia – Grado – Isola della Cona
Marina Julia – Monfalcone

Stellplätze:	Lignano (4x), Latisana, Palazollo della Stella, Marano Lagunare, Ariis, Codroipo, Passariano, Palmanova (2x), Villa Vicentina, Aquileia (2x), Grado, Isola della Cona, Marina Julia, Monfalcone, Staranzolo
Agricampeggi:	Grado
Campingplätze:	Lignano, Aquileia, Grado, Marina Julia
Besichtigen:	Zoo in Lignano, Museum in Marano Lagunare, Aquarium und Villa Savorgnan in Ariis, Villa Manin, Palmanova, Outletcenter bei Palmanova, Burgen von Strassoldo, Ausgrabungen von Aquileia
Baden:	Lignano, Grado, Lido di Staranzano, Marina Julia
Wandern:	Im Valla Canal Nova bei Marano Lagunara, im Quellenpark Codroipo, im Valle Cavanata, auf der Isola della Cona, Weltkriegsfreilichtmuseum Monfalcone

Sie überqueren nun die Grenze zur Provinz Friaul-Julisch Venetien und lernen die Gegend rund um die Badeorte Lignano und Grado kennen. Eine Stippvisite ins Hinterland führt die Route zur bekannten Villa Manin und außergewöhnlichen Orten mit langer Geschichte wie Palmanova und Aquileia. Zuletzt haben Sie Gelegenheit, im Delta des Flusses Isonzo auf Entdeckungsreise durch die Natur zu gehen.

Lignano *(Markttag Mo., Area Mercato Pineda)*

Nachdem Sie die Mündung des Tagliamento-Flusses, der die Grenze zwischen Venetien und dem Friaul markiert, auf einer Brücke überquert haben, gelangen Sie nach Lignano. Während die venetianischen Badeorte mit preiswertem Pauschaltourismus in Verbindung gebracht werden, gelten die folgenden, weiter östlich gelegenen, als die Pendants für gehobenere Ansprüche. Ob dies berechtigt ist, bleibt Ansichtssache. Fest steht aber, dass

Im Zoo Punta Verde, Lignano

Lignano der Badeort mit der höchsten österreichischen Urlauberdichte an der ganzen Adria ist.

Bevor Sie richtig angekommen sind, besteht die Möglichkeit, rechts zum **Parco Zoo Punta Verde** abzubiegen. Neben dem kleinen Yachthafen Marina Punta Verde erstreckt sich in der letzten Schleife des Tagliamento-Flusses das schön angelegte Zoogelände. Es zeigt vom Affen bis zum Zwergpinguin alle möglichen exotischen Tiere. Ein lohender Halt, nicht nur mit Kindern.

Am riesigen Parkplatz daneben ließe sich nach dem Besuch die Nacht verbringen,[**130:** N 45°39'35" E 13°04'02"].

Parco Zoo*: Via G. Scerbanenco 19, www.parcozoopuntaverde.it, Etwa April bis Sep 9.30 bis 19/20 Uhr, Okt nur Sa/So 10 bis 17 Uhr, €€€*

Lignano unterteilt sich in drei ineinander übergehende Bereiche: Ganz im Westen liegt „Lignano-Riviera". Da alle strandnahen, möglichen Stellplätze mit Verbotsschildern gepflastert sind, können Sie sich diesen Bereich getrost sparen. Gleich daneben liegt der um eine zentrale Spiralstraße, die sich wie ein Schneckenhaus zur Mitte hin verjüngt, angelegte Ortsteil „Liganano-Pineda". Wohnmobile parken über Nacht zum Beispiel gut 500 Meter vom Strand entfernt an einem Waldstück am **Corso dei Continenti**, [**131:** N 45°39'51" E 13°05'59"]. Nachteil: manch einer nutzt die direkt vorbeiführende Straße nachts als Beschleunigungsstrecke...

Doppelt so weit vom Meer entfernt, dafür auf vom Verkehr abgetrennten Stellflächen, stehen Sie an zwei anderen Stellen: entweder am großen, gemeinsamen Parkplatz des Stadions, Wochenmarktes und **Erlebnisbades Aquasplash** oder am Parkplatz des zuletzt nicht mehr genutzten Kirmesgeländes Luna Park.

Erlebnisbad Aquasplash: *Via S. Giuliano 25, www.aquasplash.it, etwa Jun bis Mitte Sep von 10 bis 18 Uhr, €€€€*

(132) WOMO-Stellplatz: Lignano-Pineda 1

GPS: N 45°40'25" E 13°06'00", Viale Europa 140. **Max. WOMOs:** 10+.

Ausstattung: Öffentliche Toilette, Mülleimer, Beleuchtung.
Beschreibung: Sehr große, schattige und recht ebene Parkfläche. Abgesehen von der Hauptverkehrsstraße und von Veranstaltungstagen nachts relativ ruhig, 800 m in den Ort.
Zufahrt: Am Ortseingangs-Kreisverkehr links, nach ungefähr 1,5 km linker Hand.

(133) WOMO-Stellplatz: Lignano-Pineda 2

GPS: N 45°40'42" E 13°06'35", Viale Europa. **Max. WOMOs:** 10+.
Ausstattung: V/E (frei zugänglich), Mülleimer, Beleuchtung.
Beschreibung: Großer Parkplatz vor dem Jahrmarktgelände, kein

Schatten, eben, Asphalt, abends bei Betrieb laut, sonst, abgesehen von der Hauptstraße, relativ ruhig, 1200 m in die Ortsmitte.
Zufahrt: Wie Stellplatz 1, nur 500 m weiter.

„Lignano Sabbiadoro", auf der östlichen Landspitze, ist ganz auf Appartement- und Hotelgäste ausgerichtet. Wenn Sie dort baden möchten, müssen Sie nach einem Parkplatz in den Seitenstraßen der Meerespromenade suchen, denn diese ist auf ganzer Länge mit Wohnmobil-Parkverboten versehen. Der Strand ist in ganz Lignano feinsandig und makellos. Ein paar liegestuhlfreie Abschnitte gibt es, der größte Teil ist jedoch mit Stühlen und Schirmen dekoriert. Das eigentliche Zentrum befindet sich ab der Viale Italia ein bis zwei Straßen nach hinten versetzt, beginnend an der Via Udine, über Via Tolmezzo, Via Venezia bis zur Viale Centrale.

Wer für ein paar Tage auf einem Campingplatz Station machen möchte, kann aus zwei Plätzen wählen. Zentraler liegt **Camping Sabbiadoro,** mittig zwischen dem gleichnamigen und dem Ortsteil Pineda, [**134:** N 45°40'55" E 13°07'34", Via Sabbiadoro 8, www.campingsabbiadoro.it, Ende Mär bis Anfang Okt, €€€€-€€€€€ je nach Saison].

Latisana *(Markttag Mi, Piazza Garibaldi)*
Die Provinzstadt im Hinterland ist nicht sonderlich spannend. Sie bietet aber einen Stellplatz und auch im nahen Dorf **Palazollo della Stella** können Sie gleich neben dem Fluss parken. Das ist zwar schöner, doch sind die seit Jahren vorbereiteten Womo-Installationen nie dauerhaft in Betrieb gegangen [**136:** N 45°48'14" E 13°04'33", Via Roma 108].

(135) Offizieller WOMO-Stellplatz: Latisana

GPS: N 45°46'54" E 12°59'35", Via Tempio. **Max. WOMOs:** 3-4.
Ausstattung: V/E (frei zugänglich), Mülltonnen.
Beschreibung; Kaum Schatten. Asphaltierter Parkplatz ohne feste Wohnmobilplätze direkt neben einem Supermarkt und der Polizeistation. Nicht so gut für Womos über 6,50 m geeignet, zweckmäßig, eben, Ortsmitte 600 m.
Zufahrt: Auf der Hauptstraße in Latisana in nördlicher Richtung fahren, Nach einem Coop-Markt links angeschrieben. Vor dem Sportplatz abbiegen.

Sonnenuntergang in Lignano

Marano Lagunare

Bevor Tour Fünf vorerst ins Landesinnere abbiegt, lohnt ein Abstecher in das recht isoliert gelegene Marano Lagunare.

Schon von Weitem weisen braune Schilder den Weg zum **Naturschutzgebiet Valle Canal Novo**. Es wurde eingerichtet, um selten gewordenen Vögeln, Fischen und anderen Meeresbewohnern ein Habitat zu bewahren, in dem sie, trotz exzessiver Landwirtschaft und Tourismus in nächster Nähe, weitgehend ungehindert leben können. Die alten Kanäle, die einst zur Trockenlegung der Sümpfe gezogen wurden, bilden ideale Grundvoraussetzungen. Sing- und Höckerschwäne, Reiher und verschiedene Entenarten haben hier einen Lebensraum. Über Holzstege können zwei Observatorien erreicht werden.Es gibt ein kleines Aquarium mit einheimischen Fischarten. Außerdem ein Lokal, ein Picknickareal und einen Erlebnisbereich, in dem das Leben an der Küste von anno dazumal erklärt wird. Im **Archäologischen Museum**, mitten im hübschen Zentrum Maranos gelegen, werden Fundstücke früheren Lebens in der Lagune ausgestellt, von der Jungsteinzeit bis zu den Römern.

Ein gut geeigneter Parkplatz, den Sie auch nachts nutzen können, liegt am Hafen bei [**137:** N 45°45’38” E 13°10’01”, Riva Canal de Maran]

Valle Canal Novo: *Via delle Valli 2, Di bis Fr, 9 bis 17 Uhr, Sa/So, 9 bis 20 Uhr, Aquarium nur So von 14 bis 17 Uhr, € |* ***Archäologiemuseum****: Via Sinodo 28, Di/Fr, 9 bis 12.30 Uhr, Mi/Sa/So, 15.30 bis 19 Uhr*

Ariis

Das kleine Dorf konnte einst einige schmucke Bauwerke vorweisen, die heute allerdings dem Verfall preisgegeben sind. Herausragend ist die stattliche **Villa Savorgnan-Ottelio**. Einst stand an dieser Stelle das Schloss Ariis, auf dessen Grundmauern die Villa erbaut wurde. Besichtigt werden kann sie nur von außen.. Die Lage am Fluss Stella und der wildromantische Park ringsum geben ihr einen besonderen Reiz. Durch einen kleinen Torbogen, direkt an der Straße, gelangen Sie in den Garten. Eine Gedenktafel macht den Stopp noch etwas spannender und greift einen Handlungsstrang aus Tour Eins auf.

Valle Canal Novo

Villa Savorgnan-Ottelio, Ariis

Romeo und Julia, Teil 2

Luigi da Porto und Lucina Savorgnan lebten Anfang des 16. Jahrhunderts und entstammten verschiedenen Zweigen der gleichen wohlhabenden Familie. Heirat war zu dieser Zeit und in diesen Kreisen ein Politikum und dadurch war eine Liebe zwischen ihnen unmöglich. Sie fragen sich, wer denn Luigi und Lucina sind?
Es sind die realen Hauptpersonen zu Romeo und Julia! Bereits 1517 schrieb Luigi da Porto höchstpersönlich die Novelle „Giulietta" in Erinnerung an „seine Lucina" und widmete sie ihr.
Der Stoff wurde schon bald gleich mehrfach adaptiert. Doch erst 80 Jahre später stieß ein gewisser William Shakespeare aus dem fernen Britannien auf die Geschichte. Aus dramaturgischen Gründen versetzte er sie an einen anderen Ort, änderte Namen und Handlungsdetails und schon wurde daraus die größte Liebesgeschichte aller Zeiten.
Bereits in den 1960er Jahren konnte nachgewiesen werden, dass einige Teile der Handlung im Friaul spielten und es ein „Original" dazu gibt. Bis heute ist dies jedoch nur Wenigen bekannt – Sie gehören ab jetzt dazu!
Ein Schuh wird daraus, wenn Sie an dem Namen der Villa hier in Ariis denken: Es ist der Sommersitz der Familie Savorgnan, in dem sich Luigi und Lucina regelmäßig begegneten. Die Gedenktafel im Garten erinnert daran.

Vom Parkplatz auf der gegenüberliegenden Flussseite aus, können Sie ein Waldstück, einst Park der Villa, ein wenig erkunden oder, direkt gegenüber, das kleine **Aquarium** der friulanischen Fischereibehörde besuchen. Im Sommer ist die Schranke zum Picknickgelände hinter dem Parkplatz leider nur manchmal geöffnet. Bei privaten Veranstaltungen oder wenn sie geschlossen ist, kann man davor eine Nacht über mit dem Womo stehen bleiben.

***Aquarium Ariis**: Apr bis Okt Di bis Fr von 9 bis 12 Uhr und 14 bis 17 Uhr, Sa/So/Feiertags, 10 bis 13 Uhr und 15 bis 19 Uhr, Nov bis Mär nur bis 17 Uhr, Eintritt frei*

Parco delle Risorgive, Codroipo

(138) WOMO-Picknickparkplatz: Ariis

GPS: N 45°52'18" E 13°04'58", Via Chiesa. **Max. WOMOs:** 2, bei geöffnetem Picknickgelände 10.
Ausstattung: Wasser, Toiletten und Picknickbänke nur zeitweise zugänglich.
Beschreibung: Kleiner, schattiger, nicht ganz ebener Parkplatz auf Erdboden gegenüber dem Aquarium ohne Einrichtungen, dahinter ein großer Parkplatz mit überdachtem Picknickbereich und genannter Ausstattung, nachts meist sehr ruhig.
Zufahrt: Von der Durchgangsstraße in Ariis Richtung Rivignano unmittelbar nach der Brücke rechts abfahren.

Codroipo *(Markttag Di., Piazza Garibaldi)*
Nicht die Stadt selbst, sondern ihre Umgebung ist im Falle Codroipos von Interesse. Wenn Sie Lust auf einen ausgedehnteren Spaziergang haben, empfiehlt sich der „Quellenpark“, **Parco delle Risorgive**. In dem Naturschutzgebiet kann man zwischen den Quelltöpfen mit ihrer typischen Vegetation und den teils unterirdischen Flussläufen wandern und picknicken. Pappeln, Weiden und Erlen bestimmten die Feuchtwiesen und man kann Hasen, Rehe, Eichhörnchen und Füchse beobachten. Am südlichen Ende stoßen Sie auf die **Molino Zoratto** aus dem 15. Jahrhundert. Sie ist die letzte intakte Mühle der Region, die noch produziert. Neben Mehl können Waren wie Risottoreis und Trockenfischprodukte probiert und erstanden werden *(Via Molino 70)*. Ein geeigneter Parkplatz für den Quellenpark befindet sich am Ende der Sportplatz-Zufahrtsstraße, gleich am Waldrand. Dort können Sie auch übernachten,im Park gibt es Picknickbänke [**139:** N 45°57'13" E 12°58'58", Via Gradiscie].

Eine Abzweigung später ist der Ortsteil **Passariano** mit der **Villa Manin** rechts ausgewiesen. Vor Ort weisen Schilder auf die Parkmöglichkeiten hin. Offizielle Womo-Stellplätze wurden eingerichtet.

(140) WOMO-Stellplatz: Passariano

GPS: N 45°56'49" E 13°00'31", SP65.
Max. WOMOs: 8.
Ausstattung: V/E (frei zugänglich), Strom (gegen Gebühr)
Beschreibung: Extra ausgewiesene Plätze auf dem Besucherparkplatz der Villa Manin, etwas Schatten, nachts ruhig, fast eben.
Zufahrt: In Passariano links den Schildern zum Parkplatz der Villa Manin folgen.

Hinter der Informationsstelle gelangen Sie auf einem Fußweg zur imposanten Villa mit ihrem beeindruckend repräsentativen Entree. Im Sommer finden in dieser Traumkulisse regelmäßig Konzerte namhafter internationaler Künstler aus dem Pop-, Rock- und Klassikbereich statt. Im linken Flügel ist ein Café untergebracht, rechts gelangen Sie zur Kapelle und der Waffen- & Kutschensammlung *(beide während der Öffnungszeiten kostenlos zugänglich)* und betreten dann, durch den rechten Seiteneingang, das Hauptgebäude. Die wechselnden Kunstausstellungen lohnen nur bei Interesse am jeweiligen Thema, da das Gebäude, bis auf zwei Räume, die Napoleon einst bewohnte, keine originalen Einrichtungsgegenstände mehr enthält. Den 18 Hektar großen Park auf der Rückseite können Sie unabhängig vom Inneren besuchen.

***Villa Manin**: Piazza D. Manin 10, geöffnet Di bis So, 10 bis 19 Uhr, Park ab 9 Uhr, saisonale Abweichungen möglich, €€, Audioguides auf Englisch €, www.villamanin.it*

Geschichte der Villa Manin
Ludovico I. aus dem venezianischen Adelsgeschlecht der Manin, ließ das Herrenhaus im 17. Jahrhundert erbauen. Später wurde es erweitert, bis es die heutigen, schlossgleichen Ausmaße annahm. Viele historische Ereignisse trugen sich in seinen Mauern zu. Der letzte Doge von Venedig residierte in der Villa, gefolgt von Napoleon, der 1797 während seines Italien-Feldzugs hier wohnte und das Gebäude als Hauptquartier nutze. Seine privaten Zimmer sind bis heute erhalten und die einzigen möblierten Räume. Auch der „Friede von Campoformido",

Villa Manin

der große Teile des einst venezianischen Reichs am 17.10.1797 der österreichischen Monarchie der Habsburger zuordnete, wurde vor Ort verhandelt. Die Familie Manin büßte in Folge an Macht und Einfluss ein. Im 19. Jahrhundert verfiel die Anlage immer mehr, bis sie schließlich in den 1960er Jahren erst an eine öffentliche Einrichtung, später an die Region Friaul-Julisch Venetien überging und restauriert wurde.

Palmanova *(Markttag Mo, Piazza Grande)*
Nur rund 23 Kilometer Schnellstraße trennen die Villa vom nächsten nennenswerten Kulturgut. Die Stadt Palmanova ist in ihren bis heute komplett erhaltenen, sternförmigen Befestigungsanlagen einzigartig. Nehmen Sie zur Einfahrt das nächstgelegene, südliche Tor. Mit einer Durchfahrtshöhe von 3,60 Metern bietet es auch Alkoven-Wohnmobilen die nötige Kopffreiheit. Tagsüber finden Sie meist ausreichend Parkplätze entlang den relativ breiten Straßen. Falls Sie über Nacht bleiben wollen, geht das an der nördlichen Stadtmauer oder auf einem kleinen, neu errichteten Stellplatz gleich außerhalb.

(141) WOMO-Parkplatz: Palmanova

GPS: N 45°54'22" E 13°18'54", Via Vallaresso. **Max. WOMOs:** 4-5.
Ausstattung: Keine Einrichtungen.
Beschreibung: Parkfläche auf Rasen und Erdboden direkt an der Stadtmauer. Vor allem im hinteren Bereich kann man gut über Nacht stehen. Kein Schatten, ruhig, nicht ganz eben.

Zufahrt: Durch das südliche Tor in die Stadt fahren und dann bei erster Gelegenheit rechts in die Via Lion. Nach knapp 500 m rechts auf die Con-trada Garzoni wechseln. Sie führt direkt zum Stellplatz am nördlichen Tor (Achtung, dortige Durchfahrtshöhe nur 2,60 m).

(142) Offizieller WOMO-Stellplatz: Palmanova

GPS: N 45°54'43" E 13°19'02", Piazzale IV Gen.Cav. **Max. WOMOs:** 2.
Ausstattung: V/E (frei zugänglich), Strom, Mülleimer, Spielplatz benachbart.
Beschreibung: Geschotterte, getrennt angelegte Parkbuchten als Teil eines öffentlichen Parkplatzes am Sportgelände. Kein Schatten, eben, meist recht ruhig.
Zufahrt: Auf der Palmanove umgebenden Ringstraße SR252 in die nordwestlichste Ecke der Stadt fahren, dort neben dem Sportplatz

Unterwegs in Palmanova
Ende des 16. Jahrhunderts entstand das wirklich außergewöhnliche Palmanova als erste befestigte Planstadt in dieser Größenordnung überhaupt. Sie wurde als wehrhafter Vorposten Venedigs gegen Angriffe der Österreicher ersonnen und umgesetzt. Die Stadt besitzt eine strikte Gliederung mit einem Hauptplatz in der Mitte und sich davon strahlenförmig entfernenden Straßen, die zu den drei Toren und sechs Bastionen führen. Das schwerste Unterfangen war es damals, Anwohner hierher zu locken. Selbst Strafgefangene, denen man Am-

Hauptplatz von Palmanova

nestie und Land anbot, weigerten sich – alle rochen den Braten und die Gefahr, schlimmstenfalls als Kanonenfutter zu enden. Zu einem wirklich gravierenden Angriff kam es zwar nie, doch blieb die Bevölkerung der Stadt, die einst auf 20.000 Menschen ausgelegt war, bis heute bei nur etwa 5.000 und damit weit hinter den Erwartungen zurück. Auch wenn sich der optische Reiz nur von oben im Ganzen erschließt, lohnt ein Bummel durch die Gassen in Richtung des großzügigen Hauptplatzes **Piazza Grande** mit **Dom** und **Militärhistorischem Museum**. Vor dem nordwestlichen Tor **Porta Udine** ist noch ein Stück des alten Aquäduktes erhalten. Gleich neben dem Womo-Stellplatz gelangen Sie auf den Befestigungswall und können die Aussicht genießen oder die Ringanlagen begehen.

Falls Ihnen nach Shoppen ist, gelangen Sie außerhalb recht flott zum zweiten großen Outletcenter der Region, dem **Palmanova Outlet Village**. Die Anlage bietet über 90 Shops vieler bekannter Markenartikler, vor allem aus dem Modebereich, die besondere Angebote und Discountpreise versprechen.

***Palmanova Outlet**: [N 45°53'09" E 13°20'25"], SP 126, www.palmanovaoutlet.it, in der Regel 10 bis 20 Uhr*

Strassoldo

Statt auf der Umgehungsstraße einfach vorbei zu fahren, können Sie alternativ im kleinen Strassoldo, die nebeneinander stehenden Burgen **Castello die Sopra** und **Castello di Sotto** ansehen, zu deutsch, Oberes und Unteres Schloss. Die Anlage ist seit über 1000 Jahren im Besitz der gleichen Familie und noch beinahe komplett im mittelalterlichen Original erhalten. Mittlerweile werden einige Zimmer vermietet. Es gibt ein Gasthaus und man kann den Innenhof der Anlage inspizieren. Wenn Sie Glück haben, können Sie auch einen Blick in den Park mit der alten Reismühle werfen. Der Ortsparkplatz in der Via Gradisca befindet sich bei [N 45°51'42" E 13°19'27"].

Bei Bedarf finden Sie einen nächsten kostenfreien, eher zweckmäßigen Stellplatz, ein Stück weiter südöstlich in **Villa Vicentina**, [**143**: N 45°49'03" E 13°23'37", Via Duca d`Aosta, mit V/E auf einfachem Betonplatz ohne Schatten].

Aquileia

Eine der umfangreichsten Ausgrabungsstätten aus römischer Zeit mit außergewöhnlich gut erhaltenen und vielfältigen Anlagen können Sie in Aquileia erkunden. Noch wichtiger als anderswo ist zunächst das Auffinden eines geeigneten Stellplatzes. Denn hier sind sehr viele, teils nur schwer auszumachende Womo-Verbotsschilder aufgestellt worden – und das Falschparken wird per Kameraüberwachung umgehend geahndet... Die erste und zentralste Möglichkeit zum Halten finden Sie an der Touristeninformation. Dort wurde eine Womoparkzone hinter dem PKW-Parkplatz geschaffen, [**144:** N 45°46'17" E 13°22'05", Viale Stazione 2, 8 bis 20 Uhr 1,50 €/h, bislang nachts frei und kein Parkverbot ausgewiesen].

Stellplatz 144, Aquileia

Etwas weiter entfernt vom Zentrum befinden sich der Campingplatz und noch südlicher der offizielle Stellplatz von Aquileia.

(145) WOMO-Campingplatz: Aquileia

GPS: N 45°46'34" E 13°22'15", Via Gemina 10.
Internet/Tel.: www.campingaquileia.it, +39 328 331 00 65.
Ausstattung: Alle Einrichtungen, Waschmaschine / Trockner, Restaurant / Bar, Pool, Spielplatz, Fahrradverleih.
Beschreibung: Schattige, teils parzellierte Stellplätze auf Rasen, ruhie Lage, etwa 800 m in die Ortsmitte.
Preis: €€€€-€€€€€, je nach Saison und Platztyp.
Zufahrt: Auf der Hauptstraße von Palmanova kommend ist kurz nach Ortsbeginn der Campingplatz nach links angeschrieben.

(146) Offizieller WOMO-Stellplatz: Aquileia

GPS: N 45°45'56" E 13°22'09", Via A. Grandi **Max. WOMOs:** 12-14.
Ausstattung: V/E, Toiletten, Mülleimer, Beleuchtung.
Beschreibung: Schattenlose, ebene Schotterflächen mitten im Ort an einer Nebenstraße südlich des Zentrums, recht schmucklos, 500 m in die Ortsmitte.

Preis: €€, unabhängig von der Parkdauer bis max. 24 h.
Zufahrt: Auf der Hauptstraße von Palmanova kommend durch den Ort fahren, die Wohnmobilstellplätze sind kurz nach dem großen PKW Parkplatz rechter Hand angeschrieben.

Unterwegs in Aquileia

Das heutige Aquileia wäre nicht der Rede wert. Gerade einmal 3500 Menschen leben in dem unauffälligen Ort. Das war vor 2000 Jahren allerdings ganz anders. 181 v. Chr. entstand bereits eine erste Sied-

Ausgrabungen in Aquileia, unten Basilika

lung, 300 Veteranen ließen sich nieder. Durch die strategisch günstige Lage entwickelte sich das antike Aquileia dann rasant schnell. 300 Jahre später lebten hier bereits über 200.000 Menschen und machten es zu einer Metropole der damaligen Zeit. Die Stadt erhielt einen Gouverneurssitz, das Oberkommando der Kriegsflotte und bald darauf eine erste christliche Kirche. Um das Jahr 300 waren die Straßen befestigt und massive Häuser erbaut worden, deren Überreste bis heute überdauert haben. Man kann sie auf den großen Ausgrabungsfeldern hinter und vor der **Basilica di Santa Maria Assunta** in Augenschein nehmen. Die heute noch existierende Kirche wurde um das Jahr 1030 unter dem Patriarchen Poppo erbaut und bot, den Ausmaßen der Stadt angemessen, mehr als 10.000 Menschen Platz. Sie ist 65 Meter lang, 30 Meter hoch, wurde über der antiken, ersten Kirche erbaut und bezog einige alte Teile dieser mit ein. Wenn Sie den Bau betreten, werden Sie über Laufstege geführt, denn vor ungefähr 100 Jahren fand man unter dem Boden das alte, ursprüngliche Mosaik aus den Anfängen des Christentums und legte es frei. Viele verschlüsselte christliche Symbole wie Schildkröte und Hahn finden sich darauf. Rechts des Altars kann man noch einen Blick in die **Krypta der Fresken** werfen. Dieser kleine Schrein ist über und über mit Decken- und Wandgemälden geschmückt. Skurrile Reliquien lagern in den Schaukästen. Am Eingang der Basilika lohnt linker Hand ein Blick in der **Krypta degli Scavi**. Dort wurden alte Fundamente, Überreste von Wohngebäuden und Mosaike

Krypta der Fresken (unten)

freigelegt. Außerhalb der Kirche ist das **Baptisterium** besuchbar, das weitere Relikte und Überbleibsel des Altertums zeigt. Wenn Sie sich einen Überblick von der Umgebung verschaffen wollen, geht das am besten vom benachbarten **Glockenturm** aus *(Piazza Captolo 1, www. basilicaaquileia.it, Apr bis Sep von 9 bis 19 Uhr, Mär/Okt bis 18 Uhr, Nov bis Feb, 10 bis 16 Uhr, Sa/So/Ft immer bis 17 Uhr, Basilika Eintritt frei, Krypten €, Taufkapelle und Südhalle €, Glockenturm Mär bis Okt meist 10.30 bis 13.30 Uhr und 14.30 bis 18.30 Uhr, €).*

Auch im übrigen Aquileia stoßen Sie allerorts auf Ausgrabungsfelder: Nahe dem Campingplatz an der **Via Gemina** befinden sich Überreste der einstigen Hafenanlagen. Eine Straße weiter nach Norden versetzt, steht das **Museo Nazinoale Paleocristiano** rund um die Ruinen einer frühchristlichen Kirche *(Piazza Pirano 1, Di bis So, 8.30 bis 13.30 Uhr, Eintritt frei).*

Direkt an der Hauptdurchfahrtsstraße sind von Norden nach Süden neben der Hauptstraße, noch die Ausgrabungen des **Forum Romanum**, mehrerer Häuser, eines Mausoleums und, etwas zurückversetzt, des rekonstruierten römischen Friedhofs **Sepolcreto zu besichtigen** *(alle archäologischen Flächen kostenlos, geöffnet 8.30 Uhr bis Sonnenuntergang).*

Das **Archäologische Museum** zeigt weitere Objekte und Kunstgegenstände, die in und um Aquileia gefunden und ausgegraben wurden *(Via Roma 1, Di bis Fr. 8.30 bis 13.30 Uhr, €).*

Für einen kompletten Rundgang empfiehlt sich auf alle Fälle die Mitnahme eines **Audioguides**. Die Geräte erhalten Sie in der **Touristeninformation** des Ortes *(Via G. Augusta ein Stück nördlich der Basilika, €).* Kombitickets für alle kostenpflichtigen Sehenswürdigkeiten können hier, am Museum und in der Basilika erworben werden.

Abschließend bleibt nun nur noch die Frage, warum Aquileia später so massiv an Einfluss verlor: Der Anfang vom Ende war die zunehmende Versandung des Hafens und das zeitgleiche Erblühen anderer Städte der Umgebung wie Grado und Cividale. Mit dem fortwährenden Aufstieg Venedigs war das Schicksal schließlich besiegelt. Als dann 1751 das Patriarchat von Aquileia aufgehoben und die Erzdiözesen von Udine und Görz gegründet wurden, endete auch die sakrale Bedeutung.

Strand von Grado

Grado

Im letzten großen Badeort an der italienischen Adria-Nordküste trifft sich dank seines Yachthafens schon mal der regionale mit dem internationalen Jet Set zu einer Stippvisite... Wohnmobilfreundlich ist die auf einer vorgelagerten Insel gelegene Stadt nur bedingt: von Mitte März bis Mitte Oktober herrscht im gesamten Stadtgebiet Parkverbot für Camper. Immerhin wurde mittlerweile am östlichen Ortsende ein großer Stellplatz angelegt. In etwas Entfernung zum Zentrum gibt es eine Handvoll Campingplätze, weitere sowie den guten **Agriturismo Ai Due Leoni** [**147:** N 45°44'35" E 13°22'56", SP 352, Beligna, Wasser, Strom, Toilette / Dusche, WLAN und Pool, €€€-€€€€] bereits nördlich der Stadtvor dem Damm. Der lange Sandstrand bietet bestuhlte und freie Abschnitte. Diese befinden sich vor allem nahe der Womoparkflächen. Das Zentrum verfügt über eine Fußgängerzone, die sich vom zurückversetzten Stadthafen bis ans Meer schlängelt und für einen Bummel ganz hübsch ist. Im Vergleich zu den vorherigen Badeorten versprüht Grado ein ganz eigenes Flair. Auch zu besichtigen gibt es etwas: mitten im Ort liegt die **Basilica di San`Eufemia**. In ihr sind frühchristliche Mosaike erhalten geblieben *(Campo Patriarca Elia)*. Mit einem Schiff kann man ab dem Hafen eine Lagunenfahrt unternehmen und dabei auf der **Isola di Barbana** mit ihrer imposanten Klosterkirche einen Halt einlegen. Ein schöner Ausflug, vor allem, wenn einmal kein perfektes Badewetter herrscht...

(148) Offizieller WOMO-Stellplatz: Grado

GPS: N 45°40'54" E 13°24'44", Viale Italia. **Max. WOMOs:** 50+.
Ausstattung: V/E, einige Plätze mit Strom auf einem extra ausgewiesenen, nochmals abgetrennten Bereich.

Beschreibung: Asphaltierte, sauber angelegte Parkfläche ohne Schatten, neben an der von der Hauptstraße, nachst dennoch recht ruhig. Rund 1,5 km entlang der Promenade bis in den Ort, zum Strand nur 150 m. Im Sommer verkehrt tagsüber ein Bummelzug an der Strandpromenade und verbindet den Stellplatz mit der Ortsmitte. Max. 72 Stunden.

Preis: €€, Parkplätze ohne Service bislang frei.
Zufahrt: Auf der Hauptstraße den Ort fast komplett durchfahren. Am Ende nach rechts mit Wohnmobilsymbolen markiert.

(149) WOMO-Campingplatz: Grado Camping Al Bosco

GPS: N 45°40'43" E 13°25'15", Strada della Rotta 4..
Internet/Tel.: www.campingalbosco.it, +39 0431 804 85.
Öffnungszeiten: Etwa Anfang April bis Mitte September.
Ausstattung: V/E, Strom, Toilette / Dusche, eigener Strand, Restaurant, Minimarkt, kleiner Pool, Spielplatz.
Beschreibung: Eher etwas einfacherer, naturnaher Platz mit schattigen Stellplätzen im Pinienhain und direktem Strandzugang, Ruhige Lage, nicht ganz eben. Nächster am Zentrum gelegener Campingplatz, etwa 3,5 km bis dorthin. An der Hauptstraße gibt es Busanschluss.
Preis: €€€€-€€€€€, je nach Saison.
Zufahrt: Einige hundert Meter nach dem Ortsende beschildert rechts ab zum Platz.

Riserva Naturale Valle Cavanata

Gleich nachdem Sie die Grado-Insel verlassen haben, zweigt nach rechts eine kleine Straße ab. Ein braunes Schild weist den Weg zum Naturreservat. Nach rund 1,3 Kilometern erreichen Sie rechter Hand den Parkplatz am Besucherzentrum. Von dort aus können Sie zwischen drei Wegen wählen. Der lila Pfad führt bis an die Küste, der rote landeinwärts am Flusslauf entlang und der gelbe bleibt in der Ebene, an den neben liegenden Brackwasserbecken. Zu weiteren Touren macht es Sinn, sich mit dem Fahrrad aufzumachen. Wenn Sie kein eigenes dabeihaben, können Sie sich eines am Infocenter leihen. Die Chancen stehen gut, dass Sie unterwegs etwa auf Reiher, Flamingos und alle möglichen Gänse- und Entenarten treffen.

Valle Cavanata: *[N 45°43'14" E 13°28'27"], Via Grado, www.vallecavanata.it, frei zugänglich, Besucherzentrum Apr bis Okt, Fr bis Mi von 10 bis 18 Uhr, sonst Sa bis Mo, 10.30 bis 15.30 Uhr*

R.N. Isola della Cona

R.N. Isola della Cona

Noch ein weiteres Naturschutzgebiet wartet nur wenige Kilometer entfernt auf Entdeckung: Nachdem Sie den Isonzo überquert haben, halten Sie sich zunächst Richtung Marina Julia. Nach rund 2,5 Kilometern ist der Weg nach rechts beschildert. Am Flussufer gelangen Sie dort zu einem großen Parkplatz mitten im Nirgendwo, der gerne von Fischern aus der Gegend genutzt wird, die am Ufer ihre Unterstände haben. Ein ruhiges Plätzchen für eine Übernachtung, [**150:** N 45°46'08" E 13°29'32"].

Der einzig mögliche Fahrweg knickt gleich darauf nach links ab, und Sie fahren zwischen den Mündungsadern des Isonzo auf einem Damm in Richtung Meer. Kurz vor dem Besucherzentrum befindet sich rechts eine Schotterparkfläche bei [N 45°45'26" E 13°29'55"]. Da die letzten Meter für Fahrzeuge über Kastenwagenformat recht eng und beschwerlich sind und tiefhängende Äste die Sache nicht besser machen, bleiben Sie besser dort stehen und gehen die letzten Meter zu Fuß.

Rundgang durch das Naturschutzgebiet Isola della Cona
Gleich hinter einem kleinen Wall liegt das Besucherzentrum (Toiletten und Spielplatz vorhanden). Hier lösen Sie ein Ticket, nehmen sich einen Wegeplan mit und können sich dann aufmachen. Rechts vom Gebäude beginnt der Weg und führt zunächst zu einer Snack Bar mit Ausstellung im Obergeschoss. Bald darauf müssen Sie sich für eine Tour entscheiden, die Langversion bis zur Isonzomündung oder nach links, um den Brackwasserteich herum. Neben allerlei Wasserbewohnern, die auf verschiedenen Aussichtsposten beobachtet werden können, gibt es immer wieder spektakuläre Blicke über das naturbelassene Gebiet. Es wirkt beinahe wie aus einer anderen Zeit. Den beinahe kitschigen Eindruck machen die plötzlich vorbeitrabenden, weißen Camargue-Pferde perfekt, die seit Jahrzehnten in friedlicher Koexistenz mit Gänsen und Co leben *(Fr – Mi, 9 – 17 Uhr, Erw 5 €, erm. 3,50 €, www.isoladellacona.it)*.

Die Parkplätze am Meer im Anschluss an ein Ausflugslokal werden meist nur von Einheimischen frequentiert, die am Lido di Staranzano ausspannen oder ein Picknick veranstalten. Bei Ebbe zieht sich das Meer weit zurück und Sie können auf Muschel-

Lido di Staranzano

suche gehen. Kein schlechter Platz für ein paar ruhige Stunden ist der bei [N 45°46'02" E 13°31'19"].

Marina Julia

Nur eine Abfahrt weiter geht es rechts ab nach Marina Julia. Das verschlafen wirkende Nest ist offiziell Ortsteil der nahen Großstadt Monfalcone. Nur ein paar in die Jahre gekommene Apartmenthäuser, ein Campingplatz und wenige Geschäfte und Kneipen gruppieren sich hinter dem schönen Kiesstrand. Am meisten los ist in der Mittagszeit, wenn die Angestellten aus der Stadt die Siesta nutzen, um ein wenig zu relaxen. Auch am Wochenende kann es mal etwas belebter werden. Gleich neben dem Strand liegt ein großes schattiges Parkareal bei [N 45°46'26" E 13°31'42"], das zuletzt leider nicht mehr über Nacht genutzt werden durfte. Zwischen den üblichen Liegestuhlreihen gibt es mehrere freie Bereiche. Wenn Sie mit Kies und Rasen statt Sandstrand leben können, auf alle Fälle eine wirklich schöne Alternative zu den Badeorten weiter westlich. Für die Nacht dient nunmehr nur noch der örtliche Campingplatz oder ein etwas weiter östlich gelegener Bereich vor einem ehemaligen Wohnmobilgelände.

(151) WOMO-Campingplatz: Marina Julia
Marina Julia Camping Village

GPS: N 45°46'39" E 13°31'37", Via Giarette 65.
Internet/Tel.: www.marinajuliacampingvillage.it, +39 0481 405 61.
Öffnungszeiten: Mai bis Mitte September.
Ausstattung: Alle Einrichtungen, Waschmaschinen, Restaurant, Bar, Minimarkt, Pools, Sporteinrichtungen, Spielplatz, Fahrradverleih, Animation.
Beschreibung: Schönes, schattiges Waödgrunstück mit Plätzen auf Naturboden, nicht ganz eben, große Poollandschaft, nach Monfalcone etwa 5 km.
Preis: €€€€-€€€€€, je nach Saison.
Zufahrt: Den Schildern nach Marina Julia folgen, dort dann linker Hand.

(152) WOMO-Parkplatz: Marina Nova

GPS: N 45°46'59" E 13°32'25", Via Bagni Nuova. **Max. WOMOs:** 8-10.
Ausstattung: Toiletten (nur manchmal geöffnet), Mülleimer.
Beschreibung: Große ruhige Parkfläche vor einem ehemaligen Campinggelände. Eben, kein Schatten..
Zufahrt: Von Marina Julia aus bei der Ausfahrt auf die Hauptstraße rechts halten. Dann ganz am Ende der Straße.

Monfalcone *(Markttag Mi., Piazza della Repubblica)*

Die Stadt ist ein regionales Versorgungszentrum, allerings nicht besonders sehenswert. Ihr Zentrum befindet sich rund um die **Piazza Della Repubblica**. Wer sich für die Geschichte des ersten Weltkriegs interessiert, stößt auf viele Spuren, die an den Hängen hinter Monfalcone in Form des Freilichtmuseums **Parco Tematico della Grande Guerra** konserviert wurden. Der Zugang erfolgt über eine winzige Bahnunterführung in der schmalen **Via del Carso**. Mit Womos sollten Sie keinesfalls soweit fahren. Parken Sie spätestens unterhalb an der **Piazza N. Tommaseo** oder ringsum bei [N 45°48'13" E 13°33'11"].
Die beste Gelegenheit für eine Übernachtung findet sich im westlichen Vorort **Staranzano**.

(153) Offizieller WOMO-Stellplatz: Staranzano

GPS: N 45°48'24" E 13°29'22", Strada delle Acacie. **Max. WOMOs:** 8.
Ausstattung: V/E (frei zugänglich), Strom, Toilette / Dusche.
Beschreibung: Asphaltierte Fläche neben dem Sportgelände, kein Schatten, ruhige Lage. Daneben befindet sich ein Dauerstellplatz für ansässige Womo-Besitzer.
Zufahrt: Vom Meer kommend in Monfalcone zunächst auf der SP19 links in Richtung Grado abbiegen und dann am nächsten Kreisverkehr Richtung Autobahn. Wieder einen Kreisel weiter können Sie rechts nach Staranzano fahren. Das Womo-Gelände kommt gleich linker Hand.

Strand von Marina Julia

TOUR 6
4 km
N
TOUR 7
TOUR 5
Monfalcone
Villagio del Pescatore
Dinofeld
Duino
Castelli Duino
154
Sistiana
WC 155
WC 156
Malchina
Slivia
Grotte Slivia
Precenico
SLO
617
San Pelagio
Prepotto
168
Band 56
Slowenien
Samatorza
Sales
A 4
Bot. Garten
Sgonico
Golf von Triest
Immaginario
Castello Miramare
M
157
Grignano
Borgo Grotta Gigante
9
P
Barcola
158
35
166
Opicina
167
A 3
58
Triest
159
160
1
163
Lazzaretto
164
406
WC 162
S
RA 13
Muggia
161
202
Basovizza
10
Ankaran
11
14
Koper
SLO
H 5
165
Bagnoli di Rosandra
14
55

Tour 6: Triest und der Karst, 115 km

Duino – Sistiana – Grignano – Triest – Muggia
Opicina – Grotta Gigante – Grotta Torri di Slivia

Stellplätze:	Sistiana, Miramare, Barcola, Triest (2x), Muggia (2x), Lazzaretto, Bagnoli della Rosandra, Opicina
Agricampeggi:	Sistiana, Samatorza
Campingplätze:	Sistiana, Lazzaretto, Opicina
Besichtigen:	Paleontologico Dinosauro Antonio, Castelli di Duino, Castello und Immaginario Miramare, Leuchtturm von Barcola, Triest, Muggia, Grotta Gigante, Giardino Botanico Carsiana, Grotta Torri di Slivia
Baden:	Sistiana, Barcola, Muggia
Wandern:	Sentiero Rilke, im Val Rosandra, auf der Höhenstraße von Opicina

Im äußersten südöstlichen Zipfel Italiens liegt die 200.000 Einwohner zählende Stadt Triest mitten im Karst. Die felsige Tuffsteinregion ist für ihre Höhlen und den Weinanbau bekannt. Interessante Schlösser und Wanderwege machen die Gegend für Touristen attraktiv.

Villagio del Pescatore

Bei der Weiterfahrt von Monfalcone in Richtung Triest, türmt sich links vor Ihnen das slowenische Karstgebirge auf, nur die äußersten Ausläufer an der Küste gehören noch zu Italien. Typisch für diese Landschaftsform sind steinige, oft unfruchtbare Gebirgszüge, in denen das Wasser ungehindert versickert und große unterirdische Seen und Höhlen bildet. Nach wenigen Kilometern zweigt eine Straße rechts zum **Villagio del Pescatore** ab. Einst berüchtigtes Piratennest, ist der kleine Ort heute ein beliebtes Ausflugsziel, um in einem der Restaurants frischen Fisch zu essen. Entsprechend voll kann es an schönen Sommertagen in dem kleinen Ort werden. Wer sich für Paleontologie interessiert, kommt ebenfalls auf seine Kosten. Nachdem in einem Steinbruch 1994 ein komplettes, etwa ein Meter großes Dino-Skelett und andere Versteinerungen gefunden wurden, richtete eine private Initiative die **Sito Paleontologico Dinosauro Antonio** ein. Vor allem Kinder haben ihren Spaß, mit Hammer und Meißel selbst ein wenig im Gestein auf Fossilienjagd gehen dürfen. Im kleinen Museum werden einige Fundstücke gezeigt. Der große Dinosaurier, der hier gefunden wurde, ist allerdings nicht darunter – er steht inzwischen im Naturkundemuseum von Triest.

Yachthafen in Sistiana

Sito Paleontologico: *Großer Parkplatz unterhalb bei [N 45°46'40" E 13°35'20"], www.dinosauroantonio.it, normalerweise Mitte April bis Dezember So ab 10 Uhr, je nach Jahreszeit bis 16/18/20.30 Uhr, zuöetzt nur nach Voranleldung über die Website, €-€€.*

Duino

Erster Ort direkt an der Hauptstraße ist Duino. Für Besucher ist er vor allem wegen seiner Schlösser interessant. Einen Parkplatz gibt es bei [N 45°46'24" E 13°36'28"]. Sollte dieser besetzt sein, versuchen Sie Ihr Glück entlang der Straße oder fahren Sie gleich bis Sistiana weiter. Von dort kann man eine schöne Küstenwanderung zurück zu den Schlössern machen. Auf keinen Fall sollten Sie bis ganz hinunter ans Meer fahren. Dort ist oft alles zugeparkt und es gibt so gut wie keine Wendemöglichkeiten mehr.

Castello di Duino

Das geschichtsträchtige „neue Schloss" von Duino aus dem 14. Jahrhundert ist bis heute im Privatbesitz der Familie Thurn und Taxis. 18 Säle sind allerdings für die Öffentlichkeit zugänglich und man kann sie ohne Führung besichtigen. Sehenswert ist die große Treppe des Gebäudes, ein weiteres Bauwerk Palladios. Das 200 Jahre alte Klavier diente schon Franz Liszt zum Musizieren und von den Türmen hat man einen schönen Blick auf die Küste. Erwähnenswert ist auch der große, im Frühjahr und Sommer üppig blühende Garten und der Bunker, den die deutsche Kriegsmarine 1943 erbauen ließ – immerhin mit einem 400 qm großen Raum in 18 m Tiefe.

Zuletzt schrieb das Schloss in der Nachkriegszeit Geschichte, als die Regierung des Freien Territoriums Triest ihren Sitz nach Duino verlegte *(Duino 32, www.castellodiduino.it, Apr bis Sep Mi bis Mo, 9.30 bis 17.30 Uhr, sonst nur bis 16 Uhr. Im Winter nur Sa/So/Ft., €€).*

Neben dem Schloss steht auf einem Felsvorsprung die Ruine der alten Burg, malerisch über dem Wasser schwebend. Eine Sage rankt sich um die alten Mauern: Einst soll ein ausgesprochen niederträchtiger Mann seine redliche Ehefrau von den Klippen gestürzt haben. Doch hatte sie nichts getan, was solch eine Tat hätte rechtfertigen können. Eine höhere

Castello di Dunio

Macht erbarmte sich ihrer, wenn man das so nennen kann, und ließ die Frau zu einem Felsen werden, noch bevor sie in der Tiefe zerschmetterte. Die Seele, der als „weißen Dame“ bekannten Gestalt, soll bis heute keine Ruhe gefunden haben und noch herum spuken – zumindest sind einige Duineser davon überzeugt, dass sie nachts regelmäßig ruhelos in der Nähe der Ruine umherirrt...

Sistiana

Stellplatz 133, Sistiana

Am Beginn von Sistiana liegt rechter Hand zunächst der Campingplatz Marepineta. Danach fällt der Fahrweg in ein paar großen Kurven bis auf Meeresniveau ab. Unten sind ausreichend Stellplätze vorhanden, teils öffentlich mit Parkuhr, teils privat mit Sofortkasse. Auf ersteren können kleinere Womos auch über Nacht stehen bleiben, [**155:** N 45°46'14" E 13°37'52"]. Hinter dem Hafenrund gibt es einige Imbisse und Bars, am Südende befindet sich der Cohiba-Strand, mit dem etwas in die Jahre gekommenen **Strandbad Castelreggio**. Auf der anderen Seite der Bucht kommen Sie nach rund 300 Metern zu einem schönen Kiesstrand mit Steilküste im Hintergrund, der auch vom höher gelegenen Campingplatz genutzt wird. Dort startet oder endet der **Rilke-Weg**. Eine weitere nahe Übernachtungsgelegenheit bietet ein naher Agriturismo.

(154) WOMO-Campingplatz: Sistiana
Camping Marepineta

GPS: N 45°46'22" E 13°37'29", SS 14.
Internet/Tel.: www.marepineta.com, +39 040 29 92 64.
Öffnungszeiten: Anfang April bis Mitte Oktober.

Klippen unterhalb des Rilke-Weges mit Blick auf Duino

Ausstattung: Alle Einrichtungen, Waschmaschine / Trockner, Restaurant / Bar, Minimarkt, Strandzugang, Pools, Sporteinrichtungen, Spielplatz, Animation.
Beschreibung: Schöne Lage mit schattigen Stellplätzen im Pinienhain, gepflegt. ruhig. teils etwas schräg. Bis ins kleine Zentrum sind es rund 800 m.
Preis: €€€€-€€€€€ je nach Saison und Platztyp, Camper-Stopp von 20 bis 9 Uhr ab €€€.
Zufahrt: Auf der Hauptstraße Richtung Triest rechter Hand in Sistiana.

(156) WOMO-Agricampeggio: Sistiana Agrituristico Carso

GPS: N 45°45'43" E 13°39'09", Loc. Aurisiana. **Max. WOMOs**: 15.
Internet/Tel.: www.campingcarso.com, +39 339 547 24 01.
Öffnungszeiten: Mitte Mai bis September.
Ausstattung: V/E, Strom, Toilette/Dusche, WLAN, Pool, Spielplatz, Grillgelegenheit.
Beschreibung: Familiärer Platz mit großen schattigen Stellflächen. Nicht ganz eben und durch den direkt vorbeifahrenden Zug teils laut. Verkauf von Hofprodukten, gut 1 km in den Ort.
Preis: €€€€.
Zufahrt: Am Kreisverkehr beim Ortsanfang die Ausfahrt in Richtung Autobahn nehmen, den Ort durchfahren und nach der Bahnunterführung sofort links halten. Dort linker Hand.

Strandbad in Sistiana

Wandertipp Rilke-Weg

Am nördlichen Ende der Sistiana-Bucht beginnt unterhalb des Campingplatzes der Rilkeweg durch das Naturschutzgebiet **Falesie di Duino**. Benannt ist er nach dem Lyriker Rainer Maria Rilke, der Anfang des 20. Jahrhunderts viel Zeit im Schloss von Duino verbrachte und dort seine Duineser Elegien schrieb. Die Gedichte machten die umliegende Gegend weltbekannt. Schloss Duino war seinerzeit Ort literarischer Treffen, an denen noch andere bekannte Persönlichkeiten wie Franz Liszt, Richard Strauss oder Mark Twain teilnahmen. Auch Erzherzog Franz Ferdinand von Österreich und Kaiserin Elisabeth (Sissi) waren zu Gast. Rilke liebte die Steilküste und brach regelmäßig zu Spaziergängen auf. Schon früh erhielt der Weg auf diesem Abschnitt seinen Namen. Zwischen 1987 und 2000 wurde er komplett gesichert und für die Öffentlichkeit zugänglich gemacht. Vom gut ausgeschilderten, rund zwei Kilometer langen Weg bieten sich immer wieder tolle Blicke auf die Kliffe und die Bucht von Triest. Er endet unweit des Schlosses. Der Rückweg erfolgt auf dem gleichen Weg oder Sie nehmen an der Hauptstraße alternativ den Bus.

Grignano

Zurück an der Hauptstraße teilt sich alsbald die Fahrbahn. Nehmen Sie auf alle Fälle den rechten Weg entlang der **Strada Costiere Miramare**, die als eine der schönsten Küstenstraßen Europas gilt und gleich an mehreren Stellen die Möglichkeit bietet anzuhalten, um das ein oder andere Foto zu schießen. Nach zwei Tunnel gelangen Sie ins Ortsgebiet von Grignano. Rechts zweigt bald darauf in einer Spitzkehre die Abfahrt zum **Castello Miramare** ab. Vor allem, wenn sie später am Tag ankommen und vielleicht bis zum nächsten Tag warten möchten, um Schloss und Park zu sehen, empfehlen sich die Stellplätze am Zufahrtsweg. Sind diese besetzt, müssen Sie den kostenpflichtigen Parkplatz ein Stück weiter nehmen.

(157) WOMO-Stellplatz: Miramare

GPS: N 45°42'04" E 13°43'10", Viale Miramare. **Max. WOMOs:** 2-3.

Ausstattung: Keine Einrichtungen.

Beschreibung: Kurz vor dem Zugang zum Schloss und Schlosspark. Direkt am Wasser. Unweit einige Restaurants und Bars links und rechts der Straße. Kein Schatten, eben, eher belebt. Achtung: an hochfrequentierten Tagen sollten Sie besser nicht zum Parkplatz fahren, da es dann schwierig mit dem Wenden werden kann.

Zufahrt: Schildern zum Schloss folgen, dann rechts.

Castello Miramare und Immaginario Scientifico

Das Schloss liegt traumhaft auf einer kleinen Landzunge, umspült vom Meer und eingebettet in einen großen Park mit 2000 (!) Pflanzenarten. Erbaut wurde es nach Plänen des deutschen Ingenieurs Karl Jun-

Schloss Miramare

ker zwischen 1856 und 1860, im Auftrag Ferdinand Maximilians von Habsburg, dem Bruder von Kaiser Franz Joseph I. Als er das Schloss verlassen hatte, um Kaiser von Mexiko zu werden (er sollte nie zurückkehren), ging es einige Zeit später in den Besitz des Herzogs von Aosta über, der sich als Pilot im Zweiten Weltkrieg einen Namen machte. Die Räume im Erdgeschoss sind mit Einrichtungsgegenständen Maximilians ausgestattet, die im Südflügel des ersten Stockes in der Neugestaltung des Herzogs belassen worden. Daraus ergibt sich ein interessanter Kontrast, der die Vorlieben und Geschmäcker der jeweiligen Epochen recht gut darstellt. Seit 1955 ist das Schloss der Öffentlichkeit zugänglich. Im Park steht ein weiteres, kleineres Gebäude, **Casteletto** genannt. Dort hat der WWF seine Heimat, der das **Riserva Naturale Miramare** verwaltet, ein Unterwasserschutzgebiet um das Schloss herum. Man kann sich über das Schutzgebiet informieren und geführte Tauchgänge buchen.
(Park: Viale Miramare, www.castello-miramare.it, Jun bis Aug von 8 bis 19 Uhr, Apr/Mai/Okt bis 18 Uhr, Mär/Okt bis 17 Uhr, sonst bis 15/16 Uhr, kostenlos. Schloss: ganzjährig von 9 bis 19 Uhr, €€€, mehr zum WWF-Resort unter www.riservamarinamiramare.it).
Nicht weit entfernt und durch den Nordausgang des Parkes zu Fuß in wenigen Minuten erreichbar, liegt das **Museum Immaginario Scientifico** direkt an der Hafenbucht von Miramare. Es geht auf eine Wanderausstellung in den 80er und 90er Jahren zurück, die ursprünglich für Schulklassen entwickelt wurde. Heute unterteilt sich das Angebot in die Bereiche „Fenomena" mit interaktiven Installationen zur Natur, die zum Ausprobieren einladen sollen, „Kaleido" mit großflächigen, multimedialen Projektionen, die wissenschaftliche Inhalte auf emotionale Weise näherbringen möchten und dem Planetarium „Cosmo". Es befasst sich unter anderem mit den Wundern des Alls, zeigt Sonnenauf- und Untergangssimulationen und die Planetenpositionen. Direkt am

Museum gibt es Parkplätze, allerdings nur für kürzere Womos bis rund 6 Meter Länge, *[N 45°42'26" E 13°42'50"], Riva Massimiliano e Carlotta 15, www.immaginarioscientifico.it, zuletzt nur So 10 bis 18 Uhr, Fenomena €€, Cosmo €, Bereich Kaleido gratis.*

Barcola

Ab **Miramare** führt eine lange Strandpromenade, an der alle 500 Meter Wasserstellen installiert wurden, bis ins Zentrum von Triest. Nahe des Zentrums des langgestreckten Ortes Barcola gibt es rechts den großen Parkplatz Bovedo, dessen Parkbuchten häufig von Campern genutzt werden [**158:** N 45°40'37" E 13°45'15", SS14].

Leuchtturm della Vittoria

Kurz danach fällt linker Hand der etwas erhöht erbaute **Leuchtturm della Vittoria** aus den 1920er Jahren auf. Er ist 69 Meter hoch und sein Licht ist angeblich weltweit eines der hellsten. Der ungewöhnlich breite Sockel stammt von einer ehemaligen österreichischen Festung. Im Sommer dient er inzwischen als beliebter Aussichtspunkt. Barcolas Strandpromenade ist der Sommerspot, an dem sich die Stadt trifft. Es gibt keine Sandbuchten, aber damit hat man sich arrangiert und stattdessen die vorhandenen Betonterrassen als Badeplattformen angenommen.

Leuchtturm: *Mo – Fr, 9 – 12.30 Uhr, Mo/Mi auch 15 – 16.30 Uhr, kostenlos*

Triest

Die wirtschaftlich bedeutende Hafenstadt erscheint einem wie eingezwängt zwischen Bergen und slowenischer Grenze im Rücken und Meeresküste auf der westlich abfallenden Seite. Mit ihren Schiffsverladekränen, Industriebauten und dem Straßengewirr, das gleich auf mehreren Ebenen versuchen muss, mit dem Stadt- und Durchreiseverkehr zurecht zu kommen, wirkt sie auf den ersten Blick nicht gerade wie das Aushängeschild einer italienischen Metropole. Dass Triest aber durchaus Charme und viele sehenswerte Ecken vorweisen kann, merken Sie bei der Zufahrt ins Zentrum, entlang der Promenadenstraße. Linker Hand kommen Sie an die zum Meer hin offene **Piazza Unita Italia**. Für eine Stadtbesichtigung ist der zentral gelegene Platz eine gute Wahl als Start- und Zielpunkt. Nun brauchen Sie nur noch einen Parkplatz... Versuchen Sie Ihr Glück an den folgenden, großen Parkflächen, rechts an der Mole. Sofern Sie früh genug ankommen, stehen die Chancen gar nicht schlecht. Für kleinere Womos zum Beispiel bei [N 45°38'48" E 13°45'39"] neben der Straße **Riva T. Gulli**, größere ein Stück weiter rechter Hand an der **Via O. Augusto**.

Triest bietet zwei Wohnmobilstellplätze, die ein Stück weiter entfernt liegen. Von dort gelangen Sie am einfachsten per Bus in die Stadtmitte.

(159) Offizieller WOMO-Stellplatz: Triest 1

GPS: N 45°38'14" E 13°46'09", Via Karl von Bruck. **Max. WOMOs:** 10.
Ausstattung: V/E, Strom, Müll-tonnen.

Beschreibung: Nicht sonderlich einladendes, beschranktes, lautes und unterhalb einer Straßenbrücke gelegenes Areal. Dafür relativ sauber, eben, schattig und kameraüberwacht. Etwa 1,2 km in die Stadtmitte oder mit Bus Nr. 16 oder 20. Dieser hält nur 100 Meter entfernt.
Preis: €.
Zufahrt: Von der Uferstraße aus immer geradeaus dem Straßenverlauf folgen. Ungefähr. 4 km nach der Piazza Unita Italia ist der Stellplatz ausgeschildert. Nach Unterführung einer alten eisernen Bahnbrücke geht es rechts ab, dann geradeaus bis zur Schranke.

(160) Offizieller WOMO-Stellplatz: Triest 2 Mamaca Park

GPS: N 45°37'32" E 13°47'12", Via del Pane Bianco. **Max. WOMOs:** 30.
Internet/Tel.: www.mamaca.org, +39 335 803 25 80.
Ausstattung: V/E, Strom, Toilette, WLAN, Abspülgelegenheit.
Beschreibung: Teils asphaltierte, teils geschotterte Parkflächen auf einem größeren, teils mit Bäumen getrenntem Areal, in einem eng bebauten Außenbezirk Triests. Etwas Schatten. Zugangsschranke, videoüberwacht. Nach Ankunft Aushänge beachten und Anmeldung ausfüllen. Rund 4,5 km ins Zentrum, Bus Nr. 29 (abends Nr. „B") hält nur 70 m entfernt in der Via dei Socin.

Preis: €€€.
Zufahrt: ACHTUNG: UNBEDINGT NUR DIESE ROUTE WÄHLEN! AUF IMMER NOCH ZIEMLICH SCHMALEN FAHRWEGEN GELANGEN SIE ZUM ZIEL. ALLE ANDEREN WEGE (NAVI ETC.) FÜHREN DURCH ZU ENGE, FÜR WOMOS NICHT PASSIERBARE STRASSEN! Von der Promenadenstraße durch das Zentrum kommend immer geradeaus (nicht rechts ab Richtung Autobahn!) bis Sie rechts Richtung „Centri Commerciali Torri D`Europa" abzweigen können. Sie kreuzen nun die Schnellstraßenüberführung. Nach einem Tunnel Beschilderung links Richtung Via Baiamonti beachten. Von dort an ist der Stellplatz auf braunen Schildern mit Womo-Symbol und „Mamaca-Park" ausgeschildert.

Unterwegs in Triest

Wenn man an Italien denkt, fällt einem Triest nicht unbedingt als Erstes ein. Das liegt einerseits sicher an der etwas isolierten Lage ganz im Osten. Andererseits ist die Stadt nicht als Wiege der Kultur oder für ihre überragende Schönheit bekannt. Historisch gesehen blickt sie auf eine ähnlich lange Geschichte wie andere Orte im Mittelmeerraum zurück Erstmals als römische Siedlung Tergeste im 1. Jahrhundert v. Chr. erwähnt, fiel Triest nach dem Zusammenbruch des Weströmischen Reiches an Ostgoten, Byzantiner und Langobarden, bis es im 8. Jahrhundert unter Karl dem Großen als Bischofssitz Eigenständigkeit erlangte. Erst 1203 wurde es von Venedig erobert und ging im Jahr 1382 an Österreich, unter dessen Schutzherrschaft es sich stellte. Über 500 Jahre, bis 1918, blieb Triest österreichisch und diese lange Zeit prägt noch heute die Kultur der Stadt. Triest schloss sich am Ende des Ersten Weltkriegs Italien an. Nach dem Zweiten Weltkrieg entbrannte ein Streit zwischen Italien und Jugoslawien über die Stadt. Sie wurde vorübergehend mit der Gründung des Freien Territoriums Triest gelöst. 1954 ging die Stadt endgültig an Italien, das Hinterland jedoch weitgehend an Jugoslawien bzw. das heutige Slowenien.

Starten Sie Ihren Rundgang an der **Piazza Unita d`Italia**. Die meisten Bauwerke ringsum, wie das imposante Rathaus, sind für italienische Verhältnisse recht neu und fast alle erst Anfang des 20. Jahrhunderts entstanden. Die einzigen Ausnahmen bilden das Denkmal von Karl dem VI., der Vier-Kontinente-Brunnen und der **Palazzo Pitteri** auf der rechten Seite – sie stammen allesamt aus dem 17. Jahrhundert. Auf der Stirnseite steht der **Palazzo Gopcevich**. Darin befindet sich die **Touristeninformation**.

Linker Hand schließt sich nach einer Passage die **Piazza della Borsa** mit dem Opernhaus und der namensgebenden alten Börse an. Nördlich von diesem Gebäude befindet sich der älteste noch existierende Teil Triests, der erst in den letzten Jahren Stück für Stück renoviert wurde und nun wieder einer ganzen Reihe kleiner Läden eine Heimat bietet. Ein kurzes Stück entlang des breiten Corso Italia und dann nach rechts, erreichen Sie die **Via del Teatro Romano,** mit den Überresten des Theaters aus römischer Zeit. Es stammt aus dem 1. Jahrhundert und bietet rund 600 Menschen Platz. Nachdem es zuletzt renoviert wurde, finden heute wieder Freilichtaufführungen darin statt. Früher konnte man als Dreingabe zur Vorstellung noch wunderbare Sonnenunter-

Piazza Unita d`Italia

Basilica San Silvestro

gänge beobachten, denn das Meer reichte bis an den Rand des Theaters.

Ein Stück weiter der eingeschlagenen Richtung folgend, gelangen Sie zu der großen Treppe linker Hand, die Sie zu den Kirchen **Santa Maria Maggiore** und der kleinen schlichten **Basilica San Silvestro**, der ältesten noch existierenden Kirche der Stadt aus dem 11. Jahrhundert, geleitet. Zwischen den Kirchen hindurch befindet sich in der nächsten Gasse nach rechts ein alter Torbogen, der sich etwas verloren an eine Hauswand stützt. Auf den ersten Blick eher unscheinbar, ist der **Arco di Riccardo** in Wahrheit das älteste, noch existierende Stück Triest überhaupt. Es handelt sich um den letzten Teil der Stadtmauer aus dem 1. Jahrhundert v. Chr., die Kaiser Augustus erbauen ließ.

Um zum Wahrzeichen der Stadt, der Kathedrale von **San Giustino** zu gelangen, gehen Sie ein Stück durch die Gasse zurück und dann rechts die **Via della Cathedrale** weiter bergauf. Zu den Highlights im Inneren zählen die Mosaike aus dem 5. Jahrhundert und der begehbare Glockenturm mit wunderbarem Rundumblick *(Via San Giusto, www.sangiustomartire.it, Sommer, Mo bis Sa, 8.00 bis 18.30 Uhr, So bis 19.30 Uhr, Glockenturm, 9 bis 17.30 Uhr, Winter jeweils mit zwei Stunden Mittagspause, Eintritt frei).*

Rund um die Kathedrale gibt es noch mehr zu sehen: Rechts daneben werden, im teils als Freilichtmuseum gestalteten **Museo di Storia e Arte Orto Lapidario,** prähistorische und frühgeschichtliche Funde der Region, internationale Kunst des Altertums und Reste der Stadtbefes-

Canal Grande

tigung des 15. Jahrhunderts gezeigt *(Piazza Cattedrale 1, www.museostoriaeartetrieste.it, Di bis Sa, 10 bis 13 Uhr und 16 bis 19 Uhr, So durchgehend, Eintritt frei)*.
Links von der Kirche steht das unübersehbare **Castello San Giusto**. Es wurde zwischen 1470 und 1630 von den Habsburgern erbaut. Eine Befestigung stand an dieser Stelle schon 2000 Jahre v. Chr. Neben der Burg selbst können Sie in einem Teil heute das Stadtmuseum besuchen, ein anderer stellt römische Grabsteine aus *(Piazza Cattedrale 4, www.triestecultura.it, Di bis So, 10 bis 19 Uhr, €)*.
Nördlich der Burg spazieren Sie durch den **Parco della Rimembranza** und über die große Treppe am Ende bergab zur **Via S. Pellico**. Vom **Platz C. Goldoni** erstreckt sich, vor allem nach links, entlang von **Corso Italia, Via Mazzini** und **Via G. Gallina,** die mit Läden gesäumte Neustadt. Folgen Sie der **Via G. Carducci** für gute 500 Meter nach Norden, finden Sie an der **Piazza Oberdan** die Haltestelle der Triester Trambahn. Auf einer fünf Kilometer langen Strecke mit bis zu 26 Prozent Steigung, fährt sie in den Karst hinauf zum Vorort **Opicina**. Besonders lohnend wird die Fahrt, wenn Sie an der Haltestelle am Obelisken aussteigen und einen Spaziergang auf der alten napoleonischen Höhenstraße unternehmen – die Aussicht ist grandios. Zurück über die **Via 30 Ottobre** erreichen Sie schließlich die **Chiesa Taumaturgo** mit dem Marktplatz und dem anschließenden **Canal Grande** mit vielen umliegenden **Cafés und Bars**. Nördlich des Kanals ist eine Art kleine China-Town entstanden, in der Sie alle möglichen und unmöglichen Gegenstände fernöstlicher Herkunft käuflich erwerben können, südlich gelangen Sie zurück in das alte Zentrum. Alternativ können Sie entlang der Uferpromenade bis zur Piazza Unita zurück spazieren. Sie können sich von dort aus noch ein Stück weiter entlang der Promenade und der dahinter liegenden Straße nach Südosten halten. Gleich am Wasser erwartet Sie das **Aquarium** *(Molo Pescheria 2, www.aquariomarinotrieste.it, Do bis Di 9 bis 17 Uhr, €)*, das Feinkostzentrum **Eataly** und am Ende der Straße das **Meeres- und Eisenbahnmuseum** *(Via die Campo Marzio 5, www.museo delmaretrieste.it und Via G. Cesare 1, www.museoferroviariostrieste.it)*.
In den dahinter liegenden Straßen verdient das 6-stöckige **Museo Revoltella** besondere Aufmerksamkeit. Es ist zur einen Hälfte als komplett eingerichteter Adelssitz aus dem 19. Jahrhundert konzipiert, die oberen Stockwerke zeigen, stark kontrastierend, moderne Kunstwerke der Neuzeit *(Via Armando Diaz 27, www.museorevoltella.it, Mi bis Mo, 10 bis 19 Uhr, €€)*.

Arco di Riccardo

Santa Maria Maggiore

Wenn Sie irgendwann unterwegs Hunger bekommen haben oder einfach eine Pause einlegen wollen, machen Sie einen Zwischenstopp in einem der klassischen Kaffeehäuser der Stadt, wie dem **Tommaseo.** Dort herrscht bis heute österreichische Kaffeekultur mit Tradition. Man bestellt also eine Melange statt einem Cappuccino! Oder Sie probieren ein **Buffet**. Das sind für Triest typische, volkstümliche Imbisse, in denen Sie meist fleischlastige kleine Speisen und Tafelwein oder Bier zur kleinen Mahlzeit zwischendurch serviert bekommen.
Viele weitergehende Informationen zu Triest, z.B.: anderen, entfernteren Museen der Stadt, dem Kulturangebot etc. erhalten Sie auf Deutsch unter www.turismofvg.it/ort/triest.

Muggia

Um die Stadt schnellstmöglich hinter sich zu lassen, nehmen Sie für die Weiterfahrt am besten die autobahnähnlich ausgebaute Schnellstraße **SS202** in Richtung Slowenien. Unterwegs an der Agip-Tankstelle befindet sich eine Entsorgungsstation für Wohnmobile bei [N 45°36'56" E 13°47'22"]. Die Ausfahrt Muggia ist angeschrieben.

Kurz vor Ortsbeginn befindet sich neben dem Rio Ospo-Park rechter Hand ein Parkplatz, der regelmäßig von Wohnmobilen als Stellplatz genutzt wird. Bei Bedarf ist dies, trotz Hauptstraße im Rücken, kein schlechter Standort, Meeresblick und Kiosk inklusive, [**161:** N 45°35'54" E 13°46'55", SP14].

Im Zentrum angekommen, stoppen Sie für einen Bummel durch die Gassen, entweder am Parkplatz bei [N 45°36'15" E 13°46'10"], Via B. Cesare, oder am Ende der kleinen Stadt rechts in der Via G. Garibaldi, [N 45°36'22" E 13°45'51"]. Achtung: die Durchfahrtshöhe beträgt an einem Torbogen nur

3,40 Meter! Recht stadtnah und noch dazu übernachtungsgeeignet ist ansonsten die Fläche am Marina Resort San Rocco, [**162:** N 45°36'25" E 13°45'26", Lungomare Venezia, €, Toilette nahe dem Platz].

Bummeln Sie ein wenig durch die Gassen. Mögliche Ziele sind die **Piazza G. Marconi** oder das **Castello di Muggia**. Auch wenn ein Großteil der Bauten im venezianischen Stil errichtet wurde, erinnert das Flair und der tief ins Innere eingeschnittene Hafen des lebendigen Ortes eher an ein istrisches Dorf. Tatsächlich stand Muggia jahrhundertelang so stark wie kein anderer Fleck Italiens unter slawischem Einfluss. Direkt am Ende Muggias können Sie im **Strandbad San Rocco** die letzte Gelegenheit auf dieser Rundfahrt zum Baden im Meer wahrnehmen.

Unterwegs in Muggia

Strandbad San Rocco: *Strada per Lazaretto 2, www.bagnosanrocco.it*

Nur noch wenige Kilometer sind es nun noch bis zur slowenischen Grenze. Unmittelbar vor dem Übergang bietet sich rechter Hand nochmals eine Übernachtungsgelegenheit: wer mit einem einfachen Parkplatz samt Meerblick zufrieden ist, findet an der Marina Lazzaretto samt Hafenkneipe einen ruhigen Platz bei [**163:** N 45°35'50" E 13°43'23"].

Zentrum von Muggia

Gleich daneben befindet sich der Eingang zum etwas in die Jahre gekommenen **Campingplatz San Bartolomeo**, [**164:** N 45°35'49" E 13°43'26", Strada per Lazzaretto 99, alle Einrichtungen, Ende Apr bis Sep, €€€€-€€€€€ je nach Saison, www.campeggiosanbartolomeo.it].

Falls Sie nicht vorhaben, Ihren Urlaub in Slowenien fortzusetzen *(Womo-Band 56)* haben Sie die Möglichkeit, einfach umzudrehen, ein Stück nach der Grenze links ab, den Rückweg Richtung Triest anzutreten (Achtung: nicht auf die slowenische Autobahn auffahren falls Sie keine Vignette dafür besitzen) oder über kleine Straßen und die hinter der Küste gelegenen Hügel eine Schleife auf italienischer Seite zu machen. In diesem Fall halten Sie sich Richtung Chiampore.

Bei [N 45°35'60" E 13°45'07"] gelangen Sie im Gebiet von Muggia Vecchia zu einem Parkplatz mit guter Aussicht an der Kirche **Santa Maria Assunta,** aus dem 12. Jahrhundert. Des Weiteren kann ein kleiner archäologischer Park rund um die Grundmauern des ehemaligen **Castrum Muglae**, aus römischer Zeit besichtigt werden.

Val Rosandra

Im alleräußersten Winkel Italiens befindet sich das Rosandra-Tal. Es bietet schöne Wanderwege, Ruhe und viel Natur falls Sie Lust auf einen Abstecher dorthin haben. fahren Sie bis in den kleinen Ort **Bagnoli della Rosandra**.

(165) WOMO-Parkplatz: Bagnoli della Rosandra

GPS: N 45°36'44" E 13°51'31", SP 11. **Max. WOMOs:** 3-4.
Ausstattung: Mülleimer, Beleuchtung.
Beschreibung: Einfacher Asphaltparkplatz neben dem Info-Center am Ortsrand, eben, kein Schatten, ruhig, rund 200 m in den Ort.
Zufahrt: Aus Richtung Muggia kommend bis zur Schnellstraße SS202 zurückfahren. Dort in Richtung Slowenien halten und die Ausfahrt zum Val Rosandra wählen. Am ersten Kreisverkehr ist Bagnoli angeschrieben.

Wandern ins Riserva Naturale Val Rosandra

Der Naturpark wurde 1996 gegründet und umfasst ein Gebiet von rund 750 Hektar. Es ist das Tal des Rosandra-Baches, der in Slowenien entspringt und sich hier tief ins karstige Gestein gegraben hat. Je nach gewählter Route gibt es unterwegs eine beachtliche Zahl an Höhlen, bis zu 30 Meter hohe Wasserfälle und Spuren aus der Römerzeit zu sehen. Auch Mühlen am Bachlauf und die Ruinen eines kleinen Schlosses erwarten Wanderer. Informationen zu den markierten Wanderwegen erhalten Sie im Visitor-Center, gleich neben dem Parkplatz *(www.riservavalrosandra-glinscica.it, etwa Apr bis Sep Fr bis So, 9 bis 17 Uhr, Okt bis Mär nur Sa/So)*.
Ein schöner Weg führt zum Beispiel in den höher gelegenen Weiler Bagnoli Superiore. Dort ist eine Einkehr in der Premuda-Berghütte möglich. Von dort führt der Weg weiter entlang des römischen Aquäduktes. Über eine kleine Brücke nach links gelangen Sie auf die Via della Ac-

que, die zu einem Wasserfall führt. In den Gumpen unterhalb kann man an warmen Tagen ein erfrischendes Bad nehmen. Wenn Sie noch weiter möchten, können Sie Ihre Tour über den „Weg des Salzes“ und den Berg „Cippo Comici“ mit kleiner Kirche bis nach Botazzo ausdehnen und den beschilderten Weg Nr. 17 nehmen, der Sie über eine kleine Buschenschänke direkt an der Staatsgrenze entlang, bis zu den Überresten des **Schlosses Mocco** führt. Über die Premuda-Berghütte geht es wieder zurück zum Ausgangspunkt.

Bachlauf im Rosandratal

Opicina

Passend zur Lage bedeutet Opicina im Keltischen „Felsen“. Mit einer bereits im Triest-Kapitel erwähnten Trambahn ist der Ort mit der unterhalb gelegenen Großstadt verbunden. Somit bietet sich von hier aus eine zweite Gelegenheit, Triest zu besuchen oder einen Spaziergang auf der aussichtsreichen **Strada Vicentina** ab Haltestelle Obelisk zu unternehmen. Einen gut geeigneten Parkplatz, nur rund 350 Meter oberhalb des Obelisken, der häufig von Womofahrern zur Übernachtung genutzt wird, finden Sie bei [**166:** N 45°40'58" E 13°47'00", Via del Hermeda]. Alternativ gibt es den gleich unterhalb gelegenen, einfachen **Campingplatz Obelisco**, [**167:** N 45°40'58" E 13°47'00", Strada Nuova per Opicina 37, www.campeggiobelisco.it,+39 040 21 27 44, €€€-€€€€].

Das Karstplateau

Steinig und nur von wenigen Büschen und Sträuchern durchzogen, präsentiert sich die hügelige Hochebene hinter dem Golf von Triest. Der oftmals poröse, wasserdurchlässige Stein hat im Laufe der Zeit riesige Höhlen geschaffen. Die größte davon ist die **Grotta Gigante**. Wegweiser zeigen schon von Weitem den Weg zur Parkfläche vor dem Zentralgebäude, [N 45°42'32" E 13°45'57", Borgo Grotta Gigante 42a].

Grotta Gigante

Diese Höhle ist ein wahrer Superlativ – selbst im Guinness Buch der Rekorde ist sie als größte Einraumschauhöhle der Welt eingetragen. 150 Stufen führen hinab in die Tiefe – und am Ende wieder nach oben.

In der Haupthalle angekommen, liegt ein wirklich riesiger Raum vor einem: 99 Meter hoch, 76 Meter breit und 168 Meter lang würde er einem ganzen Flugzeughangar Platz bieten. Wären da nicht die abertausenden Stalagmiten und Stalaktiten, die vom Boden herauf bzw. von der Decke hinab wachsen. Der größte von allen, die Rüdigersäule, misst ganze 12 Meter. Entstanden ist der riesige Raum durch Wasser, das in die poröse Oberfläche einsickerte und Hohlräume bildete. Mit der Zeit sind die Zwischenböden immer brüchiger geworden und am Ende zu einer einzigen großen Halle kollabiert. Interessant ist, dass dieses Phänomen noch nicht am Ende ist: viele der schmucken Häuschen mit Pools, die über der Grotte erbaut wurden, haben, darüber sind sich die Geologen einig, nur eine begrenzte Lebensdauer: Der Tag wird kommen, an dem auch die Decke der Höhle so instabil wird, dass sie einstürzt. Aber keine Angst, weder heute noch morgen wird dies der Fall sein. Bei einem Erdbeben ist man dieser Tage in der Höhle sogar sicherer als draußen *(www.grottagigante.it, Apr bis Jun 10 bis 18 Uhr, Jul bis Sep, 9 bis 17 Uhr, sonst 10 bis 16 Uhr, nur mit Führung, €€€).*

Ein weiterer Stopp bietet sich am nahe gelegenen **Giardino Botanico Carsiana** an. Unter diesem Namen wurde ein 5000 Quadratmeter großer, sehenswerter botanischer Garten angelegt, der Ihnen die Flora dieses besonderen Landstrichs auf mehreren angelegten Wegen näher bringt. Diese wurden in verschiedene ökologische Habitate eingeteilt. Sie durchstreifen auf einem Rundgang zum Beispiel Karstgebüsche, Geröllfelder, Dolinenwald und Kliffküsten-Bereiche.

Giardino Botanico: *[N 45°43'57" E 13°44'23"], Sgonico 55, www.giardinobotanicocarsiana.it, €, Mai bis Okt Di bis Fr, 9.30 bis 13 Uhr, Sa/So von 10 bis 13 und 15 bis19 Uhr*

Einen Besuch in einer für das Karst typischen Buschenschänke, genannt Osmize, sollten Sie sich danach nicht entgehen lassen. Da diese immer nur für wenige Tage im Jahr reihum geöffnet haben, benötigen Sie einen Osmizekalender, der die jeweiligen geöffneten Weinkeller auflistet. Sie finden diesen online unter www.osmize.com im Internet oder, unter gleichem Namen, als praktische App für Ihr Handy. Einer dieser lokalen Weinbauern hat auch einen Womo-Stellplatz errichtet.

(168) Offizieller WOMO-Stellplatz: Samatorza Agricampeggio Gruden-Zbogar

GPS: N 45°45'25" E 13°42'34", SP 6. **Max. WOMOs:** 8.
Ausstattung: V/E, Strom, WLAN, Mülltonnen.
Beschreibung: Recht ebene, fast schattenlose Schotterfläche neben dem Bauenrhaus mit Hofladen. Ruhige Lage, schöne Umgebung.
Preis: €€€.
Zufahrt: Der Karststraße SP6 in RIchtung Nordwesten folgen. An der Abfahrt zum Ortsteil Samatorza links.

Osmize

Unterwegs sind Ihnen sicherlich bereits die vielen Rebstöcke ins Auge gestochen. Das Karst ist eine beliebte Weinbaugegend und die verschiedenen Keltereien sind auf braunen, mit Weintrauben gekennzeichneten Schildern angeschrieben. Oft werden ganz speziellere und regionaltypische Rebsorten wie Kamja, Malvasia Istriana, Vitkovska, Spomin oder Terrano angebaut. Ähnlich wie in Südtirol gibt es im Karstland die Tradition der Buschenschänken, genannt Osmize. Der Name kommt aus dem slowenischen und bedeutet „Acht" – denn genau so viele Tage durften die Schänken pro Jahr ursprünglich nur öffnen. Heute sind es mindestens 10, in vielen Osimze-ähnlichen Lokalen auch deutlich mehr. Traditionell ist die Auswahl zwischen September und Oktober am größten, doch irgendeine Osmiza hat immer gerade „Saison" und öffnet die Tore, nicht nur zur Verkostung des Rebensaftes. Man kann bei einem meist einfachen, aber zünftig-schmackhaftem Mahl schlemmen und lokale Spezialitäten wie Bohnen-Krautsuppe, Gnocchi oder verschiedene Wurst- und Fleischwaren genießen. Die aktuellen Öffnungszeiten vermelden die Touristeninformationen der Region oder die bereits angegebene Website.

Eine weitere Höhle erwartet Gäste erst seit 2012 wieder, nachdem sie für 40 Jahre nicht für die Öffentlichkeit zugänglich war. In der **Grotta Torri di Slivia** gibt es zwar keine so gigantischen Räume wie in der Grotta Gigante zuvor. Dafür besitzt sie einen außergewöhnlichen Reichtum an Steinformationen wie Fahnen und Stalagmiten, die bis zu 7 Tonnen schwer sind. Auch eine recht große, gemischte Fledermauskolonie lebt in der Höhle.

***Grotta Torri di Slivia**: [N 45°45'37" E 13°39'38"], Aurisina Cave 62b, www.letorridislivia.net, €€€, nur mit Führung, Apr bis Mai und Sep/Okt Sa/So 11 und 15.30 Uhr Jun/Jul Mo bis Fr 11 Uhr, Sa/So auch 17.30 Uhr, Aug täglich 11 bis 17.30 Uhr*

TOUR 7
10 km
N
Tolmezzo
TOUR 8
Moggio
Fella
1369m
Mt. Taet
La Val
1478m
Mt. Cuâr
Lago di
Cavazzo
Bordano
Venzone
1958m
Mt. Plauris
Parc Natural
Prealp. Giulia
Clauzetto
Vallata
Gemona
Osoppo
Cornino
Lago
Cornino
Tagliamento
1709m
Mt. Chiampon
1818m
Mt. Cadin
Pinzano
Ragogna
Grotte
Villanova
Vedronzo
Lusevera
Artegna
1620m
Gran Monte
San
Daniele
d.F.
Tarcento
Colloredo M.A.
Castello
Nimis
SLO
Castello
Attimis
Arch. Mus.
Tricesimo
Fagagna
Oasi
Naturalistico
Tavagnacco
Faedis
Povoletto
Udine
Campoformido
Cividale d.F.
Sant.
Castelmonte
1: Castello Artegna
2: Santa M. Assunta
3: Castello
Natisone
Oleis
Manzano
Abbazia
Rosazzo
Corno d.R.
Band 56
Slowenien
Gonars
Palmanova
Cormons
San Floriano d.C.
Torre
Capriva d.F.
N. Gorica
Mossa
Gradisca d'I.
Gorizia
Cervignano d.F.
Riserva
Naturale
Gradina
TOUR 5
Redipuglia
Sacrario
Militare
Isonzo
Doberdo d.L.
SLO
Aquileia
Lago di
Doberdo
Monfalcone

Tour 7: Gorizia und Udines Mitte, 305 km

Gradisca D`Isonzo – Görz – Cividale d. Friuli
Udine – San Daniele – Gemona – Venzone

Stellplätze:	Lago di Doberdo, Gradisca D`Isonzo, Görz (2x), Mossa, Capriva del Friuli, Cormons, Corno di Rosazzo, Oleis, Castelmonte, Cividale del Friuli (2x), Udine, Attimis, Grotte di Villanova, Vedronzo, Tarcento, Colloredo di Monte Albano, Fagagna, San Daniele del Friuli, Ragogna, Grotte Pradis, Artegna, Gemona del Friuli (2x), Braulins, Lago di Cavazzo, Venzone
Agricampeggi:	Gradisco D`Isonzo, Faedis, Ragogna, Gemona
Campingplätze:	Lago di Cavazzo
Besichtigen:	Kriegsgedenkstätte und Museum von Redipuglia, Görz, Sacrario Militare in Oslavia, Abbazia di Rosazzo, Santuario Castelmonte, Cividale del Friuli, Udine, Museum in Attimis, Grotte di Villanova, Oasi Naturalistica in Fagagna, San Daniele, Burg von Artegna, Gemona, Schmetterlingshaus von Bordano, Venzone
Baden:	Am Tagliamento bei Braulins und Venzone, am Lago di Cavazzo
Wandern:	Im Riserva Naturale Gradina, bei Redipuglia, am Monte Quarin, Burgenweg Attimis, an der Grotte Pradis, am Lago di Cornino, Schmetterlingswanderung bei Bordano

Die Region Görz und der mittlere Bereich der großen Provinz Udine decken einen weiten Teil des Friauls ab. Entsprechend viel gibt es zu entdecken. Nach Italiens wichtigstem Mahnmal des Ersten Weltkriegs in Redipuglia, fahren Sie über die alte Habsburger Stadt Görz und die Weingegend Collio rund um Cormons bis nach Cividale, wo sich bis heute zahlreiche Spuren der längst untergegangenen Langobardenkultur entdecken lassen. Danach wartet das interessante Udine auf Sie. Bei zwei Schleifen durch das Hinterland treffen Sie auf Höhlen, Villen, Klöster und das Schinkenstädtchen San Daniele. Zu guter Letzt erreichen Sie die von einem verheerenden Erdbeben einst völlig zerstörte Stadt Gemona und das wie aus einer anderen Zeit wirkende Venzone.

Riserva Naturale Gradina

Durch hochgewachsenes Buschland fahren Sie von der SP55 auf der kleinen Via I. Trinko in Richtung des **Lago Doberdo**. Vom See rechter Hand ist von der Straße aus nichts zu sehen. Erst 500 Meter nach der Trattoria Al Lago kommen Sie zu einer

Lago di Doberdo

Parkfläche zwischen den Büschen, von der aus Sie zum See wandern können.

(169) WOMO-Parkplatz: Riserva Naturale Gradina

GPS: N 45°50'07" E 13°32'54", Lago di Doberdo. **Max. WOMOs:** 3-4.

Ausstattung: Keine Einrichtungen.
Beschreibung: Parkplatz mit Naturboden, teils durch große Büsche unterteilt, teils Schatten, nicht ganz eben. Nahe dem See im Naturreservat.
Zufahrt: Siehe Tourverlauf, rund 500 Meter nach der Trattoria Al Lago.

Wandern im Riserva Naturale Gradina

Das Schutzgebiet wird oft auch mit seinem offiziellen Namen „**Riserva Naturale Laghi di Doberdo e Pietrarossa**" bezeichnet und umfasst die Karstregion rund um die im Namen genannten zwei Seen. Das außergewöhnliche an den Karstseen ist ihr über das Jahr hinweg extrem veränderter Wasserstand. Während Trockenperioden dörren sie beinahe vollständig aus, denn wenn die unterirdischen Karstflüsse nicht genug Wasser führen, wird keines in die Seen zur Oberfläche transportiert. So entsteht in der Regel zweimal im Jahr ein Wechsel zwischen Hochwasser und Trockenphase. Vom Stellplatz in Seenähe können Sie entweder 50 Meter die Straße zurückgehen und dort einen Weg zum See nehmen oder am nördlichen Ende des Platzes nach rechts, an einem Gebäude vorbei, den See erreichen. Mehrere Wege ziehen sich am Ufer entlang. Je nach Wasserstand stehen oftmals zahlreiche Büsche und Bäume Im Wasser, manchmal gleich metertief. Allen voran die Schwarzpappeln, die dem heimischen Bestand an Spechten ein Zuhause bieten. Das ungewöhnlichste Tier in dieser gegensätzlichen, aus kargen Steppen und Feuchtzonen gebildeten Umgebung, ist der aus Nordafrika eingewanderte Goldschakal. Aber auch Wildkatzen und Iltisse fühlen sich in der mit vielen kleinen Höhlen durchzogenen Karstlandschaft wohl. Die größte Chance auf Begegnungen tierischer Art rund um den See haben Sie in der Dämmerung. Den besten Blick über den See genießt man vom Steg Pontile Belvedere am Nordufer. Genauere Informationen zu weiterführenden Wanderungen im Schutzgebiet, stellt das einige Kilometer entfernt im

Gedenkstätte in Redipuglia

Ort **Doberdo del Lago** gelegene **Gradina-Besucherzentrum** mit angeschlossenem kleinen Museumsteil und Restaurant zur Verfügung. *Es ist von der Hauptstraße aus angeschrieben ([N 45°50'34" E 13°32'50"], Via Vallone 32, www.riservanaturalegradina.com, im Sommer Di bis Fr 9 bis 13 Uhr und 16 bis 21 Uhr, Sa/So 9 bis 23 Uhr, im Winter Fr bis So 10 bis 18 Uhr).*

Redipuglia

Über den Monfalcone-Vorort Ronchi dei Legionari, steuern Sie Redipuglia an. Dort befindet sich das größte Kriegerdenkmal Italiens, **Sacrario Militare**. Es wurde bereits 1938 eröffnet und erinnert an die 100.000 Gefallenen der Isonzoschlachten im Ersten Weltkrieg. Neben der Gedenkstätte und der Freilichtabteilung „Park der Erinnerung" mit alten Geschützen werden im Museum, dem ehemaligen Gebäude der Dritten Italienischen Armee, Waffen und andere Militaria ausgestellt. Sogar ein Stück Schützengraben wurde nachgebaut.

Über die **Via del Carso** kann man vom Ort ein Stück nach oben in die Hügel fahren und dort Spuren alter Wehranlagen ansehen, parken bei [N 45°50'48" E 13°30'17"].

Sacrario Militare: *[N 45°51'05" E 13°29'06"], Via Terza Armata, www.itinerarigrandeguerra.it, Di bis Sa von 9 bis 12 Uhr und 14 bis 17 Uhr, Eintritt frei*

Gradisca D`Isonzo *(Marktag Di., Piazza dellUnita)*

Das Städtchen am Isonzo-Fluss bietet keine großen Sehenswürdigkeiten, aber einen ganz netten Zwischenstopp. Gebührenpflichtige Parkplätze finden sich direkt im Zentrum am **Piazza dell`Unita**. Das großzügig erscheinende Ensemble mit dem Theater und den weiten Grünanlagen als zentraler Punkt Gradiscas macht etwas her und lässt die Innenstadt größer erscheinen als sie ist. Tatsächlich beschränkt sich der Altstadtkern auf zwei parallel verlaufende Straßen. Die Gründung durch die Veneziainer diente als Vorposten gegen die Türken. Doch schon wenige

Jahre später fiel Gradisca an Österreich und verblieb lange im Habsburger Reich. Das spiegelt sich, wie so oft in der Gegend, in der Bebauung wieder. Ganz am Ende der Fußgängerzone befindet sich das alte Castello. Es ist leider nicht zu besichtigen und wirkt recht verwildert. Ein paar hundert Meter entfernt gibt es einen Stellplatz, einen weiteren gibt es etwas außerhalb an einem Agriturismo-Betrieb

(170) Offizieller WOMO-Stellplatz: Gradisca D`Isonzo

GPS: N 45°53'09" E 13°29'44", Via Trieste. **Max. WOMOs:** 5.

Ausstattung: V/E (frei zugänglich), Mülleimer, Beleuchtung.
Beschreibung: Asphaltfläche neben einem Supermarkt, dahinter befindet sich ein kleiner Park. Nicht sonderlich attraktiv aber zweckmäßig, kein Schatten, eben, etwa 600 m in den Ort.
Zufahrt: Der Beschilderung Richtung „Centro" folgen. Dann direkt linker Hand neben der Hauptstraße.

(171) WOMO-Agricampeggio: Gradisca D`Isonzo Ristorante Smeraldo

GPS: N 45°53'01" E 13°27'35", Viale Trieste 52a. **Max. WOMOs:** 30.
Internet/Tel.: www.relaisromans.it, Tel. +39 392 176 72 56.
Ausstattung: Wasser, Strom, Toilette / Dusche, WLAN.
Beschreibung: Neuer, noch im Aufbau befindlicher Platz. Stellflächen auf Schotter direkt am kleinen See mit angeschlossener Gastronomie mit nettem Biergarten. Recht eben, etwas Schatten, ruhig, rund 2,5 km ins Zentrum.
Zufahrt: Am Beginn von Gradisca bei zwei Kreisverkehren in Richtung Autobahn fahren, dann nach einem kleinen Industriegebiet rechts nach Romans DÌsonzo abbiegen. Gut 500m nach der Autobahnbrücke links zum Seegelände halten.

Gorizia (Görz) *(Markttag Do., Corso Italia)*
Die Stadt Görz liegt direkt an der slowenischen Grenze. Für einen Rundgang durch das historische Zentrum wählen Sie einen möglichst zentralen Parkplatz, wie an der **Piazza C. Battisti**, [N 45°56'41" E 13°37'12"] oder den angegebenen Nachtparkplatz Görz 2. Der offizielle Womo-Stellplatz befindet sich in der Viale Oriani.

(172) Offizieller WOMO-Stellplatz: Görz 1

GPS: N 45°56'44" E 13°36'57", Viale A. Oriani. **Max. WOMOs:** 10.

Ausstattung: V/E (frei zugänglich), Mülleimer.
Beschreibung: Gekennzeichneter Teil eines Parkplatzes, am Rand eines kleinen Wäldchens gelegen, teils schattig, eben, nachts recht ruhig, 600 m ins Zentrum.
Zufahrt: Von Gradisca kommend nach der Isonzobrücke (SR56) am Kreisverkehr links abbiegen und dem Flusslauf folgen. Am nächsten Kreisel rechts halten und der Via

Sant Ignazio

dei Leoni für gut einen Kilometer folgen. Dann an einer Einmündung mit Zebrastreifen links in die Viale A. Oriani einfahren. Platz kommt nach 150 m auf der rechten Seite.

(173) WOMO-Parkplatz: Görz 2

GPS: N 45°56'43" E 13°37'55", Via P. Giustiniani. **Max. WOMOs:** 3-4.
Ausstattung: Keine Einrichtungen.
Beschreibung; Einfacher Parkplatz hinter dem Burghügel, Asphalt, ruhig, eben, kein Schatten. Durch einen Tunnel nur 300 m in die Mitte.
Zufahrt: Wie Stellplatz 1, jedoch nicht in die Viale Oriani abbiegen, sondern weiter geradeaus fahren. Nachdem die Straße einen Rechtsknick gemacht hat, an der Via S. Pellico links fahren und am kommenden Kreisverkehr rechts und sofort wieder rechts in die Via Corsica abbiegen. Sie erreichen den Platz nach gut 700 m rechter Hand.

Unterwegs in Görz

Das alte Görz ist heute eine Doppelstadt auf beiden Seiten der Grenze. Ursprünglich gab es nur den Teil auf italienischer Seite. Nach 1945 entstand die Neustadt, Nova Gorica unter Tito auf der Seite Sloweniens. Durch die lange Jahre geschlossenen Grenzen und die isolierte Randlage ganz im Osten Italiens, war Görz fast in Vergessenheit geraten. Erst seit Slowenien 2004 der EU beigetreten ist, änderte sich das langsam aber stetig. 2025 sind beide Ortsteile gemeinsam Kulturhaupt-

Piazza della Vittorio mit Castello

Oben: Corso G. Verdi, unten: Blumenmarkt

stadt Europas.

Als Grafschaft stand die Stadt lange Zeit unter österreichischem Einfluss und kam erst nach dem ersten Weltkrieg zu Italien. Mitten in der Kampfzone der Isonzoschlachten war sie in den Jahren zuvor praktisch entvölkert und schwer in Mitleidenschaft gezogen worden.

Von Stellplatz Nummer Zwei ausgehend, erreichen Sie zuerst die große **Piazza della Vittoria** mit der Kirche **Sant`Ignazio.** Linkerhand spazieren Sie durch die schmale Fußgängerzone der **Via Rastello**. Am Ende begrüßt Sie der Görzer Schriftsteller und Philosoph Carlo Michelstaedter. Sie stoßen auf den ersten, heute kleineren Hauptplatz von Görz, die **Piazza di Cavour**. Rechts von Ihnen befindet sich der Dom **Sant`Illario**. Nach links gelangen Sie durch die **Viale G. D`Anunzio** in die befestigte Oberstadt mit dem neuen **Castello**, das einst vom Grafen von Görz erbaut wurde. Das darin untergebrachte Museum gibt Einblick in das mittelalterliche Görz *(Borgo Castello, www.gomuseums.net, Di bis So, 10 bis 19 Uhr, Mo, 9.30 bis 11.30 Uhr, €)*. Gleich unterhalb befindet sich die alte Burg, **Borgo Castello**. Sie beherbergt ein weiteres Museum mit kunsthistorischer, textiler und archäologischer Sammlung sowie einer Abteilung, zum in diesem Teil Italiens allgegenwärtigen Thema Erster Weltkrieg *(Borgo Castello, www.gomuseums.net, Öffnungszeiten wie Neue Burg, €€)*. Genau zwischen beiden Burgen steht die mit rund 800 Jahren älteste Kirche der Stadt, **Santo Spirito.** Vom Hügel hat man außerdem einen schönen Blick auf die Umgebung, weit über die Stadtgrenze hinaus. Zurück in der Unterstadt befindet sich linker Hand die **Piazza San Antonio** mit dem auffälligen, laubengesäumten Bauwerk des **Palazzo Lantieri**. In dem Palast aus dem 14. Jahrhundert gaben sich im Laufe der Geschichte immer wieder große Namen wie Papst Pius VI., Maria Theresia von Österreich, Napoleon, aber auch Casanova, Goethe und Schiller buchstäblich die Klinke in die Hand. Besichtigungen sind über die Räumlichkeiten des Restaurants hinaus zurzeit leider nur für Gruppen mit Voranmeldung möglich *(aktuelle Infos unter www.palazzo-lantieri.com)*.

Gleich gegenüber im **Piazza Strassoldo** verbrachten einst die letzten Bourbonenkönige Frankreichs, Ludwig der XIX. und Heinrich der V. ihre letzten beziehungsweise wenigstens einige Jahre, nachdem sie in Folge der Julirevolution in den 1830er Jahren Frankreich ver-

lassen mussten.
Drehen Sie nun um und halten Sie sich am Dom links. Die Straße endet am **Corso G. Verdi**, der zentralen Achse von Görz. Nach links setzt sich die Innenstadt entlang des **Corso Italia** noch für einige hundert Meter fort. Nach rechts gelangen Sie zum **Verdi-Park** und den Markthallen. Wenn Sie ein paar hundert Meter mehr auf sich nehmen, können Sie ab der **Viale XX Settembre** nach links noch bis zum **Palazzo Coronini Cronberg** wandern. Die Villa aus dem 16. Jahrhundert gehörte einer der ältesten und einflussreichsten Familien in der Region. Ihr letzter Stammhalter Guglielmo starb in den 1990er Jahren in Wien. Nach seinem Tod wurde sie, seinem Wunsch entsprechend, der Öffentlichkeit als Museum zugänglich gemacht. Neben den ausgestalteten Räumlichkeiten stehen wechselnde Ausstellungen und Filmvorführungen auf dem Programm. Besonders sehenswert ist der beinahe schon tropisch anmutende Park mit seinen Palmen und üppig gedeihenden Blühpflanzen (*www.coronini.it, Apr bis Nov Mi bis Sa 10 bis 13 Uhr und 14 bis 18 Uhr, Winter Mo/Di geschlossen, €€, Park kostenlos*).

Vor der Weiterfahrt können Sie im Frühling einen Stopp im westlichen Außenbezirk der Stadt erwägen. Dann blühen im botanischen Garten **Parco Viatori** die Azaleen. Mehr als 500 Arten, dazu 150 Rhododendren, Kamelien, Magnolien und seltene Rosen, gedeihen in einem - durch spezielle Bodenverbesserung für diese gar nicht heimischen Arten - erschaffenen Paradies. Die verschiedenen Bereiche sind durch Treppen und Holzstege miteinander verbunden.

***Parco Viatori**: [N 45°57'25" E 13°36'41"], Via Fort del Bosco 24, nur Ende Mär – Anfang Jun, Sa/So/Ft., 15 – 19 Uhr, Eintritt frei, www.aglv.org*

Weinbauregion Collio

Wein, Wein und nochmals Wein – das ist es, worum sich in den Hügeln nordwestlich von Görz fast alles dreht. Dutzende Weingüter bringen gute bis sehr gute Produkte hervor, allesamt D.O.C.-Standard. Einige Kellereien haben ihr Hauptaugenmerk auf Weißweine gelegt, andere produzieren auch Rot- und Rosé- sowie Schaumweine und in zugehörigen Destillerien Grappa und andere Brände. Teilweise sind auch Gaststätten angeschlossen. Natürlich finden Sie auch anderswo in Venetien und im Friaul Weingüter, doch keine andere Gegend ist derart stark von der Traube geprägt wie diese.

Lassen Sie sich daher eine Weinprobe nicht entgehen, sofern Sie etwas für den Rebensaft übrig haben. Die genauen Öffnungszeiten und Angebote der hiesigen Weingüter können Sie in ihrer ganzen Vielfalt im Internet unter www.mtvfriulivg.it oder bei den hiesigen Touristeninformationsstellen in Erfahrung bringen.

Zunächst fahren Sie über **Oslavia** mit seinem markanten **Sacrario Militare** gleich links der Straße. Es ist die zweite große Kriegsgedenkstätte, die Sie auf Tour Sieben passieren. Parkplätze sind kaum vorhanden. Am ehesten am kleinen Rondell unterhalb. Sie können von dort die Stufen emporsteigen. Der festungsähnliche Bau besteht aus Mittelturm, Krypta und drei Seitentürmen. Im Inneren liegen die Grabnischen namentlich bekannter österreichischer und italienischer Gefallener sowie drei große Beinhäuser für die Unbekannten in den Seitentürmen. Die Leichname aus allen kleineren, umliegenden Soldatenfriedhöfen der Hochebenen wurden vor Jahren exhumiert und nach Oslavia gebracht.

Immer der slowenischen Grenze folgend, fahren Sie auf aussichtsreicher Strecke durch die Orte San Floriano, Bucuie und Valerisce. Bei [N 45°58'04" E 13°34'03"] passieren Sie einen Picknickplatz und halten sich über Giasbana weiter ins kleine **Mossa** mit Womo-Stellplatz.

***Sacrario Militare**: [N 45°58'05" E 13°36'55"] SP17, Apr – Sep, 9 – 12 Uhr und 14 – 17 Uhr, So/Ft. von 9 – 13 Uhr, Winterhalbjahr nur wochentags, www.difesa.it.*

(174) Offizieller WOMO-Stellplatz: Mossa

GPS: N 45°56'44" E 13°32'43", Via delle Fornaci. **Max. WOMOs**: 4.

Ausstattung: Wasser, Strom, Mülleimer, Picknickbänke, Beleuchtung.

Beschreibung: Ruhiger Platz auf Rasengitter am Rande des Dorfes neben einer Trattoria, teils schattig, eben, 800m bis in den Ort.

Zufahrt: Von Giasbanda kommend der Beschilderung Richtung Mossa folgen. Nach rund 1,7 km, direkt vor der Trattoria Blanch (gelbes Haus), rechts abbiegen (Wohnmobilsymbol).

Die Landschaft mit Feldern, Zypressen und Buschwerk, erinnert mancherorts ein wenig an die Toskana. Darin eingebettet liegt **Caprica del Friuli**. Der kleine Ort bietet ein paar Geschäfte an der Hauptstraße und mehrere Weingüter, sonst nicht viel Nennenswertes, besitzt aber ebenfalls einen eigenen Stellplatz. Ganz in der Nähe passieren Sie auf der Weiterfahrt entlang der **Via degli Alpini** noch das Gut Russiz und das eindrucksvolle, über 1000 Jahre alte **Castello Di Spessa,** in dem einst schon

Casanova zu Gast war. Heute ist es ein Golfhotel mit eigenem Platz. Des Weiteren beherbergt das Anwesen eine Osteria und Weinkellerei.

(175) Offizieller WOMO-Stellplatz: Capriva del Friuli

GPS: N 45°56'48" E 13°30'40", Via degli Alpini. **Max. WOMOs:** 7.
Ausstattung: V/E (frei zugänglich), Strom, Mülleimer, Picknickbänke.
Beschreibung: In Ortsrandlage an einem Boccia-Feld mit kleiner Bar, nachts ruhig, teils schattig, recht eben, rund 600m in den Ort.
Zufahrt: Wie im Text beschrieben bis zur Via degli Alpini, dann nach einer kleinen Brücke links.

Cormons *(Markttag Fr., im Zentrum)*
Der 7000 Einwohner-Ort ist das Zentrum des Weinbaugebietes Collio und gleichzeitig die größte Gemeinde der Region. Bis 1915 fast durchgehend Teil der Habsburger Monarchie, steht an der **Piazza Libertá** bis heute ein Bronzedenkmal Kaiser Maximilian I. Im **Palazzo Locatelli** am Hauptplatz können Sie in der größten Enoteca der Gegend Ihren Lieblingstropfen finden, sofern Sie bis jetzt noch nicht auf den Wein gekommen sind, Parkplatz in dern Via F. die Manzano, [N 45°57'38" E 13°28'16"].

Hinter der Stadt ragt der knapp 300 Meter hohe **Monte Quarin** auf. Eine schmale Serpentinenstraße führt nach oben bis zu einem Parkplatz mit abgetrenntem Womo-Stellplatz. Von dort können Sie zu Fuß bis zur **Wallfahrtskirche Beata Vergina** gehen oder die mittelalterliche Burgruine **Rocca die Cormons** erklimmen.

(176) Offizieller WOMO-Stellplatz: Cormons Monte Quarin

GPS: N 45°58'00" E 13°28'24", Strada della Montona. **Max. WOMOs:** 3.
Ausstattung: Wasser, Strom, Mülleimer, Picknickbänke, Beleuchtung.
Beschreibung: Teil des Parkplatzes an der Wallfahrtskirche, schöner Blick auf Cormons, teils schattig, nachts ruhig, nicht ganz eben.
Zufahrt: Von der Hauptstraße SR356/Via Brazzano fast am Ende von Cormons rechts beschildert zum Monte Quarin abfahren und der schmalen Straße bis zum Parkplatz ganz am Ende folgen.

Abbazia di Rosazzo
Gleich zu Beginn des Ortes Corno di Rosazzo mit einem weiteren Womo-Stellplatz können Sie links Richtung Manzano abzweigen und dann, nach etwa 1,8 Kilometern, wieder rechts zur **Abbazia di Rosazzo** hinauf fahren. Das stille und schön gelegene Kloster kann auf eine 1200 Jahre alte Geschichte zurückblicken. Der Legende nach geht es auf den Eremiten Alemanno zurück. Im 19. Jahrhundert endete das klösterliche Leben, heute wird die

Blick auf Cormons

Anlage als christliches Begegnungs- und Kulturzentrum genutzt und wurde, nach einem schweren Erdbeben 1976, nur mehr teilaufgebaut. Kirche und Abtei sind das ganze Jahr über zugänglich, auch der eigene Weinkeller verdient Beachtung. Highlight im Frühjahr ist zweifelsohne der namensgebende Rosengarten mit über 1500, teils uralten, seltenen Rosenstöcken.

Abbazia di Rosazzo: *Via Abbazia 5, meist 9 bis 12 Uhr und 15 bis 18 Uhr, www.abbaziadirosazzo.it*

(177) Offizieller WOMO-Stellplatz: Corno di Rosazzo

GPS: N 45°59'22" E 13°26'20", Via dei Pini. **Max. WOMOs:** 8.

Ausstattung: V/E (frei zugänglich), Mülleimer, Picknickbänke, Beleuchtung.
Beschreibung: Asphaltierter Platz nahe des Sportplatzes in Ortsrandlage neben einer Lagerhalle, kein Schatten, etwas schmucklos, nachts ruhig.
Zufahrt: In Corno links auf die SP29 in Richtung Manzano abbiegen und dann nach rund 350 m rechts in die Via dei Pini. Nach ungefähr 200 m auf der rechten Seite.
Hinweis: Alt Alternative zu diesem kommt auch der kleine Platz in Oleis in Frage, [**178**: N 46°00'59" E 13°23'370", Via Rosazzo], ebenfalls mit V/E.

Santuario Castelmonte

Ein Abstecher in die bewaldeten Hügel an der slowenischen Grenze führt Sie bei Interesse zum wunderbar gelegenen Santuario. Es geht auf frühzeitliche Befestigungsanlagen zurück, die als Frühwarnsystem errichtet wurden. Die nahe Stadt Cividale war häufig den Angriffen von Hunnen, Goten und Awaren ausgesetzt und konnte so rechtzeitig nötige Verteidigungsvorbereitungen treffen. Erst im späten sechsten Jahrhundert wurde daraus ein Kloster. Die heutige Anlage mit der hochver-

ehrten schwarzen Madonnenstatue geht auf das Jahr 1479 zurück. Regelmäßig werden vor Ort Führungen durch die Gebäude angeboten. Im Komplex befinden sich zudem eine kleine Gastwirtschaft sowie ein Souvenirladen und eine Pension. Die teils schmale, steile Auffahrt lohnt schon allein für den tollen Rundumblick. Direkt unterhalb befindet sich eine riesige Stellfläche, die auch Womos ausreichend Raum bietet, [**179:** N 46°05'36" E 13°31'08", SP31, www.santuariocastelmonte.it]

Cividale del Friuli *(Markttag Sa., Piazza Duomo)*
Die wirklich sehenswerte Stadt Cividale weist so viele Spuren der untergegangenen Langobarden-Kultur auf, wie keine andere. Aus diesem Grund ist sie seit 2011 Teil des UNESCO-Weltkulturerbes. Für Womos wurden gleich zwei Stellplätze errichtet.

(180) Offizieller WOMO-Stellplatz: Cividale del Friuli 1
GPS: N 46°05'40" E 13°26'11", Via della Mura. **Max. WOMOs:** 4 offizielle Plätze, gesamt etwa 20.
Ausstattung: V/E, Mülltonnen.
Beschreibung: Direkt östlich vor der Stadtmauer gelegene Parkfläche in einer Sackstraße zwischen den Feldern, leider oft vom PKWs zugeparkt.

Castelmonte

Ungefähr 200 m ins Zentrum.
Zufahrt: Überqueren Sie auf der Hauptverkehrsstraße SR356 zunächst den Fluss Natisone und halten sich dann erst rechts Richtung Cividale. Am Kreisverkehr den Schildern zum „Centro“ und nach Slowenien folgen, bald danach links halten und am nächsten Kreisel rechts abfahren. Der Womoplatz, zu dem es nach rund 500 m rechts ab geht, ist dort bereits beschildert.

(181) Offizieller WOMO-Stellplatz: Cividale del Friuli 2

GPS: N 46°05'46" E 13°25'19", Via Inst. Tech. Agrario 1. **Max. WOMOs:** 16.
Ausstattung: V/E, Strom, Toilette / Dusche, Mülleimer, Beleuchtung, teils WLAN, Videoüberwachung.
Beschreibung: Neue, sauber angelegte Schotterfläche neben dem Schwimmbad, kein Schatten, recht ruhig, klappstuhlgeeignet, bislang etwas umständlicher Zugang über die App InArea. Etwa 600 m in die Mitte.
Zufahrt: An den Kreisverkehren im Ort zunächst Richtung Gorizia halten, dann den Schildern zum «Piscina» folgen und vor dem Zebrastreifen beschilert rechts ab zum Stellplatz.

Unterwegs in Cividale del Friuli

Kaum eine zweite Stadt Italiens hat eine derart bewegte Geschichte wie Cividale. Vor Urzeiten als keltische Siedlung gegründet, bekam sie schon 49 v. Chr. von Julius Cäsar die Stadtrechte verliehen. Er nannte die Stadt Forum Julii – woraus sich im Lauf der Jahrhunderte die Abkürzung Friuli ableitete und der ganzen Region ihren Namen gab. Nach Roms Untergang war sie mal Teil des Ostgotischen Reiches, mal gehörte sie zu Byzanz, bis 568 die Langobarden einfielen und ein eigenes Herzogtum mit Cividale als Hauptstadt gründeten. Später gehörte die Stadt mal zur karolingischen Mark Friaul, mal zur Grafschaft Verona. Sie unterstand dem Patriarchen von Aquileia und wurde im 15. Jahrhundert Teil des venezianischen Reiches – doch auch das sollte es noch nicht gewesen sein. Österreicher, unterbrochen von einem kurzen französischen Intermezzo, waren bis 1867 die Herren in Cividale, bis schlussendlich Italien den Zuschlag bekam. Die

Die Teufelsbrücke von Cividale

Cividale del Friuli

beeindruckendsten und geschichtlich prägendsten Spuren haben die Langobarden hinterlassen. Nicht weil sie das Stadtbild so nachhaltig prägten. Ihre Kultur liegt weitgehend im Dunklen und es gibt nur ganz wenige Überreste ihrer Herrschaft in Norditalien, so dass die wenigen, hier verbliebenen, von ganz besonderem Interesse sind.
Wandern Sie vom Stellplatz aus in Richtung Fluss und dann rechts ab, erreichen Sie die Rückseite des **Tempietto Langobardo**. Der kleine Gebetstempel stammt aus dem 8. Jahrhundert und damit aus byzantinischer Zeit. Doch stand er im Königsviertel der Langobarden und Spuren deuten darauf hin, dass er von ihnen als Sakralbau genutzt wurde. Inzwischen ist er Teil des kleinen Klosterkomplexes **Santa Maria in Valle**. Um hineinzugelangen, müssen Sie erst noch ein Stück nach rechts und dann durch das dort gelegene Stadttor gehen. Der Eingang befindet sich linker Hand *(Via Monastero Maggiore 34, www.tempiettolongobardo.it, Apr bis Sep, Mo bis Fr von 10 bis 13 Uhr und 15 bis 18 Uhr, Sa/So durchgehend geöffnet, Okt bis Mär nur bis 17 Uhr, €, Audioguides auf Deutsch erhältlich).*
Wenn Sie Ihren Besuch hier abgeschlossen haben, fragen Sie, ob das Hypogäum regulär besetzt ist, anderenfalls lassen Sie sich gegen Pfand (Ausweis o.ä.) den Schlüssel geben. Es befindet sich nur ein kurzes Stück weiter entlang der Straße linker Hand. Gehen Sie die groben Steinstufen nach unten. Der Zweck der Höhle ist bis heute nicht endgültig geklärt. Vielleicht wurde sie schon von den Kelten als Grabkammer genutzt, später von den Römern und Langobarden womöglich als Gefängnis. Vielleicht wurden auch rituelle Treffen oder Opferungen abgehalten – Theorien gibt es reichlich. Vergessen Sie nicht, das Licht zu löschen und wieder abzusperren, bevor Sie den Schlüssel zurückbringen *(Via Monastero Maggiore 2, Apr bis Sep 10 bis 13 Uhr und 14.30 bis 17 Uhr, Sa/So 10 bis 18 Uhr, Okt bis Mär, Mo bis Fr 10 bis bis 13 Uhr, Sa/So bis 16 Uhr, Jan geschlossen).*
Weiter entlang der Ringstraße, können Sie links zur wichtigsten Brücke und gleichzeitig dem Wahrzeichen der Stadt gehen. Die **Teufelsbrücke** wurde im 15. Jahrhundert erstmals erbaut, später allerdings immer wieder zerstört und neu errichtet, zuletzt 1918, nachdem sie ein Jahr zuvor im Krieg gesprengt worden war. Ihr Name geht wohl auf den Felsen zurück, auf dem der Mittelpfeiler ruht – der Teufel selbst

Im Hypogäum

soll ihn dort ins Wasser geschleudert haben. Den besten Blick haben Sie vom gegenüberliegenden Ufer linkerhand mit Aussichtsterrasse. Am Ende der Brücke rechts können Sie zum Fluss und ans untere Ende der Brücke hinabsteigen.

Zurück im Zentrum gehen Sie von der Brücke aus gerade weiter zum **Piazza del Duomo** mit dem **Palazzo Pretorio**, an der rechten, hinteren Seite. Der Bau wird einmal mehr einem Entwurf Palladios zugeschrieben. Heute ist das **Archäologische Nationalmuseum** darin untergebracht. Es besitzt Abteilungen, die nach den einzelnen Dynastien gegliedert sind: im Erdgeschoss vom alten Rom über Byzanz bis zu den Karolingern, das Obergeschoss befasst sich mit der langobardischen Zeit *(Piazza Duomo 13, museoarcheologicocividale.benicuturali.it, Di bis So 10 bis 19 Uhr, Mo 9 bis 14 Uhr, €)*.

Der große **Dom Santa Maria Assunta** gleich daneben besitzt einen interessanten, 1000 Jahre alten Altaraufsatz. Im von innen zugänglichen **Museo Cristiano** können Sie unter anderem einen Langobardenthron und -taufbecken sowie Fresken und andere bildhafte Darstellungen dieser Zeit besichtigen *(Via G. B. Candotti 1, www.cividale.com/de/museo_cristiano, Mi bis So 10 bis 13 Uhr und 15 bis 18 Uhr, im Winter nur Sa/So, €)*. Spazieren Sie dann noch ein wenig durch die mittelalterlich geprägten Gassen rund um die zentrale Piazza P. Diacono, bevor Sie den Rückweg antreten.

Langobarden

Weder ist eindeutig geklärt, woher sie kamen, noch wohin sie gingen. Die Langobarden sind die großen Unbekannten der europäischen Geschichte. Vermutlich waren sie germanischen Ursprungs und siedelten vormals am unteren Elbufer.

Der Name leitet sich von der Haarpracht der Männer ab – die als Langbärte Bezeichneten wurden zu den Langobarden.

Erste gesicherte geschichtliche Erwähnungen als „besonders wilder und unangepasster Stamm" datieren um das Jahr 0. Über 150 Jahre verschwinden sie danach wieder aus der Geschichtsschreibung, um plündernd und brandschatzend im römischen Reich wiederaufzutauchen. Im 6. Jahrhundert halfen sie, die Ostgoten aus Norditalien zu vertreiben und ließen sich später mit ca. 150.000 Mann nieder. Neben Cividale wurde vor allem das Gebiet zwischen Lago Maggiore und Gardasee von ihnen bevölkert. Hauptstadt wurde Pavia. Sie brachten ihre eigene Kultur und ihre eigene Sprache mit, beides verschmolz mit der Zeit aber immer mehr mit der römischen Kultur. Um das Jahr 1000 war Langobardisch wohl weitgehend ausgestorben, nur wenige Fragmente sind noch bekannt und die Spuren dieses einst so erfolgreichen Stammes verlieren sich. Ob sie komplett in anderen Volksgruppen aufgingen oder durch Kriege und Kampfhandlungen ausgerottet wurden, weiß bis heute niemand.

Udine *(Markt Sa., Via Redipuglia)*
Jeder, der schon einmal über die Tauernautobahn in Richtung Adria gefahren ist, hat die Hauptstadt des Friauls passiert. Nur Wenige legen einen Halt ein. Dabei hat Udine eine wirklich schöne Innenstadt mit verkehrsberuhigten Bereichen zu bieten und versprüht viel italienisches Flair mit seinen zahlreichen Cafés und Palazzi. Für eine Besichtigungstour nehmen Sie am besten den zentralen Parkplatz an der **Piazza I Maggio** bei [N 46°03'59" E 13°14'10"]. Hier finden Womos oft eine Parkgelegenheit. Alternativ können Sie den weiter außerhalb gelegenen Stellplatz anfahren. Von dort gibt es eine Busverbindung.

(182) WOMO-Stellplatz: Udine Parcheggio Scambiatore

GPS: N 46°04'52" E 13°13'23", Via Chiusaforte. **Max. WOMOs:** 15+
Ausstattung: V/E (frei zugänglich), Mülleimer.
Beschreibung: Großparkplatz im nördlichen Teil der Stadt nahe des Krankenhauses, nachts teilweise beleuchtet. Parkbuchten auf Rasengittersteinen, kein Schatten, eher zweckmäßig, für die Lage nachts verhältnismäßig ruhig. Rund 2 km in die Ortsmitte, der Bus Nr. 1 fährt vom Kreisverkehr neben dem Parkplatz direkt ins Altstadtzentrum.
Zufahrt: Auf der Einfallsstraße SS54 aus Richtung Cividale kommend immer geradeaus, im Zweifel rechts halten. An der Piazzale Osoppo rechts Richtung Tarvisio abbiegen und am nächsten Kreisverkehr die letzte Ausfahrt zum „Ospedale" wählen. Kurz nach einer Tankstelle linke Hand schließlich rechts in die Via Chiusaforte (P Libero ist angeschrieben) fahren, der Parkplatz kommt nach rund 500 m links.

Unterwegs in Udine

Udine ist nicht nur Hauptstadt, sondern auch Einkaufsmetropole Nummer eins für die Menschen der Region und des benachbarten Auslands. Die Stadtrechte erhielt der Ort schon 1223 durch Berthold von Andechs, dem damaligen Patriarchen von Aquileia. 200 Jahre später kam es zur Republik Venedig und blieb unter Herrschaft der Serenissima, bis Napoleon und wenig später die Österreicher kamen. Heute findet sich ein bunter Mix aus Moderne und Tradition. Ein Stadtrundgang gestaltet sich recht kompakt. Alle wichtigen Gebäude befinden sich westlich der Piazza Maggiore, dem angegebenen Ausgangspunkt für einen Rundgang.
Durch die kleine **Via Portanuova** rechts vom Burghügel betreten Sie die Altstadt. Erst geradeaus, dann an einer kleinen Piazza rechts und sofort wieder links in die repräsentative **Via Mercato,** spazieren Sie durch die von Laubengängen und Geschäften gesäumte Straße gleich zu Beginn zum Hauptplatz, der **Piazza della Libertá**. Der stark venezianisch geprägte Platz wird rechts von der **Loggia del Lionelli** gesäumt. Auffällig ist die mit roten und weißen Steinen gestaltete Innenfläche des offenen Erdgeschosses. Gegenüber steht die **Loggia San Giovanni**. Unter all den Statuen fehlt der Markuslöwe nicht, natürlich

Loggia San Giovanni

an höchster Stelle platziert. Links davon können Sie zum **Castello di Udine** aufsteigen. Eine Sage erzählt, der Hunnenkönig Attila habe den Berg im Jahr 452 in Windeseile durch seine Soldaten aufschaufeln lassen, um das brennende soeben geplünderte Aquileia in der Ferne besser sehen zu können. Zu Hilfe nahmen sie ihre Helme, die immer und immer wieder mit Erde gefüllt und in einer langen Kette transportiert wurden. Wahr oder auch nicht, der Untergrund ist anscheinend nicht der stabilste. Bei allen nennenswerten Erdbeben im Umkreis bekamen die Bauten am Hügel von Udine immer besonders große Schäden ab. Der Hauptteil des heutigen Schlosses stammt aus dem 16. Jahrhundert. Im Inneren ist ein in mehrere getrennte Abteilungen separiertes Museum untergebracht. Der renommierteste Teil ist zweifelsohne die **Galleria d`Arte Antica** mit Bildern von Tiepolo, Pordenone, Canaveggio, Grassi und vielen anderen *(Piazzale del Castello 2, Mai bis Sep, Di bis So, 10.30 bis 19 Uhr, Okt bis Apr nur bis 17 Uhr, €, www.civicimuseiudine.it)*. Schön von hier oben und dazu völlig gratis, ist die Aussicht bis zu den Alpen. Der goldene Erzengel Gabriel am Dach des Turms gilt als Wahrzeichen der Stadt. Zurück am Hauptplatz und nur wenige Meter weiter geradeaus in der **Via Vittorio Veneto**, stehen Sie am mächtigen Turm des Doms **Santa Maria Annunziata**. Darin gibt es Gemälde von Tiepolo zu sehen. Der Venezianer wurde in seiner frühen Schaffensphase vom Bischof nach Udine geholt, um in der Stadt zu wirken. Dem Dom ist ein kleines Mu-

Piazza San Giacomo

seum mit kirchlicher Kunst angeschlossen *(Piazza del Duomo 1, www.cattedraleudine.it, Museum Mi bis Mo 10 bis 12 Uhr und 16 bis 18 Uhr, So nur nachmittags)*. Direkt vis-à-vis des Dom-Haupteingangs beginnt die Fußgängerzone in der **Via B. Stringher**. Sie gelangen zur **Piazza XX Settembre**. Von Montag bis Samstag finden täglich verschiedene, kleinere Märkte statt, während der eigentliche Wochenmarkt samstags etwas weiter außerhalb abgehalten wird. Am Ende rechts und dann immer geradeaus durch die lebhafte Ladenstraße **Via P. Canciani**, stehen Sie bald an der **Piazza San Giacomo**, einem italienischen Platz wie aus dem Bilderbuch. Im Hintergrund steht die namensgebende, kleine Kirche **San Giacomo,** in der Mitte ein 700 Jahre alter Brunnen, erbaut von Giovanni da Udine, Am besten spazieren Sie von hier ab noch ein wenig auf eigene Faust umher. Wenn Sie zurück am Ausgangspunkt sind, können Sie ab der **Piazza Maggiore** noch einen Abstecher nach Süden zum **Giardino Ricasoli** machen. Dort befindet sich das **Diözesanmuseum** mit der Tiepolo-Gallerie (Piazza Patriarcato 1, musdioc-tiepolo.it, Mi bis So 10 bis 13 Uhr und 15 bis 18 Uhr, €€).

Santa Maria Annunziata

Colli Orientali

Nördlich und östlich von Udine liegt das zweite große Weinbaugebiet der Region, die Colli Orientali. Auf einer Schleife lernen Sie einige der verstreut gelegenen kleinen Ortschaften kennen. Bei **Faedis** können Sie am Weingut Bertossi Station machen [**183:** N 46°08'56" E 13°20'59", Via Antonutti 38, www.collevialno.it, +39 0432 72 88 90, Wasser, Strom, WLAN, kostenlos bei Einkauf oder Einkehr]. Ein erster Stopp bietet sich ansonsten in **Attimis** an, einst Stammsitz des gleichnamigen Grafengeschlechts. Im Ort leiten braune Wegweiser zum **Museo Archeologico Medioevale Attimis**, Parkmöglichkeiten finden Sie neben dem Schulgelände bei [N 46°11'24" E 13°18'40", Via Vogara]. Im Inneren können Sie Fundstücke aus den neun umliegenden Burgen, heute allesamt Ruinen, ansehen. Außerdem erhalten Sie Informationen zur Burgenwanderung, die vermutlich auch für Sie die größere Attraktion darstellt...

Stellplatz 157, Attimis

Museo Attimis: Via Principale 99, www.museoattimis.it, So von 10 bis 13 Uhr und 14 bis 19 Uhr, €

Am angegebenen Parkplatz befindet sich eine Infotafel zum Weg, der Sie an zwei Burgen und einigen anderen Besonderheiten des Hügels hinter Attimis vorbei führt. Statt durch den ganzen Ort zu wandern, starten Sie besser am Beginn des gut markierten Weges nahe der Kirche. Besonders schön ist er im Frühjahr, wenn überall entlang des Weges Wildblumen blühen. Auf dem recht großen, ruhig gelegenen Parkareal können Sie im Womo die Nacht verbringen, [**184:** N 46°11'10" E 13°18'32", Via Pecole].

Ein ganzes Stück versteckter liegt Ihr nächstes Ziel in den bewaldeten Bergen. Auf schmaler und kurviger werdenden Straßen rollen Sie über **Nimis** und von dort stetig bergan zur **Grotte Nuova di Villanova**. Neben der kleinen Trattoria ist sogar ein eigener Stellplatz vorhanden.

Blick von den Colli Orientali auf den P.N. Prealpi Gulie

(185) Offizieller WOMO-Stellplatz: Grotte di Villanova

GPS: N 46°15'21" E 13°17'00", Villa-nuova 6, Lusevera. **Max. WOMOs:** 3-4.

Ausstattung: V/E (frei zugänglich), Mülleimer, Picknickbänke.
Beschreibung: Teils schattiger, markierter Teil des asphaltierten Höhlen-Parkplatzes hinter der Trattoria. Nachts sehr ruhig, fast eben, kein Ort in der näheren Umgebung.
Zufahrt: Ab Nimis der Beschilderung zur Höhle folgen.

In der Tropfsteinhöhle werden zwei verschiedene Touren angeboten, über die Sie im kleinen Informationsbüro neben dem Parkplatz genau informiert werden. Die regelmäßig stattfindende Standardtour dauert rund 80 Minuten und verlangt Ihnen etwa 500 Treppenstufen ab. Für besonders Wagemutige werden ab und zu herausfordernde Klettertouren über unbefestigte Abschnitte angeboten, für Ruhesuchende Meditationsevents in der Höhle. Beide allerdings nur zu bestimmten Terminen und mit Voranmeldung. Einen weiteren Stellplatz finden Sie auf Ihrer Weiterfahrt nahe dem Weiler Vedronza.

***Grotte di Villanova**: Grotte 3, www.grottadivillanova.it, ständig wechselnde Zeiten siehe Homepage, €€*

(186) Offizieller WOMO-Stellplatz: Vedronza

GPS: N 46°16'17" E 13°15'33", SS646. **Max. WOMOs:** 6-8
Ausstattung: V/E (frei zugänglich), Picknickbänke, kein Schatten.
Beschreibung: Nicht einsehbar im Grünen gelegener, einfacher Platz auf Erdboden neben einem Sportplatz. Recht einsam vor schöner Bergkulisse, ruhig, nicht ganz eben, etwa 600m in den Ort.

Zufahrt: Von der Bergstraße aus Richtung Lusevera kommend am Ende rechts abbiegen. Kurz nach Ortsende kommt links der Sportplatz in Sicht. Dort beschildert zum Platz abzweigen.

Der heute eher unscheinbar und verschlafen erscheinende Ort **Tarcento** wurde früher „Perle des Friauls" genannt. Grund war das ausgesprochen milde Klima und die recht hübsche Lage am Fluss. Viele wohlhabende Familien ließen sich entlang

Villa in Tarcento

des Wasserlaufs nieder oder erbauten Sommerresidenzen. Einige der prunkvoll errichteten Gründerzeithäuser, oft im damals besonders angesagten Schweizer Stil, können Sie noch heute, vor allem entlang des Isonzo-Zuflusses Torre, sehen. Viel mehr Spektakuläres bietet der Ort nicht. Eine gemütliche Runde durch die kleine Fußgängerzone hinter der Kirche oder zum Hauptplatz hinauf mag für Sie dennoch von Belang sein, falls Sie den schön gelegenen Stellplatz nutzen.

(187) Offizieller WOMO-Stellplatz: Tarcento

GPS: N 46°12'52" E 13°13'30", Via Sottocolle Verzan. **Max. WOMOs**: 7.
Ausstattung: V/E, Strom (gegen Gebühr), manchmal wird eine Mobiltoilette aufgestellt, Picknickbänke.

Beschreibung: Schöne, schattige Plätze am Flusslauf neben einem Sportgelände, ruhig, ungefähr 350 m in die Ortsmitte.
Zufahrt: Von Venzone kommend fahren Sie am Ortsbeginn die zweite Straße nach rechts (Via A. Malignani) und am Beginn der entgegenkommenden Einbahnstraße vor der Kirche rechts. Den folgenden Platz nach schräg rechts vorne überqueren und der Hauptstraße folgen. Nach rund 250 m ist nach links der Stellplatz klein auf weißen Schildern angeschrieben. Folgen Sie dem Zufahrtsweg bis zum Ende nach rund 350 m.

Colloredo di Monte Albano

Nahe Tricesimo queren Sie schließlich die Autobahn A23 in Richtung Colloredo. Das kleine Dorf thront auf einem Hügel und ist schon von Weitem gut zu sehen. Beherrscht wird es von seiner gewaltigen Burganlage aus dem 14. Jahrhundert, einer der größten im Friaul. Sie ist erst wenigen Jahren wieder weitgehend hergestellt. Für Jahrzehnte lagen große Teile davon nach dem schweren Erdbeben von 1976 in Trümmern. Eine Besichtigung war bisher nicht möglich, aktuelle Infos erhalten Sie über www.consorziocastelli.it. Es gibt aber zwei gute Speiselokale und der

Colloredo di Monte Albano

Ortsparkplatz weist einmal mehr offizielle Stellplätze für Womos aus, [**188:** N 46°09'56" E 13°08'22", Via E. di Colloredo 14].

Fagagna *(Markttag Fr., Via Umberto I)*

Kurz vor Fagagna hat man vor einigen Jahren die **Oasi Naturalistica Dei Quadris** angelegt. Rund um die einst zum Torf- und Lehmabbau gegrabenen Teiche ist auf 62 Hektar ein Reservat entstanden, das verschiedene Lebensräume für zahlreiche Tier- und Pflanzenarten bildet. Die absoluten Stars der Anlage sind die rund 100 Waldrappen und 60 Weißstörche. Letztere sieht man bei der Fahrt überall ringsum auf Strommasten, Schornsteinen und Laternenpfählen brüten. Eine Dauerausstellung über die Wiederansiedelung kann im Besucherzentrum angesehen werden. Fagagna ist ein aus mehreren Dörfern zusammengewachsenes Konstrukt. Es gibt einige schöne Straßenzüge und man kann zum Castello am Berg hinauf fahren oder gehen. Am Südende des Erholungsgeländes Parco del Cjastenar gibt es einen Stellplatz.

Weißstorch in der Oasi dei Quadris

***Oasi dei Quadris**: [N 46°07'38" E 13°05'10"], Via Caporiacco, www.oasideiquadris.it, meist Sa 14.30 bis 19 Uhr, So ab 10 Uhr, weitere Öffnungen über die Website einsehbar, €*

(189) Offizieller WOMO-Stellplatz: Fagagna

GPS: N 46°06'47" E 13°04'36", Via Stalletti 232. **Max. WOMOs:** 5.
Ausstattung: V/E (frei zugänglich), Mülleimer.
Beschreibung: Schattenlose, großzügig dimensionierte Stellflächen hinter dem Freizeitgelände, nachts ruhig, eben, Picknickbänke

und Spielplatz sowie Toiletten im Park, 600 m in den Ort, bedingt klappstuhlgeeignet.
Zufahrt: Von der Oasi Dei Quadris kommend, nehmen Sie die dritte Straße nach rechts. Dann nach rund 200 m links und bis zum Platz fahren.

San Daniele del Friuli *(Markttag Mi., Piazza Umberto I)*

Neben Parma ist San Daniele sicherlich der am meisten mit italienischem Rohschinken verknüpfte Ortsname Italiens. Es gibt kaum einen Markt in Norditalien, bei dem der Prociutto San-Daniele nicht ganz oben auf der Hitliste steht. Natürlich kann man im Ort das berühmte Produkt und außerdem viele andere regionale Feinkostwaren erwerben oder in einem der zahlreichen Lokale verkosten. Nicht unbedingt günstiger als anderswo, aber in bester Qualität.

Das auf einem Hügel errichtete Zentrum ist zwar nicht extrem eng, allerdings auch nicht wirklich auf Wohnmobilmaße ausgelegt und Sie tun gut daran, am großen Stellplatz zu parken und die paar hundert Meter Aufstieg zu Fuß anzutreten. Mittelpunkt ist der **Dom San Michele Arcangelo** am Hauptplatz. Ringsum gibt es besagte Prosciutterien.

(190) Offzieller WOMO-Stellplatz: San Daniele

GPS: N 46°09'22" E 13°00'47", Via Primo Carnera. **Max. WOMOs**: 25.

Ausstattung: V/E (frei zugänglich), Mülltonnen, Beleuchtung.
Beschreibung: Recht schön angelegter, asphaltierter und mit Rasengittersteinen versehener Übernachtungsplatz unterhalb der Altstadt mit viel Grün ringsum. Teils Schatten, relativ ruhig, weitgehend eben, 600 m in den Ort.
Zufahrt: Auf der Einfahrtsstraße von Fagagna kommend rechterhand, beschildert.
Hinweis: bei [N 46°09'59" E 13°01'11"] gibt es in der Via Osoppo noch einen Ausweich-Parkplatz, ebenfalls mit V/E-Anlage.

San-Daniele-Schinken

Für passionierte Fleischliebhaber ist der San Daniele eine ganz besondere Delikatesse. Der luftgetrocknete Schinken erhält sein ganz eigenes, würzig-süßliches Aroma durch die Lage der Stadt: Feuchtwarme Luftmassen aus dem Süden und die trockene, kalte Luft aus den Alpen treffen sich und sorgen für beste Reifebedingungen. Mehr als 30 Betriebe haben San Daniele zur absoluten Schinkenstadt gemacht. Nur wenige, ausgewählte Schweinerassen sind zugelassen. Die Tiere müssen bei der Schlachtung mindestens neun Monate alt sein und die hochwertige Fütterung

San Daniele del Friuli

wird streng überwacht. Während der bei uns gängigere Parmaschinken im größeren Stil, immerhin fast 2,5 Millionen Schinken pro Jahr, exportiert wird, bleiben 85 Prozent der Produktion aus San Daniele im eigenen Land – das macht den Schinken im Export besonders teuer: „nur“ 2,8 Millionen Schinken werden überhaupt hergestellt und sind in verschiedenen Qualitätsstufen erhältlich. Falls Sie ihn noch nicht kennen probieren Sie ihn mal – die Topware schmilzt geradezu auf der Zunge. Jedes Jahr im August wird ein großes Schinkenfest gefeiert. Dann wandeln sich die Gassen zu langen Tafeln und Einheimische wie Gäste treffen sich zum Festmahl.

Die furlanische Sprache

Bestimmt ist Ihnen schon aufgefallen, dass in der ganzen Provinz Udine viele Orts- und Hinweisschilder zweisprachig ausgewiesen sind. Neben italienisch wird bis heute von über 600.000 Menschen furlanisch (oder auch friulisch) als Alltagssprache genutzt. Erste Zeugnisse gehen bis ins 13. Jahrhundert zurück und schon damals existierte die Sprache selbständig neben dem Lateinischen, zu dem sie aber recht große Parallelen aufweist. Auch Worte aus dem Deutschen, Slawischen, Venezianischen und sogar Französischen finden sich im Wortschatz wieder. Seit 2004 werden alle Wegweiser, die zur Erneuerung anstehen, zweisprachig angebracht, rund 45 Prozent sind bereits installiert. In den Schulen wird furlanisch als Wahlfach wieder unterrichtet.

Grotte Pradis

Nach San Daniele wechseln Sie ans Westufer des Tagliamento. Kurz vor der Brücke können Sie in Pigagno zu einem Stellplatz an einer Trattoria direkt am Ufer abzweigen. Das in großen Teilen nur mehr als Ruine existente **Castello San Pietro di Ragogna** bietet sich für einen Zwischenstopp an.

Castello Ragogna: *[N 46°11'12" E 12°57'41"], Via Castello, Mai bis Okt, Sa/So 14.30 bis 18.30 Uhr, Eintritt frei, www.volontariatorar.it*

(192) WOMO-Agricampeggio: Ragogna Trattoria Al Vecjo

GPS: N 46°10'43" E 12°57'38", Via 2 Giugno. **Max. WOMOs:** 10
Internet/Tel.: www.alvecjotraghet.it, +39 432 95 77 43.
Ausstattung: V/E, Strom, Toilette, Picknickplatz, Spielplatz.
Beschreibung: Schöner Platz auf dem Gelände einer Trattoria direkt am Flussufer. Teils schattig, ruhig, nicht ganz eben, klappstuhlgeeignet.

Grotte Pradis

Preis: €€.
Zufahrt: Gegen Ende von Ragogna links in die Via Bologna abbiegen. Nach rund 650 m rechts in Richtung Taverne abfahren.
Hinweis: Wenn Ihnen die Gegend gefällt, Sie aber lieber ganz für sich bleiben wollen, finden Sie schon kurz zuvor eine Stellplatzalternative an einem Picknickplatz am Ragogna-See bei [**191:** N 46°10'32" E 12°59'55"]

Über Pinzano und Vallata fahren Sie nun auf einem Abstecher von der Hauptroute nach Clauzetto und dabei immer weiter in die Berge hinein. Die **Grotte Pradis** ist bereits angeschrieben. Auf kurvenreicher, schmaler Straße geht es ein gutes Stück hinauf, bis Sie rechter Hand zwei Waldparkplätze erreichen. Mit dem Wohnmobil parken Sie am besten am ersten, der entsprechende Einrichtungen bietet, [**193:** N 46°14'43" E 12°53'24", V/E]. Die Sehenswürdigkeit ist als Grüne Grotte bekannt, da ihre Wände stets grün erleuchtet sind. Forscher fanden darin zahlreiche Zeugnisse für die Anwesenheit prähistorischer Menschen und Tiere. Heute werden, zum Beispiel an Weihnachten, Messen an der bronzenen Marienstatue zelebriert. Über 207 Stufen gelangt man weiter in die schroffe Schlucht am kleinen Fluss Cosa hinein. Am Ende des Weges finden Sie ein Kruzifix aus Holz des Künstlers Gatto. Ein Museum gehört zur Grotte, darin können Sie archäologische und paläontologische Funde studieren. Schön ist ein Besuch vor allem im Spätsommer, wenn unzählige Alpenveilchen an den Hängen blühen.

Grotte Pradis: *[N 46°14'45" E 12°53'18"], Via Pradis die Sotto, www.grottedipradis.it, stark schwankende Öffnungszeiten Jun bis Sep meist 14 bis 18 Uhr, Sa/So meist ab 10 Uhr, Apr/Mai und Okt nur unregelmäßig, €*

Lago di Cornino

Von der Grotte aus müssen Sie zunächst umkehren, um der beschriebenen Route zu folgen. Der Weiterweg zum Lago di Corni-

Der Lago di Cornino und seine Geier

no ist über Casiacco und Flagogna angeschrieben. Mit Womos über drei Meter Höhe müssen Sie allerdings die Straße über Forgaria wählen, da Ihnen sonst eine Bahnunterführung die Weiterfahrt versperrt. Hier ist das Naturschutzgebiet am See auf einer Alternativstrecke markiert.

Die Parkplätze am **Riserva Naturale Regionale Lago di Cornino** sind recht knapp bemessen, besser halten Sie daher schon vor der kleinen Brücke rechts bei [N 46°13'34" E 13°01'10"]. Das Besucherzentrum ist nur wenige Schritte entfernt. Hauptaufgabe des Parks und gleichzeitig seine größte Attraktion sind die wiederangesiedelten Gänsegeier. Das Gebiet zwischen dem Tagliamento im Osten und den Felswänden der karnischen Alpen im Westen bietet ein ideales Habitat für die großen Vögel. Mehrere Spazierwege führen zum See, der mit seinem smaragdgrünen Wasser im Sonnenschein beinahe zu leuchten scheint. Wenn Sie eine größere Runde in Angriff nehmen möchten, wandern Sie auf markierten Wegen erst am Tagliamento entlang und später über einen Aussichtsberg zurück.

Im unteren Bereich der Felsen befinden sich die Nester und Aussichtshorste der Greifvögel – mit etwas Glück werden Sie die Tiere von unterwegs erspähen. Es ist ideal, wenn Sie einen Feldstecher dabei haben. Die Chance, einen Geier von ganz nah zu sehen, haben Sie spätestens bei einem abschließenden Besuch im Infocenter. In den Volieren sind noch weitere Greifvögel zu sehen. Ein fest installiertes Fernrohr ist außerdem direkt auf die Brutplätze der frei lebenden Exemplare gerichtet.

Besucherzentrum Lago Cornino*: Via Sompcornino 81, www.riservacornino.it, Mär/Apr/Okt bis Feb Di/Do/Sa/So, 9 bis13 Uhr, Sa/So auch 14 bis 17 Uhr, Mai bis Sep 9 bis 13 Uhr und 14 bis 18 Uhr*

Artegna

Schon seit der Römerzeit existiert der kleine Ort. Ein Abstecher dorthin ist kein Muss, allerdings gibt es einen Womo-Stellplatz. Wenn Sie sich für mittelalterliche Burgen interessieren, können Sie den Abstecher zum **Castello Saorgnan di Artegna** ins Auge fassen. 1976 durch das große Beben zerstört, wurde der Wiederaufbau erst 2013 abgeschlossen. Neben einigen Schauräumen ist der einzeln stehende Langobarden Turm gleich nebenan zu besichtigen.

Castello Sorgnan: *Via delle Chiese 15, www.castellodiartegna.it, Sa/So 10 bis 12 Uhr und 15.30 bis 19 Uhr, Eintritt frei, Spende erbeten*

(194) Offizieller WOMO-Stellplatz: Artegna

GPS: N 46°14'05" E 13°08'57", Via Vicenza. **Max. WOMOs:** 3.
Ausstattung: V/E, Spielplatz, Mülleimer.
Beschreibung: Stellplatz hinter dem Sportstadion, nahe an den Bahngleisen, sonst recht ruhig, kein Schatten, eben. Ein schöner Botanischer (Rosen)garten befindet sich direkt daneben.
Zufahrt: Von der SP28 kommend, nach der Bahnüberführung, am Ortsbeginn im Kreisverkehr links abbiegen. Dann die zweite Straße nach links nehmen und in rund 350 m zum Stellplatz fahren.

Gemona del Friuli *(Markttag Fr., im Zentrum)*

Traurige Bekanntheit erlangte die Stadt 1976. Damals wurde kein anderer Ort so stark vom Erdbeben getroffen wie Gemona. Wenn Sie ein Stück durch die Gassen schlendern und sich im Infozentrum über die damaligen Zerstörungen und den Wiederaufbau informieren möchten, finden Sie einen idealen Parkplatz gleich unterhalb der Altstadt, auch über Nacht.

(195) Offizieller WOMO-Stellplatz: Gemona del Friuli

GPS: N 46°16'34" E 13°08'14", Via Dante Alighieri. **Max. WOMOs:** 5-6.

Ausstattung: V/E, Mülleimer, Bänke, Beleuchtung.
Beschreibung: Zentraler Parkplatz mit Aussicht ohne extra markierte Womo-Buchten, kleine Grünfläche daneben, etwas steile Anfahrt, auf Aspahlt, nicht ganz eben, nachts ziemlich ruhig, kein Schatten.
Zufahrt: Von Artegna kommend, biegen Sie vor dem Stadttor links ab, ansonsten fahren Sie auf der Via Piovega in die Stadt hinein. An einer größeren Verkehrsinsel halten Sie sich dann bergauf in die Einbahnstraße Via G. Fantoni und gelangen so zum Platz nach rund 150 m linker Hand.
Hinweis: Ist der Platz besetzt oder gefällt er Ihnen nicht, finden Sie in der Vorstadt eine tolle private, campingplatzähnlich ausgestattete Alternative am Hotel Willy, [**196:** N 46°17'22" E 13°07'19", Via Bariglaria 164, www.hotelwilly.com, +39 0432 98 17 33, €€].

Santa Maria Assunta in Gemona

Germona und das Erdbeben von 1976

Vom Parkplatz steigen Sie über den **Rive Dei Stimantis** in den Ort hinauf. Nach rechts, entlang der **Via Giuseppe Bini**, erreichen Sie am Ende den Dom mit angeschlossenem kleinen Museum. Unterwegs gibt es auf der rechten Seite ein Dokumentationszentrum zum Erdbeben dieser Jahrhundertkatastrophe. Das Unglück begann am Abend des 6.Mai 1976, als die Erde über eine Minute mit Stärke Zehn bebte. Das Epizentrum lag gleich unterhalb am Ufer des Tagliamento bei Trasaghis und war bis nach Slowenien und Österreich zu spüren. Fast 1000 Menschen kamen ums Leben, 45.000 wurden mit einem Schlag obdachlos und die meisten Gebäude wurden teilweise oder gleich ganz zerstört. Auch der Dom **Santa Maria Assunta**, den Sie gleich erreichen, wurde aufs Schwerste beschädigt. Nur die Grundmauern standen noch. Heute ist davon kaum mehr etwas zu sehen. Lediglich die Pfeiler im Inneren blieben nach dem Wiederaufbau etwas schief. Erst zehn Jahre später, 1986, konnte wieder eine Messe stattfinden. Doch zurück ins Jahr 1976: Was damals keiner ahnen konnte: mit diesem ersten Beben sollte es noch nicht vorbei sein. Vier Monate später, am 11. September und am 15. September kam es zu weiteren Erdstößen der Stärken 7, 8 und erneut 10. Viele bereits beschädigte oder sich wieder im Aufbau befindliche Gebäude stürzten nun vollends ein. Weitere 30.000 Menschen verloren ihr Hab und Gut. Anhand von Fotobeispielen wird an mehreren Stellen im Ort anschaulich verdeutlicht, wie es um den Vorher-, Nachher- und heutigen Ist-Zustand steht. Erst seit ganz kurzer Zeit ist das Castello wieder weitgehend hergestellt. Zwar finden im Sommer im Außenbereich inzwischen wieder Konzerte und andere Kulturveranstaltungen statt, eine Besichtigung war bislang aber nicht möglich.

Bordano und Lago di Cavazzo

Bei **Braulins** wechseln Sie nochmals das Flussufer. Gleich rechts am Ortsende befindet sich ein großer Kiesplatz, von dem aus man hinab ans weite Tagliamento-Bett gelangt. Einheimische nehmen dort an heißen Tagen gerne ein Sonnenbad oder suchen Erfrischung im Wasser. Auch über Nacht stehen regelmäßig Wohnmobile an diesem Platz, [**197:** N 46°17'13" E 13°05'43", SP36].

Drei Kilometer weiter ist in Bordano das **Casa delle Farfalle,** die größte Sensation. In mehreren Gewächshäusern sind, nach Kontinenten unterteilt, hunderte Schmetterlinge, aber auch andere Tiere wie Echsen, Schlangen, Säugetiere und Fische zu sehen. Interessante Informationen zur Farbgebung im Tierreich und die Insektenabteilung „krabbelnde Schmuckstücke" runden das Angebot ab. Vor der Tür wurden außerdem Picknicktische aufgestellt und es gibt einen Spielplatz.

***Casa Farfalle**: [N 46°18'49" E 13°06'27"], Via Canada 5, www.bordanofarfalle.it, Ende Mär bis Sep, 10 bis 18 Uhr, €€*

Der Pfad der Schmetterlinge

Im Schmetterlingshaus können Sie eine Begleitbroschüre zum Schmetterlingspfad erwerben, der ab Bordano und vorbei am **Monte San Simeone** bis an den **Lago di Cavazzo** und zurück führt. Auch Teilstücke des recht umfangreichen, mehrstündigen Weges können in Angriff genommen werden. Der entomologische Pfad führt durch die intakte Natur rund um den Berg. Hier sind über 100 Tagfalter und fast 550 Nachtfalterarten heimisch, so viele wie kaum anderswo in Italien.

Am **Lago di Cavazzo**, auch **Lago Trei Comuni** genannt, biegen Sie in Interneppo links ab. Rechter Hand gelangen Sie zu einem großen Bade- und Freizeitgelände. Das Parken für Wohnmobile ist allerdings großräumig untersagt. Nur direkt an der Straße in Höhe des Spielplatzes fanden sich bislang noch einige nicht reglementierte Plätze. Als Alternative gibt es zwei gleich nebeneinander gelegene Campingplätze auf der gegenüberliegenden Seeseite.

(198) WOMO-Campingplatz: Alesso
Camping Lago Trei Comuni

GPS: N 46°19'33" E 13°03'48", Via Tolmezzo 52.
InternetTel.: www.lago3comuni.com, +39 0432 97 94 64.
Öffnungszeiten: ungefähr April bis September.
Ausstattung: Alle Einrichtungen, Waschmaschine, Bar/Restaurant, Spielplatz, Fahrrad- und Kanuverleih, Surfschule.
Beschreibung: Recht schöner, kleinerer Platz mit direktem Seezugang und teils schattigen Stellplätzen auf Rasen, nicht ganz eben, etwas 1000m vom Ort entfernt.
Preis: €€€€-€€€€€, je nach Platz und Saison.
Zufahrt: Wie im Tourtext beschrieben.
Hinweis: Alternativ können Sie den zweiten Platz „Val del Lago" ansteuern *(www.valdellago.it)*.

Wenn Sie weiter in nördliche Richtung fahren, können Sie die Runde um den See vervollständigen. Wer nur einen „schnellen Übernachtungsplatz" sucht, findet den gleich nach der Autobahnunterführung rechts an einer dort abzweigenden Schotterpiste neben der Hauptstraße noch vor dem Ortsbeginn von Somplago bei [**199:** N 46°20'27" E 13°04'09"]. Zurück in Bordano, fahren

Sie auf schmaler Straße und über den Weiler Pioverno in nördliche Richtung. An der Tagliamentobrücke finden Sie, diesmal am Ostufer, einen weiteren Parkplatz für einen Badestopp bei [N 46°20'06" E 13°08'07", Via Paserella]. Für den besten Flusszugang müssen Sie allerdings über die Brücke zurückgehen. Auch einen Aussichtshügel mit spärlichen Resten einer Festung gibt es. Er bietet einen guten Blick auf die mittelalterliche Stadt vor Ihnen.

Stellplatz 200 in Venzone

Venzone

Zwei große Ortsparkplätze bieten auch für große Fahrzeuge meist ausreichend Platz, die Zufahrt in die direkt anschließende Innenstadt ist nur für Anwohner erlaubt. Nehmen Sie am besten gleich den ersten, rechts am Fluss. Er ist selbst am Wochenende selten ganz gefüllt, [**200:** N 46°20'08" E 13°08'24"], Via del Ponte].

Unterwegs in Venzone

Ähnlich wie Gemona wurde das nur wenige Kilometer entfernt liegende Venzone beim Erdbeben von 1976 sehr schwer beschädigt. Heute sind die mittelalterlichen Gassen wieder komplett hergestellt und vermitteln den früheren mittelalterlichen Eindruck, für den Venzone schon vorher bekannt war. Vor einigen Jahren ist es zum Nationalen Kulturdenkmal erhoben worden.

Entlang der **Via Mistruzzi** schlendern Sie zum Hauptplatz mit dem auffälligen Rathaus. Bei einem Schlenker nach rechts kommen Sie zur ehemaligen **Kirche San Giovanni Battista. Sie** wurde als Mahnmal im zerstörten Zustand belassen und vermittelt live einen Eindruck, wie nach dem Beben weite Teile des gesamten Ortes aussahen. Über die kleine Gasse nach links erreichen Sie den großen **Dom Sant`Andrea.** Auch er wurde völlig zerstört, inzwischen aber unter Verwendung vieler Originalteile und in 20-jähriger Bauzeit wieder neu errichtet. Daneben, in der kleinen **Krypta San Michele,** erwartet Sie Morbides: Für einen Jeton im Wert von einem Euro *(in allen umliegenden Bars und Geschäften erhältlich)*, können Sie über eine Treppe nach unten steigen und fünf von insgesamt vierzig Mumien anschauen, die zwischen dem 17. und 19. Jahrhundert unter der Kirche gefunden wurden. Einige waren sogar erst nach dem Beben aus den Trümmern der Kirche gezogen worden und erstaunlicherweise fast unversehrt geblieben. Dass die Leichname Jahrhunderte in so gutem Zustand überdauerten, liegt an einem Schimmelpilz, der die Leichen dehydriert, konserviert und ihnen eine pergamentartige Oberfläche gegeben hat. Am kleinen Platz neben dem Dom und in der Hauptstraße finden Sie schließlich einige Cafés und Gasthäuser, die dazu einladen, in dieser besonderen Kulisse noch etwas zu verweilen.

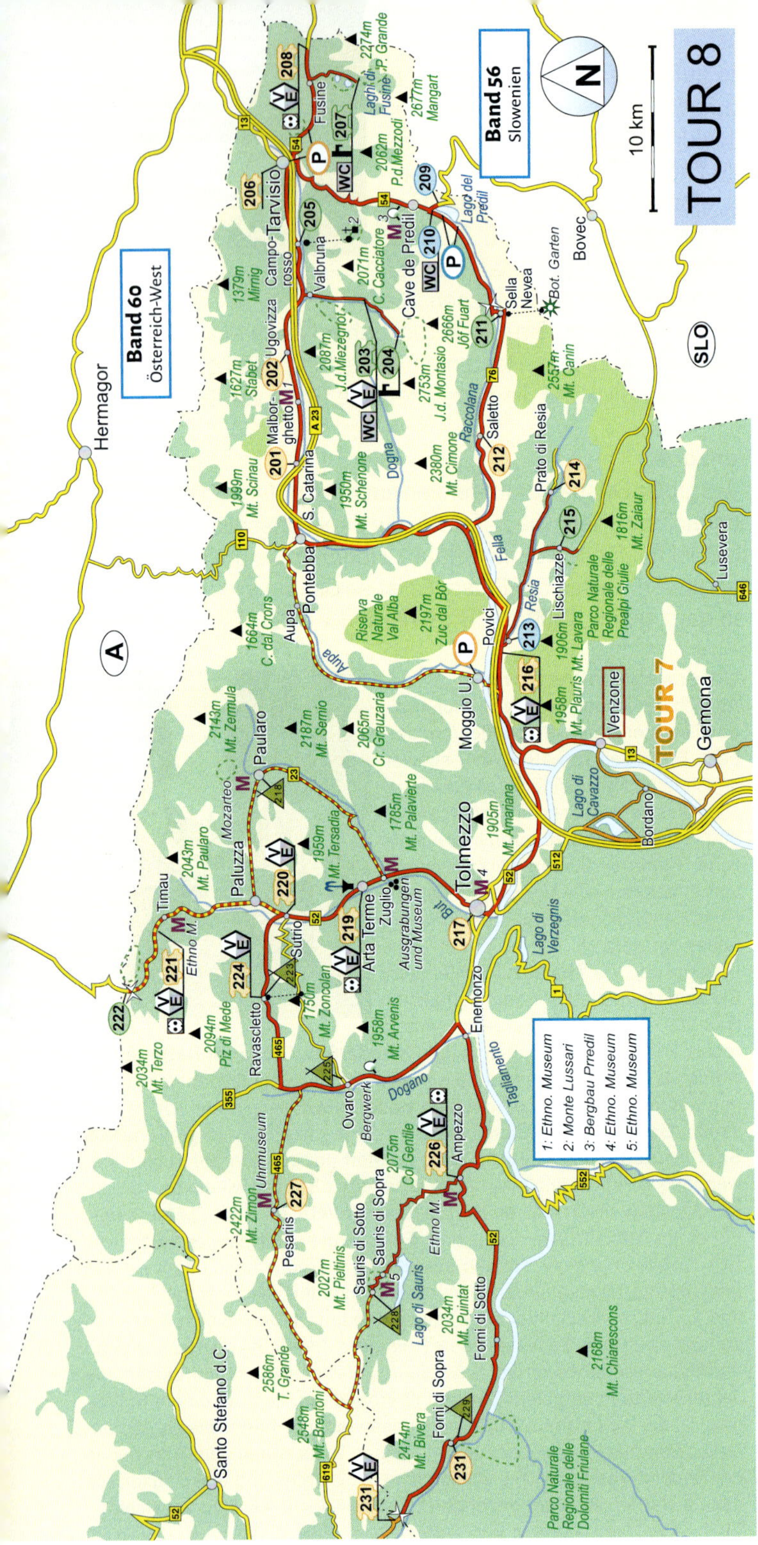
TOUR 8
10 km
N
Band 56
Slowenien
Band 60
Österreich-West
Hermagor
A
SLO
Bovec
Campo-Tarvisio
Fusine
Laghi di Fusine
Valbruna
Ugovizza
Malborghetto
S. Catarina
Pontebba
Aupa
Cave de Predil
Lago del Predil
Sella Nevea
Bot. Garten
Saletto
Raccolana
Dogna
Prato di Resia
Resia
Lischiazze
Povici
Fella
Moggio U.
Venzone
TOUR 7
Gemona
Lago di Cavazzo
Bordano
Lusevera
Parco Naturale Regionale delle Prealpi Giulie
Riserva Naturale Val Alba
Paularo
Paluzza
Timau
Ethno M.
Sutrio
Arta Terme
Zuglio
Ausgrabungen und Museum
Tolmezzo
But
Lago di Verzegnis
Enemonzo
Tagliamento
Ravascletto
Ovaro
Bergwerk
Degano
Ampezzo
Pesariis
Uhrmuseum
Sauris di Sotto
Sauris di Sopra
Lago di Sauris
Forni di Sotto
Forni di Sopra
Santo Stefano d.C.
Parco Naturale Regionale delle Dolomiti Friulane
2274m P. Grande
2677m Mangart
2062m P.d.Mezzodi
2071m C. Cacciatore
1379m Mirnig
1627m Stabet
2087m J.d.Miezegnot
2666m Jôf Fuart
2753m J.d. Montasio
2557m Mt. Canin
1999m Mt. Scinau
1950m Mt. Schenone
2380m Mt. Cimone
1664m C. dal Crons
2197m Zuc dal Bôr
1906m Mt. Lavara
1816m Mt. Zaiaur
1958m Mt. Plauris
2143m Mt. Zermula
2187m Mt. Sernio
2065m Cr. Grauzaria
1785m Mt. Palavierte
1905m Mt. Amariana
1959m Mt. Tersadia
2043m Mt. Paularo
Mozarteo
2094m Piz di Mede
1750m Mt. Zoncolan
1958m Mt. Arvenis
2034m Mt. Terzo
2075m Col Gentile
2422m Mt. Zimon
2027m Mt. Pieltinis
2034m Mt. Pruntat
2586m T. Grande
2548m Mt. Brentoni
2474m Mt. Bivera
2168m Mt. Chiarescons
1: Ethno. Museum
2: Monte Lussari
3: Bergbau Predil
4: Ethno. Museum
5: Ethno. Museum

Tour 8: Udine von Tarvisio bis Sauris, 265-350 km

Malborghetto – Tarvis – Lago del Predil – Tolmezzo Arta Terme – Sauris – Ampezzo – Forno di Sopra

Stellplätze:	Santa Catarina, Ugovizza, Valbruna (2x), Camporosso, Tarvisio, Laghi di Fusine, Fusine, Lago del Predil (2x), Sella Nevea, Saletto, Povici (2x), Prato di Resia, Lischiazze, Tolmezzo, Arta Terme, Sutrio, Timau, Plöckenpass, Ravascletto, Pesariis, Ampezzo, Forno di Sopra, Passo Mauria
Campingplätze:	Paularo, Ravascletto, Ovaro, Sauris, Forno di Sopra
Besichtigen:	Ethnografisches Museum Malborghetto, Bergwerk und Museen in Predil, Tolmezzo, Ausgrabungen in Zuglio, Museum in Timau, Bergwerk von Cludinico, Museum Ampezzo, Museum Pesariis
Baden:	Am Lago del Predil, am Barman Wasserfall, in Arta Terme
Wandern:	Im Val Aupa, in Malborghetto, im Valbruna-Tal, am Monte Lussari, in der Slizzaschlucht, an den Laghi di Fusine, bei Sella Nevea, im Resia-Tal, bei Paularo, am Plöckenpass, am Monte Zonculan, zwischen Sauris di Sopra und Sauris di Sotto, im Parco Dolomiti Friulane

Entlang des Alpensüdkamms erforschen Sie auf dieser Tour unbekannte Ecken Norditaliens mit herrlichen Bergseen und versteckten Dörfern, die teils über Jahrhunderte ihre eigene Kultur und Sprache bewahrt haben. Klöster, Bergwerke, Museen und viele Wandermöglichkeiten sorgen für reichlich Abwechslung.

Sobald Venzone hinter Ihnen liegt, müssen Sie entscheiden, ob Sie direkt weiter nach Tolmezzo fahren oder die angegebene Schleife durch das Dreiländereck zu Österreich und Slowenien ansteuern. Das geht entweder über die Staatsstraße 13 oder im Expresstempo über die Autobahn. Alternativ wählen Sie die Fahrt durch das stille und schroffe Val Aupa. Alle Wege treffen sich in Pontebba wieder.

Val Aupa

Für die Aupa-Tal-Variante nehmen Sie die Abzweigung nach **Moggio Udinese** und überqueren den Fluss. Der Ort existiert als äußerster Vorposten schon seit der Römerzeit. Größte Sehenswürdigkeit ist das etwas erhöht gelegene Kloster im Ortsteil Moggio di Sopra. Wenn Sie wandern möchten, lohnt ein Abstecher linker Hand zum **Touristeninformationsbüro**, wo Sie entsprechende Tipps und Kartenmaterial erhalten.

Kloster Clarisse e Sacrementine in Moggio di Sopra

***Touristeninformation**: Pro Loco Büro an der Piazetta S. Pertini, meist Di bis So 10 bis 12.30 Uhr und 16 bis 18.30 Uhr*

Nach den letzten Häusern schlängelt sich die kleine aber gut ausgebaute Straße neben dem Aupa flussaufwärts. Rechts führt später nur noch ein handtuchbreites Sträßchen über Pradis di Sopra in das unberührte **Riserva Naturale Val Aupa**. Mit Standard-Wohnmobilen ist dieser Abstecher nicht zu empfehlen! Nur Wagemutige mit Fahrzeugen bis maximal Kleinbusgröße sollten die Auffahrt wagen. Sie werden dafür mit viel Natur und diversen Stellplatzgelegenheiten belohnt.

Die Landschaft wirkt zunehmend rauer. Nur vereinzelt liegen ein paar kleine Weiler an den Hängen links und rechts. Irgendwann lassen Sie den Fluss rechts unter sich zurück und kommen nach einigen Kilometern durch dicht bewaldetes Gebiet in Aupa heraus. Der Ort klebt förmlich am Hang und geht in ein Hochtal über. Nach einem letzten schmalen Stück Straße erreichen Sie Pontebba. Um ins Zentrum oder zurück auf die Hauptstraße zu gelangen, müssen Sie die Bahnlinie kreuzen. Die enge Unterführung ist nur 3,25 Meter hoch. Biegen Sie im Zweifelsfall nach links ab und danach immer rechts halten. So kommen Sie erst an der Abzweigung zum landschaftlich schönen **Naßfeldpass** Richtung Österreich vorbei und bald darauf durch eine zweite 3,80 Meter hohe Durchfahrt, die für fast jedes Womo-Kaliber passend sein dürfte.

Malborghetto-Valbruna

Zunächst können Sie bei **Santa Catarina** eine erste einfache Übernachtungsmöglichkeit auf einem Parkplatz am Fluss ansteuern, [**201:** N 46°30'11" E 13°23'47", Via Fella]. In Malborghetto fallen die schönen, alten Palazzi auf, die den Dorfkern bilden.

Falls Sie einen Zwischenstopp einlegen möchten, können Sie das **Museo Etnografico** besuchen. Es zeigt Geschichtliches zur Region, gibt Einblick in die Tier- und Pflanzenwelt sowie ins Thema Bergbau. Sogar ein ganzes Stück Bergbaustollen wurde nachgebaut.

Gleich um die Ecke beginnt der rund einstündige, gut ausgeschilderte Kurzwanderweg „**Animalborghetto**", der vor allem für Familien mit Kindern gedacht ist. Lokale Künstler haben überall unterwegs handbemalte Tiere der Region von heute und damals platziert, die den Weg auch für kleine Wanderer abwechslungsreich machen. Eine nächste Übernachtungsgelegenheit bietet sich in Ugovizza.

Stellplatz 201 bei Santa Catarina

***Museo Etnografico**: parken bei [N 46°30'23" E 13°26'03"] Via Bamberga 53, Di bis So, 10.30 bis 12.30 Uhr und 15 bis 18 Uhr, €*

(202) WOMO-Parkplatz: Ugovizza

GPS: N 46°30'35" E 13°28'23". **Max. WOMOs**: 2-3.
Ausstattung: Spielplatz, Mülleimer.
Beschreibung: Parkfläche am Ende einer kleinen Seitenstraße im Grünen am südlichen Ortsrand, ins Zentrum 150 m, kleines Café 50 m entfernt.
Zufahrt: In Ugovizza unmittelbar nach der Brücke rechts abbiegen und nach den Häusern gleich wieder nach links abfahren.

Wer noch ein wenig mehr in die Natur eintauchen möchte oder Lust auf eine Wanderung hat, nimmt die Abfahrt ins landschaftlich schöne, von Bergen umrahmte **Valbruna-Tal**. Der gleichnamige Wintersportort zu Beginn, wirkt über weite Teile des Jahres ziemlich ausgestorben. Die Stichstraße führt dahinter für einige Kilometer weiter ins Tal hinein. Eine 2014 eröffnete Themenwanderung zum Ersten Weltkrieg, mit entsprechenden restaurierten Schauanlagen und –tafeln, kann in drei verschiedenen Längen absolviert werden und startet an der Trattoria Montasio. Auch vom Parkplatz am Ende der Straße starten mehrere Wanderwege. Dort und schon zuvor an der Zufahrtsstraße gibt es zwei Stellplätze.

(203) Offizieller WOMO-Stellplatz: Valbruna Parcheggio Val Saisera

GPS: N 46°28'50" E 13°29'30", Via Saisera. **Max. WOMOs:** 15.
Ausstattung: V/E, Toilette, Mülltonnen, Imbiss.

Santuario Monte Lussari

Beschreibung: Teil eines großen Wanderparkplatzes am Beginn des Valbruna-Tals, teils schattig. Ortszentrum rund 1 km.
Preis: Einrichtungen nur Mai bis Oktober, dann €€.
Zufahrt: Nach Ugovizza rechts abbiegen Richtung Valbruna, nach ungefähr 3 km auf der linken Seite markiert.

(204) WOMO-Parkplatz: Valbruna Parcheggio Ghiaie

GPS: N 46°27'23" E 13°28'10", Via Saisera, 1005 Hm. **Max. WOMOs:** 4-5.

Ausstattung: Wasser, Mülltonnen, Picknickbänke.
Beschreibung; Ganz am Ende der Straße am Fluss und direkt vor den Gipfeln und am Beginn zahlreicher Wanderwege gelegen. Schöne Lage, nicht ganz ebener Untergrund, kein Schatten.
Preis: Mai bis Oktober €.
Zufahrt: Wie Stellplatz Val Saisera zuvor, nur noch weiter ins Tal hinein.

Monte Lussari

Eines der beliebtesten Ausflugsziele der Region ist der **Monte Lussari**, den Sie von **Camporosso** aus erreichen. Er gilt als ideales Ziel für Wanderer und Skifahrer. Am Gipfel befindet sich das **Santuario Monte Lussari,** eine in windiger Höhe erbaute Wallfahrtskirche. Sie ist seit jeher das Ziel Gläubiger aus allen angrenzenden Ländern. Der Überlieferung nach wurde im 14. Jahrhundert an dieser Stelle eine Marienstatue gefunden und auch eine Marien-Erscheinung soll es gegeben haben. Mit der Zeit hat sich ein regelrechter Pilgertourismus entwickelt und rund herum siedelten sich mehrere Gasthäuser und Pensionen an. Inzwischen ist daraus ein richtiges kleines Dorf samt einer

bunten Gasse mit Souvenirshops und Imbissbuden entstanden. Der Ausblick ist fantastisch und statt den Wanderweg über die Via Crucis zu Fuß anzutreten, können Sie heute bequem mit der Bergbahn hinauf fahren. Am Parkplatz der Gondel dürfen Sie mit dem Womo über Nacht stehen [**205:** N 46°30'26" E 13°32'03", Via Monte Lussari].

***Monte Lussari**: Sommerbetrieb von Ende Mai bis Sep, 9 bis 17.15 Uhr, Sa/So, 8.30 bis 18.15 Uhr, Berg/Talfahrt €€€, www.promotur.org*

Tarvis

Nur einen Katzensprung weiter erreichen Sie Tarvis. Schön ist der Grenzort zu Österreich nicht gerade, punktet aber mit seinen großen Markthallen, die an sechs bis sieben Tagen in der Woche geöffnet haben. Wenn Sie nur für einen kurzen Einkaufsstopp verweilen, nehmen Sie den Parkplatz im Zentrum hinter der Markthalle am „Supermercato" bei [N 46°30'11" E 13°34'58"] in der Via V. Veneto. Anderenfalls finden Sie am Ortsbeginn einen Stellplatz.

Piazza Unita in Tarvisio

(206) WOMO-Parkplatz: Tarvisio

GPS: N 46°30'13" E 13°34'19", Via Armando Diaz. **Max. WOMOs**: 13.
Ausstattung: Mülleimer, teils Beleuchtung.
Beschreibung: Einstmals offizieller Stellplatz mit nach wie vor nutzbaren Flächen am hintersten Teil eines Groß-parkplatzes. Ruhig, kein Schatten, 550 m zu Fuß entlang des Flusses bis in die Ortsmitte.
Zufahrt: Am Ortsbeginn von Tarvisio rechts ab hinter dem Hotel Edelhof.

Unterwegs in Tarvisio

Tarvisio, beziehungsweise Tarvis, hat, zumindest aus aktueller Sicht, seine beste Zeit hinter sich. Seit den 1950er Jahren hatte sich ein großer Markt namens „Fetzenmarkt“ entwickelt, der Anrainer aus Österreich und Slowenien mit Kleidung und anderen Gebrauchsartikeln aus italienischer Produktion versorgte, als es dort wenig gab oder einfach Bedarf an solchen günstigen Waren bestand. In den 90ern kamen vor allem viele Osteuropäer hinzu, die ihre Einkäufe machten. In den letzten Jahren ist der Trubel dann deutlich zurückgegangen. Einige Geschäfte mussten ganz schließen. Auch wenn der Markt inzwischen ein eigenes, modernes Gebäude erhielt, um das Stadtbild aufzubessern und das Einkaufserlebnis gepflegter zu gestalten, täuscht das nicht über die abnehmende Bedeutung als Einkaufsort hinweg. Das Angebot beschränkt sich weitestgehend auf Kleidung, Accessoires und Schuhe in mannigfacher Ausführung.
Der Ort ist in eine Ober- und eine Unterstadt geteilt, Entlang zweier Hauptstraßen zieht sich die Ortsmitte. An der unteren, durch die der meiste Verkehr fließt, befinden sich einige auf Touristen gemünzte Geschäfte, Supermärkte und der große Kleider-Markt unübersehbar auf der rechten Seite.
Biegt man nach links zu einem Schwenker auf die obere Hauptstraße, finden sich einige Geschäfte für den täglichen Bedarf, ein recht schöner Hauptplatz und gegenüber eine Touristeninformation. Westlich der Stadt liegt einer der niedrigsten Übergänge des Alpenkamms. Mit nur rund 800 Meter war diese geologische Besonderheit schon vor tausenden von Jahren ein guter Grund zu siedeln. Belegt sind Funde, die bis ins 6. Jahrhundert vor Chr. reichen. Später schufen die Römer einen Außenposten und für Jahrhunderte gehörte Tarvis zum vornehmlich deutschsprachigen, österreichischen Gebiet. Viel historisch Sehenswertes gibt es heute allerdings nicht mehr zu sehen

Wanderung durch die Slizzaschlucht *(rund 2 km, 50 Hm)*

Achtung: Bitte beachten Sie, dass der Weg durch die Schlucht zuletzt wegen Erneuerungsarbeiten teilweise gesperrt war!
Ein schöne kleine Wanderung durch die Slizzaschlucht beginnt ein Stück weiter in Richtung slowenische Grenze im Ortsteil Boscoverde. Links zweigt an einem großen hölzernen Kruzifix ein kleines Sträßchen ab – braune Schilder kündigen den „Sentiero della Slizza“ an. Fahren Sie die Straße bis zum großen Parkplatz rechts hindurch. Von dort müssen Sie ein Stück zurückgehen und dann nach rechts, gelangen Sie zu einem Kriegerdenkmal (Picknickbänke ringsum). Gleich danach beginnt der Abstieg in die Schlucht. Unten angekommen, halten Sie

sich links. Der Weg führt, ohne dass Sie sich verlaufen können, später wieder nach oben und am Ende links zurück zu Ihrem Fahrzeug.

Laghi di Fusine

Statt direkt auf der SS54 wieder in Richtung Süden weiterzufahren, können Sie noch eine kurze Fahrt zum Naturschutzgebiet um die Fusine-Seen einzuschieben. Sie befinden sich in Richtung slowenische Grenze und sind rechts ab angeschrieben. Das Sträßchen führt leicht ansteigend bis vor die Felswände des 2000er Massivs **Picco di Mezzodi.** Auf dem wunderschön gelegenen Wanderparkplatz wird das Übernachten geduldet. Einen voll ausgestatteten weiteren Platz finden Sie nicht weit entfernt unmittelbar vor der Grenze in Fusine-Cofine.

Rundweg um die Laghi di Fusine *(rund 4km, 60 Hm)*
Der hübsche Weg „2 Laghi" führt in gut 90 Minuten beschildert rings um die Seen und stellt, bis auf den teils stark durchwurzelten Boden, keinerlei Herausforderungen dar. Für längere Bergtouren, in die dahinter liegende Mangartgruppe, folgen Sie, idealerweise mit einer Wanderkarte ausgerüstet, der Forststraße nach Süden. Eine einfachere Tour mit Einkehrmöglichkeit führt zum bewirtschafteten **Rifugio Zacchi** *(ausgeschriebene Öffnungszeiten beachten!)*. Biegen Sie dafür nach einer Weile in den Weg 512 ein. Er führt gewunden über Stock, Stein und Bäche bis zur Hütte. Zurück erst auf einem Stück Forststraße, dann auf den Weg 51 Richtung Alpe Vecchia bis zum Weg 517 wandern. An der nächsten Abzweigung Richtung Alpe di Tamer und über die Alpe del Lago zurück zum Ausgangspunkt.

(207) WOMO-Parkplatz: Laghi di Fusine

GPS: N 46°28'25" E 13°40'15", Via Laghi.
Max. WOMOs: 10+.
Ausstattung: Wasser, Toiletten, Snackbar, Mülleimer, Picknicktische. **Beschreibung**: Sehr schöner, in der Saison aber manchmal übervölkerter Platz zwischen Bergen und Seen. Teils schattig, nachts ruhig, uneben, Wohnmobile müssen am Rand der Fläche parken.
Preis: €€, ab 8 Uhr morgens beginnt ein weiterer Abrechnungstag.
Zufahrt: Von Tarvis in Richtung slowenische Grenze fahren, dann angeschrieben rechts ab zu den Seen am Ende der Asphaltstraße.

Laghi di Fusine

(208) Offizieller WOMO-Stellplatz: Fusine-Confine Fusine Camper

GPS: N 46°29'48" E 13°41'24", Via delle Ponze. **Max. WOMOs:** 36.
Ausstattung: V/E, teils Strom, Spielplatz, Grillgelegenheit, Beleuchtung.

Beschreibung: Recht gepflegter Bereich, mit Zugangsschranke und Stellplätzen auf Rasen und Pflaster mitten im Grünen. Diverse Wandermöglichkeiten gleich vom Platz aus, Gasthaus direkt angrenzend, Fahrradverleih, klappstuhlgeeignet.
Preis: €€€.
Zufahrt: Von Tarvis in Richtung slowenische Grenze fahren, dann unmittelbar vor der Grenze nach rechts angeschrieben.

Cave del Predil (Raibl)

Rund 13 Kilometer folgen Sie dem Flusslauf in südliche Richtung bis zur alten Bergwerkssiedlung im stillen Tal. Ende des 19. Jahrhunderts wurde der Abbau forciert und einige tausend Menschen zogen in diesen entlegenen Winkel. Nach Stilllegung der Bleigrube 1991 suchten die Meisten wieder das Weite. Weniger als 500 sind heute noch übrig. Nun lebt der Ort von seiner Attraktion **Polo Museale di Cave del Predil** mit dem als Geo-Park gestalteten alten Bergwerk rund um den **Kaiser Franz Erbstollen**. Ein Museum zur Bergwerkstradition sowie eine große militärhistorische Abteilung namens „Alpi Giulie" sind angeschlossen. Eine geschichtliche Besonderheit stellt ein mehrere Kilometer langer, ursprünglich als Versorgungsschacht gedachter Stollen dar, der später zum Eisenbahntunnel ausgebaut wurde und das gesamte Bergmassiv durchläuft. Im Ersten Weltkrieg wurden auf diesem Weg quer durch den Berg mehr als 600.000 österreichische Soldaten an die Isonzo-Front gebracht. So erhielt er den traurigen Namen „Tunnel ohne Wiederkehr".

***Museale di Cav**e: Largo G. Mazzini 7, www.museitarvisio.it, Jun bis Sep 9 bis 12.30 Uhr und 13.30 bis 18.30 Uhr, Oktober bis Mai Fr bis So 10 bis 13 Uhr und 14 bis 18 Uhr, Eintritt je nach Bereich, ab €€, Stollen zu Fuß oder per Bahn zugänglich*

Lago del Predil (Raiblsee)

Nur einen Kilometer weiter gelangen Sie an den schönen Bergsee links der Straße. An warmen Sommertagen bietet er gleich an mehreren Stellen tolle Plätze zum Ausspannen und Baden im stets „erfrischenden" Wasser. Auf einem Spazierweg kann man den See umrunden. Ganz frei stehen Sie in Richtung Slowenien am Parkplatz des Weltkriegsforts Batterai della Predil bei [**209:** N 46°25'10" E 13°34'26", SS54, 1130 Hm].

Am nördlichen Ende des Sees gibt es ansonsten ausreichend Parkflächen neben dem Restaurant Chalet al Lago mit Bootsver-

Lago del Predil

leih und Badeplatz. Einkehrenden Gästen wird die Übernachtung gestattet, [**210:** N 46°25'37" E 13°33'58"]. Am Westufer parken Sie tagsüber direkt neben der Straße bei [N 46°25'33" E 13°33'56"], um zu einem schönen Badeplatz mit Kiosk und weiterem Bootsverleih zu kommen.

Noch mehr Stell- und Parkplatzmöglichkeiten finden Sie ansonsten am Südende des Sees, etwa bei [N 46°25'007" E 13°33'21"].

Sella Nevea und Canale di Raccolana

Über einige Haarnadelkurven schwingt sich die Straße dann in den bekannten Wintersportort unterhalb des **Monte Kanins** hinauf. Im Sommer ist es meist eher ruhig und Sie finden große Parkflächen an der Bergbahn und am Ortsbeginn bei [**211:** N 46°23'26" E 13°28'35", 1170 Hm]. Bei einer Auffahrt mit der Gondel locken nicht nur eine tolle Aussicht und viele alpine Wandermöglichkeiten, sondern auch ein Gasthaus und der unweit des Gipfels gelegene, botanische Lehrpfad **Bila Pec**. Am Parkplatz befindet sich außerdem der Kletterpark **Avventura Sella Nevea.**

Monte Kanins: *Val Raccolana 16, www.turismofvg.it, Berg/Talfahrt €€€, mehr siehe Website* | ***Kletterpark:*** *www.sellaneveaparco.it*

Den höchsten Punkt Ihrer Runde um die Karnischen Alpen haben Sie nun passiert und der Fahrweg schwingt sich über zahlreiche Kehren zum Bachlauf des Raccolanas hinab. Nur wenige Häuser säumen die Straße. Nach dem Weiler **Saletto** finden Sie eine Schotterpiste zum Fluss, die nach 100

Stellplatz 212 bei Saletto

Stellplatz 213 in Povici

Metern endet. Eine weitere, sehr ruhige und abgelegene Möglichkeit für eine Rast oder das Nachtlager, **[212:** N 46°24'07" E 13°22'08"]. Am Ende des Tals kreuzen Sie die Autobahn und biegen dann links ein, zurück auf die Hauptstraße Richtung Udine ab, um entweder gleich ins nächste Tal abzubiegen oder direkt nach Tolmezzo weiterzufahren. Sie stoßen unterwegs auf den neuen Stellplatz nach Povici, **[216:** N 46°23'41" E 13°12'52", Viale Udine 15, V/E, Strom, Toiletten, €€].

Val Resia

Ein nächster möglicher Abstecher führt Sie in das Bergtal um den Resia-Fluss. Folgen Sie dem Wegweiser links ab nach Resiutta. Von dort an zieht sich die Narbe in den Naturpark Julische Voralpen hinein. Auf einen ersten Halt mit Flussbadestelle, Picknickbänken, Spielplatz und für Womos idealem Parkplatz stoßen Sie über eine Brücke rechts ab in **Povici** bei **[213:** N 46°23'15" E 13°13'14"].

Stellplatz 215 bei Lischiazze

Wenn Sie sich näher über die Natur, Wanderwege und andere Freizeitmöglichkeiten erkundigen möchten, fahren Sie weiter bis **Prato di Resia**. Das **Naturpark-Infocenter** gegenüber dier Kirche hilft mit Tipps und Hintergrundinformationen über die Gegend weiter, Parkmöglichkeiten bestehen bei **[214:** N

Badeplatz bei Povici

46°22'23" E 13°18'12", SP42]. Schon vorher zweigt eine Straße in das Dorf **Lischiazze** ab. Am Ende finden Sie bei [215: N 46°20'55" E 13°17'35"] einen Parkplatz, der für die Nacht dienen kann. Von dort beginnt eine Wanderung zu einem Wasserfall.

Naturpark Infocenter: *Prato, www.parcoprealpegiulie.it, Mo bis Do 9 bis 13 Uhr und 14 bis 17 Uhr, Fr nur vormittags*

Wanderung zum Barman-Wasserfall

Der 1996 gegründete Naturpark Julische Alpen mit seiner vielfältigen Flora und Fauna bietet viele landschaftliche Reize. Über 1200 verschiedene Pflanzenarten, mehr als 40 davon endemisch, sprechen für sich. Selbst große Säugetiere wie Reh, Hirsch, Gams und Wildschwein sind hier zu Hause, in den letzten Jahren wurde die wiederkehrende Präsenz von Wildkatze, Luchs und Braunbär nachgewiesen. Das Symboltier des Tals ist aber das Steinhuhn.

Ein Kuriosum des Resiatals ist die ethnische Besonderheit seiner Bewohner. Bis heute werden alte Traditionen und ein Sprachdialekt gepflegt, der auf einer sonst ausgestorbenen archaisch-slawischen Variante gründet, die sich nirgends anders erhalten hat. Neben unzähligen Wandermöglichkeiten verlaufen verschiedene Themenwege rund um die Ortschaften.

Eine schöne Kurzwanderung mit Erfrischung am Ende, gehen Sie vom genannten Wanderparkplatz hinter Lischiazze aus an. Sie biegen gleich gegenüber in den Weg zum **Barman-Wasserfall** ein, der im Sommer ein angenehm erfrischendes Bad in den Gumpen darunter verspricht.

Für weiter gehende Exkursionen sollten Sie sich erst mit Infos im genannten Naturpark-Zentrum ausrüsten.

Tolmezzo *(Markttag Mo., Piazza XX Settembre)*

Um die Tour westwärts in Richtung Dolomiten fortzusetzen, steuern Sie Tolmezzo an. Der Parkplatz westlich des Zentrums ist für Womos gut geeignet

(217) WOMO-Stellplatz: Tolmezzo

GPS: N 46°24'26" E 13°00'33", Via G. Giordani. **Max. WOMOs:** 5 - 6.

Ausstattung: Mülleimer, sonst keine Einrichtungen.

Beschreibung: Am besten eignet sich der hintere rechte Teil des Parkplatzes. Kein Schatten, recht eben, zweckmäßig, Ortsmitte 350 m.

Zufahrt: Fahren Sie auf der SS52 zunächst an Tolmezzo vorbei. Am Ende biegen Sie nach einer Rechtskurve und unmittelbar vor der nächsten Linkskurve rechts beschildert nach Tolmezzo ab (Via Paluzza). Die Straße knickt dann leicht nach links ab, sie bleiben geradeaus Richtung „Autostazione“. Nach gut 300 m erreichen Sie den Platz rechter Hand.

Unterwegs in Tolmezzo

Die 11.000 Einwohnerstadt ist das Zentrum der Region Karnien. Entgegen vieler anderer Orte, die Sie auf den beiden Touren durchfahren haben, war Tolmezzo stets unter italienischem Einfluss und nicht Teil Österreichs. Dafür war aber die Bevölkerung bis ins 17. Jahrhundert hinein mehrheitlich deutschsprachig.

Schon seit dem Jahr 1000 gehörte Tolmezzo zum Gebiet des Patriarchen von Aquileia, 1258 bekam es das Marktrecht und nur 17 Jahre später die Stadtwürde verliehen. Als eigenständiges Landgericht war die Stadt lange Zeit mit Venedig verbunden. Mitte des 19. Jahrhunderts fiel sie dem Königreich Italien zu.

Seit jeher pflegte man gute Beziehungen zu den Städten jenseits der Alpen, zum Beispiel in den bayerischen Raum bis nach München. Dieser Umstand war nicht zuletzt der strategisch guten Lage entlang wichtiger Handelsrouten geschuldet – der Plöckenpass am südöstlichen Alpenkamm liegt nur wenige Kilometer entfernt. Auch die alten Römer wussten das und schufen die Via Augusta Julia, eine wichtige Handelsstraße, die Tolmezzo in den Wegverlauf einbezog.

Für einen Stadtrundgang sollten Sie unbedingt einen Wochentag außerhalb der Mittagszeit wählen, dann wirkt der sonst lebhafte Ort noch verlassener als andere italienische Städte und die Bürgersteige werden sprichwörtlich hochgeklappt. Über die **Via della Cooperativa** und die Ladenpassage neben dem Supermarkt spazieren Sie auf dem kürzesten Weg ins Zentrum und stehen nun an der **Via G. Matteotti**. Sie sind jetzt schon „mittendrin“ im **Borgàt** – der historischen Altstadt. Halten Sie sich immer leicht rechts, treffen Sie auf den Hauptplatz **Piazza XX Settembre** mit dem **Duomo San Martino**. Gehen Sie ruhig noch ein Stück weiter entlang der Mauer neben der Straße. Dort wurden Überreste der einstigen Stadtbefestigung entdeckt. Durch die kleine **Via Oscura** oder spätestens an der folgenden Ampel nach links, treffen Sie auf die **Via Roma**. Sie ist die zentrale Haupt- und Geschäftsstraße mit Kopfsteinpflaster und einigen mittelalterlich anmutenden Gebäuden. Ganz am Ende stoßen Sie erneut auf eine Straßenkreuzung, die Sie schon vom Beginn Ihres Rundgangs kennen. Nach rechts zweigt die **Via della Vittorio** ab. Bereits in Sichtweite befindet sich rechter Hand

Hauptplatz in Tolmezzo

das **Ethnografische Museum** der Stadt mit einer recht sehenswerten Sammlung zum Leben in den karnischen Alpen *(Via della Vittoria 2, www.museocarnico.it, Di bis So 9 bis 13 Uhr und 15 bis 18 Uhr, Okt bis Apr Mi nur vormittags, sonst bis 17 Uhr, Sa/So erst ab 10 Uhr, €).* Im modernen Gebäude mit den beiden Säulen davor, gleich links daneben, ist die **Touristeninformation** untergebracht. Der Rückweg erfolgt am einfachsten über die schon bekannte Ladenpassage vom Hinweg.

Paularo vom Lanzenpass aus

Alternativroute über Paulauro

(Markttag Paularo Fr., Via Roma)

Statt direkt entlang der Hauptstraße weiterzufahren, können Sie die Variante über Paularo wählen. Sie ist als eine Art Genussstrecke gedacht, wenn Ihnen die Gegend gefällt, Sie vielleicht noch etwas bleiben möchten und als Stützpunkt für Wanderungen und andere Aktivitäten einen Campingplatz, den sonst in der Gegend üblicheren Stellplätzen, vorziehen. Genauso einen finden Sie am Rande von Paularo.

(218) WOMO-Campingplatz: Paulauro Camping Saletti

GPS: N 46°31’28” E 13°07’26”, Via della Pineta 22.
Tel.: +39 380 327 20 39.
Öffnungszeiten: Etwa April bis September.
Ausstattung: Alle Einrichtungen, Waschmaschine / Trockner, Bar.
Beschreibung: Schöner kleiner Platz am Rande des Dorfes, Stellplätze auf Rasen, teils schattig. Rund 700 m in die Ortsmitte. Im zugehörigen Freizeitgelände gibt es eine Minigolfanlage, einen großer Spielplatz und verschiedene Sporteinrichtungen.
Preis: €€.
Zufahrt: Direkt nach dem Ortsschild von Paularo rechts ab mit „Camping“ beschildert. Weiter rechts halten, dann nach rund 400 m links.

Im Ort ist das **Mozartina** ganz interessant, wenn Sie sich für alte Musikinstrumente interessieren. Auf drei Stockwerken sind

Julium Carnicums Überreste in Zuglio

Orgeln, Cembalos, Klaviere und Zupfinstrumente aus vier Jahrhunderten zusammengetragen worden. Die Besucher können diese nicht nur ansehen sondern zum Teil darauf spielen. Auch einige interessante alte Palazzi, die den karnisch-alpenländischen Stil mit dem Italiens gekonnt kombinieren, fallen im Ort auf. Ringsum gibt es diverse Wanderwege. Bei Pontebba stoßen Sie wieder auf die Hauptroute.

***Mozartino**: [N 46°32'06" E 13°06'57"], Via J. Linussio 24. www.lamozartina.it, Öffnung nach Voranmeldung unter +39 0433 701 62 , Eintritt frei, Spende erbeten*

Wanderung rund um Paularo

Eine recht schöne Tour führt über die kleine Straße zum **Passo Lanza** ein gutes Stück hinauf (auf keinen Fall mit dem Womo fahren, keine Wendemöglichkeiten und ein in jedem Fall zu enger Tunnel unterwegs), dann nach dem Gasthaus „Da Nelut", links ab zur Schlucht „Las Callas". Auf einem halsbrecherisch in den Felsen gehauenen Weg (Achtung, nur für trittsichere Bergwanderer), gelangt man durch die Schlucht, am Ende geht es den steilen Weg nach oben. Hier führt ein Pfad nach 300 Metern zurück zum Ausgangspunkt. Unterwegs können Sie noch einen Abstecher zur „La Palma" machen. Nach links ist diese besondere Weißtanne von oben kommend an der Passstraße angeschrieben – lassen Sie sich überraschen, was es damit auf sich hat... Für ausführlichere Hinweise zu Wandertouren und Spazierwegen wenden Sie sich an die **Touristeninformation** im kleinen Holzbau vor der Post *(ProLoco, Piazza Nascimbeni 12, direkt an der Hauptstraße).*

Hauptroute über Zuglio

Im Dorf hinter der Brücke über den But können Sie sich die Überreste der Römerstadt **Julium Carnicum** ansehen, die schon dem Namen nach auf Julius Cäsar zurückgeht. Der Ort für die Siedlung war wohlüberlegt: einerseits, um den nahen Pass gegen den „barbarischen Norden" abzusichern und um die Handelsroute zu überwachen. Andererseits, um die Annehmlichkeiten der ganz in der Nähe verlaufenden, unterirdischen Thermalquellen ausnutzen zu können.

Auf Karniens größtem Ausgrabungsfeld finden Sie die Überreste des Forums mit Tempel, einer Kirche und natürlich des Thermalbades. Wenn Sie sich eingehender mit den Funden aus der römischen und sogar prähistorischen Zeit befassen möchten, können Sie das im kleinen Museum nebenan tun.

Julium Carnicum: *Via Attilio Regolo, Ausgrabungen umzäunt, aber unter freiem Himmel, nur von außen oder nach Voranmeldung mit Führung zu besichtigen |* ***Museum***: *Via Giulio Cesare, Mär bis Mai Fr/Sa 9 bis 12 Uhr und 15 bis 18 Uhr, Jun bis Sep Mi/Do nur 9 bis 12 Uhr, Fr/Sa/So auch von 15 bis 18 Uhr, Okt bis Feb, Fr/So 9 bis 12 Uhr, So auch 15 bis 18 Uhr, €*

Arta Terme

Die alten Thermalquellen der Römer sprudeln noch heute. Nur hat sich das Badegeschäft ein wenig nach Norden verschoben und wird nun in der Arta Terme zelebriert. Der Ort schließt an der Hauptstraße fast nahtlos an Zuglio an. Ein wenig verblasst wirkt der Kur-Charme, doch wurde erst vor wenigen Jahren der Thermenkomplex teils aufgefrischt, teils ganz erneuert. Um zum öffentlich zugänglichen Bad zu gelangen, fahren Sie im Ort links von der Hauptstraße hinab zur Therme. Gleich dahinter befindet sich ein großer Parkplatz, auch für Womos. Im Bad können Sie verschiedene Heilbehandlungen buchen, wie Fangopackungen oder eine Balneotherapie. Wenn Sie einfach nur den müden Knochen ein wenig Auszeit im Heilwasser gönnen wollen, geht das natürlich ebenfalls.

Terme: *Via Nazionale 1, www.termearta.it, Mo bis Sa 8 bis 20 Uhr, Sauna meist Mo bis Sa ab 14 Uhr, ab €€€*

(219) Offizieller WOMO-Stellplatz: Arta Terme

GPS: N 46°28'32" E 13°01'01", Terme di Arta / Campo Sportivo. **Max. WOMOs:** 7.
Ausstattung: V/E, Strom, Beleuchtung.
Beschreibung: Recht schön angelegter Stellplatz mit Flächen auf Rasengittersteinen, durch Hecken getrennt. Halbschatten, recht eben, Ortsmitte 850m, bedingt klappstuhlgeeignet.
Zufahrt: In Arta Terme der Beschilderung zur Therme folgen und rechts am Parkplatz vorbei weiter Richtung Sportplatz fahren. Die Plätze befinden sich nach rund 150 m rechts.

Einige Kilometer weiter in **Sutrio** finden Sie einen weiteren Stellplatz. Er liegt allerdings direkt neben einer Tankstelle und der Hauptstraße und ist daher weniger attraktiv. Zumindest bietet diese Alternative eine weitere V/E Station, [**220:** N 46°30'41" E 13°00'08", SS52].

Plöckenpass

Zur Weiterfahrt Richtung Österreich oder einfach nur als Extratour können Sie über Paluzza nun hinauf zur Grenze am Plöckenpass fahren. Zunächst passieren Sie die Gemeinde von **Timau**. Das letzte Dorf im Tal war lange Zeit eine Sprachinsel, die einen alten, kärntnerischen Dialekt am Leben gehalten hat, das „Tischlbongarisch". Einige Alte im Dorf sprechen ihn noch heute, die Jungen in der Regel nur mehr furlanisch und italienisch. Dank des Kulturvereines wird die alte Sprache seit Kurzem vor dem Aussterben bewahrt und schon ab dem Kindergarten wieder gelehrt und erlernt. Das **Museo Grande Guerra** greift erneut das Thema „Erster Weltkrieg" auf und ist recht interessant gestaltet. Kurz bevor die Straße sich in wilden Serpentinen nach oben zieht, können Sie links noch zur Sportanlage „Pista Langhetti" abzweigen. Im Winter startet dort eine beliebte Langlaufloipe. Die Trattoria am Fluss bietet im Sommer voll ausgestattete Stellplätze recht hübsch auf einer Wiese am Fluss gelegen.

***Museo Grande Guerra**: Via Nazionale 90, www.itinerarigrandeguerra.it, Aug, 9 bis 12 Uhr und 15 bis 19 Uhr, Jul/Sep Di bis Fr von 14.30 bis 18.30 Uhr, Sa/So auch 9 bis 12 Uhr, Jun/Okt Sa/Ft., 9 bis 12 Uhr und 14 bis 18 Uhr, €, deutschsprachige Audioguides erhältlich*

(221) Offizieller WOMO-Stellplatz: Timau

GPS: N 46°35'23" E 12°58'15", Via Nazionale. **Max. WOMOs:** 10.
Öffnungszeiten: Mai bis September.
Ausstattung: V/E, Strom, Mülltonnen, Beleuchtung.
Beschreibung; Stellplätze auf Schotter neben einem kleinen Teich. Teils Schatten, recht ruhig, nicht ganz eben, schöne Lage, 2 km in den Ort.
Preis: €€, zu zahlen in der Bar Tai Laghets an der Zufahrt zum Platz.
Zufahrt: Hinter Timau links beschildert zur Pista Langhetti abfahren.

Stellplatz 222 am Plöckenpass

Noch einige Kehren müssen bezwungen werden, dann stehen Sie an den alten Grenzanlagen am Pass. Gleich davor, auf der linken Seite, bietet sich eine große Parkfläche Stellmöglichkeiten [**222:** N 46°36'07" E 12°56'39", 1350 Hm].

Wanderung zum Freilichtmuseum am Plöckenpass

Oberhalb der Passstraße wurden alte Kriegsstellungen als Freilichtmuseum rekonstruiert und für Besucher am Originalschauplatz zugänglich gemacht. Eine äußerst interessante Wanderung, auch für alle, die sich sonst nicht für „reines Wandern" erwärmen können. Eine gewisse Trittsicherheit und Ausrüstung ist allerdings Voraussetzung.
Gegenüber dem Gasthaus führt ein Wanderweg den Hang hinauf (Weg 401). Erst in einigen Kehren, dann entlang einer Steilwand, erreichen Sie nach ungefähr 45 Minuten die ersten Überreste. An einer Abzweigung nach links kommen Sie zur alten Frontlinie, der Hauptweg führt rechts weiter. Hier wurden Baracken, Schützengräben und Wehranlagen rekonstruiert und man erreicht schlussendlich den kleinen, 1900

Meter hohen Gipfel Pal. Bergab Richtung Osten treffen Sie wieder auf den Weg 401, der Sie zurück zum Ausgangspunkt bringt. Markierte Abstecher zum mit Tunneln durchlöcherten Freikofel und zum großen Pal sind ebenfalls möglich. Die Gesamtgehzeit liegt bei etwa drei bis vier Stunden.

Freilichtmuseum Plöckenpass

Ravascletto

Der Bergsportort liegt nördlich des Aussichtsberges **Monte Zonculan** mit einem beliebten Skigebiet und ist die einzige sinnvolle Weiterfahrt für Sie, denn die kurvige Strecke über den Bergpass ab Sutrio ist nur für sehr kleine Womos möglich. Spätestens bei der Abfahrt versperrt dort ein 2,50 Meter-Tunnel allen höheren Fahrzeugen den Weg.
Von Ravascletto aus fährt im Hochsommer eine Bergbahn dort nach oben, so sparen Sie sich den Weg mit dem Fahrzeug. Sie war in den vergangenen Jahren allerdings außer Betrieb gesetzt.

Bergbahn Ravascletto*: Via Valcalda, meist ab Mitte Jul bis Anfang Sep, Sa/So, August täglich, 9 bis 17.30 Uhr, Berg/Talfahrt €€€, www.promotur.org*

Nördlich von Ravascletto führt eine beliebte Rundstraße zum **Monte Crostis**. Etwa 30 Kilometer lang fährt man, großteils auf Asphalt, erst Richtung Tualis und gelangt nach der Fahrt entlang der Bergflanke direkt zurück zum Ausgangspunkt. Doch auch hier ist Vorsicht geboten – nur geübte Fahrer mit Wohnmobilen bis maximal (!) Kastenwagenformat sollten sich auf die als „Panoramica“ angeschriebene, zeitweise äußerst Straße wagen. Sportliche gehen den Trip ansonsten besser mit dem Fahrrad oder, mit etwas Hilfe, per E-Bike an. Allen anderen bleiben zumindest zwei Stellplatzmöglichkeiten im Tal. Entweder der **Campingplatz Pace Alpina**, [**223:** N 46°31’18” E 12°55’18”, Via Valcalda 11, +39 0433 660 18, www.pacealpina.it, €€€€] direkt gegenüber der Liftanlage oder schon zuvor ein einfacher Stellplatz linker Hand. Für die Weiterfahrt stehen nun wieder zwei Alternativrouten zur Verfügung.

(224) Offizieller WOMO-Stellplatz: Ravascletto

GPS: N 46°31’24” E 12°55’40”, Via Valcalda. **Max. WOMOs:** 7-8.
Ausstattung: V/E (zuletzt nur Grauwasser, frei zugänglich), Mülleimer.
Beschreibung: Etwas erhöht direkt neben der Straße, aber nachts wenig Verkehr, kein Schatten, fast eben Asphalt, kein Schatten. Ortszentrum

rund 800 m. Gegenüber kleiner See mit Picknickbänken und Spielplatz.
Preis: €, sofern Parkautomat aktiv.
Zufahrt: Entlang der Hauptstraße bis Ravascletto fahren. Kurz nach der rechts angeschriebenen Abzweigung in die Ortsmitte, kommt an der Hauptstraße ein kleiner See, dort linker Hand.

Variante 1:
Über Ovaro und Enemonzo nach Ampezzo

(Markttag Ampezzo Do., im Zentrum)

Dies ist die Expressroute auf der Sie deutlich schneller vorankommen – dafür gibt es unterwegs landschaftlich weniger zu sehen. In **Ovaro** passieren Sie einen netten kleinen Campingplatz, das **Campeggio Spin** neben einer Trattoria, [**225:** N 46°29'13" E 12°52'13", Via Vidrina di Chialina 31, www.zoncolancampingcaravan.it, +39 0433 78 62 46, Mai bis Oktober und Dezember bis März, €€€-€€€€]. Interessant ist das alte **Bergwerk von Cludinico**. Bei den Führungen wird nicht nur auf die alte Zeit eingegangen, sondern auch auf Tiere und Pflanzen, die sich den Lebensraum Höhle seit der Stilllegung erschlossen haben. Leider gibt es Touren nur mit Voranmeldung über die Website ab zehn teilnehmenden Personen.

In **Ampezzo** befindet sich im öffentlichen Gebäude am Hauptplatz, im 1. Obergeschoss ein kleines **geologisches Museum**. Den Schlüssel erhalten Sie bei der Touristeninformation im Erdgeschoß, wenn Sie daran Interesse haben. Hinter dem Sportplatz erwartet Sie am Ortsrand außerdem ein weiterer Womo-Stellplatz. Auch von dieser Seite aus können Sie eine Fahrt ins abgelegene Bergdorf Sauris ins Auge fassen. Der Ort ist auf Tourvariante Zwei beschrieben.

***Bergwerk Clauzetto**: [N 46°27'23" E 12°52'54"], Via Cludinico, www.minieradicludinico.it, Sa/So, €€€ | **Museo Geologico**: Piazza Zona Libera, www.carniamusei.org, Feb bis Mai Sa/So 15 bis 18 Uhr, Jun bis Sep Di bis So 9.30 bis 12.30 Uhr und 15 bis 18 Uhr, Eintritt frei*

(226) Offizieller WOMO-Stellplatz: Ampezzo

GPS: N 46°24'41" E 12°48'03", Via Lauzit. **Max. WOMOs**: 6.
Ausstattung: V/E (frei zugänglich), Strom, Beleuchtung.

Beschreibung: Gepflegte Schotterfläche hinter dem Tennisplatz südöstlich der Ortschaft. Ruhig, kein Schatten, eben, Ortszentrum rund 800 m, schöne Umgebung.
Preis: €, Aushang beachten, Geld wird eingesammelt oder muss hinterlegt werden.
Zufahrt: An der Hauptstraße durch Ampezzo ist nach dem Ortsbeginn nach links neben der kleinen Tankstelle die „Area di Sosta" bereits angeschrieben. Den Schildern folgen.

Variante 2:

Durch das Val Pesarina über Pesariis und Sauris

„Wasseruhr" in Pesariis

ACHTUNG: Diese Variante ist nur für Fahrzeuge bis 3,5 t erlaubt. Fahren Sie zunächst über Prato bis **Pesariis**. Das Dorf ist für sein Uhrmacherhandwerk bekannt, das schon seit dem 17. Jahrhundert in der kleinen Gemeinde gepflegt wird. Im **Museum der Uhrmacherei** wird eine Sammlung besonderer und repräsentativer Uhren gezeigt. Die ältesten Pendeluhren sind über 300 Jahre alt. Auch im Ort gibt es etwas zu entdecken: zwölf monumentale Zeitinstrumente sind im ganzen Dorf verteilt und können auf einem Rundgang entdeckt werden. Der Parkplatz bei **[227:** N 46°31'19" E 12°46'28"] ist auch für nachts eine Option.

Die landschaftlich schöne Strecke bietet immer wieder Möglichkeiten für kürzere oder längere Stopps, bevor es links ab nach Sauris weitergeht. Das Gelände in diesem Bereich wird öfters für militärische Übungen genutzt. Dann kann es passieren, dass der Schlagbaum gesenkt wird und die Durchfahrt zeitweise unterbrochen ist. Ansonsten kommen Sie nach mehreren Kilometern in der aus zwei Teilen bestehenden Doppelgemeinde an.

Uhrmuseum: *Museum an der Dorfstraße, Sa/So, 10 bis 13 Uhr und 14 bis 18 Uhr, im Hochsommer auch häufiger. Eintritt frei.*

Sauris

Die kleine Doppelgemeinde Ssauris mit ihren knapp 500 Einwohnern, bestehend aus den Ortsteilen **Sauris di Sotto** und **Sauris di Sopra**, zu deutsch Unter- und Oberstadt, liegt male-

Unterwegs im Friaul

Türkisblau: der Saurissee, unten: typisches Haus in Sauris

risch oberhalb der Lumieischlucht und des Stausees **Lago di Sauris** auf 1200 beziehungsweise 1400 Metern auf Almwiesen verstreut. Sauris ist nicht nur die höchstgelegene Gemeinde im ganzen Friaul, sie ist auch Sprachinsel eines alten, deutschen Dialekts, genannt Zahre. Eng verknüpft mit dem Dialekt im Pustertal, sind Menschen aus dieser Region wohl im Mittelalter hier eingewandert und haben sich an diesem isolierten Platz niedergelassen. Gerade im Winter war man früher teils monatelang von der Außenwelt abgeschnitten und die Bewohner fristeten als Bergbauern ein bescheidenes Dasein. Die eigene Sprache blieb somit lange Zeit erhalten und Zahre wird noch von 70 Prozent der Bevölkerung aktiv gesprochen. Ab dem Kindergarten wird es seit den 1980er Jahren wieder gelehrt und erlernt. Überall in den Orten trifft man auf Schilder und Textfragmente dieses besonderen Dialekts – verstehen lässt er sich für Unsereins allerdings kaum noch. Zahre ist gleichzeitig der „deutschsprachige" Name der Orte und bedeutet so viel wie „Träne" – warum, kann man nur mutmaßen, gesichert ist die Herkunft nicht.

Erreichen Sie die Gemeinde über die kurvenreiche, kleine Straße von Nordwesten her, parken Sie am Ortsbeginn rechts für einen kurzen Rundgang, [N 46°28'05" E 12°40'49"]. Die

Häuser haben eine ganz eigentümliche Bauweise, die Ihnen auf den nächsten Kilometern immer wieder begegnen wird: es scheint, als befindet sich um das Haus herum

eine Art Gerüst. Treppen und Aufgänge sind teils nach außen verlagert. Im **Ethnografischen Museum** können Sie sich näher über die Geschichte der Ortschaften informieren.

***Museum**: Plotzn 3a, Apr bis Sep, meist Di bis Fr 10 bis 12 Uhr und 16 bis 18 Uhr, Sa/So 10 bis 12 Uhr und 15 bis 18 Uhr, kostenlos*

Wenn Sie in die Unterstadt fahren, lohnt ein Halt an derWurstwarenfabrik Wolf. Dort wird vorzüglicher Rohschinken hergestellt und es gibt im angeschlossenen kleinen Laden eine ganze Reihe anderer, leckerer Spezialitäten zu kaufen. Auch das Zahre Bier erhalten Sie dort: Nicht ganz billig, wird es voll biologisch auf althergebrachte Weise gebraut und in auffällige Flaschen abgefüllt – ein originelles Mitbringsel für daheim!

Über die Wanderwege im Umkreis informiert die Touristeninformation gleich schräg unterhalb. Ein Fußweg in den Oberort beginnt an der bergaufwärts führenden Straße und führt nach einem steileren Aufstieg immer am Hang entlang. Der Rückweg erfolgt über die Kirche des oberen Dorfes und danach immer unterhalb der Verbindungsstraße zurück zum Ausgangspunkt.

(228) WOMO-Campingplatz: Sauris di Sotto Campeggio Treinke

GPS: N 46°27'53" E 12°41'35"**,** SP73 (1280 Hm).
Internet / Tel.: www.albergodiffusosauris.com, +39 350 163 79 55.
Öffnungszeiten: Ganzjährig, aber im Winter witterungsabhängig.
Ausstattung: Übliche Ausstattung, WLAN, Spiel- und Grillplatz.
Beschreibung: Teils schattige, etwas unebene Plätze auf einer Waldlichtung, schöne, naturnahe Lage, einfache Sanitärausstattung
Preis: €€€€.
Zufahrt: In Sauris di Sotto angeschrieben, östlich der Hauptstraße gleich neben der Wurstfabrik Wolf.

Weiter südlich folgt die Straße dem unwirklich türkis leuchtenden Stausee. Von den Bergen ins Wasser geschwemmte Sedimente sorgen für diese außergewöhnliche Lichtbrechung. Durch einige dunkle, feuchte Tunnel, in denen Sie nicht zu nah an die grob behauenen Seitenwände heranfahren sollten, und eine alte Steinbrücke gelangen Sie nach einigen Kehren schließlich an die weiterführende Hauptstraße bei Ampezzo.

Forni di Sopra

Nachdem Sie sich in Ampezzo weiter westwärts gehalten haben, erreichen Sie das aus mehreren Ortsteilen bestehende Forni. Es bietet Wohnmobilreisenden einen Campingplatz und ganz am Ende eine Stelllplatzgelegenheit. Eine ganze Reihe an Cafes, Bistros und Restaurants zeugen vom regen Urlaubstreiben, vor allem während der Skisaison. Im Sommer sorgen die Wandermöglichkeiten im Naturpark Friulanische Dolomiten gleich südlich für Besucher. Am Südende hinter dem Stellplatz befindet sich der **Dolomiti Adventure Park** mit Kletterparcours und Spielgelände.

Adventure Park: *Via Nazionale 8, Jun Sa/So Jul bis Anfang Sep, täglich bis Ende Sep Sa/So immer 10 bis 19 Uhr, je nach Alter und Strecke ab €€*

(229) WOMO-Campingplatz: Stinsans Camping Tornerai

GPS: N 46°24'35" E 12°35'54", Stinsans 11.
Internet / Tel.: www.campingtornerei.it, +39 0433 880 35.
Ausstattung: Alle Einrichtungen, Bar, Grillgelegenheit, Spielplatz.
Beschreibung: Sympathischer, familiärer Platz mit Stellflächen auf Rasen, teils schattig, nicht ganz eben, Ortszentrum rund 1,2 km entfernt.
Preis: Ab €€€.
Zufahrt: Gleich am Ortsbeginn rechter Hand an der Hauptstraße angeschrieben.

(230) WOMO-Stellplatz: Forni di Sopra

GPS: N 46°25'32" E 12°34'02", Via Nazionale 8. **Max. WOMOs:** 8-10.
Ausstattung: Keine Einrichtungen.

Beschreibung: Großer Schotterparkplatz des Skigeländes ohne Einrichtungen. Relativ ruhig, eben, kein Schatten, schöne Umgebung aber Parkplatzflair.
Preis: Hochsaison €€ am Parkautomat, sonst kostenfrei.
Zufahrt: Am Ortsende von Forni di Sopra ist links ein Parkplatz angeschrieben. Womos parken im unteren Bereich.

Forni di Sopra

Wandern im Parco delle Dolomiti Friulane

Ein sehr schöner, wenn auch weiter Weg *(7 bis 8 Stunden, 1100 Höhenmeter)* führt von Forni mitten in den Naturpark hinein. Schroffe Felsen, wilde Flüsse und abwechslungsreiche Flora und Fauna erwarten Sie. Wenn Sie diese oder eine andere Wanderung im Gebiet machen wollen, suchen Sie vorher die Touristeninformation in Forni *(Info Point, Via Cadore 1)* oder anderswo in der Nähe auf und lassen sich Kartenmaterial mitgeben. Die Wege sind leider nicht immer optimal markiert... Denken Sie an geeignete Ausrüstung.

Biegen Sie in Forno gegenüber der Schule links vor dem Bankgebäude ab. Nun immer geradeaus. Vor der kleinen Kirche sollten Sie, gerade mit größeren Womos, linkerhand parken und von hier aus starten [N 46°23'33" E 12°40'04"]. Sie können noch bis zum Flussbett weiterfahren, es gibt allerdings nur wenig Parkraum und die Zufahrt ist sehr schmal und nicht für breitere Womos ausgelegt.

Nehmen Sie weiter die Straße rechts an der Kirche vorbei und folgen Sie ab der nächsten Gabelung den Naturparkschildern mit dem Adlerkopf. Bleiben Sie am unteren Weg, erreichen Sie den Tagliamento. Der markierte Weg quert das Flussbett und folgt dem Rio Grande immer bergauf. Eine ganze Weile später führt der Pfad rechts ins **Valle dell`Orso**, das Bärental, dann später erneut rechts auf den Weg Nr. 373a und durch spektakuläre Felsformationen bis man, wiederum rechts, dem Hauptweg 373 zurück zum Tagliamento und weiter zum Ausgangspunkt folgt.

Über einige Serpentinen schnaufen Sie nun dem 1280 Meter hohen **Passo Mauria** entgegen, der die Grenze zwischen den Regionen Friaul und Venetien bildet. Kurz danach finden Sie unterhalb des Gasthofs Pineda einen letzten Stellplatz mit Entsorgungsstation auf dieser Tour bevor Sie in die Region Cadore wechseln, auch über Nacht könnten Sie hier, etwas schräg und wild, stehen, [**231:** N 46°27'49" E 12°28'56", Lorenzago, 1250Hm].

Tour 9: Belluno, vom Cadore in die Dolomiten, 240-315 km

Pieve di Cadore – Cortina D`Ampezzo – Passo Falzarego – Lago Fedaia – Val di Zoldo / Forno di Zoldo – Agordo – Valle del Mis

Stellplätze: Lorenzo di Cadore, Calalzo di Cadore, Pieve di Cadore, Valle di Cadore, Passo Cibiana (2x), San Vito di Cadore, Cortina D`Ampezzo, Fiames, Drei Zinnen (2x), Passo Tre Croci, Cinque Torri, Arabba, Passo Pordoi (2x), Fedaia See, Sottoguda, Pescul, Palavafera, Forno di Zoldo, Longarone, Taibon, Agordo, Frassene, Tiser, (2x), Sedico, Lago del Mis

Campingplätze: Lago di Cadore, Fiames, Canazei, Malga Ciapela, Pescul,Palavafera

Besichtigen:	Museum in Lorenzago di Cadore, Pieve di Cadore, MessnerMountainMuseum, Misurinasee, Sperrfestung Tre Sassi, Museum in Pieve, Museum an der Marmolata Seilbahn, Museum in Forno di Zoldo, die alte Mine bei Agordo
Baden:	Bei Sedico, am Lago del Mis
Wandern:	Naturpark in Calalzo di Cadore, am Monte Rite, Faloria und Tofana ab Cortina D`Ampezzo, an den Drei Zinnen, am Monte Cristallo, an den Cinque Torri, am Monte Langazuoi , am Schloss Andraz, an der Porta Vescova, am Pass Pordoi, am Col dei Rossi, am Pian dei Fiacconi, Marmolata, in der Serrai-Schlucht, am Monte Pelmo, am Palafavera Massiv, am Monte Civetta, im Valle dei San Lucano, im Valle del Mis, im Botanischen Gaten Les Cadini del Brenton

Bis jetzt haben Sie die Dolomiten auf friulanischer Seite kennengelernt. Bei den meisten Besuchern hinterlassen schon diese einen bleibenden Eindruck. Die venetianischen Dolomiten, die Sie nun auf Tour Neun umrunden, sind nochmals von anderem Kaliber! Auf über 3000 Meter türmen sich die Steinriesen auf. Verwegene Pässe steigen kühn an, nur um dann in Dutzenden von Kurven erneut in die Täler abzufallen. Das ist zwar nicht immer einhundert Prozent womofreundlich, aber von so erhabener Schönheit, dass Sie sich diese Runde nicht entgehen lassen sollten. Den Auftakt bildet die Region Cadore, bevor Sie dem bekannten Wintersportort Cortina D`Ampezzo einen Besuch abstatten. Die Drei Zinnen, der Passo Falzarego und das Marmolada-Massiv sind weitere Namen, die jedem Alpinisten geläufig sind. Zum Ende der Tour haben Sie zwei mögliche Wegvarianten zur Auswahl, die Sie zurück in flachere Gefilde leiten. Mehr als auf allen anderen Touren raten wir Ihnen, mit viel Bedacht zu fahren und die Motorbremse regelmäßig zum Einsatz zu bringen: Bremsbeläge und -scheiben werden es Ihnen danken.

Lorenzago di Cadore

Jenseits des Mauria-Passes sind Sie im Cadore-Tal angekommen. Gleich der erste kleinere Ort Lorenzago fällt durch seine veränderte Bebauung auf: überwogen eben noch alpenländisch geprägte Gebäude, sind die Häuser auf den ersten Blick ersichtlich im venezianischen Palazzo-Stil erbaut. Ein recht ungewöhnlicher Anblick mitten in den Bergen! Genauso wenig würde man hier ein Papstmuseum vermuten. Genauer gesagt ist das **Museo Papa Wojtyla** vor allem Papst Johannes Paul II. gewidmet *(1920 bis 2005, Papst ab 1978)*, der in dieser Gegend gerne seinen Urlaub verbrachte. Es zeigt einige Gewänder und Erinnerungsstücke aus seinem Pontifikat, ist aber nur im Hochsommer ge-

Lorenzago di Cadore

öffnet. Auch ein Wanderweg zur Sommerresidenz und einem Erinnerungsdenkmal startet vom Museum aus. Parken können Sie tags wie nachts bei [**232:** N 46°28'53" E 12°27'25", Via Giava].

Papstmuseum: *Via Costola 26, Anfang Jul bis Ende Aug, Di bis So von 10.30 bis 12 Uhr und 17 bis 19 Uhr., Spende erwünscht, www.museodelpapa.it*

Calalzo di Cadore

Für die nächsten Kilometer begleiten Sie auf der SS51 in südliche Richtung den fjordartig in die Länge gezogenen Stausee **Lago Pieve di Cadore**. Er ist durch einen Staudamm in den 1950er Jahren entstanden, über 100 Meter tief und gibt dem Tal sein Gesicht. Am Beginn von Calalzo können Sie ans Ostufer wechseln, um etwas Zeit am Campingplatz Cologna zu verbringen. Im Ort gibt es außerdem einen neuen Stellplatz. Der Platz bietet einen Camperstopp für einmalige Übernachtungen an. Ansonsten ist nicht der Ort, sondern seine Umgebung hier die größte Attraktion. Kurz nach der Brücke über den Fluss Òten, können Sie links auf einer kleinen Straße zum Ufer des Stausees hinabfahren. Unten gibt es einige Parkmöglichkeiten. Neben einem Bootsverleih, erwartet Sie die **Area Naturalistica Termale Archeologica di Lagole**. Auf zwei markierten Themenwegen zu Archäologie und Tradition, wandern Sie durch das schöne Gebiet mit kleinen Seen und lichtem Wald. Tische und Bänke erwarten Sie für eine Rast und es gibt die Möglichkeit, zu einer Erfrischung am Wasser, [N 46°26'22" E 12°23'17", www.lagolecalalzo.blogspot.de].

Lago Pieve di Cadore

(233) WOMO-Campingplatz: Domegge Camper Cologna

GPS: N 46°26'44" E 12°24'20", Via Piduel.
Tel.: +39 0435 721 35.
Öffnungszeiten: Mitte Mai bis September.
Ausstattung: Alle Einrichtungen, Waschmaschine, Pizzeria / Bar, Minimarkt, Spielplatz, Sportanlagen.
Beschreibung: Stellplätze auf Rasen und Schotter, schöne Lage, aber teils etwas in die Jahre gekommen. Ruhig, wenige Plätze mit Schatten,nicht ganz eben, ins Ortszentrum ungefähr 2,5 km.
Preis: €€€€, Camperstopp €€.
Zufahrt: Noch vor Beginn von Calalzo ist in Vallesella der Campingplatz nach links angeschrieben. Auf der Cia Piduel überqueren Sie den See zum Campingplatz am gegenüberliegenden Ufer.

(234) Offizieller WOMO-Stellplatz: Calalzo di Cadore

GPS: N 46°26'37" E 12°23'13", Location La Bella. **Max. WOMOs:** 8-10.
Ausstattung: V/E, Strom.
Beschreibung: Große leicht schräge Stellfläche mit Schranken und etwas Schatten am Ortsrand in Richtung Bahnhof. Nachts recht ruhig.
Zufahrt: In Calalzo nach dem Zebrastreifen rechts angeschrieben.

Pieve di Cadore *(Markttag Mi., Piazzale Dolomiti)*
Um sich den Ort ein wenig näher anzusehen, wählen Sie den zentralen Stadtparkplatz. Vor allem der hintere Teil wird oft von Wohnmobilen genutzt und weist keinerlei Nachtparkverbot aus [**235:** N 46°25'40" E 12°22'25", Piazzale M. della Libertá].

Unterwegs in Pieve di Cadore

Das eher unscheinbar wirkende 4000-Seelen-Städtchen hat touristisch einige Highlights aufzuweisen: Gleich gegenüber des Parkplatzes hat in einem recht futuristisch anmutenden Gebäude das Brillenmuseum **Museo del Occhiale,** mit tausenden Ausstellungsstücken aus allen Epochen Quartier bezogen. Die Lage kommt nicht von ungefähr: seit Jahrzehnten ist das Cadore-Tal ein Zentrum der Brillenherstellung. Ein Gros der italienischen Produktion stammt von hier, auch wenn von den ehemals Dutzenden kleinerer Hersteller nur noch eine knappe Hand voll übriggeblieben sind: Firmennamen wie Luxottica oder Safilo, sind international ein Begriff – es sind sogar die weltweit größten Hersteller optischer Fassungen *(Via Arsenale 15, Di bis Sa, 9.30 bis 12.30 Uhr und 15.30 bis 18.30 Uhr, Juli/Aug, 10 bis 18 Uhr, €, Kombitickets mit weiteren Museen des Ortes erhältlich, www.museodel-*

Hauptplatz von Pieve

Tizians Haus

locchiale.it).

Nur ein paar Fußschritte weiter, steht ein Gebäude an der Straße, das keinen größeren Gegensatz bieten könnte: Das **Geburtshaus Tizians** stammt aus dem 15. Jahrhundert. Der berühmte Maler war mit über 640 Werken einer der produktivsten seiner Zeit und stellte seine Dienste zu Beginn ganz ins Zeichen der Serenissima. Entgegen vieler anderer Künstler wurde er bereits zu Lebzeiten als „Sonne unter den Sternen" bezeichnet und galt europaweit als bedeutender Künstler. 1533 wurde er von Karl dem V. in den Adelsstand erhoben und zu seinem Hofmaler gemacht. Sein genaues Geburtsjahr ist nicht gesichert, doch steht fest, dass Tizian di Cadore für seine Zeit geradezu biblisch alt wurde: laut seinen eigenen Niederschriften wurde er 103 Jahre alt! Ob das glaubwürdig ist, sei dahingestellt. Über 90 Jahre dürften ihm aber tatsächlich vergönnt gewesen sein. Das Haus, in dem er bis zu seinem 9. Lebensjahr wohnte, und in dem er später seine Familie immer wieder besuchte, wurde im 19. Jahrhundert zwar verändert, doch ist es immer noch in einem weitgehend originalen Zustand. Es vermittelt mit seinen kleinen Kammern das Wohngefühl einer gut situierten Familie seiner Zeit. Tizians Eltern waren von niedrigem Adelsstand *(Via Arsenale 4, Ende Mai bis Mitte Okt 10 bis 12.30 Uhr und 15.30 bis 18.30 Uhr, €, Kombitickets erhältlich).*

Nur noch wenige Meter, dann erreichen Sie den Hauptplatz **Piazza Tiziano.** Geschmückt wird er mit einer Statue des berühmtesten Sohnes. Der **Palazzo Communitá** mit seinem Wehrturm beherbergt heute ein **Archäologisches Museum** mit Funden aus der Frühzeit sowie einigen Gemälden – allerdings allesamt nicht von Tizian gemalt *(Öffnungszeiten / Eintritt wie Tizianhaus).* Im ganzen Ort findet sich nur ein einziges Werk von ihm. Sie finden es in der hinter dem Palast gelegenen Kirche **Santa Maria Nascente**: eine Maria mit Kind. Der Hirte mit Stab im Hintergrund soll übrigens ein Selbstbildnis Tizians sein.

Woher kommt die Brille?

Wie Sie sich vielleicht denken können, wenn es an dieser Stelle erwähnt ist: Die Antwort lautet aus Venetien! Die Lagunenstadt selbst soll die Wiege sein – zumindest stammt von dort die älteste nachweisbare Urkunde über die Herstellung von Brillen, optischen Gläsern und Lupen aus dem 13. Jahrhundert. Viele der Glasmacher ließen sich in den späteren Jahren mit ihrem Wissen im Ausland nieder, zum Beispiel in Deutschland und Flandern. Vermutlich hielt über diesen Weg die Optik in Frankreich und England Einzug.

Im 15. Jahrhundert hatte sich die Herstellung verlagert und das neue Mekka der Optik wurde Florenz – bis nach Konstantinopel wurden die Augengläser exportiert.

Auch in anderen Teilen der Welt setzte parallel die Nutzung von Glas zur Vergrößerung ein. Aus dem 14. Jahrhundert datieren ähnliche Überlieferungen aus China und Indien, doch war wohl niemand früher

auf die Idee gekommen, wie die Optikmeister Venedigs.
Im 18. Jahrhundert kam die Produktion zum Erliegen. Natürlich konnte man damals nicht wirklich von Augenheilkunde im heutigen Sinn sprechen. Echte Erkenntnisse über die medizinischen Hintergründe stammen erst aus dem 19. Jahrhundert. Und genau da, rund 100 Jahre nach dem Ende der venetianischen Glasherstellung, besann man sich auf alte Werte und begann, mitten in den Bergen im Cadore-Tal, mit der Produktion optischer Fassungen. Eine Erfolgsgeschichte, die der Region vor allem nach dem 2. Weltkrieg einen gehörigen Wirtschaftsschub einbrachte. Die Produktionsmenge zu dieser Zeit lag bei 15.000 – 20.000 Brillen pro Tag. Damals ein echtes Wunder der aufstrebenden industriellen Fertigung – doch nichts im Vergleich zu heutigen Maßstäben: Allein der Marktführer Luxottica bringt es, kumuliert über seine Werke, inzwischen spielend auf die vierfache Ausstoßmenge!

Fast ohne Unterbrechung schließen sich an Pieve die Cadoredörfer Tai und Valle an. In letzterem gibt es einen Wohnmobilstellplatz, genau wie in **Vito di Cadore**, [**239:** N 46°26'55" E 12°12'36", SS51, Wasser, Strom, €€, 1140 Hm]. Vorher können Sie noch einen Abstecher zum MessnerMountainMuseum machen..

(236) Offizieller WOMO-Stellplatz: Valle di Cadore
GPS: N 46°24'56" E 12°20'20", Via Chiemis. **Max. WOMOs:** 3-6.
Ausstattung: V/E, Mülleimer.
Beschreibung: südlich des Ortes hinter dem Sportplatz. Sehr ruhig, kein Schatten, Ortszentrum etwa 450 m.
Zufahrt: Im Ort macht die Hauptstraße einen deutlichen Knick nach links. Unmittelbar danach links in die kleine Via Chiemis einbiegen. Immer geradeaus bis zum Stellplatz. Beim Verlassen denselben Rückweg nehmen. Die Straße stößt zwar in der anderen Richtung wieder auf die SS51, ist dort aber noch enger.

MessnerMountainMuseum
Linker Hand passieren Sie zunächst mit dem **Lago di Valle di Cadore** einen weiteren See, der hier den Fluss Boite aufstaut. Kurz darauf können Sie einen Abstecher nach links über das Bergdorf Cibiana di Cadore zum **Museum über den Wolken** machen. Es gehört zur **MessnerMountainMuseum**-Gruppe, die aus insgesamt sechs Bergmuseen gleichen Namens besteht. Dies hier ist jedoch das Einzige in Venetien. Sie alle wurden in Zusammenarbeit mit dem bekannten Südtiroler Bergsteiger und Abenteurer Reinhold Messner geschaffen und nehmen Besucher auf thematisch unterschiedliche Streifzüge durch die Bergwelt mit. Es ist in einem alten Fort am Gipfel des 2181 m hohen **Monte Rite** untergebracht. Hauptthema ist der Begriff „Fels“ und die Erschließung der Dolomiten. Es gibt eine Bildergalerie und

Unterwegs im Cadore

Infos zu Fossilien. Ein Highlight ist sicher der spektakuläre 360 Grad-Rundumblick!

Beachten Sie, dass die Anfahrtsstraße recht schmal und steil ist. Vom Parkplatz müssen Sie außerdem noch einen zweistündigen Marsch in Kauf nehmen oder einen kostenpflichtigen Shuttlebus bis zum Museum buchen. Da der Ausflug somit schnell tagesfüllend wird, kommt der aussichtsreiche Picknick- und Übernachtungsplatz an der Zufahrtsstraße vielleicht genau richtig, [**237:** N 46°22'46" E 12°16'35", SP347, Mülltonnen und Wasser, 1430 Hm]. Doch Vorsicht, Aufsitzgefahr bei langem Überhang durch den unebenen Boden. Auch am Parkplatz des Museums können Sie über Nacht stehen, dort aber kostenpflichtig [**238:** N 46°22'32" E 12°15'42", SP347, 24 h-Parkticket €€€, 1520 Hm].

Stellplatz 237

MessnerMountainMuseum*: www.messner-mountain-museum.it, Shuttlebus Hin-/Rückfahrt: €€, einfache Fahrt rund 30 % Nachlass, Museum: Jun und Mitte bis Ende Sep 10 bis 17 Uhr, Jul bis Mitte Sep bis 18 Uhr, €€, freier Audio-Guide über die Handy-App Locandy und Suchwort „MessnerMountainMuseum" möglich*

Cortina D`Ampezzo *(Markttag Di. und Fr. Piazzale Marconi)*

Bis vor einigen Jahren war der bekannte Wintersportort alles andere als wohnmobilfreundlich. Deutlich sichtbare Verbotsschilder erlaubten nicht einmal das Parken im Ort während des Tages. Das hat sich erfreulicherweise inzwischen geändert.

Als Tor zu den Dolomiten, ist Cortina ein idealer Ausgangspunkt, um sich die umliegende Bergwelt zu erschließen. Ein geeigneter Parkplatz befindet sich beispielsweise südlich des

Stellplatz 240, unten Platz 241

Zentrums **[240:** N 46°32'01" E 12°08'11", Via del Parco, 1220 Hm]. Dort wird seit einiger Zeit das Übernachten geduldet.

Entgegen den meisten anderen Skiorten in der Region, verfügt Cortina über ein recht ansprechendes, echtes Zentrum mit einer verkehrsberuhigten Geschäftsstraße. Am Corso Italia 81 befindet sich die **Touristeninformation**, die erste Anlaufadresse sein sollte, wenn Sie sich über Wandermöglichkeiten ringsum und mehr erkundigen möchten. Auch wer nicht so gut zu Fuß ist, hat in Cortina die Gelegenheit, in den Genuss der Dolomiten zu kommen: direkt vom Zentrum aus gleitet die **Faloria-Gondelbahn** auf den 2123 Meter hohen Aussichtsgipfel. Sogar zum höchsten Gipfel rund um Cortina, auf bis zu 3238 Meter, bringt Sie die **Tofana-Seilbahn** am Nordrand der Stadt.

***Faloria-Bahn**: Via Ria de Zeto 10, www.cortinacube.it, Anfang Jun bis Okt 8.30 bis 16.30 Uhr alle 30 Min, Berg-/Talfahrt, €€€€ | **Tofana-Bahn**: Via dello Stadio 12, www.freccianelcielo.com, Mitte Jun bis Ende Sep 9 bis 17 Uhr, Berg/Talfahrt, €€€€*

Für einen etwas längeren Aufenthalt, finden Sie ein Stück außerhalb des Ortes mehrere Campingplätze. Im Süden über einen 20-minütigen Panoramaweg oder einem Shuttlebus mit dem Zentrum verbunden, die Plätze Rocchetta und Cortina. Die Zufahrt liegt direkt an der von Ihnen genutzten SS51 ab Piave die

Cortina D`Ampezzo

Cadore. Ein Stück weiter nördlich im Ortsteil Fiames liegt der Campingplatz Olympia. Wer keine infrastrukturellen Ansprüche hat, findet dort zusätzlich einen weiteren Übernachtungsparkplatz mit Blick auf den Monte Pomagagnon, [**241:** N 46°34'20" E 12°07'03", Strada Statale di Alemagna, 1300 Hm].

(242) WOMO-Campingplatz: Fiames Olympia Camping

GPS: N 46°34'09" E 12°07'08", Loc. Fiames 1, 1300 Hm.
Internet/Tel.: www.campingolympiacortina.it, +39 0436 50 57.
Öffnungszeiten: Anfang Dezember bis Ende September.
Ausstattung: Alle Einrichtungen, Waschmaschine / Trockner, Restaurant / Bar, Minimarkt, Grill- und Picknickbereich, Spielplatz, Sauna, Sportangebote.
Beschreibung: Schöner, ruhiger Platz mit Stellflächen auf Schotter am Fluss oder im Wald, Sonne oder Schatten. Ortszentrum ungefähr 2,7 km, Bus fährt von der 100 m entfernten Haltestelle nach Cortina.
Preis: €€€€-€€€€€, je nach Saison.
Zufahrt: Cortina nach Norden über die SS51 Richtung „Bolzano“ verlassen. Am Vorort Fiames ist der Platz nach links angeschrieben.

Drei Zinnen und Lago di Misurina

Eine lohnenswerte Zusatzrunde führt Sie nördlich von Cortina zum berühmten Massiv der Drei Zinnen und dem direkt benachbarten Misurinasee. Wenn Sie ohnehin auf der SS51 in Richtung Fiames unterwegs sind, macht es am meisten Sinn, auf der Straße weiterzufahren und eine komplette Schleife zu drehen. Bei Schluderbach bewegen Sie sich kurzzeitig durch Südtiroler Terrain, biegen dann aber gleich wieder nach rechts ab.

Dort erreichen Sie als erstes die Abzweigung zu den **Drei Zinnen**. Auf einer gut ausgebauten Panoramastraße kann man sogar mit dem Wohnmobil bis zur Auronzohütte unterhalb der markanten Felszacken fahren. Das Vergnügen ist allerdings mautpflichtig und schlägt mit nicht gerade günstigen 45 € zu Buche. Wer oben am Parkplatz mit zugegeben grandioser Aussicht

An den Cinque Torri

Die Drei Zinnen

übernachten möchte, darf das – am besten von 19 Uhr bis 19 Uhr, dann fallen keine Kosten für einen zweiten Tag an... **[244**: N 46°36'46" E 12°17'35", 2280 Hm, Auffahrt nur bei günstiger Wetterlage möglich, etwa Mitte Apr bis Jun 7 bis 19 Uhr, Jul bis Sep 6 bis 20 Uhr, Okt bis Mitte Nov 8 bis 17 Uhr]. Wenn Ihnen das zu teuer ist, können Sie auch mit dem Bus hinauf fahren. Die Haltestelle befindet sich direkt am Beginn der Mautstraße gegenüber des alternativen Wohnmobilstellplatzes am Fuße der Drei Zinnen. Ist man auf die ein oder andere Weise oben angelangt, meint man, es ist nur noch ein Katzensprung bis zum Ziel. In Wahrheit täuscht das ein wenig – in rund 90 Minuten Fußmarsch schafft man es aber bis ganz hinauf...

***Bus zu den Drei Zinnen**: €, erkundigen Sie sich vorab, ob die Tickets im Bus oder gerade nur im Despar bzw. der Touristeninformation am Lago di Misurina erhältlich sind*

(243) Offizieller WOMO-Stellplatz: Misurina

GPS: N 46°35'18" E 12°15'19", Via Monte Piano, 1750 Hm. **Max. WOMOs**: 10+
Ausstattung: V/E, Mülltonnen.
Beschreibung: Schöne Lage am Beginn der Drei Zinnen-Mautstraße, auf einem extra angelegten Schottergelände auf mehreren Stufen. Kein Schatten.
Parkgebühr: €€€, auch stundenweise möglich.
Zufahrt: Am Beginn der Drei Zinnen-Abzweigung linker Hand.

Der **Lago di Misurina** gehört dank seiner Lage zu den meistbesuchten Bergseen Italiens. Nicht zuletzt, weil er bequem mit dem Auto erreichbar ist. Zwischen dem Massiv der Drei Zinnen im Nordosten, dem Monte Piana, der Cadini Gruppe und dem

Stellplatz 245

Monte Cristallo im Südwesten, bietet er, vor allem an schönen, windstillen Sommertagen, ein ideales Postkartenmotiv. Die Wasseroberfläche ist dann so klar und ruhig, dass sich die Berge ringsum wie in einem Spiegel abzeichnen. Zahlreiche Wanderungen ins umliegende Hochgebirge starten vom Ort Misurina aus. Er besteht im Wesentlichen nur aus einem ehemaligen Grand Hotel, in dem heute ein Kindersanatorium untergebracht ist, einigen kleineren Hotels und Gasthöfen, Minimarkt und einem Souvenirshop. Bei [N 46°34'47" E 12°15'08"] können Sie einen Stopp einlegen, um neben dem obligatorischen Foto beispielsweise eine Runde im Ruderboot zu drehen.

Der Rückweg nach Cortina D`Ampezzo erfolgt über den **Passo Tre Croce** und die Talstation der Sesselbahn am 3221 Meter hohen **Monte Cristallo**. Bis ganz nach oben geht es zwar nicht, aber immerhin bis zur 2235 Meter hoch gelegenen Hütte Son Forca. Im Sommer kann man ohne Weiteres auf den weitläufigen Parkflächen über Nacht stehen und an klaren Tagen eine Fahrt nach oben unternehmen, [**245:** N 46°33'05" E 12°11'26", SR48, 1700 Hm].

Monte Cristallo*: www.cortinacube.it, Liftbetrieb Ende Jun bis Mitte Sep, 8.30 bis 16.30 Uhr, Berg-/Talfahrt, €€€*

Große Dolomitenstraße mit Passo Falzarego

Im Osten verlässt die SR48 Cortina D`Ampezzo, um sich bald darauf ins Hochgebirge hinauf zu schwingen: Das nächste

Lago di Misurina

Etappenziel ist der **Passo Falzarego**. Auf der gut ausgebauten großen Dolomitenstraße starten Sie in die Bergriesenwelt der 3000er. Rechter Hand passieren Sie zuerst die Tofana-Gruppe. Das Dreigestirn gehört zu den markantesten und bekanntesten Dolomitengipfeln überhaupt. Höchster Punkt ist der Tofana di Mezzo, mit ganzen 3243 Metern. Links führt eine Straße zu den **Cinque Torri** ab. Sie endet nach gut 200 Meter an der Liftstation. Auch hier lässt sich eine Übernachtung realisieren, [**246:** N 46°31'08" E 12°02'17", 1880 Hm]. Nicht nur die grandiose Natur rund um die besagten „Fünf Felstürme" lohnt den Ausflug. Ein Freilichtmuseum zu den ehemaligen Kriegsstellungen der Italiener befindet sich nahe der Bergstation. 18 verschiedene Wandertouren aller Schwierigkeitsgrade und einer Dauer ab nur 20 Minuten und bis zu 6 Stunden bieten für alle Bedürfnisse etwas.

Stellplatz 246

***Cinque Torri Bergbahn**: www. 5torri.it, Jun bis Sep 9 bis 17 Uhr, Berg-/Talfahrt Erw. €€*

Ein weiterer Lift, direkt neben der Hauptstraße, folgt nach weiteren 2,5 Kilometern und fährt zum **Col Gallina** hinauf, dann folgt die T-Kreuzung am **Falzarego Pass**. Nach links biegen Sie ab, um die Tour fortzusetzen. Rechts gelangen Sie zum Parkplatz unterhalb der Bergbahn. Sie klettert bis knapp unterhalb des 2778 Meter hohen Gipfels des **Monte Langazuoi.**

***Falzarego Bergbahn**: www.lagazuoi5torri.dolomiti.org, Ende Mai bis Ende Okt 9 bis 17 Uhr alle 15 Min, Berg-/Talfahrt €€€*

Der Falzarego Pass

Falza Rego bedeutet so viel wie „falscher König". Der Sage nach wurde einst ein König aus dem Reich der Fanes (Stamm im Nationalepos der ladinischen Bevölkerung) zu Stein, als er sich eines Verrats schuldig machte. Sein Fels gewordenes Antlitz ist noch heute in der Silhouette des **Langazuoi Gipfels sichtbar** – finden Sie es?

Erst im 20. Jahrhundert wurde der letzte, schwierigste Teil der **großen Dolomitenstraße** bis zum Falzaregopass hinauf fertig gestellt. Traurige Berühmtheit erlangte er wenige Jahre später, als im ersten Weltkrieg ringsum die Front verlief.

Mit der Seilbahn können Sie zum Gipfel hinauffahren. Auch ein ziemlich steiler Fußweg für Trittsichere, mit ausreichender Kondition, ist eine Alternative. Für Abenteuerlustige gibt es als dritte Alternative einen wieder in Stand gesetzten, alten Kriegsstollen. Er ist Teil des Freilichtmuseums rund um die Passhöhe. Mit Taschenlampe bewaffnet,

Am Fedaiapass

geht es auch so bergauf... *(kostenfrei, Begehbarkeit der markierten Strecken je nach Witterung).*

Wenn Sie die Straße ein kleines Stück weiter nach Norden in Richtung Covara fahren. erreichen Sie nur wenige hundert Meter weiter auf der linken Seite die alte österreichische **Sperrfestung Tre Sassi** *(Apr bis Nov 10 bis 13 Uhr und 14 bis 17 Uhr, €€).* Heute zum Museum umgebaut, diente die Anlage einst, um den Pass zwischen **Langazuoi** im Osten und **Hexenstein** im Westen abzusperren. Das um die Jahrhundertwende entstandene Gebäude war jedoch schon zu Kriegsbeginn heillos veraltet ,und die Besatzung bestand gerade einmal aus 36 Mann. Gleich beim ersten Frontalangriff fiel das Mauerwerk in sich zusammen und wurde schwer beschädigt. Die Österreicher griffen daher zu einem Trick: statt zu verdunkeln oder abzuziehen, ließen sie nachts weiter das Licht in den Trümmern brennen. Dadurch täuschten sie Selbstsicherheit und rege Geschäftigkeit vor, die den Italienern tatsächlich vorgaukelte, es sei alles in bester Ordnung und die Artillerieeinschläge seien verpufft. Noch bis Kriegsende glaubte man auf italienischer Seite, dass es am Falzaregopass kein Durchkommen gibt.

Livinallongo

Sie setzen Ihre Tour nun in Richtung **Passo Pordoi** fort. Die maximale Durchfahrtshöhe ist mit 3,20 Meter angegeben. Ein bisschen was dürfen Sie noch draufpacken, da sich die Höhe auf die seitlichen Ränder der Röhrentunnel bezieht: Selbst kapitale Reisebusse nehmen die Tunnel: zwar mittig, dann aber problemlos. Auf der weiteren Fahrt wird Ihnen garantiert nicht langweilig. Immer wieder tun sich fantastische Blicke auf. Die ganze Gegend ist Teil der Gemeinde Livinallongo, zu Deutsch Buchenstein und auf Ladinisch Fodom. An den Namen wurde unter Mussolini noch ein „del Col di Lana" angehängt. Der gleichnamige Berg steht mit seinen knapp 2500 Metern gleich nebenan und ist ein weiteres Kriegssymbol. Er wurde teilweise gesprengt und ist im verbliebenen Rest durchlöchert wie ein Schweizer Käse. An seinen Flanken können Sie bis heute verschiedene Tunnel begehen und Schützengräben durchwandern. Ein rund drei Kilometer langer Weg wurde entlang der alten Stellungen angelegt.

Mit nur 1400 Menschen auf fast 100 Quadratkilometern ist die Bevölkerungsdichte Livinallongos extrem niedrig und konzentriert sich auf insgesamt 29 Ortsteile, mit jeweils in sich geschlossenen Einzeldörfern. Im Teil Cernadoi zweigt die Tour nach rechts ab. Alternativ können Sie geradeaus fahren und so gleich in Richtung Cibiano abkürzen.

An der Hauptroute folgt nun Andraz. Die alte Burgruine des **Schlosses Andraz** ist beschildert und kann näher in Augenschein genommen werden. Allzu viel ist von dem 1200 Jahre alten Gemäuer allerdings nicht mehr übrig, eher die Gesamtkulisse macht den Reiz aus. Sie war einst im Besitz der Familie zu Buchenstein.

Im Ortsteil Pieve gibt es ein **Museum zur Ladinischen Kultur**. Vielen ist nicht bekannt, dass es sich bei den Ladinern um eine eigene Volksgruppe handelt, die im Regionen-Grenzgebiet zwischen Cortina und Livinallongo auf venetianischer Seite, bis ins Südtiroler Grödner-, und Gadertal sowie im Trentiner Fassatal lebt und oftmals sogar den Großteil der Anwohner ausmacht. Mit einer eigenen Sprache und eigenen Bräuchen versuchen die Menschen, ihre Kultur aufrecht zu erhalten und ihr ladinisches Bewusstsein zu bewahren. Ortsnamen sind daher auch immer auf Ladinisch angeschrieben.

***Ladinisches Museum**: im letzten, gelben Haus an der Hauptstraße, Jul/Sep Di/Do 16 bis 19 Uhr, Aug Mo bis Fr 16 bis 19 Uhr, €*

Der letzte Ortsteil ist gleichzeitig der bekannteste: **Arabba** ist ein verdientes Wintersportdomizil mit Restaurants, Cafés und viel touristischer Infrastruktur. Im Sommer wirkt es ab und an ein wenig verwaist. Natürlich bieten sich in dieser Umgebung tolle Wanderungen und Liftfahrten auf die umliegenden Berge an. Auskunft erteilt beispielsweise die **Touristeninformation** im Zentrum, Via Mesdi 66. Am Südhang fährt eine Seilkabinenbahn zur **Bergstation Porta Vescova** hinauf. Oben können Sie auf einem leicht begehbaren Höhenweg den Panoramablick auf den Marmoladagletscher und den Fedaia See genießen. Für Sportliche gibt es außerdem anspruchsvollere Wanderungen und einen Klettersteig. Nicht nur Kinder erfreuen sich an der Murmeltierkolonie, die am Wanderweg vom Rifugio Luigi Gorza zum Passo Padon lebt. Auch ein Wohnmobilstellplatz befindet sich in Ortsrandlage.

***Bergbahn Arabba**: Via Piagn, www.dolomitiportavescovo.it, etwa Jun bis Se, 8.30 bis 17 Uhr etwa alle 30 Min, Berg-/Talfahrt €€€*

(247) Offizieller WOMO-Stellplatz: Arabba

GPS: N 46°29'49" E 11°52'38", Via Piagn, 1580 Hm. **Max. WOMOs**: 40.
Ausstattung: V/E, Strom, Toilette / Dusche, Gasflaschenwechsel, Mülltonnen, beleuchtet.
Beschreibung: Neben einem Skihang am südlichen Ortsende. Platz auf Schotter und Asphalt, kein Schatten, etwas spröde, rund 200 m in die Ortsmitte.
Preis: €€€.
Zufahrt: Im zentralen Kreisverkehr in Arabba die dritte Ausfahrt nehmen, dort ist der Platz angeschrieben.

Pass Pordoi und Canazei *(Markttag Canazei Sa., Pian de Paredal)*
Direkt hinter Arabba steigt die Via Mesdi in wilden Serpentinen zum Pordiopass an. Auf gerade einmal vier Kilometern müssen Sie 33 Haarnadelkurven bewältigen, bis die Passhöhe bei 2239 Metern erreicht ist. Bis in den Juni hinein müssen Sie dort mit einer geschlossenen Schneedecke rechnen. Über Ihnen ragt die **Sella-Berggruppe** in den Himmel. Höchster Gipfel ist der **Piz Boé** mit 3151 Metern. Vom Pass aus können Sie per Seilbahn den Gipfel des **Sass Pordoi** (2952 Metern) erreichen. Im Winter bildet sie gemeinsam mit anderen Skianlagen in der Umgebung die beliebte Sella-Ronda, eine international renommierte Ski-Schaukel. Auf den großen Parkplateaus gibt es keine zeitlichen Einschränkungen, Sie können also auf Wunsch über Nacht mit dem Womo stehen. Für gastronomische Versorgung ist gesorgt, [**248:** N 46°29'15" E 11°48'48", 2215 Hm].

***Pordoi Bergbahn**: www.canazei.org, Seilbahn Ende Mai bis Ende Okt, 9 bis 17 Uhr, €€€*

Auf der Westseite des Passes windet sich die Spur nun wieder in nicht weniger hektischen Kurven in die Region Trentino hinab. Am Weg dorthin tun sich immer wieder gut ausgestattete Picknickplätze auf. Mit dem Womo problemlos ansteuerbar ist der bei [**249:** N 46°29'30" E 11°47'01", 1940 Hm].

Am Pass Pordoi

Am Fuße in Canazei angekommen, halten Sie sich links, um über den Fedaia-Pass zurück ins Veneto zu gelangen. Vorher können Sie in diesem Ski- und Wanderort eine Auffahrt zu einem der umliegenden Berge einlegen, zum Beispiel vom Ortsteil **Alba** aus zum **Col dei Rossi**. Zur Übernachtung gibt es in Canazei einen Campingplatz.

***Col dei Rossi**: Via de Contrin, www.canazei.org, Jun bis Mitte Sep 8.30 bis 12 Uhr und 13 bis 17.20 Uhr, €€€*

(250) WOMO-Campingplatz: Canazei
Camping Marmolada

GPS: N 46°28'23" E 11°46'32"**,** Via Parèda 60, 1440 Hm.
Internet/Tel.: www.campingmarmolada.com, +39 0462 60 16 60.
Ausstattung: Alle Einrichtungen, Waschmaschine / Trockner, Spielplatz.
Beschreibung: Plätze auf Rasen, kein Schatten, eben. Vielfältiges Sport- und Freizeitangebot in der direkten Umgebung. Ortszentrum rund 500 m.
Preis: €€€€€ je nach Saison.
Zufahrt: Am Kreisverkehr bei Einfahrt in Canazei rechts halten, der Platz kommt gleich auf der linken Seite.

Fedaia See

Die Auffahrt zum Fedaia-Pass lässt sich zügiger angehen als zuvor der Pordoi-Pass, die Anzahl enger Kurven ist deutlich geringer. Auf 2054 Metern queren Sie den Bergkamm unterhalb des höchsten und bekanntesten Bergmassivs der Dolomiten – der **Marmolata**. Der am weitesten aufragende Gipfel **Punta Penia** erreicht ganze 3343 Meter. Nach Norden hin fällt der Bergriese vergleichsweise sanft ab und bildet den einzigen großen Gletscher der Dolomiten. Noch vor dem Pass passieren Sie den bis weit ins Jahr hinein vereisten **Fedaia Stausee**. Wenn Sie eine Pause einlegen möchten, fahren Sie mit dem Wohnmobil über die Staumauer hinweg zur anderen Seite. Ein recht beeindruckendes Erlebnis. Eine Seilbahn fährt von dort aus hinauf in die Marmolata-Gruppe zur Hütte **Pian Dei Fiacconi**. Wenn Sie die steile Auffahrt nach

Fedaia See und Platz 251

oben zum Parkplatz wagen, werden Sie mit einem Parkplatz in spektakulärer Lage belohnt, **[251:** N 46°27'26" E 11°51'59", 2090 Hm].

Fedaia Seilbahn: *www.fassa.com, Ende Mai bis Ende Sep 8.30 bis 17 Uhr, Berg-/Talfahrt €€€*

Marmolata und Serrai-Schlucht

Mit der nun folgenden Abfahrt finden die höchsten Pässe auf Ihrer Tour ein Ende. Vorher müssen Sie das deutliche Gefälle meistern – hier hätten ein paar entschärfende Kurven ganz gut getan... Von **Malga Ciapela** aus gelangen Sie mit einer dreistufigen Pendelbahn bis ganz hinauf zur **Marmolata**. Der Panoramablick auf Rosengarten, Sellagruppe, Civetta, Tofane und Monte Pelmo ist einmalig. Im Winter führt eine der längsten Ski-Abfahrten im Alpenraum auf ganzen zwölf Kilometern und über 1900 Höhenmeter abwärts. Im Sommer erwartet Sie das in die Seilbahnstation integrierte Kriegsmuseum **Grande Guerra 3000** – es ist das höchstgelegene Europas. Außerdem lässt sich das Denkmalschutzgebiet der Weltkriegsfestung Punta Serauta erwandern. Die gut ausgebauten Wege sind an ausgesetzten Stellen mit Drahtseilen gesichert, lassen sich aber problemlos bewältigen. Rund zwei Stunden müssen Sie für die Begehung rechnen. Bei der Station **Punta Rocca** finden Sie eine Panorama-Außenterrasse und eine vom Papst persönlich geweihte Grottenkapelle.

Für einen etwas längeren Aufenthalt steht ein naher Campingplatz zur Verfügung. Auch eine einfache Tour durch die Serrai-Schlucht im Tal bietet sich an. Entweder können Sie von Malga Ciapela im Norden oder Sottoguda im Süden starten.

***Marmolata Seilbahn**: [N 46°25'38" E 11°54'40"], www.funiviemarmolada.com, Jul bis Mitte Sep von 9 bis 16 Uhr, Berg-/Talfahrt, €€€€*

(252) WOMO-Campingplatz: Malga Ciapela

GPS: N 46°25'31" E 11°54'18", Nr. 116, 1450 Hm.
Internet/Tel.: www.campingmarmolada.it, +39 0437 86 68 14.
Öffnungszeiten: Mai bis Oktober.
Ausstattung: Alle Einrichtungen, Waschmaschine, Bar, Grillhütte, Spielplatz.
Beschreibung: Schöne Lage, naturnaher Platz mit Stellflächen auf Rasen, nur einige mit Schatten. Ortsmitte etwa 650 m. Diese besteht jedoch nur aus wenigen Häusern.
Preis: €€€€-€€€€€, je nach Stellplatztyp und Saison.
Zufahrt: Am Ende von Malga Ciapela kurz vor dem Tunnel rechts abbiegen, dann sofort links halten und den Schildern folgen.

Fahrradfahren oder Wandern in der Serrai-Schlucht

Zwischen Sottoguda und Malga Ciapela liegt unterhalb der Durchgangsstraße eine zwei Kilometer lange Klamm, die nicht nur begangen, sondern auch mit dem Fahrrad befahren werden kann: die **Serrai di Sottoguda.** Wenn Sie sich ein wenig die Füße vertreten möchten, parken Sie entweder am oberen Ende, nahe dem Campingplatz bei [N 46°25'35" E 11°54'53"] oder unterhalb der Schlucht in Sottoguda. Da die dortige Ortseinfahrt für Womos verboten ist, müssen Sie die Straße ein Stück hinabfahren. Ein Parkplatz steht bei [**253:** N 46°25'31" E 11°56'42"] rechts der Straße am Parco Naturale bereit. Die Schlucht ist mit einem Fahrweg ausgestattet, der das Radfahren ermöglicht. Dann geht es in eine Richtung stetig bergauf. Sie kreuzt in ihrem Verlauf den Pettorinabach ganze dreizehn Mal. Zu sehen gibt es einige Besonderheiten, wie eine Madonnenstatue und alte Felsritzungen, Weltkriegsstollen und eine Kapelle. Im Sommer können Sie am Wochenende in einer Richtung die Bummelbahn nehmen. Im Winter faszinieren die zu Eis erstarrten Wasserfälle an den bis zu 100 m hohen Felswänden.

Bei Caprile teilt sich die Route. Sie können nun zwischen zwei Varianten zur Weiterfahrt wählen.

Variante 1: Über das Zoldotal bis Longarone

Auf schmaler, aber gut ausgebauter Straße reisen Sie über **Selva di Cadore** immer westwärts in Richtung des Zoldotals. Nach Pescul folgt ein beinahe menschenleeres Hochplateau mit lichtem

In Malga Ciapela

Fichten- und Lärchenwald. Gegenüber dem einzigen Hause auf einer Lichtung stehen linker Hand am Straßenrand Picknickbänke, und –tische, Auch gemauerte Grillplätze wurden installiert. Ein tolles Rast- und Picknick-Gelände! An einer links einmündenden kleinen Straße bieten sich einige Stellflächen bei [**254:** N 46°26'08" E 12°05'33", 1500 Hm]. Der Fahrweg selbst führt zu einem Campingplatz.

(255) WOMO-Campingplatz: Selva di Cadore Campeggio Cadore

GPS: N 46°26'07" E 12°05'52", Via Peronaz 3/4, 1590 Hm.
Internet/Tel.: www.campingcadore.com, +39 0437 72 02 67.
Öffnungszeiten: Dezember bis Ende April und Juni bis Ende September.
Ausstattung: Alle Einrichtungen, Waschmaschinen / Trockner, Spülmaschine, Grillpavillion, benachbartes Restaurant, Spiel- und Sportplatz, E-Bike-Verleih.
Beschreibung: Großer, schön angelegter Platz im ruhigen Bergtal mit sonnigen und schattigen Stellplätzen, nicht ganz eben, meist auf Rasen.
Preis: €€€-€€€€ je nach Saison.
Zufahrt: Wie vorheriger Stellplatz. Auf der kleinen Straße linker Hand ein Stück weiter einfahren, der Platz ist angeschrieben.

Nun folgt der **Passo Staulanza**. Er bringt es auf immerhin 1773 Meter, doch wirkt diese, im Vergleich zu den bereits erklommenen Höhenstraßen, eher unscheinbar. Linker Hand befindet sich mit dem 3168 Meter hohen **Monte Pelmo** ein letzter Bergriese. An seinen Flanken gibt es diverse Wanderwege, die direkt von der Straße aus angeschrieben sind. Nach ein paar weiteren Kilometern können Sie neben dem **Palafavera-Sessellift,** den etwas kargen Wohnmobilstellplatz neben dem Parkplatz ansteuern, [**256:** N 46°24'11" E 12°06'05" SP251, mit V/E und Strom, €€], schöner ist zweifellos der benachbarte Campingplatz...

Mit dem Lift erreichen Sie schnell die Berghütten Coldai und Tissi sowie die Gipfel des Alleghe und Col del Baldi. Viele der Wanderwege sind nicht sonderlich herausfordernd und können mit leichter Ausrüstung begangen werden.

***Palafavera Sessellift**: www.palafavera.it, Anfang Jul bis Anfang Sep, 8.40 bis 17.15 Uhr, Berg-/Talfahrt €€*

(257) WOMO-Campingplatz: Palafavera Camping Palafavera

GPS: N 46°24'08" E 12°06'09", SP251, 1530 Hm.
Internet/Tel.: www.campingpalafavera.com, +39 0437 78 85 06.
Öffnungszeiten: Dezember bis Ende April und Juni bis Ende September.
Ausstattung: Alle Einrichtungen, Waschmaschine / Trockner, Grillplatz, Restaurant, Minimarkt, Spiel- und Sportplatz.
Beschreibung: Verstreute, oft schattige Plätze auf Schotterrasen in einem lichten Waldgrunstück, nicht immer ganz eben, naturnah und sehr ruhig.
Preis: €€€-€€€€, je nach Saison.
Zufahrt: Ein paar Kilometer nach dem Passo Staulanza linker Hand an der SP 251.

Forno di Zoldo

Kurz nach Zoldo Alto kommen Sie in Forno di Zoldo, dem Hauptort des Zoldotales, an. Das unscheinbare Dorf ist Zentrum einer uritalienischen „Industrie“, die sich seit dem 19. Jahrhundert über ganz Europa ausgebreitet hat – von hier aus begann der Siegeszug des Speiseeises quer über den Kontinent!

Forno die Zoldo mit Stellplatz 258

Wählen Sie den angeschriebenen Ortsparkplatz direkt am Maé-Fluss. Auf der ruhigen Stellfläche lässt es sich nächtigen, [**258:** N 46°20’45” E 12°10’48”, SP251]. Es gibt aber auch zwei Campingplätze, jeweils am Ortsanfang und –ende. Hinter dem Hauptplatz zweigt eine kleine Straße aufwärts zum **Eisenwarenmuseum** ab. Metallteile und -gegenstände waren lange Zeit ein anderes Standbein in der Region. Später gelangen Sie dann nach Longarone hinab. Dort schließt Tour Zehn an, Nachtparkplatz bei [**259:** N 46°16’45” E 12°18’21”, Loc. Malcom 2].

***Eisenwarenmuseum**: Via San Francesco 15, wechselnde Öffnungszeiten, €*

Die Eismacher aus dem Val di Zoldo

Im 19. Jahrhundert ging es den Bauern aus den benachbarten Tälern des Zoldo und des Cadore immer schlechter. Missernten und Absatzschwierigkeiten trieben viele Familien in die Armut. Vermutlich von einem Sizilianer lernten Einige von Ihnen die Kunst der Eisherstellung. Da in den Tälern damit kein Geld zu verdienen war, begannen sie im nächsten Sommer nach ganz Europa auszuschwärmen, um dort ihr Glück zu finden. Wien war einer der ersten Anlaufpunkte. Dokumentiert ist die behördliche Genehmigung an einen Herrn Tomea Antonio Bareta 1865 einen Eiswagen im Wiener Prater aufzustellen. Später wechselte er nach Leipzig und brachte es dort auf ganze 24 Eiswagen in der Stadt. Sein Sohn stellte in Budapest sogar ganze 60 auf. Überall in Europa begannen Menschen aus dem Zoldotal sich eine neue Existenz aufzubauen. Im Sommer arbeitete man in der Fremde, im Winter kehrten sie in die Heimat zurück. Die beiden Weltkriege konnten die Verbreitung von Speiseeis nicht dauerhaft bremsen.

Für den Schritt vom Wagen zur Eisdiele ist übrigens der österreichische Protektionismus schuld: um heimische Süßwarenhändler zu schützen, verbot man den Zoldo- und Cadore-Italienern, den Verkauf von Spei-

seeis mit mobilen Handwagen. So gründeten sie feste Lokale. Da die finanziellen Mittel aber klein waren und Ladenlokale rar, wichen sie auf Privatwohnungen aus. Um aus den Fenstern heraus verkaufen zu können, wurde die Ware vom Hochparterre auf Holzdielen nach unten gelassen – der Begriff der Eisdiele war geboren.
Bis heute stammen übrigens zwei Drittel der italienischen Eismacher in Deutschland aus dem Zoldo- und Cadoretal oder sind deren Nachfahren. Ihr Produkt, tausendfach kopiert, ist eine einzige große Erfolgsgeschichte – nicht nur in Europa, sondern weltweit. Bis heute kann man im Zoldotal die Kunst der handwerklichen Eisherstellung erlernen. Am Talende, in Longarone findet seit über 50 Jahren die größte europäische Speiseeismesse statt.
Sie werden in Forno zwar keine Eisdielen finden, wie Sie es aus anderen Städten gewohnt sind... andere „coole“ Einkehrmöglichkeiten bieten aber selbstverständlich echt italienisches Gelato an!

Variante 2: Über Agordo nach Belluno

Alleghe

Vor allem bei Bergliebhabern ist Alleghe ein ganzjährig geschätztes Ziel. Zu seinen zahlreichen Sehenswürdigkeiten zählt die „Parete delle pareti“, die Wand der Wände. Damit wird die Nordflanke des **Monte Civetta** bezeichnet, eine der größten Vertikalflächen in den Dolomiten.

Auch mit seinem nach dem Ort benannten See punktet Alleghe. Er bildete sich 1771 infolge eines Erdrutsches, der drei unter sich begrub, und den Fluss Cordevole anstaute. Im Winter fungiert er als Schlittschuhbahn, im Sommer wird er für diverse Freizeitaktivitäten wie Angeln, Windsurfen oder Tretbootfahren genutzt. Mit der Bergbahn zum **Monte Civetta** erschließen Sie sich schnell die herrliche Gipfelwelt mit Wander und Mountainbike Strecken und einem Kletterpark, nahe der Bergstation. Nördlich des Sees gibt es einen einfachen Wohnmobilstellplatz.

Alleghe Bergbahn: *Corso Venezia 3, www.alleghefunivie.com, Ende Jun – Mitte Sep, 8.30 – 17.30 Uhr, Erw. 12 – 16 €, Kinder 9 – 14 J. 6 – 8 €, je nach Saison*

(260) Offizieller WOMO-Stellplatz: Alleghe

GPS: N 46°24’46” E 12°00’59”, SR203.
Max. WOMOs: 20+
Ausstattung: Mülltonnen, sonst keine Einrichtungen.
Beschreibung: Schotteruntergrund, nicht ganz leise, da an der Durchgangsstraße gelegen. Kein Schatten, Blick auf See und Gipfel, dennoch wenig einladend. Kostenpflichtige, aber teure V/E an der nahen Tankstelle, nördlich vom Platz.
Preis: Tagsüber €, nachts gratis.
Zufahrt: Am Ortsbeginn von Alleghe rechter Hand, ein paar hundert Meter nach der Tankstelle.

Agordo *(Markttag Mi, Piazza Libertá)*
Die Stadt liegt eingebettet in einer Talsohle und gehört zum ladinischen Sprachgebiet. Von hier bis ins Cadore verläuft die industrielle Achse der Brillenmacher. In Agordo hat Luxottica, der größte Fassungshersteller der Welt, seinen Hauptsitz. Im Ort gibt es einige schöne, alte Gebäude wie das **Palazzo Crotta de Manzoni** am südlichen Ortsende – eine echt venezianische Villa aus dem 18. Jahrhundert. Das Kirchlein links bildet mit den Bergen im Hintergrund ein attraktives Ensemble. In der kleinen Altstadt gibt es ein paar gemütliche Lokale, Laubengänge und Geschäfte. Für einen Rundgang nehmen Sie den Großparkplatz unterhalb bei [N 46°16'59" E 12°01'52"]. Er ist mit einem Fußweg direkt mit dem Zentrum verbunden.

Zum Übernachten stehen gleich zwei Plätze zur Auswahl. Entweder im nördlichen Vorort **Taibon** oder westlich des Flusses neben dem Brillenwerk.

TIPP: Von Taibon aus führt eine schmale Sackgasse ins landschaftlich schöne Valle dei San Lucano, mit hohen Felswänden ringsum, von denen nach Regenfällen Wasserfälle hinabstürzen. Es gibt schöne Picknickplätze am Fluss, zum Beispiel „Mezzavalle", nahe der Kapelle San Lucano. Im kleinen Ort ganz am Ende der befahrbaren Straße kann man einkehren.

(261) Offizieller WOMO-Stellplatz: Taibon

GPS: N 46°17'56" E 12°00'44", Vai A. Brustolon. **Max. WOMOs:** 4-5.

Ausstattung: V/E (frei zugänglich).
Beschreibung: Hinter einem PKW-Parkplatz am kleinen Fluss ge-legenen. Auf Asphalt oder Schotter, kein Schatten, eben, Ortszentrum 200 m.
Zufahrt: Von der Hauptstraße rechts nach Taibon abzweigen. Dann vor der Kirche links halten. Der Stellplatz ist ab hier beschildert.

Agordo

(262) Offizieller WOMO-Stellplatz: Agordo

GPS: N 46°16'45" E 12°01'28", Fraz. Valcozzena. **Max. WOMOs:** 12.

Ausstattung: V/E (frei zugänglich).
Beschreibung: Eigens angelegter Womo-Parkplatz auf einer Wiese, zwischen ein paar Wohnhäusern und den Hallen der Optikfabrik. Kein Schatten, Ortszentrum rund 2,5 km, wenig einladende Umgebung.
Preis: €.
Zufahrt: In Agordo rechts Richtung Gosaldo fahren. Den Fluss überqueren und direkt danach am Kreisverkehr links halten. Nach dem Luxotticawerk links auf der Hauptstraße bleiben und bei den nächsten beiden Gelegenheiten jeweils rechts zum Stellplatz abbiegen.

Wegvariante über Gosaldo ins Valle del Mis:

Statt über die Hauptroute nach Belluno weiterzufahren, gelangen Sie auf kleinen Alpenstraßen und Bergorten rund um Gosaldo über die SP347, SP3 und SP2 direkt ins landschaftlich wunderschöne **Valle del Mis**, das Sie anderenfalls nur auf einem Abstecher von der folgend beschriebenen Hauptroute aus erreichen. Da Sie unterwegs gleich am Beginn des Tales einen nur 2,50 Meter hohen Tunnel passieren müssen, ist diese Variante nur für kleine bzw. niedrig gebaute Fahrzeuge machbar. Unterwegs können Sie bei Bedarf in **Frassene** am Parkplatz unterhalb des Ortskerns rasten, [**263:** N 46°15'09" E 11°59'02", Via Villa, 1180 Hm]. Nahe **Tiser** gibt es einen schönen Picknickplatz bei [**264:** N 46°13'58" E 12°00'48", SP3], neuerdings auch einen echten Stellplatz, [**265:** N 46°13'14" E 11°59'42", SP2, alle Einrichtungen, €€€]. Das Valle del Mis ist am Ende dieses Kapitels beschrieben.

Stellplatz 263

Hauptroute durch den Canale del Agordo:

Die Straße führt durch die Schlucht **Canale di Agordo** auf Belluno zu. Rechterhand besteht nach kurzer Zeit die Möglichkeit, auf einem Parkplatz vor einer Holzbrücke anzuhalten. Auf der anderen Seite stehen die Gebäude des **Centro Minerario di Valle Imperina**. Teils verfallen, teils wieder in Stand gesetzt, lassen sich die alten Bauten der ehemaligen Mine erkunden. Ganze 800 Jahre wurden Kupfer und Silber abgebaut, bis in den

Centro Minerario di Valle Imperina

1960er Jahren aus wirtschaftlichen Gründen Schluss war. Der Wandel zum Freilichtmuseum ist noch nicht ganz abgeschlossen, doch die meisten Teile sind bereits freigegeben, so der riesige Bau mit den Schmelzöfen. Einige Stollen sollen zukünftig für Besucher geöffnet werden. In einem anderen Gebäude haben eine Jugendherberge und ein Gasthaus Quartier bezogen. Das **Nationalpark-Besucherzentrum** der umliegenden **Bellunesischen Dolomiten,** ist südlich im ehemaligen Wasserkraftwerk untergebracht. Ein Themenweg unter dem Titel „Der vergessene Berg“ startet am alten Bergwerksgelände.

***Centro Minerario und Besucherzentrum**: [N 46°15'30" E 12°02'39"], Anfang – Mitte Jul und Sep Sa/So, 13.30 bis 18.30 Uhr, Mitte Jul bis Aug täglich 13.30 bis 18.30 Uhr*

Bei **Sedico** gibt es für Camper einen schönen Picknickplatz rechts der Straße. Ringsum führen verschiedene Wege in die Berge. Man muss gar nicht allzu weit laufen, um auf verwunschene Wasserfälle und urwaldgleiches Dickicht zu stoßen.

(266) Offizieller WOMO-Stellplatz: Candaten

GPS: N 46°11'58" E 12°07'31", Via La Stanga 28. **WOMOs:** 15.
Öffnungszeiten: Ungefähr Ende April bis Mitte September, Di bis So von 9 bis 21 Uhr.
Ausstattung: V/E und Toilette / Dusche jeweils gegen Gebühr, Mülleimer, Picknickbänke, feste Grillplätze gegen Gebühr
Beschreibung: Unweit der Straße, aber recht schöne Lage mitten im Naturpark am Fluss. In der Hauptsaison und an Wochenenden im Sommer mit geöffnetem Kiosk und kleinem Hofladen nebenan.
Parkgebühr: €€.
Zufahrt: An der einzigen Durchgangsstraße von Agordo nach Belluno rechter Hand, etwa 1,5 km nach dem Weiler La Stanga.

Valle del Mis

Bevor Sie Belluno erreichen, lohnt ein Abstecher ins schöne **Valle del Mis**. Über Mis gelingt die Anfahrt von südlicher Seite aus zum Tal. Sie werden zu Beginn auf die maximale Durchfahrtshöhe von 2,50 Meter hingewiesen. Für den hier beschriebenen Weg

ist dies jedoch nicht von Belang. Die zuerst folgenden Tunnel sind zwar dunkel, aber mit rund 3,40 Metern Höhe werden Sie vermutlich keine Probleme bekommen. Nach guten 1,5 Kilometern erreichen Sie ein großes und umfassend ausgestattetes Picknickareal am **Lago del Mis**. Je nach Wasserstand des Stausees wird das Ufer im Sommer gerne als Badeplatz oder für andere Wassersportaktivitäten genutzt. Am Freizeitgelände beginnt ein markierter Rundweg ins **Val Falcina**. Auf mäßig steilen Pfaden führt er auf rund vier Kilometern durch ein wildes Tal, das viel unberührte Natur und die Möglichkeit zur Beobachtung seltener Tiere wie zum Beispiel Königsadlern bietet.

Lago del Mis, oben: Parkmöglichkeit am See

(267) Offizieller WOMO-Stellplatz: Lago del Mis

GPS: N 46°09'55" E 12°03'32", Val del Mis. **Max. WOMOs**: 12.
Öffnungszeiten: Der See und auch der Seeparkplatz sind jederzeit zugänglich. Das Besucherzentrum mit Stellplatz und Einrichtungen daneben nur in der Saison.
Ausstattung: V/E, Strom, Toilette/Dusche, Bar, Mülleimer, Picknickbänke, Grillgelegenheit, Spielplatz.
Beschreibung: Sehr schöne Lage oberhalb des Sees, fast eben, ruhig. Es ist auch möglich ohne Einrichtungen am Parkplatz am See zu stehen.
Preis: €€-€€€, Seeparkplatz €€.
Zufahrt: Von Mis aus den Wegweisern ins Val del Mis folgen. Nach knapp 2 km rechter Hand.

Botanischer Garten und Weg „Les Cadini del Brenton"

Statt entlang der Straße bis hierhin zu wandern, können Sie mit dem Fahrzeug bis kurz vor die folgende Brücke fahren. Dort gibt es ein paar Parkplätze. Links liegt der botanische Garten **Campanula Morettiana**. 1500 im umliegenden Nationalpark heimische Arten wurden zusammengetragen und kultiviert, um Besucher über die heimische Flora zu informieren. Dahinter beginnt der Themenweg **Les Cadini del Brenton**. Mit nur rund 1000 Metern Länge ist er überschaubar und führt entlang des Brenton-Baches mit immer neuen kleinen Wasserfällen, die große und kleine Höhlen und Gumpen aus dem Fels gewaschen haben.

Auf der gegenüberliegenden Flussseite führt nach dem Botanischen Garten rechts ein Weg nach Gena hinauf. Dort wartet ein kleiner Gastbetrieb mit schöner Terrasse und Parkplatz auf Sie. Nach weiteren 2,5 Kilometern durch das Tal, kommen Sie zu den Überresten des Weilers **La Stua**. Sie bestehen aus einem ehemaligen Gasthaus, einer Werkstatt und zwei Wohnhäusern. Der Ort wurde Mitte der 60er Jahre nach einer Hochwasserperiode aufgegeben. Direkt daneben befindet sich ein Picknickplatz, [N 46°12'09" E 12°01'35"]. Nun sollten Sie aber umkehren, da die Weiterfahrt durch den zu Beginn des Tales vermerkten niedrigen Tunnel für Standard-Womos unmöglich wird *(siehe auch Variante über Gosaldo zuvor)*.

Tour 10: Die Region Pordenone, 185 km

Longarone – Barcis – Maniago – Spilimbergo
Valvasone – Pordenone – Polcenigo – Sacile

Stellplätze:	Casso, Cimolais, Cellina-Fluss, Barcis, Andreis, Montereale, Maniago, Spilimbergo, Valvasone, Zoppola, Pordenone, Polcenigo (2x), Sacile, Sarmede
Agricampeggi:	Sequals
Campingplätze:	Cimolais, Barcis

Besichtigen:	Museum und Staudamm bei Longarone, Casso, Museum in Maniago, Villa Carnera, Spilimbergo, Valvasone, Pordenone, Polcenigo, Sacile
Baden:	Lago di Barcis
Wandern:	Im Parco Naturale Dolomiti Friulane bei Cimolais, im Parco Faunistico bei Cimolais, in der Cellinaschlucht, rund um Andreis, im Parco San Floriano

Noch einmal führt Sie Tour Zehn in die Provinz Friaul zurück. In einem Halbkreis erkunden Sie die Region Pordenone: Auf der Südseite der friulanischen Dolomiten bieten sich erneut hervorragende Wandermöglichkeiten. Von Maniago bis Conegliano können Sie gleich sechs typisch italienische Städte zwischen Tagliamentoufer im Osten und den beginnenden Prosecco-Hügeln im Westen näher kennenlernen.

Longarone *(Markttag Fr., Piazza Via Roma)*
Die erste Stadt ist das wirtschaftliche Zentrum der Gegend, ansonsten aber eine eher gesichtslose Urbanisation, ohne alte Bausubstanz. Longarone erlangte in den 1960er Jahren traurige Berühmtheit, als es samt dem Großteil seiner Einwohner bei einem schweren Unglück fast komplett ausgelöscht wurde.

Das Unglück von Longarone
Während sich nördlich von Longarone das weite Cadore-Tal öffnet, befindet sich im Osten der schmale Felsspalt des Vajont-Tales mit dem gleichnamigen Fluss. Schon seit den 1920er Jahren wollte die Firma SADE, damals eine der größten Elektrizitätsgesellschaften Italiens, dort eine Staumauer bauen, um während der Trockenzeit ausreichend Strom für die Stadt Venedig zu gewährleisten. Das Projekt scheiterte lange Zeit am Einspruch der Anwohner und Gegner, denn einige Orte mussten umgesiedelt werden und die Expertisen und Machbarkeitsstudien waren nicht durchwegs positiv. 1957 erteilten die zuständigen Behörden dennoch die Genehmigungen. Während der Bauphase gab es einige kleine Erdbeben, die der Betreibergesellschaft erneute geologische Untersuchungen abverlangten. Dabei wurde festgestellt, dass die Flanken der umliegenden Berge durch einen lange zurückliegenden Bergsturz äußerst instabil waren und bei hohem Wasserstand in den Stausee rutschen könnten. Überschwemmungen wären die Folge. Diese neuen Erkenntnisse wurden absichtlich unter den Tisch fallen gelassen und verschwiegen. Schon 1960 kam es zu einem ersten Abrutschen: 700.000 Kubikmeter Gestein sackten in die Fluten, hinterließen aber keine ernsten Schäden. Die Universität von Padua wurde mit einer weiteren Untersuchung beauftragt. Sie fertigten ein Modell, das sich im Nachhinein als fehlerhaft herausstellte. Mit fatalen Folgen, denn das vorläufig veröffentlichte Ergebnis bescheinigte erneut die Sicherheit des Staudamms. In den Folgejahren wurde der Stausee in regelmäßigen Abständen gefüllt und wieder entleert, um die Gefahr von Geländerutschen zu vermindern. Am 9. Oktober 1963 war er weitgehend gefüllt. Um 22:39 Uhr ereignete sich ein furchtbares Unglück,

Vajont-Staudamm

das als die Katastrophe von Vajont in die Geschichte eingehen sollte. Auf drei Kilometern gaben die Bergflanken nach und stürzten der Länge nach in den Stausee. Rasend schnell türmten sich 270 Millionen Kubikmeter Gestein im einstigen Becken auf – fast das Doppelte des Speichervolumens. Eine riesige Flutwelle türmte sich auf. Sie konnte zwar der massiven Staumauer nichts anhaben, doch ergossen sich die Wassermassen quer durch das Vajonttal: zur gegenüberliegenden Flanke mit den Dörfern Erto und Casso und schließlich, unter infernalischem Tosen, auf die Stadt Longarone, unterhalb des Sees. Fast alle 2000 Einwohner kamen dabei ums Leben. Die Stadt war beinahe komplett dem Erdboden gleichgemacht und ausgelöscht. Nur sehr wenige Überlebende konnten gerettet werden, viele davon waren Kinder. Der italienische Staat siedelte sie später in einem neuen Ort namens Vajont weiter im Osten nahe Maniago an.
Auch Longarone wurde in den folgenden zwanzig Jahren wiederaufgebaut. Einen Stausee gibt es heute natürlich keinen mehr. Die alte Mauer steht aber noch – als sei nie etwas gewesen!

Wenn Sie sich ausführlicher über die Geschichte Longarones informieren möchten, können Sie das im **Museo degli Zattieri del Piave** tun. Es befindet sich rechts der Straße, die ins Vajonttal hinaufführt.

***Museo degli Zattieri del Piave**: Via G. D`Inca 1, Jun bis Sep 9 bis 12 Uhr und 15 bis 18 Uhr, €, www.zater.it*

Vajont-Tal

Die Straße führt zunächst bergan und schlängelt sich dann an der nördlichen Bergflanke durch zwei Tunnel. Die alte Staumauer rückt schon bald ins Blickfeld. Gleich im Anschluss steht rechts eine Gedenkkapelle mit einer kleinen Parkgelegenheit. Von hier aus kann die Staumauer begangen werden. Einen besseren Blick auf das ganze Gebiet haben Sie aber am nächsten Parkplatz, ein paar hundert Meter weiter bei [N 46°16'07" E 12°20'10", mit Parkgebühr]. Am Wochenende nutzen viele Kletterer die schroffen Felsen am Berg, um daran ihre Griffe zu trainieren. Gleich um

Stellplatz 268

Bergdörfer Casso...

die nächste Ecke gibt es einen dritten Schotterplatz, der von Wohnmobilen zur Übernachtung genutzt wird, [**268:** N 46°16'07" E 12°20'16"]. Wenn Sie von dort der Schotterstraße folgen und dann in einer starken Linkskurve rechts abbiegen, können Sie eine kleine Rundwanderung unternehmen. Sie spazieren weiter über die Staumauer hinweg und von dort in einem Rundweg zurück zum Parkplatz.

Sicher ist Ihnen bereits das kühn oberhalb der Felswände hängende Dorf **Casso** aufgefallen. Wie ein Adlerhorst scheint es sich an den kahlen Hang zu klammern. Wenige hundert Meter weiter führt eine ziemlich schmale und steile Straße linker Hand nach oben, die Sie nur mit kleinen bis mittelgroßen Womos antreten sollten. Bedenken Sie, dass es oben nur einen relativ kleinen Parkplatz gibt. Casso wurde bei der Vajont-Katastrophe schwer in Mitleidenschaft gezogen und danach komplett aufgegeben. Erst seit wenigen Jahren ziehen wieder Menschen in den einstigen Geisterort. Ein paar Häuser sind wieder bewohnt und es gibt eine kleine Gastwirtschaft. Dazu den urigen Laden „Il Mercatino" und die **Galerie Nuovo Spazio**, mit weithin sichtbarer Aussichtsterrasse auf dem Dach.

***Staumauer**: www.parcodolomitifriulane.it, €, Achtung, der Weg über den Staudamm ist nicht immer geöffnet*

Auf Ihrer Weiterfahrt sehen Sie rechts neben sich den heutigen Vajont-See. Nur mehr eine Pfütze bedenkt man, dass

...und Erto

der aufgestaute Fluss einst einen Pegelstand von bis zu 710 Metern zu Stande brachte! Das kleine **Erto** direkt neben der Hauptstraße, teilte über Jahrzehnte das Schicksal Cassos. Auch hier ist inzwischen wieder Leben eingekehrt. Es hat etwas weniger Charme als der Bruder am Berg, ist aber einfacher zu erreichen, falls Sie die steile Auffahrt vorher gescheut haben. Parken Sie gegebenenfalls an der Hauptstraße, die untere Dorfstraße ist zu schmal für Womos.

Cimolais

Der isoliert gelegene Ort zwischen Bergen, Fluss und Wäldern ist Ausgangspunkt vieler Wanderungen. Es gibt ein **Nationalpark-Informationsbüro** in der Via V. Emanuele II und einen Wohnmobilstellplatz. An der Stichstraße, in Richtung Dolomiten, befindet sich nur wenige hundert Meter weiter nördlich ein kleiner Campingplatz und am Ende des geteerten Fahrweges ein Parkplatz bei [N 46°18'48" E 12°26'41"]. Von dort beginnen schöne Wanderungen ins **Val Cimoliana.**

(269) Offizieller WOMO-Stellplatz: Cimolais

GPS: N 46°17'19" E 12°26'25", Via XX Settembre 54. **Max. WOMOs:** 8-10.
Ausstattung: V/E (frei zugänglich), Strom, Mülleimer, Beleuchtung.

Beschreibung: Am Ortsrand gelegen, etwas zurückversetzt vom Fluss, sehr ruhig, recht eben auf Pflaster, kein Schatten, Spielplatz nebenan. Schöne Lage am Fluss, Ortszentrum rund 250 m, bedingt klappstuhlgeeignet.

Zufahrt: Am Beginn von Cimolais der Beschilderung nach links zum Campingplatz folgen. Dann nach rund 300 m rechts zum Stellplatz abbiegen (angeschrieben).

(270) WOMO-Campingplatz: Campeggio Bresin

GPS: N 46°18'00" E 12°26'27", Via Cimoliana.
Tel.: +39 335 526 97 62.

Öffnungszeiten: Mitte Juni bis Mitte September.
Ausstattung: Alle Einrichtungen.
Beschreibung: Einfacher,naturnaher Platz im Grünen. Sehr ruhig, Rasenuntergrund, nicht ganz eben, teils Schatten, Ortszentrum 1,1 km.
Preis: €€€.
Zufahrt: Am Beginn von Cimolais der Beschilderung nach links zum Campingplatz folgen.

Wanderung zum Campanile di Val Montanaia

Bei der bizarren Felsformation handelt es sich um eine rund 300 Meter hohe Felsnadel, ein beliebtes Wanderziel. Bis zum **Bivacco Perugini**, direkt unterhalb, sind es rund 2,5 Stunden und fast 900 Höhenmeter. Sie können eine Kurzvariante in Angriff nehmen. Ausgangspunkt sind die Parkplätze unterhalb der Hütte **Refugio Pordenone**. Sie gelangen vom Ende der geteerten Via Cimoliana und dann weiter über eine mautpflichtige Schotterpiste dorthin *(€€, nur in den Sommermonaten)*. Erkundigen Sie sich unbedingt vorher an der Station nach der aktuellen Befahrbarkeit mit Ihrem Womo. Von den Parkplätzen bei [N 46°22'43" E 12°29'24"] folgen Sie den Schildern bergan in Richtung Campanile di Val Montanaia auf einem gut begehbaren Steig durch Wald und über Lichtungen. Links passieren Sie eine Abzweigung zum Aussichtspunkt **Belvederi del Campanile di Val Montanaia**, die kürzeste Variante, wenn Ihnen der ganze Weg zu weit ist, Sie die Felsnadel aber trotzdem aus ein wenig Entfernung sehen möchten. Einige Höhenmeter Aufstieg durch Waldgebiet liegen vor Ihnen. Anderenfalls gehen Sie weiter geradeaus. Sie queren das Bachbett und kommen zu einer Abzweigung. Rechts geht es zur Hütte und von dort zurück zum Parkplatz. Eine weitere Variante, um die Tour abzukürzen. Nach links folgt der nun streckenweise sehr steil verlaufende Weg, Großteiles durch Fels- und Schotterflächen, dem Val Montanaia bis zum Zielpunkt. Die Wiese rund um das blecherne Perugini-Biwak bietet während einer Rast spektakuläre Blicke auf die umliegenden Berge, die Felsnadel direkt vor Ihnen. Der Rückweg erfolgt auf gleichem Pfad, dann gegen Ende aber links herum über die Pordenone-Hütte für eine abschließende Einkehr.

Gut einen Kilometer nach Cimolais können Sie an einer Osteria links zum **Parco Faunistico di Pianpinedo** abbiegen. Auf 35 Hektar werden Tiere der Dolomiten wie Steinböcke, Gämsen, Murmeltiere und Wild gehalten. Auch Reptilien und Vögel bekommen Besucher zu Gesicht.

***Parco Faustino**: [N 46°16'41" E 12°27'50"], Zugang nur im Sommer, mehr unter www.parcodolomitifriulane.it*

Barcis

Die SS251 folgt dem Cellina-Fluss weiter bis nach Barcis. Unterwegs bietet sich an einer kleinen Abfahrt rechts vor einer Brücke die Möglichkeit, am Flussbett zu picknicken oder zu campieren, [**271:** N 46°12'47" E 12°30'37"]. Achten Sie aber unbedingt auf den Untergrund und fahren Sie nicht zu weit ans Flussbett heran!

Stellplatz 271

Der **Lago di Barcis** erwartet Sie mit türkisblauem Wasser. Im Sommer kann man sogar baden, auch wenn das Wasser nie Badewannentemperaturen erreicht... Der kleine Ort am Nordufer ist an Wochenenden ein beliebtes Ausflugsziel, entsprechend voll kann es in den Gaststätten und entlang der Seepromenade werden... Einen campingplatzähnlichen Stellplatz hat die Gemeinde am Ortsende eingerichtet. Als Alternative kommt der Campingplatz San Francesco direkt danach in Frage, [**273:** N 46°11'27" E 12°34'17", Loc. Ribe 1, www.campingbarcis.it, +39 331 945 09 10, alle Einrichtungen, Waschmaschine, Bar, Spielplatz, Apr bis Mitte Sep, €€€-€€€€].

(272) Offizieller WOMO-Stellplatz: Barcis

GPS: N 46°11'26" E 12°33'53", SS251. **Max. WOMOs:** 18-20.

Ausstattung: V/E, Strom, Mülleimer, Beleuchtung.
Beschreibung: Schön angelegte Stellplätze auf Schotter und Rasengittersteinen direkt am See, teils schattig, Ortsrandlage, ruhig. 450 m in die Mitte.
Preis: €€.
Zufahrt: Am Ortsende von Barcis nach rechts beschildert.

Ein Stück weiter am Seeufer entlang können Sie rechts über eine Brücke zum Naturschutzgebiet **Riserva Naturale Forra del Cellina** lenken. Bevor ein Tunnel durch den Berg gegraben wur-

Lago di Barcis

Forra del Cellina

de, verlief hier die alte Straße in Richtung Maniago. Sie war für ständige Steinschläge berüchtigt. Heute dürfen nur noch Fußgänger mit Schutzhelmen ausgerüstet durch einen kurzen Tunnel und weiter entlang der alten Straße spazieren oder sich mit einer Bummelbahn kutschieren lassen. Unterwegs gibt es Aussichtspunkte, Felsformationen und eine Grotte. Am Beginn, bei der Kasse, befindet sich ein Informationszentrum. Ein Muss ist die Begehung sicher nicht, aber wenn Sie einen eher gemütlichen Spaziergang machen möchten oder auf der extra installierten Hängebrücke auf halbem Weg eine Runde drehen wollen, ganz nett.

***R.N. Forra del Cellina:** Mai bis Ende Jul und Sep Sa/So, Ende Jul/Aug täglich, jeweils 10 bis 18 Uhr, €, Leih-Sicherheitsgurte für Hängebrücke Pflicht, €*

Andreis

Auch das Bergdorf Andreis eignet sich hervorragend, um Wanderungen zu unternehmen. Im Ort gibt es ein Informationszentrum mit angrenzendem Parkplatz bei [N 46°12'08" E 12°36'47"] Am Hang gegenüber befindet sich ein kleiner Vogelpark. Raubvögel wie Eulen, Bussarde und Adler sind zwar in recht kleinen Käfigen untergebracht, würden aber in freier Wildbahn nicht überleben. Sie sind nach Unfällen flugunfähig und dienen nun als Anschauungsobjekte gegen ihr Gnadenbrot. An der Zufahrt nach Andreis hat man einen weiteren Womo-Stellplatz angelegt – gleich neben einem Picknickareal am Fluss.

(274) Offizieller WOMO-Stellplatz: Andreis

GPS: N 46°11'57" E 12°36'47", SP di Andreis. **Max. WOMOs:** 30.
Ausstattung: Wasser, Toilette, Mülleimer, Grill- und Spielplatz, Picknickbänke.

Beschreibung: Plätze auf Schotter und Rasen, recht ruhig, kein Schatten, eben, Ortszentrum etwa 900 m, Gaststätte in der Nähe, klappstuhlgeeignet.
Parkgebühr: €€.
Zufahrt: Nach Barcis ist die Zufahrt nach Andreis beschildert. Am Weg dorthin direkt auf der rechten Seite.

Maniago *(Markttag Mo., Piazza Italia)*
Der Autotunnel am Talende bringt Sie nach Maniago. Sowohl im Vorort **Montereale Valcellina** als auch direkt im Zentrum der Stadt hat man an Gäste mit Wohnmobilen gedacht und gleich zwei Stellplätze eingerichtet.

(275) Offizieller WOMO-Stellplatz: Montereale Valcellina

GPS: N 46°09'07" E 12°39'41", Via dell`Omo. **Max. WOMOs:** 20.
Öffnungszeiten: Etwa Mai bis September.
Ausstattung: V/E, Strom, Mülleimer, Beleuchtung.
Beschreibung: Stellplatz zwischen Sportplatz und Tankstelle, große, etwas nüchterne Pflasterfläche, eben, nicht ganz ruhig, kein Schatten, Schlüssel an der Tankstelle erhältlich.
Zufahrt: Am Kreisverkehr nach dem Tunnel geradeaus fahren, dort rechts.

(276) Offizieller WOMO-Stellplatz: Maniago

GPS: N 46°10'35" E 12°42'41", Via Battiferi. **Max. WOMOs:** 5.

Ausstattung: V/E, Strom, Mülleimer, Beleuchtung.
Beschreibung: Ziemlich zentral mitten im Ort hinter einem PKW-Parkplatz gelegen. Stellplätze auf Asphalt, kein Schatten, eben, Ortszentrum etwa 350 m.
Zufahrt: Fahren Sie auf der SP19 Richtung Maniago immer geradeaus, bis diese am Ende auf die SR464 stößt. Dort halten Sie sich links Richtung „Centro". Nach rund 350 m folgen Sie der Beschilderung nach Poffabro nach rechts und knicken bei Beginn der Einbahnregelung nach rechts ab. Fahren Sie die Straße bis zum Ende durch und halten sich an einer Mauer entlang nach links durch die Via Colle, bis Sie auf eine T-Kreuzung stoßen. Dort links abbiegen in die Via Molini und dieser bis zu einem kleinen Platz mit Parkplatz rechter Hand folgen. Dahinter liegt der Stellplatz.

Unterwegs in Maniago
Der kürzeste Weg, um vom Stellplatz ins Zentrum der 12.000 Einwohnerstadt zu kommen, geht über die Via Colvera nach links und dann immer nur geradeaus. Nach ein paar hundert Metern passieren Sie die ersten Geschäfte und gelangen bald zur weiß gehaltenen **Piazza Italia**. Ringsum postieren sich die wichtigsten historischen Gebäude, wie der einem Märtyrer geweihte **Dom St. Maurus** und der **Palazzo D`Attimis Maniago**, an dem, sinnbildlich für die Zugehörigkeit des alten Maniago zur venezianischen Republik, der Markuslöwe abgebildet ist. Heute ist die Stadt vor allem für die Herstellung von Messern bekannt. Fast alle Schneidewerkzeuge Italiens werden noch immer

Maniago

in Maniago hergestellt – eine mittlerweile fast 800-jährige Tradition, auf die man stolz ist. Wenn Sie mehr darüber erfahren wollen, besuchen Sie das **Museum der Schmiedekunst und Messerherstellung** *(Via Maestri del Lavoro d`Italia 1, www.ecomuseolisaganis.it, 9.30 bis 12.30 Uhr, Do bis Mo auch 15.30 bis 18.30 Uhr,€)*. Verlassen Sie den Platz am nordöstlichen Eck und gehen in die Via Fabio di Maniago, dann die Zweite links, in Richtung **Touristeninformation** und gleich wieder links in die gesuchte Straße. Zurück zum Fahrzeug geht es dann auf dem bekannten Weg.
Ein anderes beliebtes Ziel sind die Überreste des alten **Kastells**. Sie befinden sich nordwestlich der zentralen Piazza Italia und sind von dort direkt über die **Via Castello** nach rund 750 Meter erreichbar.

Spilimbergo *(Markttag Sa, in der Altstadt)*
Auf der Fahrt nach Osten können Sie einen Halt in **Sequals** einlegen, zumindest an einem Sonntag und wenn Sie Lust haben, sich die **Villa Carnera** anzusehen. Sie gehörte dem Boxweltmeister von 1933/34 Primo Carnera (1906-1967) und wurde, im Andenken an ihn, im originalen Sechziger Jahre Stil eingerichtet, belassen. Der 2,05 Meter Hüne war damals eine echte Berühmtheit und in seiner zweiten Karriere Schauspieler. Als Comic-Held erlebte er in den Fünfziger Jahren ein Comeback – auch in Deutschland. Das Obergeschoss zeigt eine Ausstellung zur Person und in einem extra Gebäude sehen Sie Primos persönliches Fitnessstudio. Nördlich des Ortes können Sie am genütlichen **Agricampeggio Sasso D`Oro** Halt machen, der bei Gleischirmfliegern sehr beliebt ist, **[277:** N 46°10'40" E 12°48'58", Via del Capitel 4, www.campingbarcis.it, +39 331 945 09 10, alle Einrichtungen, Pool, aber keine Entsorgung, €€€].

***Villa Carnera**: [N 46°09'54" E 12°49'50"],Via Roma 12, www.villacarnera.com, Mai bis Okt, So von 15 bis 19 Uhr*

Spilimbergo ist das Zentrum der Mosaikverlegekunst, die dort bis heute unterrichtet wird. Einige Beispiele finden Sie im Ortsgebiet. Es gibt einen Womo-Stellplatz, der als Ausgangspunkt für einen Rundgang durch die Altstadt ganz gut geeignet ist.

(278) Offizieller WOMO-Stellplatz: Spilimbergo

GPS: N 46°06'29" E 12°54'19**"**, Via Udine. **Max. WOMOs**: 8-10.
Ausstattung: V/E, Strom, Mülltonnen, Beleuchtungt.

Beschreibung: Zufahrt hinter einem Parkplatz neben der südlichen Hauptstraße. Teils schattig, zentral aber nicht ganz leise, Ortsmitte 400 m.
Zufahrt: Auf der Einfallstraße SR464 zunächst bleiben und rechts an Spilimbergo vorbeifahren bis zum zweiten Kreisverkehr. Dort links Richtung Zentrum abbiegen. Der Stellplatz kommt in der ersten Linkskurve rechter Hand.

Unterwegs in Spilimbergo

Der Name der Stadt geht auf das Adelsgeschlecht der Spengenberger zurück, die jahrhundertelang die Geschicke des Ortes und seiner Umgebung prägten. Vom 13. bis ins frühe 16. Jahrhundert war Spilimbergo Teil des Habsburger Reiches. Für Ihren Stadtbummel verlassen Sie den Stellplatz nach Nordwesten hin über die **Via B. Odorico** und weiter nach rechts über die **Via B. Bertrando**. Bald stehen Sie an der **Piazza del Duomo** mit dem gotischen **Dom Sant Maria Assunta**. Im Inneren gibt es bemerkenswerte Fresken und eine romanische Krypta zu sehen. Der Künstler Pordenone hat hier einst gewirkt. Gleich daneben steht das **Castello Spilimbergo**. Es trägt wegen seiner im 16. Jahrhundert wunderbar bemalten Fassade den Beinamen „Palazzo Dipinto" und Sie können einen Blick in den Innenhof werfen. Ein Gourmetrestaurant ist im hinteren Teil untergebracht. Ansonsten ist es in Privatbesitz. Gegenüber spazieren Sie über die **Piazetta Sachsenburg** und weiter auf der zentralen Achse **Corso Roma** in die hübsche kleine Altstadt hinein. Sehenswert sind die alten Stadttore und vielen Palazzi mit Arkaden und Türmchen ringsum. Über **Via Savorgnan**, **Via Balzano** und **Via Corridoni** können Sie schließlich noch ein Stück nach Norden zur **Scuola Mosaicisti** gehen. Schon im Garten sehen Sie einige der kunstvollen Einlegearbeiten. Galerie und Gebäude können besichtigt werden *(Sep bis Jul Mo bis Fr 8 bis 12 Uhr und 13 bis 14 Uhr, im Aug teils für Sonderausstellungen geöffnet, www.scuolamosaicistifriuli.it),*

Castello in Spilimbergo

Valvasone *(Markttag Mo., im Altstadtzentrum)*

Die eher kleine Gemeinde wird als einer der schönsten Orte Italiens geführt. Grund ist der bemerkenswerte Erhaltungszustand des historischen Ortskerns. Gleich eine ganze Reihe an herrschaftlichen Palazzi aus dem 14. bis 17. Jahrhundert sind erhalten geblieben. Wichtigstes Gebäude ist das **Schloss** an der Piazza Castel-

In Valvasone

lo 1. Es ist von einem Graben und der alten Mauerfassung umgeben. Darin befinden sich zwei stuckverzierte Zimmer, ein kleines Theater aus dem 18. Jahrhundert und eine stattliche Gemäldesammlung. Man kann eine Führung mit historisch gekleideten Guides über die **Touristeninformation** buchen, allerdings nur mit mehreren Tagen Vorlauf. Auch geführte Touren durch die Altstadt werden angeboten. Ein weiterer Anziehungspunkt ist die alte Mühle ganz in der Nähe. Ihr Rad stammt original aus dem 15. Jahrhundert. Wer sich für Kirchen interessiert, wirft einen Blick in den **Dom,** mit einer fast 500 Jahre alten **venezianischen Orgel,** an der **Piazza della Libertá**. Ausgangspunkt für einen Rundgang ist der schöne Stellplatz westlich des Kerns. Einen weiteren Nachtstellplatz finden Sie bei Bedarf einige Kilometer entfernt auf der Fahrt in Richtung Pordenone am Sportzentrum von **Zoppola** [**280:** N 45°57'55" E 12°46'49", Via Manteghe, V/E].

Touristeninformation Valvasone: *Via Ersamo 1, Tourinfo unter: inf. valvasone@gmail.com*

(279) Offizieller WOMO-Stellplatz: Valvasone

GPS: N 45°59'54" E 12°51'38", Via Pasolini. **Max. WOMOs:** 8

Ausstattung: V/E, Strom, Mülltonnen, Beleuchtung.
Beschreibung: Gepflegter, asphaltierter Platz neben einem kleinen Park und PKW-Parkplatz. Relativ ruhig, kein Schatten, Ortsmitte 300 m.
Zufahrt: Von Spilimbergo kommend auf der SP1 bis zum Kreisverkehr am Ortsrand fahren. Dort rechts in die Via Roma einbiegen und am Ende links halten. Am nächsten kleinen Kreisverkehr erneut rechts in die Via Bando und gleich wieder links in die Zielstraße Via Pasolini einfahren. Der Platz befindet sich nach knapp 100 m linker Hand.

Pordenone *(Markttag Sa., in der Altstadt)*

Mit über 50.000 Einwohnern ist Pordenone nach Udine und Triest, die drittgrößte Stadt im Friaul und Hauptstadt des gleichnamigen Verwaltungsgebietes. Auch wenn die direkte Umgebung nicht zu den großen touristischen Anziehungspunkten zählt, liegt die Stadt ideal: die Dolomiten beginnen nur 20 km entfernt im Norden und die Adria lockt mit nahen Stränden im Süden. Darüber hinaus gibt es eine hübsche Altstadt. Einen zentral gelegenen Parkplatz finden Sie an der Piazza Filanda Marcolin bei [N 45°57'10" E 12°39'29"].

Unterwegs in Pordenone

Entgegen den anderen Städten in direkter Umgebung gehörte Pordenone als eine Enklave seit dem 13. Jahrhundert zum Habsburger Reich. 300 Jahre später fiel es an Venedig. Die Geschichte der Stadt hängt bis heute eng mit dem Noncello zusammen, einem Wasserlauf, der über Jahrhunderte schiffbar war und zur Entwicklung maßgeblich beitrug. Die kompakte Altstadt kann ohne Weiteres zu Fuß besichtigt werden. Sie wird von eleganten Palästen und mit Fresken verzierten Laubengängen geprägt. Pordenone ist die Geburtsstadt von Giovanni Antonio de Sacchis (1484-1539), genannt Pordenone, dem größten friaulischen Maler der Renaissance.

Sie verlassen den Parkplatz in nördlicher Richtung, überqueren die kleine Straße und schlüpfen am Torbogen unter den Häusern hindurch. Nach ein paar Meter stehen Sie an der zentralen Prachtstraße **Corso Vittorio Emanuele II**.

Rechts von Ihnen steht der 900 Jahre alte **Palazzo Communale,** mit dem Rathaus im gotischen Stil. Wenn Sie einen Blick nach schräg hinten werfen erblicken Sie dort den großen **San Marco Dom.** Im Inneren finden sich Werke „Il Pordenones", zum Beispiel das Altarbild mit der Madonna. Der 79 m hohe Turm nebenan ist von Zeit zu Zeit für eine Besteigung geöffnet, die jeweils aktuellen Zeiten entnehmen Sie dem Aushang. Das Gebäude links vom Rathaus heißt **Palazzo Ricchieri.** Darin kann heute das **Kunstmuseum** von Pordenone besucht werden. Es zeigt **Holzskulpturen, Gemälde, Fresken,** Möbel und andere Objekte, die seit dem Mittelalter bis heute gefertigt wurden. Die Pinakothek stellt insbesondere regionale Werke aus. Auch der Domschatz mit antiken Reliquien und Meisterstücken der Goldschmiedekunst befindet sich hier *(Nr. 51, Mi/Fr bis So, 15 bis 19 Uhr, €, Jul bis Mitte Sep frei)*. Eine ganze Reihe an Ladengeschäften und Cafés zieht sich den Corso entlang. In den Nebengassen befinden sich weitere Geschäfte und Gastronomie. Bummeln Sie einfach entlang der geschäftigen Straßen bis zur großen **Piazza Cavour**, die vor allem von Restaurants und noch mehr Cafés bevölkert wird. Auch wenn die

Dom San Marco

Rathaus in Pordenone

eigentliche Altstadt hier endet, können Sie noch ein Stück weitergehen. Rechts ab gelangen Sie so zur Kirche **San Giorgio** mit dem auffälligen, leuchtturmartigen Campanile daneben. Rechts über den großen Platz und danach links durch eine kleine Gasse öffnet sich die große **Piazzale Ellero.** Rechts vorbei am Platz kommen Sie zur **Piazza XX Settembre** mit dem **Touristeninformationsbüro**. Verlassen Sie den Platz nach links und gehen Sie die nächste Straße erneut nach rechts, erreichen Sie wieder den Corso. Von dort können Sie einen Abstecher nach links in die **Via del Mercato** machen. Sie führt zum **Naturkundemuseum** im Palazzo Amalteo.

Es zeigt eine national bedeutende Sammlung, darunter mehr als 10.000 Mineralien. Fossilien, eine berühmte **Vogelsammlung aus dem 19. Jahrhundert,** Insekten sowie Dioramen mit Nachbildungen der lokalen Lebensräume und Landschaften. Im Raum der Wunder und Naturbesonderheiten des 16. Und 17. Jahrhunderts gibt es Skurriles zu sehen: ein zweiköpfiges Kalb, ein dreibeiniges Huhn und sogar das Horn eines Einhorns... *(Via della Motta 16, Mi bis So 15 bis 19 Uhr, Do im Jul bis 22 Uhr, €, Jul bis Mitte Sep bislang frei).*

Die Richtung beibehaltend, können Sie über **Via della Motta**, **Via dei Molini**, **Via F. Martelli** und **Viale Dante** noch zum **Parco Gavani** schlendern. Dort befindet sich die **Galerie für moderne und zeitgenössische Kunst** (Viale Dante 33, *Mi bis So 15 bis 19 Uhr, Do im Jul bis 22 Uhr, €)* und das MIRA *(Museo Itinerario della Rosa Antica)*: ein Freilichtmuseum, bei dem Sie auf einem Rundgang fast 800 Rosenbüsche und -stöcke bewundern können, die so angeordnet sind, dass die Entwicklungsgeschichte der Rose ihrem Stammbaum nach zurückverfolgt werden kann.

Corso V. Emanuele II

Gegenüber der großen Kreuzung spazieren Sie

neben der Via Riviera del Pordenone oder noch schöner auf der anderen Flussseite entlang des Fußgängerweges, durch eine Parkanlage zurück bis zur zweiten Brücke nach rechts. Dort stoßen Sie auf Ihren Ausgangsparkplatz.

Erwähnenswert sind zwei weitere, etwas weiter außerhalb, dafür gleich nebeneinander gelegene Museen. Das **Archäologisches Museum Friuli Occidentale,** im ehemaligen Schloss des Grafen Ragogna, dokumentiert die zahlreichen und bedeutenden archäologischen Stätten des westlichen Friauls, von der Frühgeschichte bis zur Renaissance. In dem Museum werden die archäologischen Funde der UNESCO-Pfahlbausiedlung Palù di Livenza gezeigt. Sie können den Fundort nahe des nächsten Ortes Polcenigo besuchen.

Fast nebenan lädt das Wissenschaftsmuseum **Science Centre Immaginario Scientifico** zum Entdecken, Spielen und Probieren ein. Es richtet sich schwerpunktmäßig an junge Besucher und enthält Ausstellungsstücke zum Anfassen, wie einen Wasserwirbel, Seifenblasen, ein Öko-Rohr und Rauchringe. Dazu werden multivisionäre Bilder auf Großbildschirmen zu Musikrhythmen präsentiert. An der Ringstraße um Pordenone gibt es einen Womo-Stellplatz. Die Lage ist nur mittelprächtig. Entscheiden Sie selbst.

***Archäologisches Museum**: Via V. Veneto 19, Fr/Sa, 15 bis 18 Uhr, Jul/Aug bis 19 Uhr, So immer 10 bis 12 Uhr und 15 bis 19 Uhr, € | **Science Centre**: Via V. Veneto 31, www.immaginarioscientifico.it, So von 10 bis 18 Uhr, €€*

(281) Offizieller WOMO-Stellplatz: Pordenone

GPS: N 45°58'21" E 12°38'36", Viale Venezia 46. **Max. WOMOs:** 8.
Ausstattung: V/E, Mülleimer, Beleuchtung.
Beschreibung: Asphaltierter Platz neben einer Tankstelle, recht laut, da direkt an der Hauptverkehrsstraße, mit Zugangsschranke, kein Schatten.

Preis: €, sie müssen zur Einfahrt einen Zugangschip für die Schranke bei der benachbarten Tankstelle kaufen.
Zufahrt: Entlang der großen Kreisstraße nördlich vom Zentrum aus Richtung Valvasone kommend linker Hand gelegen.

Polcenigo (Markttag Sa., am Hauptplatz)
Etwas abseits der Hauptstraßen liegt die kleine, sechs Ortsteile umfassende Gemeinde am Fuße des Monte Cardáglia. Der Ort ist ein beliebtes Ziel für Ausflügler. Schon vom ersten Ortsteil San Giovanni aus können Sie zum 65 Hektar großen Naturschutzgebiet **Parco Rurale di San Floriano** abbiegen. Als einziger Park seiner Art in Italien widmet er sich auf einem Rundgang dem Thema Landleben mit der entsprechenden Flora und Tierwelt. Am höchsten Punkt steht eine rund 1000 Jahre alte

Kirche mit einer Reihe wertvoller Fresken im Inneren. Es gibt zwei Gasthäuser und Picknickplätze. Vom Parkplatz, auf dem Sie unter der Woche auch übernachten können, am Wochenende ist er einfach zu gut besucht und Sie laufen Gefahr nicht mehr hinaus zu kommen, müssen Sie zunächst ein Stück nach oben steigen oder können sich am Wochenende alternativ mit einem Shuttlebus hinauffahren lassen. Wer mehr sportliche Betätigung sucht, findet einen Trimm-Dich-Pfad in der Nähe des Eingangs. Im Ortsteil **Livenza** gibt es einen offiziellen Stellplatz.

Parco San Floriano*: www.parcosanfloriano.it, täglich geöffnet, Eintritt frei, Spende erwünscht*

(282) WOMO-Parkplatz: Polcenigo Parco San Floriano

GPS: N 46°01'11" E 12°29'58", Via del Parco. **Max. WOMOs**: 2-3.
Ausstattung: Wasser, Toilette, Mülleimer.
Beschreibung: Ziemlich ruhig am Fuße des Hügels mit dem Park im Grünen gelegen. Ringsum Felder, Wiesen und einige wenige Häuser, teils schattig. Nur mit Womos bis maximal 7 m ratsam, Ortsmitte rund 1,6 km.
Zufahrt: Von der SP10 aus Richtung Pordenone kommend in San Giovanni vor einer Osteria beschildert nach schräg links abbiegen und ab hier der Beschilderung zum Park folgen.

(283) Offizieller WOMO-Stellplatz: Polcenigo-Livenza

GPS: N 46°01'43" E 12°29'53", Via Livenza 2. **Max. WOMOs**: 15.
Ausstattung: V/E, Strom, Mülleimer.
Beschreibung: Ziemlich ruhig am Fuße des Hügels mit dem Park im Grünen gelegen. Ringsum Felder, Wiesen und einige wenige Häuser, teils schattig. Nur mit Womos bis maximal 7 m ratsam, Ortsmitte rund 1,6 km.
Preis: €€.
Zufahrt: Von der SP10 aus Richtung Pordenone kommend in San Giovanni vor einer Osteria beschildert nach schräg links abbiegen und ab hier der Beschilderung zum Park folgen.

Polcenigo

Gehen Sie von dort zu Fuß zurück, um die pittoresken, immer wieder mit Palmen und Jasminsträuchern gezierten Gassen zu erkunden. Auch ein kleines Museum gibt es. **Il Museo dell`Arte Cucinaria** erinnert an Generationen in die ganze Welt ausgewanderter italienischer Köche, von denen die Esskultur Kontinente übergreifend nicht nur mit Pasta, Pizza und Co. geprägt wurde.

Darüber erhebt sich ein Hügelplateau mit den Überresten des **Castello di Polcenigo** und der San Pietro-Kapelle. Ein weiterer beliebter Anziehungspunkt ist die **Gorgazzaquelle** im gleichnamigen, nördlichsten Ortsteil. Kristallfarbenes Wasser tritt aus einem Karsthohlraum hervor und wirft reizvolle Lichteffekte auf den Felsen.

Nur rund zwei Kilometer weiter westlich entspringt in einem recht breiten Wasserlauf der Fluss Livenza und bildet gleich zu Beginn einen kleinen Teich. In dieser Kulisse erhebt sich die **Chiesa Santissima Trinitá** aus dem 14. Jahrhundert mit einem majestätischen hölzernen Altar und wertvollem Chor sowie verschiedenen Altarbildern und zahlreichen Fresken.

Erwähnenswert ist außerdem die von der parallel verlaufenden **Via Longone** zugängliche altsteinzeitliche Pfahlbausiedlung **Palù di Livenza** beziehungsweise deren Überreste. Aufgrund ihrer Bedeutung wurde sie sogar in die Weltkulturerbeliste aufgenommen. Zu sehen gibt es allerdings nicht viel. Immerhin wurden erklärende Tafeln aufgestellt. Die wichtigsten Fundstücke befinden sich heute im Archäologischen Museum in Pordenone.

Sollten Sie am ersten Sonntag im September vorbeikommen, erwartet Sie ein besonderes Spektakel: bei der **Sagra dei Sest**, einem alten Bauernfest, wird unter zahlreicher Anteilnahme der gesamten Bevölkerung dem Korbflechtehandwerk gehuldigt und alle möglichen Agrarprodukte feilgeboten.

Museo Cucinaria: *Piazza del Plebiscito 1, nur Sa/Ft., 16 bis 19 Uhr mit Führung |* ***Gorgazzaquelle:*** *Parken bei [N 46°02'14" E 12°29'50", Via Polcenigo] |* ***Chiesa Trinitá****: Parken bei [N 46°01'24" E 12°28'46" Ortsteil Santissima] |* ***Palú di Livenza****: Parken bei [N 46°01'13" E 12°29'03"]*

Sacile *(Markttag Do, Piazza del Popolo)*

Zurück an der Hauptverkehrsader SS13 erwartet Sie die schöne Kleinstadt Sacile, mit der zentralen Piazza del Popolo. Sie wird von alten, mit Bogengängen geschmückten Palazzi gerahmt und ringsum von Kanälen umschlossen. Der gern gebrauchte Beiname „Klein Venedig" ist dadurch allerdings noch nicht gerechtfertigt. In den umliegenden Gassen gibt es noch Einiges zu entdecken, wie beispielsweise den beeindruckenden Dom. Es finden sich einige lauschige Plätzchen für einen gemütlichen Kaffee oder Sprizz. Im August findet mit der **Sagra dei Osei**, einer Mischung aus Vogelmarkt und Volksfest, das größte Fest in der Region statt. Natürlich benötigen Sie noch einen geeigneten Parkplatz: er befindet sich in der Via G. Carducci bei [N 45°57'17" E 12°30'26"]. Durch die kleine Straße schräg gegenüber und dann rechts durch die Parkanlage gelangen Sie in den Ortskern. Der Womo-Stellplatz von Sacile befindet sich hingegen etwas weiter außerhalb, hinter einem Einkaufsmarkt.

(284) Offizieller WOMO-Stellplatz: Sacile

GPS: N 45°57'24" E 12°29'48", Viale Repubblica. **Max. WOMOs:** 6-8.
Ausstattung: V/E, Mülleimer, Beleuchtung.
Beschreibung: Relativ grün nahe dem Fluss und einem Parkstück gelegen. Allerdings auch an der Hauptstraße und an einem Einkaufsmarkt. Nicht ganz ruhig, kein Schatten, Ortszentrum ungefähr 700 m zu Fuß, wenn Sie durch den südlich angrenzenden Park gehen und sich dann links halten.
Preis: €.
Zufahrt: An der SS13 in Sacile beim zentralen Kreisverkehr westlich der Flussbrücke. Zufahrt über den Parkplatz des Verbrauchermarktes.

Kurz nach Sacile verlassen Sie bei Cordignano endgültig die Provinz Friaul und fahren Richtung Vittorio Veneto zum Beginn von Tour Elf. Falls Sie unterwegs einen letzten Übernachtungsplatz benötigen, finden Sie einen im wenige Kilometer nördlich der Hauptroute gelegenen Dorf **Sarmede**.

(285) Offizieller WOMO-Picknickplatz: Sarmede

GPS: N 45°58'30" E 12°23'00", Via S. Pertini. **Max. WOMOs:** 8-10.
Ausstattung: V/E, Picknickbank.
Beschreibung: Einfacher Stellplatz der Gemeinde in Ortsrandlage auf einer Wiese. Erdboden, kein Schatten, meist ruhig, Ortszentrum etwa 400 m.
Zufahrt: Von der Hauptstraße SP71 in Mescolino rechts beschildert nach Sarmede abbiegen. Der Straße bis zum Ortsbeginn folgen. Dort rechts beschildert zum Stellplatz abbiegen.

Sacile

Tour 11: Treviso, Grappa, Belluno und Prosecco, 225-345 km

Vittorio Veneto – Valdobbiadene – Treviso
Castelfranco – Bassano del Grappa – Monte Grappa
Asolo – Belluno – Feltre – Asiago

Stellplätze:	Vittorio Veneto (2x), Revine (2x), Miane, Valdobbiadene, Farra di Soligo, Falzé de Piave, Refrontolo, Conegliano, Susegana, Treviso (2x), Quinto de Treviso (2x), Castelfranco, Cittadella, Cartigliano, Bassano del Grappa, Monte Grappa, Olmo, Borso del Grappa, Fregona, Nevegal, Gallio, Asiago
Agricampeggi:	Castelbrando, Valmareno, Valdobbiadene, Falzé de Piave, Conegliano, Castelfranco Veneto, Bassano del Grappa, Valstagna, Pove del Grappa, Alpago, Farra D`Alpago, Belluno, Roncoi, Feltre
Campingplätze:	Revine, Semonzo, Farra Alpago,Val Canzoi, Lago di Corlo
Besichtigen:	Vittorio Veneto, Castel Brando, Kloster in Follina, Mühle in Refrontolo, Conegliano, Treviso, La Rotunda de Badoere, Villa Emo, Museum und Kirche in Castelfranco Veneto, Stadtmauer in Cittadella, Zoo Parco Capeller, Bassano del Grappa, Grotta di Oliero, Museum und Gedenkstätte am Monte Grappa, Canova Tempel und Museum in Possagno, Asolo, Villa Barbaro, Marostica, Belluno, Feltre, Museen in Asiago, Villen in Lugo di Vicenza
Baden:	Lago di Lago und Lago di Santa Maria, im Valstagna Tal, Lago di Santa Croce, Lago di Corlo
Wandern:	In den Prosecco Hügeln, im Piave Naturschutzgebiet, in der Oasi Cervara, am Monte Grappa, Freibad in Borso del Grappa,an der Grotte del Caglieron, am Pian Cansiglio, bei Nevegal, im Val Canzoi, am Altopiano

Für die Weiterfahrt können Sie auf Tour Elf zwischen zwei Routen wählen. Auf Variante Eins lernen Sie das Prosecco-Anbaugebiet rund um Valdobbiadene näher kennen. Danach überqueren Sie den Fluss Piave und machen einen Rundgang durch die Stadt Treviso. Über die noch immer mit intakten Stadtmauern befestigten Orte Castelfranco und Citadella gelangen Sie nach Bassano in der Grapparegion. Wenn Sie möchten, können Sie dort eine Extrarunde über den gleichnamigen Berg, das hübsche Städtchen Asolo und zur Villa Maser einlegen. Nach dem interessanten Marostica endet die Tour in Thiene.
Auf Wegvariante Zwei steuern Sie noch einmal durch die Berge. Über den Lago di Santa Croce fahren Sie zunächst in die Stadt Belluno und von dort aus, immer am Südrand der bellunesischen Dolomiten entlang, bis nach Feltre. Gleich nach dem Brenta-Tal schwingt sich die Straße in wilden Kurven hinauf zum Plateau rund um Asiago. Nach diesem letzten Höhenzug gelangen Sie am Tourende zu interessanten Villen bei Lugo di Vicenza, bevor sich beide Routen vor Thiene wieder vereinen.

Vittorio Veneto *(Markttag Mo., Piazza Flaminio)*
Egal, für welche Variante Sie sich entscheiden, die Stadt Vittorio Veneto ist in jedem Fall das Tor zu Tour Elf.

Je nachdem, ob Sie nur eine Runde durch den Ortskern drehen möchten oder eine Nacht bleiben wollen, stehen Ihnen verschiedene Optionen offen. Für eine Übernachtung kommt der von der Gemeinde selbst empfohlene Parkplatz zwischen Sportplatz und Freibad in Frage, [**286:** N 45°59'17" E 12°18'20", Piazzale A. Consolini]. Bis in die weiter nördlich gelegene Altstadt sind es von dort aus allerdings rund 2000 Meter. Nur rund 250 Meter weit ist der Marsch vom Parkplatz in der Via M. Guglielmo nördlich des Zentrums, [N 46°00'08" E 12°17'17"] – leider ist die Stellflächenanzahl beidseits der Straße nicht gerade üppig bemessen und eher für kurze Fahrzeuge geeignet. Lassen Sie sich am Weg dorthin von der angegebenen Durchfahrtshöhe von drei Metern nicht Bange machen: tatsächlich ist noch reichlich Luft nach oben... Eine weitere Übernachtungsmöglichkeit gibt es ganz im Süden Vittorio Venetos, hinter einer Eni-Tankstelle, [**287:** N 45°58'49" E 12°18'52", Via Cansiglio] – schön ist allerdings anders. Dafür ist dort eine V/E-Station vorhanden. Der Camper Parkplatz nebenan ist nur für Dauermieter gedacht.

Unterwegs in Vittorio Veneto

Einst bestand das heutige Vittoria Veneto aus zwei Städten: **Serravalle** im Norden und **Ceneda** im Süden. 1866 wurden sie vereint. Inzwischen hat sich eine klare Aufteilung ergeben. Während sich die Altstadt mit klassischen Bauten der Renaissance im ehemaligen **Serravalle** befindet, liegen die Einkaufsstraßen, ohne herausragende Sehenswürdigkeiten und mit modernerer Bebauung, südlich im ehemaligen **Ceneda**. Wenn Sie eher Lust haben, entlang der Geschäftsstraßen zu flanieren, ist die angegebene Parkmöglichkeit nahe des Bahnhofs keine schlechte Wahl. Es ist nicht weit zur zentralen **Piazza del Popolo** und gegenüber dem Platze finden Sie eine größere Parkanlage. Südlich führt ab der **Piazza San Michele** ein Weg zum **Castello di San Martino** mit schöner Aussicht.

Via dei Batutti in Vittorio Veneto

Vittorio Veneto

Sofern Sie die Altstadt im Norden vom gleichen Parkplatz angehen, treffen Sie auf die **Piazza Foro Boario** mit einem offenen Vierkanthof, in dem sich einst das Hospital befand. In der ehemaligen, kleinen Kirche direkt davor werden heute die Stadtbanner aufbewahrt. Links spazieren Sie durch die etwas dunkle aber **interessante Via Martiri della Libertá** mit sehenswerten Palazzi weiter nach Norden. Besichtigt werden können die außergewöhnlich schönen Fresken im **Oratorio Dei Battuti** und die **Loggia Serravallese** mit dem **Museo Cenedese**. Es zeigt Kunstgegenstände, alte Möbel und archäologische Stücke *(Piazza Flaminio 1, www.museivittorioveneto.gov.it, Sa/So von 10 bis 12 Uhr und 15 bis 18 Uhr, im Winter nur bis 17 Uhr, €)*. Über die schöne **Piazza Flaminio** mit der Chiesa Santa Maria Nuova halten Sie sich nach rechts bis zur Treppenanlage **Scalinata di Santa Augusta**. Sie führt über viele Stufen zum gleichnamigen Kloster am Hang hinauf. Der Weg wird von mehreren Kapellen gesäumt und von oben haben Sie einen wunderbaren Blick auf Stadt und Umland. Auf der parallel zum Hinweg verlaufenden, neben dem Bachlauf zurückführenden **Via dei Battuti,** gehen Sie schließlich zurück.

VARIANTE 1: Durch die Proescco-Hügel über Treviso und Bassano del Grappa nach Thiene

Gleich hinter der Stadt beginnt das Prosecco-Weinanbaugebiet. Eigentlich ist es nur der Name einer Traubensorte. Gleichnamige, hochwertige Perlweine mit DOC-Siegel stammen heute ausschließlich aus dem Dreieck zwischen Vittorio Veneto, Valdobbiadene und Conegliano. In den letzten zehn Jahren hat das Getränk einen enormen Aufschwung erlebt, auch in Deutschland. Irgendwo zwischen Weißwein und Sekt angesiedelt und ideal als sommerlich leichtes Mixgetränk, sind verschiedene Prosecco-Varianten zu echten Trendgetränken avanciert.

Spritz und Co

Viele Italiener trinken ihren Prosecco am Liebsten gemixt: spätestens am Mittag sieht man den mittlerweile auch bei uns etablierten Aperol Spritz genauso häufig wie Kaffee auf den Tischen der Bars und Cafeterias stehen. Meist mit ein paar Chips und/oder Oliven serviert, ist er ein allgegenwärtiger und meist recht günstiger Begleiter für eine entspannte Pause zwischendurch. Selbst hochwertiger Prosecco darf jederzeit dem eigenen Geschmack entsprechend „veredelt" werden – neben dem klassischen Spritz Veneto gibt es inzwischen Dutzende

Variationen – mit Sambuca, Campari oder Cynar. Anbei vier Versionen zum selbst ausprobieren:

Aperol Spritz: Eiswürfel und Orangenscheibe in ein Glas geben. 4 cl Aperol einschenken und mit 6 bis 8 cl Prosecco sowie einem guten Schuss Soda auffüllen.

Hugo: Eiswürfel in ein Glas geben. 2 bis 3 cl Holunderblütensirup einschenken und mit 15 cl Prosecco sowie 10 cl Soda auffüllen. Am Ende kommen noch ein paar Blatt Minze und, je nach Geschmack, ein Stück Limette dazu.

Limoncello Spritz: Eiswürfel in ein Glas geben. 6 cl Limoncello einfüllen und mit 15 cl Prosecco sowie ein paar Spritzern Soda auffüllen, leicht umrühren. Am Ende kommt noch ein Stück Limette dazu.

Rosato Spritz: Eiswürfel in ein Glas geben. 6 cl Ramazotti Aperitivo Rosato und jeweils 16 cl Prosecco und Soda zugeben, mit Orangen oder Zitronenscheibe garnieren.

Laghi di Revine

Noch bevor sich Rebstock an Rebstock reiht, passieren Sie bei Revine linker Hand zwei Seen, den **Lago di Sant Maria** und den **Lago di Lago**. An warmen Tagen gibt es mehrere Bademöglichkeiten, zum Beispiel bei **[288:** N 45°59'35" E 12°14'16"], wo Sie über Nacht stehen können. Nur 300 Meter entfernt liegt ein Campingplatz.

(289) WOMO-Campingplatz: Revine Riva D`Oro

GPS: N 45°59'27" E 12°14'01", Strada dei Laghi 13.
Internet/Tel.: www.campingrivadoro.com, +39 0438 92 91 10.
Ausstattung: Alle Einrichtungen, Waschmaschinen, Bar, Minimarkt, Spielplatz, im Sommer kleiner Pool, Bootsverleih.
Beschreibung: Kleiner Platz mit meist schattigen Stellflächen auf Rasen direkt am Seeufer. Relativ ruhig, Ortszentrum rund 1000 m entfernt.
Preis: €€€.
Zufahrt: Direkt an der Hauptstraße nach links zum Seeufer angeschrieben.
Hinweis: Alternativ gibt es auf der Südseite des Nachbar-Sees einen weiteren Campingplatz mit ähnlichen Einrichtungen, Camping Lago di Lago, Loc. Fratta 89, Tarzo, www.campinglagodilago.it.

Am Südwestende der Seen befand sich einst eine Pfahlbausiedlung. An gleicher Stelle befindet sich der **Archäologiepark Livelet**. Wenn Sie wissen möchten, wie vor Tausenden von Jahren Stelzenhäuser gebaut wurden, wie die Menschen sich kleideten und was Sie gegessen haben, werden Ihnen diese Fragen im rekonstruierten, prähistorischen Dorf beantwortet. Außerdem

An den Laghi di Revine

gibt es einen Picknick- und Grillbereich sowie einen Spielplatz. Auf dem ruhigen Parkplatz können Gäste über Nacht stehen bleiben, [**290**: N 45°58'59" E 12°12'48", Via Carpenè].

***Archäologiepark Livelet**: Apr bis Okt, So 10 bis 18 Uhr, Jul/Aug bis 19 Uhr, €€, www.parcolivelet.it*

Castel Brando

Schon von Weitem erkennt man oberhalb von **Cison di Valmarino** auf einem Hügel die gewaltige Burganlage des **Castel Brando**. Die Festung blickt auf eine 2000-jährige Geschichte zurück. Es ist eines der ältesten und größten Schlösser Europas. Vor einigen Jahren wurde es komplett restauriert und zu einem Luxushotel umgebaut. Nach wie vor wurden aber Teile erhalten, die einen Besuch für Nicht-Hotelgäste rechtfertigen. Von den großen Parkflächen unterhalb fährt man mit einer kleinen, gläsernen Zahnradbahn nach oben. Neben der Aussicht erwartet Sie ein 50 Hektar großer akkurat gestalteter Garten, einige restaurierte, alte Kutschen und die frei zugänglichen Kreuzgänge der untersten Ebene. Natürlich gibt es mehrere Bars und zwei Restaurants der gehobenen Kategorie. Ein kleines Waffenmuseum, eine Sammlung mittelalterlicher Musikinstrumente und eine

Castel Brando

Ausstellung zur Römerstraße Via Claudia Augusta ist ebenfalls für die Öffentlichkeit zugänglich. Wer möchte, kann eine komplette Schlossbesichtigung buchen, inklusive Verlies und Kleiderkammer.

***Castel Brando**: [N 45°58'03" E 12°08'19"], Via B. Brandolini 29, So und während der ital. Ferien, Apr bis Sep 10.15 bis 11.30 Uhr und 15 bis 19 Uhr, Okt bis Mär nachmittags 14 bis 18 Uhr, Schlosstour 1 mit Waffenkammer und Verlies, €€, Schlosstour 2 zusätzlich inkl. Kirche und Kleiderkammer €€. Tickets und Infos am Auskunftsbüro rechts neben dem Haupteingang des Hotels, www.hotelcastelbrando.com*

(291) WOMO-Agricampeggio: Valmareno Agriturismo La Dolza

GPS: N 45°57'56" E 12°07'57", Via La Dolza 7. **Max. WOMOs**: 8.
Internet: www.agriturismoladolza.it, +39 03874 83 02 62.
Öffnungszeiten: Februar bis Dezember.
Ausstattung: V/E und Strom möglich, WC, Dusche gegen Gebühr, Spielplatz, kleiner Pool, schönes Gasthaus.
Beschreibung: Mit Plätzen im Grünen. Parkplätze auf Schotter im Hof, kein Schatten, ruhig, Ortszentrum etwa 400 m.
Preis: Bei Einkehr und/oder Kauf von Hofprodukten zuletzt kostenfrei.
Zufahrt: Vom Kreisverkehr am Castel Brando aus weiter in Richtung Valdobbiadene fahren. Dann die zweite Straße nach rechts zum Zielort nehmen.

Follina *(Markttag Do., Via Martiri della Libertá)*

Nur ein paar hundert Meter weiter erreichen Sie Follina. Hauptattraktion ist die rund tausend Jahre alte Zisterzienserabtei **Santa Maria Sanavalle di Follina**. Neben der wuchtigen, einschiffigen Kirche besticht sie vor allem durch die kunstvoll ausgeführten Kreuzgänge. Parken können Sie kurz vor dem Kloster auf der rechten Seite, etwas weiter entfernt sind einige Plätze am Ortsrand für Womos reserviert worden, [**292**: N 45°56'56" E 12°07'20", Via A. Andretta].

Kreuzgang der Abtei in Follina

***Santa Maria Sanavcalle di Follina**: [N 45°57'16" E 12°07'11"] neben der Hauptstraße (täglich geöffnet, 7 bis 12 Uhr und 14.30 bis 19 Uhr*

Nördliche Prosecco-Hügel

Ab jetzt bestimmt Wein in Monokultur die Landschaft. Lassen Sie sich Zeit, kehren Sie in schönen Gaststätten ein und probieren Sie Prosecco in einem Weingut *(z.B. Azienda Canello, Via Colmello di Col 11 in Guia, Azienda Follador, Via Vettorazzi e Bisol 6 oder Azienda Ca Salina, Via Santo Stefano, beide in Santo Stefano)* – genau um diese Dinge geht es auf den folgenden Kilometern.

L`Osteria Senz`Oste

Ein echtes Kuriosum stellt die **L`Osteria Senz`Oste** dar: übersetzt heißt das „Gasthaus ohne Wirt" und tatsächlich wirft man im urigen Natursteinhaus mitten im Weinberg ganz für sich Geld in eine Kasse und nimmt dafür Brot, Wurst und Käse aus Kühlschrank und Regalen. Dann zieht man eine Flasche Prosecco aus dem benachbart aufgestellten Automaten und sucht sich ein freies Plätzchen. Viel schöner kann eine Rast am Weinberg kaum sein! Leider sind die Parkplätze zwischen den Rebstock Reihen nur für Fahrzeuge bis maximal Campingbus-Größe ausgelegt. Ansonsten müssen Sie versuchen, in Santo Stefano zu parken und ein etwas weiteres Stück Fußmarsch auf sich nehmen. In Miane gibt es dann in der Nähe einen Stellplatz für die Nacht.

L`Osteria Senz`Oste: *www.allostechenonce.it, Einfahrt bei [N 45°54'11" E 12°01'46"], Via delle Treziese*

(293) Offizieller WOMO-Stellplatz: Miane

GPS: N 45°56'20" E 12°05'33", Piazza Risorgimento. **Max. WOMOs:** 8.

Ausstattung: V/E (frei zugänglich), Mülleimer.

Beschreibung: Für Wohnmobile markierter Übernachtungsplatz auf Asphalt in einer Nebenstraße von Miane. Kein Schatten, zweckmäßig, ruhig, Ortszentrum etwa 250 m.

Zufahrt: Von der Hauptstraße aus im Ort nach links angeschrieben. Ungefähr 300 m durch die Via Cava, dann rechts ab.

Valdobbiadene *(Markttag Mo., Piazza Marconi)*

Die kleine Stadt am westlichen Ende der Hügel ist beinahe zum Synonym für Prosecco geworden. So gibt es keine großen Auffälligkeiten, vom stattlichen Campanile des **Doms Santa Maria Assunta** am Hauptplatz einmal abgesehen. Wenn Sie Prosecco lieber im Laden als auf einem Weingut kaufen, gibt es verschiedene Möglichkeiten, wie zum Beispiel die Enoteca **Bottega del Prosecco** *(Piazza G. Marconi 23)*. Die Touristeninformation ist eine gute Anlaufstelle, wenn es Ihnen in der Umgebung gefällt. Neben aktuellen Daten zu Verkostungen und Veranstaltungen in den Hügeln informiert diese unter anderem über Wander- und

Radwege *(Piazza Marconi 1c)*. Der ortseigene Womo-Stellplatz ist eher zweckmäßig gehalten.

(294) Offizieller WOMO-Stellplatz: Valdobbiadene

GPS: N 45°53'46" E 11°59'57", Via della Pace. **Max. WOMOs:** 10–12.
Ausstattung: V/E, Strom, Beleuchtung.
Beschreibung: Abgesperrter Bereich neben dem Busbahnhof am südlichen Ortsrand. Für den Zugang müssen Sie sich zunächst den Schlüssel an der Touristeninformation am Hauptplatz besorgen, in der Regel geöffnet Mo bis Sa von 9.30 bis 12.30 Uhr und 15 bis 18 Uhr, Ortszentrum etwa 550 m.
Preis: €€.
Zufahrt: Am Hauptplatz auf der Via G. Garibaldi in Richtung Feltre fahren, dann nach ungefähr 250 m links in Richtung Treviso abbiegen, nach 350 m linker Hand.

Südliche Prosecco-Hügel

Setzen Sie Ihre Fahrt nun in südöstliche Richtung fort. Dabei können Sie dem **Naturschutzgebiet am Fluss Piave** einen Besuch abstatten, falls Sie Lust auf einen Spaziergang im Grünen haben.

Ansonsten bleibt vorerst alles wie gehabt: Weingüter und Gaststätten bestimmen das Bild und Sie finden allerorts Gelegenheit es „sich gut gehen zu lassen"! Je nachdem, welche Route Sie wählen, finden Sie unterwegs drei weitere Übernachtungsmöglichkeiten.

***Naturschutzgebiet am Piave**: Parkplatz bei [N 45°52'25" E 12°00'15"], Via Cal di Vento, Bignoli*

(295) WOMO-Agricampeggio:La Casa Vecchia Santo Stefano

GPS: N 45°53'42" E 12°02'22", Via Callonga 12. **Max. WOMOs:** 4.
Ausstattung: Wasser, Strom, Toilette/Dusche, Picknickbänke, Pool, Frühstück möglich.
Beschreibung: Schön zwischen den Weinbergen gelegener Stopp bein einem Winzer, ruhig, nicht ganz eben, kein Schatten, klappstuhlgeeignet.
Preis: Kostenlos nutzbar nach einer Weinprobe.
Zufahrt: Auf der SP152 Richtung Santo Stefano fahren, kurz zuvor links angeschrieben.

In den Prosecco Hügeln

Mulino della Croda

(296) Offizieller WOMO-Stellplatz: Farra di Soligo
GPS: N 45°54'02" E 12°07'44", Via Cal della Madonna. **Max. WOMOs:** 4.
Ausstattung: V/E (frei zugänglich), Strom, Mülleimer, Beleuchtung.
Beschreibung: Einfacher Parkplatz mitten in den Weinbergen, allerdings auf einer Seite direkt angrenzend an eine Industriehalle, daher eher zweckmäßig als schön, außerhalb gelegen. Relativ ruhig, kein Schatten, Ortszentrum rund 500m.
Zufahrt: Von der SP32 kommend in Fara zu Beginn des Kirchplatzes rechts in die Via Cal della Madonna abbiegen. Nach knapp 500 m rechts angeschrieben.

(297) Offizieller WOMO-Stellplatz: Falzé de Piave
GPS: N 45°51'25" E 12°09'56", Via Grave 4. **Max. WOMOs:** 10.
Ausstattung: V/E, Strom, Toilette / Dusche.
Beschreibung: Schöner, teils schattiger, privater Stellplatz auf Rasen, gleich an den Flussauen, nicht ganz eben, klappstuhlgeeignet. Das Erlebnisfreibad Piavilandia liegt direkt an der Zufahrt rund 300 m entfernt.

Preis: €€.
Zufahrt: Von der SP34 den Hinweisschildern nach rechts zum Freibad folgen. Dann rechts an den Parkplätzen vorbeifahren und nach 200 m rechts in die kleine Via Grave einbiegen. Nach rund 150 m rechts.

Ein beliebtes Ausflugsziel abseits vom Wein gibt es ein kleines Stück nördlich von **Refrontolo**. Die 400 Jahre alte **Mühle della Croda** gibt ein wunderbares Fotomotiv ab und ringsum befinden sich Picknickmöglichkeiten. Wenn Sie die Mühle von innen besichtigen wollen, ist eine Erhaltungsspende zu entrichten. Am Parkplatz kann man im Womo nächtigen, [**298:** N 45°56'12" E 12°11'29", Via Molinetto].

Mulino della Croda*: www.molinettodellacroda.it, Fr/Sa, 15.30 bis 18 Uhr, So 10.30 bis 12 Uhr und 15.30 bis 18 Uhr, €*

Conegliano *(Markttag Fr., Via XX Settembre)*
Conegliano markiert die Grenze zwischen der flachen venezianischen Ebene weiter südlich und den Hügeln aus denen Sie gerade kommen. Für seine nur rund 37.000 Einwohner ist die Stadt äußerst lebendig. Das allein ist noch kein Kriterium, um länger zu verweilen. Es gibt allerdings auch eine hübsche kleine Altstadt, die einen Besuch rechtfertigt. Wie immer stellt sich zunächst die Frage nach einem Parkplatz, auf dem Sie samt Womo eine Chance haben, unterzukommen. Südlich der zentral verlaufenden Bahntrasse gibt es die größten zentralen Flächen neben dem Busbahnhof, [N 45°53'00" E 12°17'49", Via del Ruio]. Beachten Sie, dass, falls Sie von Norden kommen, an dieser Stelle eine nur 3,30 Meter hohe Unterführung passiert werden muss. Für die meisten Womos dürfte das noch reichen... Durch einen Fußgängertunnel und gleich danach rechts bis zum Bahnhof kommen Sie zur Viale G. Carducci, die Sie nach rechts direkt zum Zielort bringt.

Der Übernachtungsplatz von Conegliano befindet sich etwas weiter außerhalb.

(299) Offizieller WOMO-Stellplatz: Club Conegliano

GPS: N 45°52'41" E 12°18'05", Via San Giovanni Bosco 30. **Max. WOMOs:** 30.
Internet/Tel.: www.campeggioclubconegliano.it, Tel. +39 0438 41 29 72.
Ausstattung: V/E, Strom, Toilette / Dusche, Spülgelegenheit, Mülleimer, Beleuchtung.
Beschreibung: Abgeschlossenes Gelände des Campingclubs Conegliano. Plätze auf Rasen, etwas Schatten, nicht ganz ruhig, da direkt an der Hauptdurchgangsstraße. Supermarkt direkt nebenan, Ortszentrum etwa 1,1 km.
Preis: €€ / 24 h, maximaler Aufenthalt 48 h. Bei Ankunft müssen Sie die am Tor angegebene Nummer anwählen sofern niemand vor Ort ist (erreichbar 8.30 bis 12.30 Uhr und 14.30 bis 20.30 Uhr). Bezahlt wird in bar bei Einlass.

Zufahrt: Aus Norden von der SP635 kommend bis zum Ende durchfahren und dort rechts halten. Gleich am nächsten Platz (Piazza IV Novembre) links abbiegen und nach rund 100 m wieder rechts durch die Bahnunterführung fahren. Nach knapp 500 m vor dem Lidl Supermarkt rechts in die Via S.G. Bosco einfahren, dort befindet sich der Stellplatz.

Unterwegs in Conegliano

Vom Bahnhof kommend spazieren Sie über die große Freitreppe hinauf ins Herz der Altstadt. Dort befindet sich die arkadengesäumte **Piazza Cima**, der Fixpunkt des alten Conegliano. Dort findet übrigens in der zweiten Junihälfte jährlich ein großes Fest statt, die „Dama Castellana“. Es handelt sich um ein Damespiel mit echten Figuren und soll an den Sieg über die benachbarte Stadt Treviso im Jahr 1241 erinnern. Gefundene Tonscherben weisen auf eine wesentlich ältere Besiedelung hin, die schon vor mehr als 5000 Jahren begann. Die heute noch existierenden Altstadtteile datieren um das Jahr 1100. Später wurde die Stadt Teil des venezianischen Reiches und galt schon damals als wichtigster Wein- und Öllieferant. Als zweitwichtigste Prosecco-Metropole hat sie diesen Ruf bis heute, zumindest teilweise, erhalten. Bis dato ist hier Italiens bedeutendste Weinbaufachschule angesiedelt.

Palazzo Piutti in Conegliano

Rings um die Piazza gruppieren sich eine ganze Reihe Prachtbauten, so zum Beispiel das alles dominierende **Teatro Accademia**. Ein Stück nach links gelangen Sie zum eher unauffällig in der Häuserzeile versteckten **Dom** *(täglich geöffnet, 8 bis 12 Uhr und 15 bis 19 Uhr)*. Das Altarbild im Inneren stammt vom bekanntesten Künstler des Ortes Cima di Conegliano. Gleich neben dem Dom können Sie durch eine offene Pforte hinüber zur **Scuola dei Battuti** gelangen. Vor allem der obere Saal ist reich an schönen Fresken *(Via XX Settembre, Sa/So, 10 bis 12 Uhr und 15 bis 17 Uhr). Auch das restaurierte Geburtshaus Cimas in der Gasse hinter dem Turm ist einen Besuch wert (Via Cima, Sa/So 16 bis 19 Uhr).*

Vom Hauptplatz aus weiter geradeaus nach oben, können Sie, den Wegweisern folgend, zum Castello hinaufsteigen, das erhaben über der Ortschaft thront. Im Inneren befinden sich ein Lokal und das **Museo del Castello** mit Gemälden, Münzen, Fresken und Rüstungen sowie archäologischen Gegenständen *(Mai bis Sep, Di bis So 10 bis 12.30 Uhr und 15.30 bis 19.30 Uhr, im Winter nachmittags eine halbe Stunde früher, €.*

Ein weiterer offizieller Übernachtungsplatz mit V/E-Anlage befindet sich im Vorort **Susegana** bei [**300:** N 45°50'36" E 12°17'33", Via Mareno 27]. Leider nicht von innen zu besichtigen, aber dennoch interessant, ist die gewaltige Burganlage **Castello di San Salvatore** oberhalb. Für die Weiterfahrt bis Treviso empfiehlt sich die Autobahn, zumindest wenn Sie etwas Zeit sparen möchten. Für einen längeren Aufenthalt empfiehlt sich der kleine **Campingplatz Terre Bio** unterwegs [**301:** N 45°45'10" E 12°15'32", Via Isonzo 25, www.terrebio.net, +39 339 274 31 02, €€€].

Treviso *(Markttag Di. und Sa., Viale B. Burchiellati)*

Von den größeren Städten des Venetos ist Treviso die unbekannteste und am wenigsten besuchte. Dabei gibt es eine durchaus sehenswerte Innenstadt und weniger auf Tourismus getrimmte Straßenzüge, wie etwa in Verona oder Padua. Außerdem hat man ein Herz für Camper, gleich mehrere Stellplätze stehen zur

Verfügung. Der erstgenannte neben dem Stadion ist sogar so nah an der Altstadt gelegen, dass Sie problemlos zu Fuß dorthin gelangen. Vom zweiten aus sind es ein paar hundert Meter mehr. Falls Ihnen das alles nachts zu unruhig ist, gibt es ein paar Kilometer weiter südlich außerhalb, noch zwei weitere Alternativen – praktischerweise direkt in Fahrtrichtung der weiterführenden Route.

(302) Offizieller WOMO-Stellplatz: Treviso 1

GPS: N 45°40'12" E 12°15'28", Via Castello D´Amore. **Max. WOMOs:** 12.
Ausstattung: V/E, Mülleimer, Beleuchtung.

Beschreibung: Abgetrennter Teil eines großen Parkplatzes neben dem Stadion, Stellflächen auf Rasengittersteinen, kein Schatten. Sehr zentral, dafür stets belebt und aufgrund der Lage zwischen Stadion und Bahngleisen nicht sonderlich ruhig. Angrenzend befindet sich ein Park mit Spielplatz, Stadtmitte rund 400 m.
Zufahrt: Von Montebelluna kommend bis auf die Ringstraße um das Zentrum fahren (Einbahnstraße). Auf der gegenüberliegenden Seite des Stadtkerns angekommen, zweigt vor einem rot-weißen Apartmenthaus eine kleine Straße nach rechts Richtung Carbonera ab. Auch ein kleines Womo-Symbol ist schon zu sehen. Dann, direkt vor dem Stadion, rechts halten und gleich wieder links, erreichen Sie den Stellplatz etwas versteckt.

(303) Offizieller WOMO-Stellplatz: Treviso 2

GPS: N 45°40'03" E 12°15'49", Via Giovanni Boccaccio. **Max. WOMOs:** 15.
Ausstattung: V/E, Mülleimer, teils Beleuchtung.
Beschreibung: Asphaltierter Camper Stellplatz nahe des Stadtzentrums. Bahnlinie benachbart. Nicht ganz leise, dafür relativ zentral, eben, Stadtzentrum etwa 850 m.
Zufahrt: Von der Autobahn kommend Ausfahrt Treviso Nord nehmen und der Beschilderung Richtung Treviso / Centro folgen. Sie fahren auf der SS13 in die Stadt ein, bis Sie nach einer Esso-Tankstelle an der Ampel links in die Via Brigata Marche einfahren können (Beschilderung „Poilzia Municipale"). Nach der Bahnunterführung (3,40 Meter) die erste Straße nach rechts (Via G. Zanella) nehmen. Nach der nächsten Bahnunterführung befindet sich der Platz direkt auf der linken Seite.
Hinweis: Aufgrund einer jährlichen Messe und Jahrmarkt ist der Platz von etwa Mitte September bis Ende Oktober nicht zur Übernachtung erlaubt. V/E ist aber möglich. Max. 48 Stunden Aufenthalt erlaubt.

(304) Offizieller WOMO-Stellplatz: Quinto de Treviso Quinto Camper Resort

GPS: N 45°38'20" E 12°09'26", Via Costamala 48. **Max. WOMOs:** 28.
Internet/Tel.: www.sostacampertreviso.it
Ausstattung: V/E, Strom, Toilette / Dusche, Beleuchtung, Videoüberwachung, Zugangsschranke, Picknickbänke, nicht ganz ruhig durch Flugeinflugsschneise.
Beschreibung: Gepflegter Platz mit Stellflächen auf Schotter direkt an einem See. Noch kein Schatten, da die Bäume noch zu klein sind, einige Meter von der Hauptstraße entfernt, relativ ruhig. Stadtzentrum von

Quinto rund 350 m, nach Treviso mit Bus Nr. 55, tags etwa alle 30 Min.
Preis: €€€ / 24 h, danach werden weitere €€ alle 12 h berechnet.
Zufahrt: Treviso in südwestliche Richtung auf der SR515 Richtung Flughafen und weiter nach Quinto de Treviso verlassen. Am Kreisverkehr im Ort rechts fahren. Der Platz kommt nach 450 m rechts.

Unterwegs in Treviso

Treviso gilt als uralter Siedlungsraum, schon 1500 Jahre vor unserer Zeitrechnung lebten hier Menschen. Die Altstadt wird von einer Ringstraße und einer renovierten Stadtmauer umgeben. Da die Stadt im Zweiten Weltkrieg relativ stark beschädigt wurde, ist die Anzahl historischer Gebäude geringer als anderswo. Das innerste Zentrum wurde wieder originalgetreu aufgebaut, Für einen kleinen Stadtrundgang nehmen wir vom Stellplatz am Stadion aus den nächsten Weg über die Ringstraße und die Brücke über den Wassergraben bis zum dahinterliegenden Stadtkern. Nun auf dem **Borgo Cavalli** immer geradeaus, über die **Piazza G. Mateotti** hinweg, und am Ende kurz rechts und gleich wieder links in eine schmale Einbahnstraße einbiegen. Von hier an immer geradeaus, können Sie einen Abstecher zur **Chiesa di San Francesco** machen. Sie enthält das erst hunderte Jahre nach seinem Ableben entdeckte Urnengrad des Dante Alighieri. Ansonsten taucht vor Ihnen linkerhand einer der vielen Kanäle auf, die Treviso durchziehen. Mitten im Wasser befindet sich der Fischmarkt der Stadt. Er wird seiner inselgleichen Lage nach **Isola delle Pescheria** genannt. Bis heute werden morgens, teils unter freiem Himmel, die Tagesfänge von der nahen Küste feilgeboten. Über die kleine Fußgängerbrücke auf der Nordseite verlassen Sie den Markt und halten sich links bis zur **Via Palestro** und dort nach rechts. Im **Casa dei Carraresi** finden öfters interessante Ausstellungen statt – vielleicht ist ja gerade etwas für Sie im Angebot *(Via Palestro 33, www.casadeicarraresi.it)*. Nach einer schnellen Links-Rechts-Links-Kombination wechseln Sie über den **Canale dei Buranelli** und gelangen so in das innerste Herz der Stadt. Zuerst landen Sie an der **Piazza San Vito** mit der gleichnamigen Kirche am Südende. Links, durch die **Via San Vito** spazieren Sie zur Rückseite des **Palazzo dei Trecento**. Das 800 Jahre alte Justizgebäude ist der zentralste Punkt der Stadt und wirkt mit seinen krönenden Zinnen äußerst wehrhaft. Sie stehen hier übrigens am einstigen Hinrichtungsplatz Trevisos. Heute können Sie, falls die Beine schon müde werden, ein Fahrrad leihen, um die Gassen weiter zu erkunden. Sie unterqueren das Gebäude durch die Passage und stehen danach an der **Piazza dei Signori**.

Kanal in Treviso

Palazzo dei Trecento / Piazza dei Signori

Die Cafés laden zu einem Kaffee, Spritz oder ein paar Tramezzini ein, wahlweise in der Sonne oder unter den Arkaden. Nach rechts durch die Haupteinkaufsstraße Via Calmaggiore spazieren Sie weiter zum **Dom San Pietro**, der im Lauf der Jahrhunderte immer wieder angestückelt und verändert wurde. Sein etwas gestaucht wirkender Turm wurde zwangsweise verkürzt – angeblich duldeten die venezianischen Herren, die über Treviso herrschten, keinen höheren **Campanile** als den am Markusplatz in ihrem Reich. Innen können Sie Werke von Pordenone und Tizian bewundern und in die Krypta hinabsteigen. Ein Diözesanmuseum befindet sich angegliedert im Gebäude *(Via Canoniche 2, 7.30 bis 12 Uhr und 15.30 bis 18.30 Uhr, So 8 bis 13 Uhr und 15.30 bis 20 Uhr, Museum €, sonst Eintritt frei, www.parrocchietreviso.it)*. Bei Interesse an Kirchenkunst lohnt der Weg weiter bis ins südwestliche Eck der Altstadt zur **Kirche San Niccolò**. Der beinahe überdimensioniert wirkende Bau ist reich mit Fresken verziert, unter anderem vom Künstler da Modena *(Via San Niccoló 50, 8.30 bis 12 Uhr und 15.30 bis 18 Uhr, www.sanniccolotreviso.it)*.

Lassen Sie sich nun einfach noch etwas durch die Straßen treiben. Schöne Ecken, Springbrunnen, kleine Läden, Grünflächen mit Wasserläufen und die großen Stadttore sind es wert, entdeckt zu werden. Suchen Sie doch einmal nach der **Fontana delle Tette** in der **Galleria della Strada Romana** und finden Sie heraus, aus welcher Nachbildung, die neu gewählten Bürgermeister einst drei Tage lang Rot- und Weißwein fließen ließen...

Am Ende finden Sie sich wieder an der Piazza dei Signori ein und spazieren durch die **Via Indipendenza** nach Südosten bis zur **Via Martiri della Libertá**. Links ab passieren Sie die mit schönen Fresken geschmückte Säulenhalle **Loggia dei Cavalieri** und gelangen direkt zum **Museo Civici** mit einer Sammlung verschiedenster Kunstgegenstände und regelmäßigen Sonderausstellungen *(Piazzetta M. Botter 1, Di bis So von 9.30 bis 12.30 Uhr und 14.30 bis 18 Uhr, €, www.museocivicitreviso.it)*. Hinter dem Museum stehen Sie erneut an der **Piazza Mateotti** vom Beginn Ihrer Tour und finden problemlos den Weg zurück zum Parkplatz.

Auf der Weiterfahrt Richtung Castelfranco gibt es einige interessante Orte zu entdecken, entscheiden Sie selbst, was Sie interessiert. Zur Auswahl stehen:

• der Naturpark **Oasi Cervara** an den Flussauen des Sile. Nur hier wurde die ursprüngliche Landschaft der Region mit Wasserläufen, Auwald und Bächen bewahrt. Spazierwege führen durch das Reservat, es gibt Störche, Eulen und weitere Vögel zu sehen. Je nach Jahreszeit werden Flugschauen dargeboten und das Amphibienhaus ist geöffnet.

• das Bauwerk **La Rotonda de Badoere** aus dem 16. Jahrhundert, ein großer, halbkreisförmiger Palast mit Arkadengang am Hauptplatz der Gemeinde **Morgano**.

• die **Villa Emo** aus dem 16. Jahrhundert, ein Palladiobau, der bis heute in Privatbesitz ist. Teils kann sie jedoch besichtigt werden, genauso wie der verbliebene Teil des einstigen Dorfes daneben. Die Familie Emo hat vermutlich als erste Mais aus Amerika eingeführt – der Beginn italienischer Polenta-Tradition...

***Oasi Cervara**: Via Cornarotta 50, Santa Cristina, meist nur Sa/So geöffnet, www.oasicervara.it | **La Rotonda**: Via Palazzo, Badoere, www.marcadoc.com/rotonda-di-badoere | **Villa Emo**: Via Stazione 5, Fanzolo, www.villaemo.org*

Castelfranco Veneto *(Markttag Di. und Fr., Piazza Giorgione)*
Herausragendes Merkmal der Stadt ist die bis heute gut erhaltene, trutzige Stadtmauer. Sie wurde als Vorposten zum Schutz gegen Trevisos rivalisierenden Nachbarn Padua erbaut. Wer nach Castelfranco zog, erhielt besondere Rechte – und die Auflage im Ernstfall kämpfen zu müssen... So recht sicher konnte man sich damals also nie fühlen. Das ist inzwischen natürlich anders.

Stadtnah parken Sie in der Via V. Bellini, [N 45°40’06” E 11°56’17”], ein schöner Agricampeggio befindet sich etwas außerhalb.

Villa Emo

(305) WOMO-Agricampeggio: Castelfranco Veneto Magrine Camper

GPS: N 45°41'31" E 11°57'12", Via Postioma di S. 24a. **Max. WOMOs:** 16.
Internet/Tel.: www.magrine.it, +39 348 064 82 53.
Ausstattung: Alle Einrichtun-gen, WLAN, Waschmaschine / Trockner, Pool.
Beschreibung: Sehr sauberer und gut ausgestatteter Stellplatz neben einem Bauerngut mit Pensionsbetrieb und Pool. Ruhige Lage zwischen den Feldern eben, kein Schatten, klappstuhlgeeignet, knapp 4km ins Zentrum.

Parkgebühr: €€€€.
Zufahrt: Fahren Sie auf der nördlich von Castelfranco verlaufenden **SR53**, bis Sie rechts nach Fanzolo fahren können. Am Kreisverkehr links, dann unmittelbar auf der rechten Seite.

Unterwegs in Castelfranco Veneto

Sicher ist Castelfranco kein „Muss" und fällt gegenüber anderen Kultur-Schwergewichten Venetiens etwas ab. Zu sehen gibt es einmal die von fünf Wachtürmen besetzte Stadtmauer *(Eintritt zu den Türmen: €)* und im Kern den **Duomo**. Er beherbergt ein kunsthistorisch bedeutendes Werk des Künstlers Giorgione. Das Madonnenbild **Pala di Giorgione** ist der größte Schatz der Gemeinde und wird in einer Seitenapsis hinter Glas aufbewahrt. An die Kirche grenzt das Haus dieses berühmtesten Sohns der Stadt an. Das **Museo Casa Giorgione** kann natürlich besichtigt werden *(Piazza S. Liberale 1, www.museocasagiorgione.it, Di bis So, 9.30 bis 12.30 Uhr Fr bis So auch 14.30 bis 18.30 Uhr, €).*

Cittadella *(Markttag Mo., Via Garibaldi)*

Nur rund acht Kilometer entfernt liegt das Städtchen Cittadella. Es kann als Paduas Gegenentwurf zu Castelfranco gesehen werden und diente dem exakt gleichen Zweck der Abschreckung und als wehrhafter Vorposten. Die Innenstadt ist etwas großzügiger und ebenfalls mit einer außergewöhnlich gut erhaltenen Stadtmauer umfriedet. Auch hier besteht die Hauptattraktion aus den in diesem Fall mehr als zwei Meter dicken und bis zu 16 Meter hohen Mauern. Man kann sie, wie in Castelfranco, erklimmen. Geholfen haben sie trotzdem nicht viel. Zumindest nicht gegen einen alten Bekannten: Ezzelino da Roman hat einst in Cittadella gewütet. Ein guter Tagespark-

Stadtmauer von Cittadella

platz gleich außerhalb der Mauern befindet sich bei [N 45°39'01" E 11°47'15"]. Eine V/E-Anlage gegen Gebühr und fünf weniger attraktive Stellplätze neben einer Tankstelle gibt es zur Not bei [**306:** N 45°38'36" E 11°46'28", Via C. Colombo 1].

Richtung Norden führt Sie die Straße nun weiter nach Bassano del Grappa. Auf halbem Weg, im Örtchen **Cartigliano**, können Sie einen Halt am Tiergarten **Parco Cappeller** machen. Die wirklich schön hergerichtete, gepflegte Anlage bietet eine willkommene Abwechslung auf dieser kultur- und städtelastigen Tour. Am großen Parkplatz ist für Gäste eine Übernachtung möglich, [**307:** N 45°43'13" E 11°42'00", Via Kimle].

***Parco Cappeller**: Apr bis Sep Fr bis Sa von 9 bis 19 Uhr, So bis 20.30 Uhr, Mär Fr Ruhetag, Okt nur bis 17 Uhr, So bis 19 Uhr geöffnet, €€€, www.parcocappeller.it*

Bassano del Grappa *(Markttag Do. und Sa., Via da Ponte)*
Die 45.000-Einwohnerstadt wirkt an vielen Tagen eher etwas ruhig und verschlafen. Immer wenn Markt ist, scheint sie aus dem Dornröschenschlaf zu erwachen und das Leben pulsiert in den Gassen des hübschen Zentrums. Bassano liegt direkt an der Brenta und kann auf eine lange Besiedlungsgeschichte zurückblicken. Schon ab dem 2. Jahrhundert n. Chr. konnten erste Bewohner nachgewiesen werden. In der Umgebung wird viel Wein angebaut, international bekannter ist der im Namen vorkommende Grappa.

Grappa
Ob der als typisch italienisch geltende Schnaps ursprünglich wirklich aus der Gegend um Bassano stammt oder doch eher aus dem Piemont, vielleicht sogar aus der heutigen Schweiz, kann so genau niemand mehr sagen. Fest steht, dass der Grappa aus Trester, den vergorenen, alkoholhaltigen Pressrückständen der Weinherstellung gewonnen wird und mindestens 37,5 Volumenprozent, aufweisen muss – deutlich mehr sind aber auch in Ordnung. Urkundlich erwähnt wird der Grappa erstmals im 15. Jahrhundert und galt lange Zeit als Alkohol der armen Leute. Im ersten Weltkrieg diente er als Mutmacher der italienischen Soldaten, die tägliche Rationen erhielten. Erst ab den 1950er Jahren avancierte er, dank technisch optimierter Destillationsprozesse, zu einer begehrten Spirituose, die sich mittlerweile internationaler Aufmerksamkeit erfreut und Spitzenprodukte hervorbringt, die hohe Preise erzielen. In Bassano befinden sich gleich eine ganze Reihe von Destillerien, die ihre Waren feilbieten und zur Verkostung einladen, sehen Sie sich einfach ein wenig um...

Zunächst steuern Sie wie immer einen für Womos geeigneten, innenstadtnahen Parkplatz an, der in diesem Fall zur Übernachtung ausgewiesene Plätze anbietet. Als Alternative kann Platz 309 gleich nördlich von Bassano dienen.

(308) Offizieller WOMO-Stellplatz: Bassano del Grappa

GPS: N 45°45'29" E 11°43'52", Viale A. de Gasperi 80. **Max. WOMOs:** 19.
Ausstattung: V/E, Strom, Mülltonnen
Beschreibung: Beschranktes Gelände neben dem Busparkplatz, kaum Schatten, relativ eben, auf Schotter, Eingangsschranke und Videoüberwachung, Ortszentrum etwa 650 m, Shuttlebus vorhanden.

Preis: €€.
Zufahrt: Aus südlicher Richtung von der SP59 kommend, immer geradeaus ins Zentrum einfahren. Der Platz kommt rund 2,2 km nach Querung der großen SP111.

Unterwegs in Bassano del Grappa

Von Ihrem Parkplatz aus erreichen Sie nach wenigen hundert Metern in nördliche Richtung eine große Kreuzung. Links gelangen Sie zu einer Betonbrücke, die einen tollen Blick auf Bassanos Wahrzeichen gestattet – die nach Plänen Palladios entworfene **Ponte degli Alpini**. Die alte überdachte Holzbrücke wurde in der bewegten Vergangenheit der Stadt immer wieder zerstört und neu auf- oder umgebaut und besitzt einen besonderen Charme. Sie ist so etwas wie die Seele Bassanos, mehr noch als die rechts davon gelegene Altstadt. Zurück an der Kreuzung nehmen Sie die zweite Straße nach links, biegen dann sofort wieder nach rechts in die **Via Mure del Bastion** ein und gehen am Ende nach links durch die Geschäftsstraße **Via Roma** auf die **Piazza Libertá**, mit einem Standbild des heiligen San Bastiano, dem Namensgeber der Stadt, zu.
Nach rechts kommen Sie, nur durch einen Glockenturm getrennt, zum zweiten großen Stadtplatz, der **Piazza Garibaldi** mit dem 43 Meter hohen, öffentlich zugänglichen **Torre Civica** *(€, Tickets am Museo Civico erhältlich)* und der **Kirche San Francesco** gegenüber. Im Konvent befindet sich das **Museo Civico** mit archäologischen Funden und Werken regionaler Künstler wie Jacopo und Canova *(Mi bis Mo 10 bis 19 Uhr, €, auch Kombitickets mit Turm und/oder Palazzo Sturm erhältlich, www.museibassano.it)*. Nach Norden können Sie zur Via II Garibaldi spazieren. Links ab treffen Sie auf das am höchsten Punkt gelegene Castello degli Ezzelini. Sie ahnen es bereits, einem der Schlösser Ezzelino da Romanos! Die ältesten Teile der Anlage stammen aus dem 12. bis 13. Jahrhundert. Der gesamte Komplex wurde

inzwischen renoviert und seine Innenräume für temporäre Ausstellungen bereitgestellt.
Vom Haupteingang aus ein Stück geradeaus und dann rechts durch die Via B. Gamba gelangen Sie zum Poli Museo della Grappa. Natürlich dreht sich alles um die Herstellung und Geschichte des Grappas, in diesem Fall aus Herstellung der Familie Poli. Texte im Museum sind auf Italienisch und Englisch vermerkt *(9 bis 19.30 Uhr, Eintritt frei, Audio Guides verfügbar. Inkl. Verkostung €-€€, www.poligrappa.com)*. Weiter geht es zur bereits von Weitem ausgespähten Brücke. Sogar im linken Pfeiler ist eine Destillerie untergebracht! Wenn Sie möchten, gehen Sie hinüber und schauen sich auf der anderen Flussseite etwas um. Das dortige Museo degli Alpini widmet sich eher dem Thema Weltkrieg als der gleichnamigen Brücke nebenan. Der naturhistorisch orientierte Palazzo Bonaguru, ein Stück weiter, ist nur an Wochenenden und bei Sonderausstellungen geöffnet. Zurück auf der Ostseite führt die Via B. Ferracina südlich am **Palazzo Sturm** vorbei. Er gibt ein Museum für Keramik und Drucke Quartier *(Mo bis Sa 9 bis 13 Uhr und 15 bis 18 Uhr, €)*. Sie gelangen schließlich zur Hauptverkehrsstraße in Höhe des **Tempio Ossario** zurück. Der auffällige Dom dient als Beinhaus für mehr als 6000 gefallene Soldaten. Rechts liegt die **Piazzale Luigi Cadorna** vom Anfang der Tour und damit der Rückweg zum Parkplatz.

Markt in Bassano

Extratour: Durch das Valstagnatal, auf den Monte Grappa, zur Villa Maser und nach Asolo

Statt von Bassano aus direkt nach Marostica weiterzufahren, können Sie eine interessante Runde nordöstlich der Stadt drehen.

Valstagna *(Markttag Do., Via Garibaldi e Roma)*
Vorbei an der in Privatbesitz befindlichen **Palladio-Villa Angarano** fahren Sie flussaufwärts in das langsam enger werdende Valstagna Tal hinein. Interessant ist die im ersten Ortsteil Valstagnas **Oliero** gelegene **Grotta di Oliero**. Die Höhle wird zur Besichtigung mit dem Boot befahren und es gibt einen vierzehn Meter hohen, unterirdischen Wasserfall sowie ein der Höhle angeschlossenes Museum zu den hiesigen Karstphänomenen. Der zugehörige Naturpark ringsum ist schön angelegt. Er bietet einen Naturlehrpfad und es gibt einen Spielplatz.

Im Valstagna-Tal

***Grotta di Oliero**: Parken bei [N 45°50'48" E 11°40'08"], Eingang gegenüber in der Via Oliero di Sotto 85, Apr/Mai/Sep/Okt, Mo bis Sa ca. 10 bis 17 Uhr, So ca. 9.30 bis18.30 Uhr, Jul/Aug, Mo bis Fr ungefähr 9.30 bis 18 Uhr, So 9 bis 18.30 Uhr, €€, www.grottedioliero.it*

(309) WOMO-Agricanpeggio: Pove del Grappa
Agriturismo Conca D`Oro

GPS: N 45°47'20" E 11°43'42", Via R. Bassa 4. **Max. WOMOs:** 10.
Internet: www.concadoro.org, +39 0424 51 26 07.
Ausstattung: Wasser, Strom, Toilette / Dusche.
Beschreibung: Gastbetrieb an einem Bauernhof mit Weinladen, Stellpl#tze auf Rasen nicht ganz eben, teils schattig und ruhig, rund 600 m in den Ort.
Preis: €€.
Zufahrt: Von der SS47 beschildert Richtung Zentrum von Pove fahen. Am Ende der Ausfahrt die kleine Straße nach schräg rechts vorne nehmen (mit Womo-Symbol) und zum Betrieb fahren.
Hinweis: Vorher anfragen, denn der Platz war zuletzt wegen Covid nicht geöffnet.

Monte Grappa

Um zum Gipfel des **Monte Grappa** zu gelangen, fahren Sie bis zur Höhle zurück, dann noch ein Stück weiter, bis nach links, über eine Brücke hinweg, die SS47 angeschrieben steht. Direkt vor der Brücke gibt es links einen Fahrweg mit Höhenbegrenzung zu einem Badeplatz am Fluss. Fahrzeuge mit mehr als 2,20 Meter Höhe lassen sich 100 Meter entfernt die Straße hinunter parken.

Nach der Brücke kommen Sie zu einem Stellplatz auf dem Gelände eines Gastbetriebs und weiter nach Romano D`Ezzelino. Ja, hier heißt tatsächlich ein ganzer Ort so wie der furchterregende Feudalherr des 13. Jahrhunderts.

Ezzelino da Romano

Nachdem Sie nun so oft über diesen Namen gestolpert sind, sollen Sie nicht unwissend bleiben, wer er wirklich war: Ezzelino der III. herrschte als kaisertreuer Adliger in der ersten Hälfte des 13. Jahrhunderts über weite Teile Venetiens. Von seinem Vater hatte er ursprünglich nur einige Ländereien rund um Treviso geerbt, doch war sein Hunger nach Macht und Land beachtlich. Er nahm während seines Lebens die Städte Verona, Vicenza, Padua, Belluno Feltre und Trient sowie beinahe alle kleineren Ortschaften ringsum ein. Dabei herrschte er äußerst rücksichtslos und mit großer Grausamkeit. Als integrer Gefolgsmann des Kaisers mit weitreichenden Freiheiten ausgestattet, konnte selbst ein Kirchenbann durch Papst Innozenz IV. und ein daraufhin folgender Kreuzzug gegen ihn, seine Herrschaft nicht brechen. Zwar gelang es, ihm Padua wieder zu entreißen, kurz darauf eroberte er dafür Brescia. Erst 1259 unterlag er schließlich bei einem Angriff auf Mailand. Als gesichert gilt, dass er dabei selbst verletzt und gefangen genommen wurde. Die genauen Umstände seines Todes sind nicht bekannt.

Das Städtchen bietet bis auf den Namen keinerlei Auffälligkeiten, und so können Sie sich direkt zum **Monte Grappa** aufmachen. Die besser ausgebaute Straße **SP148** führt gleich von Ezzelino aus nach oben. Für eine Rundfahrt müssen Sie ein Stück weiter bis **Semonzo** fahren, und dann, nach einer Tankstelle, nicht beschildert, links in die Via Chiese (SP140) abbiegen. Die schmale Straße mit 27 teils sehr engen Kehren erklimmt ebenfalls den Berg, ist aber, wenn überhaupt, nur für die Auffahrt ratsam.

Am Monte Grappa

Auf dem einen oder anderen Weg angekommen, werden Sie mit der tol-

Canova-Tempel, Possagno

len Aussicht für das vorangegangene Gekurbel entschädigt – zumindest bei gutem Wetter ein lohnendes Ziel. Unterhalb des Gipfels gibt es ausreichend Parkraum, [N 45°52'24" E 11°48'08", Via Madonna del Covolo]. Am Gipfel wurde ein riesiges Kriegerdenkmal erbaut. Der Berg war Teil der Frontlinie im ersten Weltkrieg und genau dieser Abschnitt hat ganze 23.000 Soldaten das Leben gekostet, sowohl auf Seiten der Italiener wie auch der Österreicher. Für beide Seiten wurden getrennte Mausoleen zur Ehrung der Toten errichtet. Die Namen vieler Gefallener sind in Tafeln eingraviert. Ein benachbarter Aussichtsturm gibt mehr Informationen zur umliegenden Bergwelt.

Sehr interessant ist das **Museo Caserma Milano** etwas unterhalb. Unter der ehemaligen Kaserne ist ein fast fünf Kilometer langer Tunnel, die **Galeria Vittorio Emanuele**, für Besucher geöffnet worden.

***Museo Caserma Milono**: Mitte Mai bis Nov meist 9 bis 12 Uhr und 13.30 bis 17 Uhr, Eintritt frei*

Nicht nur als historisches Ziel ist der Berg interessant. Er ist einer der europäischen Hotspots für Paragleiter und Segelflieger, die Sie an schönen Tagen mit gutem Aufwind gleich dutzendfach beim Starten beobachten können. Auch Wanderungen lassen sich unternehmen, dabei kann das Besucherzentrum weiterhelfen.

(310) WOMO-Campingplatz-Tipp: Borso del Grappa Camping Santafelicita

GPS: N 45°48'35" E 11°45'43", Via Cenghia 80.
Internet/Tel.: www.campingsantafelicita.com, +39 0423 56 11 50.
Ausstattung: Alle Einrichtungen, Waschmaschinen.
Beschreibung: Trattoria direkt nebenan, eher Parkplatzcharakter, Stellflächen auf Rasengittersteinen, kein Schatten, ruhig, Ortszentrum etwa 400 m zur Hauptstraße.
Preis: €€€.
Zufahrt: In Semonzo links in die Via Chiesa (wie zum Monte Grappa) einbiegen und nach dem PKW Parkplatz links in die Via G. da Semonzo abbiegen. Am Ende rechts zum Campingplatz fahren.
Hinweis: Ein alternativer, reiner Nachtparkplatz befindet sich bei [**311:** N 45°49'19" E 11°47'54", Via Roma 18]

Asolo

Possagno

Der eher unscheinbare Ort war Heimat des Bildhauers Canova. Ein Stück abseits der Durchgangsstraße wurde ihm zu Ehren am Hügel ein monumentales, weißes Grabmal errichtet, der **Tempio Canova** am Ende der **Via Stradone del Tempio**.

An der **Via Serafin** gibt es Wohnmobilparkplätze, **[312:** N 45°51'05" E 11°52'47"] parken und direkt im ehemaligen Wohnhaus und Atelier des Künstlers die Gipsmodelle in Originalgröße seiner späteren Kunstwerke in Augenschein nehmen.

***Gypsotheca e Museo Canova**: www.museocanova.it, Di bis Sa 9.30 bis 18 Uhr, So bis 19 Uhr, €€, Sa/So auch Führungen*

Asolo *(Markttag Sa., Viale Tiziano)*

Der kleine Ort liegt ganz entzückend auf einer Bergkuppe und trägt den Beinamen „Stadt der hundert Horizonte". Die schöne Lage und das milde Klima haben ihn seit jeher zum beliebten Domizil wohlhabender Bohemiens gemacht. Der Romancier Robert Browning, die Schauspielerin Eleonora Duse, die Schriftstellerin Freya Stark und der Komponist Gian Franceso Malipiero waren nur einige der illustren Persönlichkeiten, die sich um die Wende vom 19. zum 20. Jahrhundert sprichwörtlich die Klinke in die Hand gaben. Einige Geschäfte und Cafés laden zu einem Rundgang ein. Hinter den Mauern verbergen sich große, private Palazzi, denn Asolo ist bis heute als High-Society-Ziel. Im Hochsommer kann es schon mal richtig voll werden und die einzige, schmale Zufahrtsstraße quillt vor PKWs über. Sie tun also zu jeder Jahreszeit gut daran, nicht in die Stadt nach oben zu fahren, sondern den schönen Womo-Stellplatz zu nutzen und einen Spaziergang in den Ort hinauf zu machen. Am besten gegen Abend, wenn die Menschenmassen vom Tag wieder abge-

Villa Barbaro

zogen sind. Der Tag lässt sich so ganz hervorragend mit einem Sprizz auf der Terrasse einer Bar beenden. Etwas Ruhe finden Sie in der auf ehemaligen römischen Thermen erbauten Kathedrale, die Touristeninformation liegt nebenan. Auch das **Museo Civico** befindet sich am Platz.

Bei einem Aufstieg zur **Rocca**, den Überbleibseln der oberhalb gelegenen alten Festung, müssen zwar weit über hundert Stufen und einige steile Passagen überwunden werden, dafür werden Sie mit dem besten Blick über Asolo belohnt. Einer Sage nach soll hier der Schatz des Hunnenkönigs Attila versteckt worden sein! Falls dem so gewesen sein sollte, wurde er irgendwann sicher entdeckt, denn einer der Schlossherren späterer Jahre war, Sie ahnen es, Ezzelino mit seiner Familie...

***Museo Civico**: Sa/So 10 bis 12 Uhr und 15 bis 19 Uhr, € | **Festung Rocca**: Sa/So 10 bis 12.30 Uhr und 14 bis 19 Uhr, So durchgehend, €*

(313) Offizieller WOMO-Stellplatz: Asolo

GPS: N 45°47'45" E 11°54'47", Via Forestuzzo 25. **Max. WOMOs:** 14.
Ausstattung: V/E, Strom, Picknickplätze, Mülltonnen.

Beschreibung: Recht gemütlicher, von einem Parkplatz durch ein paar Büsche abgetrennter Bereich mit einer Zugangsschranke. Rasen- und Schotteruntergrund, kaum Schatten. Zur Einfahrt muss die angegebene Rufnummer bis 22 Uhr angerufen werden, Ortszentrum etwa 700 m.
Preis: €€.
Zufahrt: Auf der Via Forestuzza in Richtung Asolo/Zentrum fahren. Dann dem Womo-Symbol nach rechts über den Parkplatz bis zum Stellplatz folgen. Die angegebenen 3 m Durchfahrtshöhe sind bis zum Stellplatz irrelevant.

Villa Barbaro

Wer sich für italienische Villen interessiert wird noch den Weg bis **Maser** antreten. Dort stehen, direkt an der Straße, zwei sehenswerte Herrenhäuser. Erst die **Villa Rinaldi**, dann die noch bedeutendere **Villa Barbaro di Maser**. Sie gilt als das Meister-

Castello Inferiore

werk Andrea Palladios. Die zusammengewachsenen Ländereien beider Anwesen werden durch die Straße zerschnitten, am Halbrund vor der Villa lässt sich mit etwas Glück ein Parkplatz finden. Die Innenausstattung des 1558 erbauten Palasts wurde mit prächtigen Fresken und Mosaiken verschiedener Künstlern aus Palladios Zeit geschmückt, unter anderem war Paolo Veronese daran beteiligt. Die schönsten Räumlichkeiten im Obergeschoß dürfen nur mit Pantoffeln betreten werden. Auf dem Außengelände gibt es eine Kutschensammlung zu sehen. Da die Villa bis heute privat bewohnt wird, ist nur ein Teil öffentlich zugänglich. Im Anschluss fahren Sie über Bassano zurück und folgen der Hauptroute weiter in Richtung Marostica.

Villa Barbaro di Maser: *www.villadimaser.it, Via Comuda 7, Apr bis Okt 10 bis 18 Uhr, So 11 bis 18 Uhr, sonst nur Sa/So von 11 bis 17 Uhr, €€*

Marostica *(Markttag Di., Piazza Castello)*
Etwa sechs Kilometer westlich von Bassano kommen Sie nach Marostica. Schon von Weitem sticht die quer über den Hügel von der Unterstadt bis zur Festung verlaufende Stadtmauer ins Auge. Der Ort ist ansonsten für seine Tradition des lebendigen Schachspiels bekannt (Siehe Beitext). Die Befestigungsanlagen des unteren **Castello Inferiore** neben dem imposanten Stadttor können besichtigt werden. Es gibt vor allem historische Kostüme und Waffen zu sehen. Auch ein kleines Touristeninformationsbüro befindet sich gleich in der Nähe. Danach können Sie der Stadtmauer aufwärts folgen und erreichen die zweite Burg **Castello Superiore** am Hügel. Es gibt dort Gastronomie und die heute

Castello Superiore, Marostica

als Aussichtstürme genutzten Wehranlagen sind begehbar. Der schöne Weg hinauf ist als „Sentiero Panoramico“ beschildert.

Castello Inferiore: *9 bis 12 Uhr und 15 bis 18.30 Uhr, €*

(314) WOMO-Stellplatz: Marostica

GPS: N 45°44'38" E 11°39'10", Via delle Rimembranza. **Max. WOMOs:** 10.
Ausstattung: V/E (frei zugänglich), Mülltonnen.

Beschreibung: Zentraler Großparkplatz gleich neben der Stadtmauer. Womos dürfen bis zu 72 Stunden bleiben, es gibt allerdings keine Extra-Parkplätze, daher kann es passieren, dass alles mit PKWs besetzt ist. Kein Schatten, eher belebt.
Preis: €.
Zufahrt: Auf der Hauptstraße an der Stadtmauer vorbeifahren. Direkt danach rechts in die Via delle Rimembranza abzweigen und nach links in den großen Parkplatz einfahren.
Hinweis: Schöner stehen Sie im nächsten Ort Breganze am Agricampeggio und Weingut Vitacchio Emilio, [**315:** N 45°43'21" E 11°34'01", Via B. Contro 50, Wasser, Strom, Toiletten, €€].

Partita a Scacchi di Marostica

Das lebende Schachspiel von Marostica entstand angeblich durch den ansässigen König, der seine älteste Tochter vermählen wollte. Gleich zwei ebenbürtige Edelleute hielten um ihre Hand an.
Um Blutvergießen zu vermeiden, befahl der König einen Schachwettkampf. Die Kriegsherren und Adjutanten der Edelleute wurden auf ein überdimensionales, aufgemaltes Schachbrett gestellt. Von ihren Dienstherren bewegt, nahm das Spiel seinen Lauf. Der Gewinner erhielt die Tochter zur Frau.
Übrigens: der Verlierer erhielt als „Trostpreis“ ihre jüngere Schwester. Wer weiß, wer am Ende also der tatsächliche Gewinner war...
Diesem Ereignis wird bis heute gedacht und der Schachwettkampf mit Menschen in historischen Uniformen und großem Brimborium wird immer in der ersten Septemberwoche nachgestellt. Wenn Sie dabei sein möchten, sollten Sie besser rechtzeitig Plätze reservieren... *(Piazza degli Scacchi, mehr unter www.marosticascacchi.it).*

VARIANTE 2: Über Belluno und Feltre auf das Hochplateau Altopiano und Asiago nach Thiene

Gleich zu Beginn dieser Tour-Variante können Sie von Vittorio Veneto aus zwei Wege in Richtung Lago die Santa Croce einschlagen. Der direkte, kürzere Weg führt parallel zur Autobahn auf der SS51 direkt zum See.

Alternativ nehmen Sie ab Vittorio Veneto die östlich bergauf führende Straße SP422 nach **Fregona** und von dort aus weiter über das Naturschutzgebiet rund um den **Monte Pizzoc**. Beachten Sie, dass die Straße kurvig und an manchen Stellen recht schmal ist. Schon in Fregona gibt es einen ersten erwähnenswerten Stopp an der **Grotte del Caglieron**. Der toll angelegte Rundweg führt, Großteils auf Holzstegen, durch eine Klamm und gleich mehrere Höhlen, die Sie teils durchwandern können. Ziel ist die Mühle am Caglieron-Fluss. Im Informationsbüro neben dem Parkplatz erhalten Sie nähere Informationen, auch ein Faltplan zum Rundgang ist erhältlich. Der Weg ist nicht allzu lang, eine gewisse Kondition wird Ihnen aber abverlangt. Der Hauptparkplatz in der Via Roncon, ist für Womos besser geeignet, [**316:** N 46°00'29" E 12°19'50"].

Weiter oben erreichen Sie die Hochebene **Pian Cansiglio**. Sie ist ein beliebtes Ausflugsziel mit Hütten, Picknickplätzen und markierten Wanderwegen, die teils in den geschützten Wald führen. Seit einiger Zeit gibt es einen Wohnmobilstellplatz. Die Abfahrt zum See bietet tolle Blicke, wird aber im späteren Verlauf etwas schmäler und kurviger.

***Grotte del Caglieron**: Geöffnet von Sonnenauf- bis Sonnenuntergang, Informationsbüro Mo/Mi/Fr 11 bis 13 Uhr, Sa/So 9 bis 12 Uhr, Eintritt frei, www.prolocofregona.it/grotte-del-caglieron*

(317) Offizieller WOMO-Stellplatz: Pian Cansiglio

GPS: N 46°04'00" E 12°24'10", SP422. **Max. WOMOs:** 24.
Ausstattung: V/E, Strom, Picknick- und Grillgelegenheit.
Beschreibung: Stellplätze auf Schotter, schöne, ruhige Umgebung, tolle Sicht, kein Schatten. Restaurant und Bar benachbart.
Preis: €€, max. 48 Stunden Aufenthalt erlaubt.
Zufahrt: Neben der angegebenen Straße SP422 über die Hochebene bei den angegebenen Koordinaten. Markierte Zufahrt an der Osvaldohütte.
Hinweis: Eine kostenlose Variante mit V/E Einrichtung gibt es in Tambre, [**318:** N 46°07'38" E 12°25'13", Via Campei 45].

Lago di Santa Croce

Bei **Farra D`Alpago** können Sie einen Badeaufenthalt einlegen. Es gibt Liegewiesen, einen direkten Seezugang und Spaziermöglichkeiten. An windigen Tagen, von denen es eine ganze Menge gibt, trifft sich die Kitesurfer Gemeinde am See und vollführt teils waghalsige Sprünge, während sie sich auf ihren Surfbrettern am Gleitschirm hängend durch das Wasser ziehen lassen. Sie können gleich am Ufer parken, [N 46°07'09" E 12°21'01"], direkt angrenzend liegt der Campingplatz.

Lago di Santa Croce

Panorama in Nevegal

(319) WOMO-Campingplatz: Fara D`Alpago Camping Sarathei

GPS: N 46°07'11" E 12°21'08", Viale al Lago 13.

Internet: www.sarathei.it, +39 0437 45 49 37.
Öffnungszeiten: April bis September.
Ausstattung: Alle Einrichtungen, Restaurant, Bar.
Beschreibung: Stellplätze auf Rasen, teils schattig, recht ruhig, meist eben, direkt am See-ufer. Im Sommer mit großem Spielgelände Drakoland, Ortszentrum ungefähr 450 m.
Preis: €€€-€€€€, je nach Saison.
Zufahrt: In Fara links beschildert abbiegen, am Ende der kleinen Straße rechts finden Sie den Eingang zum Platz.

Nevegal

Auch westlich der Autobahn können Sie einen weiteren Schlenker einbauen und statt direkt nach Belluno weiterzufahren, den Weg über die Hochebene des Nevegal wählen, ein Ganzjahresziel zum Wandern oder Ski fahren. Von der westlichen Seestraße Richtung Belluno aus ist Nevegal links unter einer Eisenbahntrasse hindurch (Durchfahrtshöhe 3,60 Meter) angeschrieben. Von der kleinen Nebenstraße wechseln Sie nach einem Stück links auf einen größeren Zufahrtsweg. An der Touristeninformation am Ortseingang können Sie sich mit Wanderkarten und Wegbeschreibungen des Gebiets ausstatten. Nach rechts führt, über einige Serpentinen, ein Weg zum „**Giardino Botanico Alpi Orientali**“, einem botanischen Lehrpfad mit heimischen Bergpflanzen, außerdem zu einem Gasthof mit Kinderspielplatz. Kurz zuvor können Sie am schön gelegenen, großen Parkplatz mit Aussicht, Tag wie Nacht parken [**320:** N 46°05'40" E 12°18'16", Via Faverghera]. Ein Stück weiter unten in Richtung Belluno gibt es auch noch den Campingplatz Park Nevegal und einen Stellplatz mit frei zugänglicher V/E-Anlage in **Limana**, [**321:** N 46°05'45" E 12°10'54", Via Baorche 39].

Piazza Duomo in Belluno

Belluno *(Markttag Mi., Viale Sommariva und Sa., Piazza Piloni)*
Egal ob nur für eine kurze Stippvisite oder zur Übernachtung – der gut ausgeschilderte Parkplatz „Lambioi“ genau unterhalb der Altstadt, ist die richtige Wahl und kaum zu verfehlen. Damit Sie sich nicht allzu sehr nach oben plagen müssen, wurden eine mehrteilige, überdachte Rolltreppenanlage installiert, die Sie schnell und bequem ans Ziel bringt.

(322) Offizieller WOMO-Stellplatz: Belluno

GPS: N 46°08'13" E 12°12'57", Parcheggio Lambioi. **Max. WOMOs:** ca. 20.
Ausstattung: V/E, Mülltonnen.
Beschreibung: Beides von außerhalb des beschrankten Parkplatzes zugänglich, am Ende rechts. Die markierten Womo-Parkplätze befinden sich nach Einfahrt ganz am Ende links. Picknickplätze im Park daneben, Ortszentrum rund 200 m über eine Rolltreppe.
Preis: €.
Zufahrt: Egal ob Sie über Nevegal oder direkt vom Lago Santa Croce kommen: folgen Sie einfach den Schildern zum Parkplatz „Lambioi“.

Unterwegs in Belluno
Belluno ist eine Stadt mit langer Geschichte und bewegter Vergangenheit. Von den Kelten irgendwann im 5. Jahrhundert vor Chr. gegründet, bekam sie ihren Namen. Er bedeutet so viel wie „lichte Anhöhe“. In den nächsten 2500 Jahren gab es die in der Region üblichen Machtwechsel: Römer, Germanen, Langobarden, „unser Bekannter“ Ezzeli-

An der Piazza dei Martiri in Belluno

no, die Scaliger, die Venezianer, Napoleon, Österreich und schließlich Italien waren die nennenswertesten Herren über Belluno. Die letzten großen Wirren erlebte der Ort, als große Bevölkerungsteile im Zweiten Weltkrieg erbittert Widerstand gegen Mussolini und die deutsche Wehrmacht leisteten.
Wenn Sie vom Parkplatz aus nach oben gehen, stehen Sie auf der **Piazza Duomo**. Die **Touristeninformation** befindet sich gleich links am Ende der Rolltreppe. Die mächtige, 72 Meter hohe **Basilica Minore di San Martino** beherrscht den Platz. Im Inneren finden sich Fresken venezianischer Schule und in der angrenzenden Krypta steht ein rund 700 Jahre alter Sarkophag. Den Rektorenpalast, links daneben, bewohnt heute die Stadtverwaltung. Etwas zurückversetzt ist im **Palazzo Fucis** das **Museo Civico di Belluno** untergebracht. Es zeigt Fundstücke von der Frühzeit bis zum Mittelalter, Gemälde und verschiedene Ausstellungen zur Stadtgeschichte *(Piazza del Duomo 16, www.mubel.comune.belluno.it, Di/Mi/Fr, 9.30 bis 12.30 Uhr und 15.30 bis 18.30 Uhr, Do nur vormittags, Sa/So von 10 bis 18.30 Uhr, €€).*
Entweder halten Sie sich nun gleich links in Richtung Hauptplatz oder machen zuvor einen Spaziergang rechts ab in die kleine Gasse nach der Kirche, um bei schöner Aussicht bis zur Spitze der Altstadt zu spazieren und von dort aus den Ort ein zweites Mal durch die **Porta Ruga**, das alte Stadttor aus dem 12. Jahrhundert, zu betreten. Entlang ruhiger, enger Straßen mit Häusern, denen man ihr fortgeschrittenes Alter oftmals ansieht, erreichen Sie ein rotes Haus mit Arkadengängen. Gehen Sie hier links und dann gleich wieder rechts in die **Via Mezzaterra**. Über schöne kleine Gassen und Plätze, wie die **Piazza del Mercato**, den alten Marktplatz, schlendern Sie auf die **Chiesa Santo Stefano** zu, die einen Blick wert ist ***(Piazette Santo Stefano***). Im Inneren befinden sich allerlei Kunstwerke, z.B. von Tizian, Brustolon und Cesare. Durch ein Gewölbe hindurch öffnet sich vor Ihnen die **Piazza Emanuele**. Links steht das Theater und daneben beginnt der große Hauptplatz der Stadt, die **Piazza dei Martiri.** Hier spielt sich ein Großteil des bellunerser Lebens ab.. Der Name des Platzes stammt aus dunklen Zeiten und bezieht sich auf die Leiden der Widerständler, die von der Wehrmacht im 2. Weltkrieg öffentlich hingerichtet wurden. Auf der Rückseite der Piazza gibt es einige schöne Straßenzüge mit allerlei Geschäften. Erwähnenswert ist das **MiM**, ein interaktives Museum zum Thema Migration *(Via C. Cavour 3, www.mimbelluno.it, Mo bis Fr 9 bis 12.30 Uhr und 15 bis 18 Uhr, Mi nur vormittags, €)* Am Ende des Platzes nach links erreichen Sie wieder die große Rolltreppe zurück zum Parkplatz.

Val Canzoi

Bei Sospirolo können Sie einen Abstecher ins schöne Val di Mis machen (siehe Tour Zehn). Ein Stück weiter, oberhalb von San Gregorio im Ortsteil **Roncoi**, finden Sie etwas abseits einen ruhigen Stellplatz bei [**323:** N 46°06'54" E 12°01'52", incl. V/E und Strom, Picknick- und Grillplatz, €€].

Kurz nach Cesimaggiore weist ein braunes Schild rechts ins **Val Canzoi.** Es gehört zum **Nationalpark der Belluneser Dolomiten.** Unterwegs tauchen einige Picknickgelegenheiten auf. Gegen Ende der engen, aber befahrbaren Straße gibt es rechter Hand eine größere Anzahl an Parkplätzen und markierte Wandermöglichkeiten. Nach links ist das Gasthaus „Osera" angeschrieben. Ein beliebtes Ziel ist der **Lago della Stua,** zu dem ein sehr schöner, rund 8,5 Kilometer langer Weg durch das weitgehend unberührte Gelände führt, Parkplatz bei [**324:** N 46°06'30" E 11°56'18"].

Val Canzoi

Feltre *(Markttag Di./Fr., Via Roma)*
Unterhalb der auf einem Felsen gelegenen, engen Altstadt fahren Sie zunächst einen geeigneten Parkplatz an. Er ist auf Wohnmobile eingerichtet.

(325) Offizieller WOMO-Stellplatz: Feltre

GPS: N 46°01'12" E 11°54'28", Viale G. Marconi. **Max. WOMOs:** 15

Ausstattung: V/E, Strom, Mülltonnen, Picknickbänke.
Beschreibung: Markierte,durch Bäume getrennte Parzellen als Teil eines öffentlichen Parkplatzes. Nicht immer ganz ruhig, meist schattig, eben.
Preis: €€.
Zufahrt: Fahren Sie im Kreisverkehr am Ortsbeginn Richtung Centro geradeaus und dann nach einem Kanal rechts in die Viale G. Marconi ein. Nach ungefähr 250 m befindet sich der Stellplatz rechts hinter dem kleinen Bachlauf.

Unterwegs in Feltre

Die Altstadt des Ortes gleicht einem Freilichtmuseum. Der fast komplett erhaltene Renaissancekern am Hügel ist allerorts mit Fresken geschmückt. Fast immer sind an den Häusern Flaggen gehisst und vervollständigen das Bild einer Reise in die Vergangenheit. Wer wann genau über Feltre herrschte, ersparen wir Ihnen an dieser Stelle, nur so viel: Ezzelino war einer von ihnen...
Gehen Sie vom Parkplatz aus nach rechts, sehen Sie auf der linken Seite bald den **Romita-Tunnel**. Er führt unter der Stadt hindurch. Ehemals wurde er als Luftschutzbunker für die Bewohner angelegt. Am Ende stehen Sie an der **Via Campo Giorgio**. Machen Sie einen Abstecher zur Straße eine Ebene darunter, der **Via Roma** und gehen Sie nach links. Dort gelangen Sie zur großen Kathedrale **San Pietro**. Links vor dem Eingang kann man zu einem über 1000 Quadratmeter großen Ausgrabungsfeld hinabsteigen, das unterhalb der Kirche und dem Vorplatz liegt. Es gibt Fundamente und Ruinen aus römischer Zeit und dem Mittelalter zu sehen *(Via A. Vecellio 6, Mär bis Okt, Sa/So 10 bis 13 Uhr und 16 bis 19 Uhr, restliches Jahr nachmittags von 15.30 bis 18 Uhr).*

Feltre

Nehmen Sie hinter der Kirche die große Treppe nach oben und dann den Durchgang in der Mauer, der bis in die Altstadt hinauf führt. Gleich darauf stehen Sie am beeindruckenden Hauptplatz, der **Piazza Maggiore**. Die einstige Zugehörigkeit zum venezianischen Reich wird durch die mittig angeordnete Markussäule symbolisiert, am linken Ende steht der **Palazzo della Ragione**. Im oberen Stockwerk ist ein Theater eingerichtet, in dem schon der große Komödiendichter Carlo Goldoni Uraufführungen feierte. Rückversetzt über einige Stufen erreichen Sie die Kirche **San Rocco e San Sebastiano**. Schräg rechts darüber thront das mächtige **Castello Alboino**. Verlassen Sie den Platz nach Osten, kommen Sie zum **Museo Civico** mit Funden und Stücken aus der Stadtgeschichte (*Via L. Luzzo 23, Jul bis Sep, Sa/So 9.30 bis 13 Uhr und 14 bis 18 Uhr, Okt bis Dez Sa/So 10.30 bis 12.30 Uhr und 15 bis 18 Uhr, €*).

Nach Westen spazieren Sie bei Bedarf über die **Via Mezzatera** zur **Touristeninformation** und am Ende zum Haupttor **Porta Imperiale**. Rechts ab durch einige Geschäftsstraßen, gelangen Sie zurück zum Ausgangspunkt.

Piazza Maggiore

Lago di Corlo

Ein schönes Zwischenziel für eine entspannte Badepause bietet der **Lago di Corlo**. Seenahe Parkplätze gibt es bei [N 45°57'35" E 11°45'15", Via LIberazione] und weiter nördlich bei [N 45°57'53" E 11°45'46", Via Campagna]. Gemütlicher gestaltet sich der Aufenthalt, wenn Sie sich auf einem der beiden angeschriebenen Campingplätze einquartieren. Der hintere ist etwas schöner gelegen (Camping Gajole), der vordere bietet die Möglichkeit eines Camper-Stopps.

Lago di Corlo

(326) WOMO-Campingplatz: Arsie
Camping Lago Arsie

GPS: N 45°57'53" E 11°45'34", Via Campagna 14.
Internet/Tel.: www.campinglago.com, +39 338 716 88 64.
Öffnungszeiten: Ende April bis Mitte September.
Ausstattung: Alle Einrichtungen, Restaurant, Bar, Minimarkt, Spielplatz, eigener Badeplatz, Bootsverleih.
Beschreibung: Ruhiger Platz zwischen den Feldern, Stellplätze auf Rasen, oft schattig, Ortszentrum knapp 5 km vom Ort entfernt.
Preis: €€€-€€€€€, je nach Platztyp und Saison,Camper-Stopp €€€.
Zufahrt: Von der Hauptstraße die Abfahrt nach Arsie nehmen und dann gleich links angeschrieben zum See. Den Schildern zum Campingplatz folgen.
Hinweis: Der alternative Platz Camping Gajole mit ähnlichen Einrichtungen liegt nur wenige Meter weiter am Ende der Seestraße. www.campinggajole.it

Altopiano

Gleich nach Arsie fahren Sie in einen drei Kilometer langen Tunnel ein. Am Ende zweigt die Route den Schildern Richtung „Trento" folgend rechts ab. Keine zwei Kilometer später nehmen Sie erneut rechts die Ausfahrt Richtung Asiago. Es sind zwar keine Zweitausender-Pässe mehr, die Sie nun vor sich haben, dennoch steigt die Straße ein letztes Mal in wilden Serpentinen

Blick vom Altopiano

Dom in Asiago

an. Der erste Ort, auf den Sie stoßen, ist **Enego**. Er gehört zu den ehemals 7 Gemeinden der Zimbern-Deutschen, die in der als Altopiano bezeichneten Hochebene um Asiago eine eigene Gemeinschaft bildeten. Von dem altbayrisch-alemannischen Dialekt ist kaum mehr etwas übrig, nur sehr wenige Menschen kennen und können ihn noch sprechen.

Der Hauptplatz von Enego ist hübsch und gibt mit dem großen Turm und dem Tal dahinter ein gelungenes Motiv ab. Auch die große Kirche des Ortes macht was her. Es folgen eine ganze Reihe kleinerer Orte wie Foza, bei [N 45°53'45" E 11°34'03"] passieren Sie einen Picknickplatz.

Asiago *(Markttag Sa., Piazza Martiri della Libertá)*

Asiago ist in erster Linie ein Wintersportort. Da er eine nur mäßig attraktive Innenstadt besitzt, neigt man dazu, schnell hindurch zu fahren. Dabei gibt es einige interessante Punkte, die Sie zu einem Aufenthalt verleiten könnten. Der beste Parkplatz befindet ich in der Via G. Matteotti bei [N 45°52'23" E 11°30'40"]. Erwähnenswert ist auch unbedingt der große Käse-Fabrikverkauf **Caseificio Pennar** südlich des Zentrums bei [N 45°52'23" E 11°30'40", Via Ceresara 18, www.caseiviciopennar.it]. Über eine gut ausgebaute Passstraße fahren Sie später in zehn Serpentinen hinunter in die Tiefebene.

Caseificio Pennar

Unterwegs in Asiago

Vom Parkplatz aus finden Sie Interessantes in gleich drei Himmelsrichtungen. Nördlich, stoßen Sie auf die **Piazza della Pesa** von der aus Sie nach links ins eigentliche Zentrum rund um die Kirche **San Matteo** gelangen. Dort finden Sie einige Geschäfte und Cafés.

Westlich thront, nicht zu übersehen, das auffällige Mahnmal **Sacrario Militaria di Leiten** mit Beinhaus auf dem Hügel hinter dem Ort. Im Inneren gibt es einen Ausstellungsbereich *(Viale degli Eroi, Di bis Sa 9 bis 12 Uhr und 14 bis 17 Uhr, So nur 9 bis 13 Uhr, Eintritt frei)*. Auf dem Weg dorthin können Sie dem eher kleinen aber mit hübschen Dioramen bestückten **Naturkundemuseum** einen Besuch abstatten *(Via della Vittoria 1, So 10 bis 12 Uhr und 14.30 bis 17.30 Uhr, €)*.

Wenn Sie sich in Richtung Süden halten, finden Sie das **Museo Le Carceri**. Es ist ein geeignetes Ziel, wenn Sie sich für Fahrräder bzw. deren Geschichte begeistern können. Interessant ist der Ort, in dem das Museum untergebracht ist – es handelt sich unübersehbar um das ehemalige Gefängnis Asiagos *(Via B. Cairoli 13, Sa/So, 10 bis 12.30 Uhr und 15.30 bis 18.30 Uhr)*. Noch weiter entlang der Straße liegt das **Observatorium** der Universität Padua.

(327) WOMO-Parkplatz: Asiago Parcheggio Verdi

GPS: N 45°52'17" E 11°30'02", Via Verdi. **Max. WOMOs:** 30+.

Ausstattung: Keine Einrichtungen.

Beschreibung: Reiner Großparkplatz der aber für Womos ausgeschrieben ist. Zweckmäßig, nicht ganz leise, da an der Ausfallstraße gelegen, kein Schatten, Ortszentrum etwa 750 m.

Preis: €.

Zufahrt: Asiago auf der Einfallstraße. von der Sie kamen. immer geradeaus durchfahren. Nur an der Kirche müssen Sie einen Schlenker nach links und gleich wieder nach rechts mitnehmen. Am Ende direkt nach dem Ortsschild ist die Parkfläche linker Hand angeschrieben.

Hinweis: Auch eine recht unattraktive, aber kostenfreie Schotterfläche etwas weiter südlich wird viel von Wohnmobilen angefahren, sehen Sie selbst bei [**327b:** N 45°52'05" E 11°29'51"]. Einen weiteren, von Womos öfters als Übernachtungsort genutzten Parkplatz, finden Sie im Folge-Ort **Canove di Roana**. Er befindet sich im hinteren Bereich des großen Parkplatzes an der Durchgangsstraße bei [**328:** N 45°51'56" E 11°28'30", Via Roma 30].

Villa Piovene und...

Lugo di Vicenza

Ein letzter interessanter Stopp vor Ende der Tour Elf führt Sie in das kleine Lugo di Vicenza. Gleich zwei beeindruckende Villen liegen dort direkt nebeneinander. Das letzte Stück Zufahrt ist recht schmal und steil, oben gibt es aber einige Parkmöglichkeiten. Das erste der beiden Anwesen stammt vom Meister Andrea Palladio. Die **Villa Godi Valmarana Malinverni** war seine erste eigenständige Arbeit und wird, gemeinsam mit anderen seiner Häuser, in der UNESCO-Weltkulturerbe-Liste geführt. In dem stattlichen Bau sind zahlreiche Fresken zu sehen. Viele davon stammen aus der Bauzeit im 16. Jahrhundert. Die meisten Zimmer sind weitgehend im alten Original ausgestattet. Im ersten Obergeschoß befindet sich eine Gemäldegalerie und wechselnde Ausstellungen. Auch der Park kann besucht werden. Ob die benachbarte **Villa Piovene Porto Godi** nach Plänen Palladio erbaut wurde, ist nicht gesichert. Leider kann sie zurzeit nur von außen betrachtet werden, zeitweise ist der Park zugänglich *(Via A. Palladio 51)*.

***Villa Valmarena**: Via A. Palladio 44, Mai bis Sep Di 15 bis 19 Uhr, Sa 9 bis 14 Uhr, So, 10 bis 19 Uhr, Mär/Apr und Okt/Nov D 14 bis 18 Uhr, Sa 9 bis 14 Uhr, So 14 bis 18 Uhr, €€, www.villagodi.com*

...Villa Valmarana in Lugo di Vicenza

Tour 12: Vicenza und die Colli Berici 170-220 km

Thiene – Schio – Valli del Pasubio
Montecchio Maggiore – Vicenza – Colli Berici

Stellplätze: Thiene, Santorso, Schio, Valli del Pasubio (2x), Recoaro Terme, Castelvecchio, Montecchio Maggiore, Altavilla Vicentina, Vicenza (2x), Barbarano Vicentina, Lago di Fimon, Grancona, Montebello Vicentina

Agricampeggi: Vicenza, Barbarano Vicentina, Zovencedo, Arcugnano, Montebello Vicentina

Campingplätze: Vicenza

Besichtigen: Castello in Thiene, Oasi und Parco Rossi, Schio, Botanischer Alpengarten und Museum Ossario del Pasubio, Museum in Valdagno, Villa Trissino, Castelli di Gulietta e Romeo, Villa Cordellina, Galeria Bisazza, Vicenza, Kloster und Villen am Monte Berico, Villa Schio, Villen bei Lonigo

Wandern: Wanderung der 52 Tunnel, am Monte Falcone, Weg zur Eremo San Cassiano, am Lago di Fimon, in den Colli Berici

Auf Ihrer letzten Tour fahren Sie zunächst durch eines der Zentren italienischer Textilverarbeitung rund um Schio und Valdagno. Dann erwartet Sie die sehenswerte Kulturstadt Vicenza. Zum Abschluss können Sie entspannte Stunden in der Hügellandschaft Colli Berici verbringen.

Thiene *(Markttag Mo., Corso Garibaldi)*
Die 25.000 Einwohner-Stadt gehört zum industriellen Gürtel im Hinterland Vicenzas. Seit Beginn der Industrialisierung ist die gesamte Region von Thiene über Schio bis nach Valdagno ein wichtiges Herstellungsgebiet für Woll- und Textilwaren aller Art. Durch die Globalisierung hat sich das verändert und die Boom Jahre sind längst vorbei. Kleidung wird in der Gegend aber bis heute hergestellt und vertrieben. Thiene hat eine kleine Altstadt mit Fußgängerzone zu bieten, am interessantesten ist aber das **Castello di Thiene** mitten im Ort. Halb Burg, halb Villa des 15. Jahrhunderts ist das imposante Bauwerk gut erhalten geblieben. Reich mit Mobiliar und Bemalungen ausgestattet und rückseitig von einem schönen Park umgeben, ist ein Besuch empfehlenswert. Parkplätze gibt es nur wenige hundert Meter entfernt

Zentrum von Thiene

Castello di Thiene

am Rande des Stadtkerns, einige sind speziell für Wohnmobile reserviert und liegen gleich vis-a-vis der Polizeistation, **[329:** N 45°42'10" E 11°28'57", Via Rasa 6].

***Castello**: Corso G. Garibaldi 2, www.castellodithiene.com, Mitte Mär bis Anfang Nov Di bis Fr/So, Führungen um 15/16/17 Uhr, Sa 10/11 Uhr, €€*

Santorso

Die kleine Gemeinde ist an und für sich eher uninteressant. Vor allem wer mit Kindern unterwegs ist, findet mit der **Oasi Rossi** allerdings ein schönes Spielgelände mit Picknickplätzen, Spielgeräten, Schmetterlingshaus, Badeteich und Gaststätte. Schräg gegenüber des Eingangs sind auf einem öffentlichen Parkplatz mehrere Flächen für Wohnmobile freigegeben. Dahinter schließt der kostenfreie **Parco Rossi** mit einer etwas verfallenen, großen Villa an und lädt zu einem Spaziergang ein.

***Oasi Rossi**: [N 45°44'05" E 11°23'41"], Mitte Mär bis Mitte Nov, Mi bis Sa 8.30 bis 12.30 Uhr und 15 bis 19 Uhr, So von 9 bis 12.30 Uhr, in den Ferien häufiger/länger geöffnet, €€, www.oasirossi.it*

(330) Offizieller WOMO-Stellplatz: Santorso

GPS: N 45°44'13" E 11°23'36", Via Salzena. **Max. WOMOs:** 8-10.
Ausstattung: Wasser, Mülleimer.
Beschreibung: Nicht ganz ebene Stellplätze auf Rasengittersteinen, kein Schatten, recht ruhig, Picknickplätze, Ortszentrum rund 1100 m.

Zufahrt: Erst auf der SP350 in die Stadt einfahren und am Kreisverkehr über die SP46 in Richtung Rovereto halten. Nach rund 1,2 km vor einer Eni-Tankstelle rechts in die Via Cardatori abbiegen. Der Platz kommt auf der rechten Seite.
Hinweis: Eine V/E Anlage liegt ganz in der Nähe bei [N 45°43'45" E 11°23'15", Via Dell`Olmo].

Schio *(Markttag Mi./Sa., Piazza dello Statuto)*
Die größte Stadt der Region ist die zweite Textilmetropole der Gegend. Viel touristisch Herausragendes bietet sie nicht. Ei-

Landschaft bei Valli del Pasubio

Ossario del Pasubio

nen zentralen Parkplatz finden Sie in der **Via Pasubio** bei [N 45°42'54" E 11°21'13"], von dort ist es in östliche Richtung nicht weit ins Zentrum mit kleiner Fußgängerzone. Der **Giardino Jacquard** und die **Fabbrica Alta**, zwei historische Stätten aus Glanzzeiten der Kleidungsherstellung, befinden sich gleich benachbart. Das Fabrikgebäude ist allerdings schon seit geraumer Zeit wegen Renovierungsarbeiten geschlossen *(Via Pasubio 149)*. Die Stadt hat etwas weiter außerhaln einen Wohnmobilstellplatz eingerichtet, falls Sie für eine Übernachtung bleiben möchten.

(331) Offizieller WOMO-Stellplatz: Schio

GPS: N 45°42'56" E 11°20'46", Via Cardatori 4. **Max. WOMOs:** 15.
Ausstattung: V/E, Strom, Mülleimer.
Beschreibung: Anlage vor einem ehemaligen Fabrikgebäude. Mit Zugangsschranke versehen, für Stadtlage einigermaßen ruhig, kein Schatten, Ortszentrum rund 1100 m.
Preis: €€.
Zufahrt: Erst auf der SP350 in die Stadt einfahren und am Kreisverkehr über die SP46 in Richtung Rovereto halten. Nach rund 1,2 km vor einer Eni-Tankstelle rechts in die Via Cardatori abbiegen. Der Platz kommt auf der rechten Seite.

Valli del Pasubio *(Markttag So., Via Roma)*
Am Weg Richtung Recoaro fahren Sie durch Valli del Pasubio. Die kurvige, bis zu 14 Prozent steile, aber sehr schöne Straße, führt in westliche Richtung weiter bis Rovereto. Rund um die Passhöhe finden Sie nach einigen Kilometern einen Stellplatz samt Picknick-/ Grillplätzen und V/E mitten in der Natur, [**332:** N 45°45'37" E 11°11'40", €]. Ganz in der Nähe und auf einer kleinen Wanderung gut zu Fuß erreichbar, gelangen Sie weiter westlich zum **Botanischen Alpengarten San Marco** sowie dem Kriegsdenkmal- und Museum **Ossario del Pasubio**. Auch dort kann man am Wanderparkplatz bei [**333:** N 45°45'12" E 11°11'09", €] die Nacht verbringen.

Stellplätze 332 und 333

__Ossario del Pasubio__: Pian delle Fugazze, www.ossariodelpasubio.it, Mitte Mai bis Sep 9 bis 12.30 Uhr und 14 bis 18 Uhr, €

Die sechs Kilometer lange, spektakuläre **Wanderung der 52 Tunnel** startet gar nicht weit entfernt oberhalb des **Passo Xomi**. Um auf der wirklich sehr schmalen Straße zum Parkplatz zu gelangen, sollte Ihr Fahrzeug möglichst klein und keinesfalls höher als 2,80 Meter sein. Wanderausrüstung, Stirnlampen und eine gewisse Schwindelfreiheit sind Pflicht, parken bei [N 45°46'46" E 11°13'42"]

Recoaro Terme *(Markttag Do., Piazzale A. di Savoia Aosta)*
Schön eingebettet in die Kleinen Dolomiten war der alte Kurort lange ein beliebtes Reiseziel. Er ist, genauso wie sein Thermalcenter, inzwischen ziemlich in die Jahre gekommen. Stellen Sie sich nicht unbedingt ein Schwimmbad vor: vielmehr wird mittels verschiedener Quellen mit Trinkkuren und Heilbädern gastrischen Leiden, Hautkrankheiten und diversen anderen Gebrechen zu Leibe gerückt. Besser sind die Wandermöglichkeiten, zum Beispiel rund um den Monte Falcone, der mit Kabinen- und Sessellift von Recoaro aus erreichbar ist. Die **Touristeninformation** in der **Via Roma** 15 gibt dazu detaillierte Auskünfte. Der Ort bietet einen Womo-Stellplatz nahe der Kabinenbahn

__Thermalcenter__: Via Fonti Centrali 1, www.termedirecoaro.it | __Liftanlage__: Piazza A. Savoia, Jun bis Okt So, in den ital. Sommerferien täglich 8.30 bis 17.45 Uhr, Erw. Berg-/Talfahrt €€€

(334) Offizieller WOMO-Stellplatz: Recoaro Terme

GPS: N 45°42'15" E 11°13'44", Via della Resistanza 92. **Max. WOMOs:** 8-10.
Ausstattung: V/E, Strom gegen Gebühr, Mülltonnen, Beleuchtung.

Beschreibung: Terrassierte, fast ebene Flächen auf Rasengitter, kein Schatten, ruhig. Ist die Zugangsschranke geschlossen, muss vorab in der Touristeninformation oder der Bar Nazionale (Aushang am Platz beachten) gezahlt werden. Ist offen, kommt mittags sporadisch ein Platzwart zum Kassieren vorbei.
Preis: €€.
Zufahrt: Fahren Sie am Kreisel nach der Ortseinfahrt links ab und an der Touristeninformation vorbei bis rechts die große Mineralwasserfabrik ins Bild kommt. Überqueren Sie die Brücke direkt davor und fahren Sie rechts den Hang hinauf. Direkt vor den Tennisplätzen finden Sie den Stellplatz rechts.

Valdagno *(Markttag Di., Corso Roma)*
Valdagno ist das dritte Schwergewicht in Sachen Textilindustrie und bis heute Stammsitz der Valentino-Gruppe. Das **Textilmuseum MuMaT** war zuletzt nur noch für Gruppen mit Voranmeldung zu besichtigen. Somit lohnt ein Stopp für die Meisten nicht wirklich. Wenn Sie einen etwas weiteren Weg in die Berge nicht scheuen, finden Sie einen schönen, wenn auch abgelegenen Womo-Stellplatz, neben einer Wallfahrtskirche im kleinen **Castelvecchio**. Einfacher zu erreichen ist der Nachbarort **Trissino**. Sehenswert ist die Villa Trissino Marzotto aus dem 17. Jahrhundert. Nachdem sie dem Verfall preisgegeben schien, erwarb sie der Conte Marzotto 1951 und restaurierte sie im ursprünglichen Stil. Auf einer Führung kann man Fresken, Wandteppiche und Kunstwerke aus seiner Sammlung sehen. Auch die historischen Gärten sind zugänglich.

Villa Trissino Marzotto

***MuMaT**: Viale G. Carducci 9, www.mumatvaldagno.it | **Villa Trissino**: Mär bisJul und Sep/Okt Mi bis Sa 9 bis 12 Uhr, €€€, www.villatrissinomarzotto.it*

(335) Offizieller WOMO-Stellplatz: Castelvecchio

GPS: N 45°38'03" E 11°15'22", Piazza V. Bicego 5. **Max. WOMOs:** 3-4.
Ausstattung: V/E (frei zugänglich), Mülltonnen.
Beschreibung: Einfacher Schotterplatz neben einer Kirche mitten in den Bergen. Gegenüber am Hügel Picknickbänke mit toller Aussicht. Sehr ruhig, kein Schatten, abgelegen.
Zufahrt: Am großen Kreisverkehr in Valdagno gegen Ende der Ortsdurchfahrt rechts Richtung „Centro" halten. Dort ist Castelvecchio bereits angeschrieben. Immer den Schildern folgen (rund 8 km). Die Einfahrt zum Platz ist etwas schlecht platziert. Daher besser rückwärts in den Stellplatz einfahren.

Montecchio Maggiore *(Markttag Fr., Piazza Marconi)*
Die „Vorstadt Vicenzas" hat vier Sehenswürdigkeiten zu bieten, die einen Halt wert sind. Darunter zwei Burgruinen mit großer Geschichte, eine Villa und eine besondere Galerie. Die erwähnten beiden Schlösser greifen eine Geschichte auf, die bereits auf Tour Eins und Fünf Thema war. Es handelt sich um die **Castelli di Gulietta e Romeo**. Bis auf die Anekdoten zum berühmten Liebespaar gibt es in den beiden Ruinen nicht mehr allzu viel zu entdecken. Die Auffahrt lohnt aber wegen der schönen Sicht. Am Parkplatz neben Romeos Burg, eigentlich **Castello della Villa**, befindet sich ein recht schöner Stellplatz. Von der alten

Castello della Villa

Burg stehen fast nur mehr die Grundmauern und ein Turm. Im Inneren finden im Sommer Open-Air-Theateraufführungen und Konzerte statt.

***Burgturm**: Besteigung zuletzt nur So von 14.30 bis 18.30 Uhr möglich.*

(336) WOMO-Parkplatz: Montecchio Maggiore

GPS: N 45°30'42" E 11°24'33", Via Castelli d. G. **Max. WOMOs:** 3-4.

Ausstattung: Mülleimer, sonst keine Einrichtungen.
Beschreibung: Beschattete, terrassierte Plätze auf Rasen neben der Romeo-Burg, ruhig, nicht ganz eben, Ortszentrum etwa 2 km.
Zufahrt: In Montecchio Maggiore einfach den braunen Hinweisschildern zu den Castelli folgen. Der Parkplatz befindet direkt neben der ersten Burg.

Romeo und Julia, Teil 3

Erinnern Sie sich noch an Tour FünF? Dort hatten Sie etwas über Luigi da Porto, den wahren Romeo und seine Julia, die Cousine Lucina, erfahren. Bereits auf Tour Eins ging es um Shakespeares berühmtes Meisterwerk, das er aus diesem Stoff adaptierte.
Montecchio Maggiore spielt eine weitere Rolle in der Geschichte. Da Porto schrieb sein Buch, nachdem er aus dem Krieg zurückgekehrt war. Schwer gezeichnet mit sichtbaren Verwundungen im Gesicht, weilte er in Montecchio Maggiore nahe seines Heimatortes Vicenza. Die beiden unterschiedlichen Burgen oben am Hügel, so nah nebeneinander und doch getrennt, erinnerten ihn wohl an seine eigene Situation und so wurden sie Bestandteil seines Romans. Das Geschlecht der Montecchi, die Besitzer einer der Burgen, findet sich später noch in Shakespeares Stück, wenn auch in abgewandelter Form: Aus den Montecchis wurden die Montagues.
Viele Geschichten ranken sich seitdem um die Burgen und immer wieder wurde versucht, mehr von Romeo und Julia hinein zu konstruieren. Ob da Porto damals tatsächlich mehr über die Bewohner wusste und echte Begebenheiten in sein Werk einarbeitete, ist ungewiss. Gesichert ist eine andere Gegebenheit – und nun kommen am En-

de zwei rote Fäden zusammen, die sich von Anfang an durch diesen Reiseführer ziehen: Nicht nur Romeo und Julia lebten (vermeintlich) einst auf den Burgen. Auch Ezzelino da Romano war eine Zeit lang Herr über beide Festungen. Bis zu seinem Tod standen sie unter seiner Herrschaft und er hielt sich öfters darin auf. Das heutige Ortsbild hat mit dem damaligen übrigens nicht mehr viel zu tun. Denn beide Castelli wurden im Lauf der Zeit mehrmals komplett abgerissen und immer wieder verändert neu erbaut.

Nur wenige hundert Meter entfernt liegt am Ende des Weges Julias Burg, eigentlich **Castello della Guardia**. Der Innenteil wurde zur Hälfte neugestaltet. Heute residiert darin ein Restaurant mit Lounge-Bereich im Hof. Zwischen den Burgen gibt es eine Grotte, die nur bei Sonderveranstaltungen geöffnet wird. Wer hätte es gedacht: oft handelt es sich um Romeo und Julia-Aufführungen...

Wenn Sie vom Burgberg abfahren und sich am Ende links halten, zeigen Wegweiser schon die **Villa Cordellina Lombardi an**. Zwar wurde sie im palladianischen Stil erbaut, stammt aber aus dem 18. Jahrhundert. Baumeister war Giorgio Massari. Das prunkvolle Gebäude machte seit seiner Entstehung eine wechselhafte Geschichte durch. Unter anderem wurde es eine Zeitlang zur Seidenraupenzucht genutzt, später dem Verfall preisgegeben und erst durch Privatinitiative Mitte des letzten Jahrhunderts wieder umfassend restauriert. Größter Schatz sind die reichhaltigen Fresken des großen venezianischen Rokokomalers Tiepolo im Inneren.

Wenn Sie etwas für Kunst übrighaben, sollten Sie die **Galerie der Bisazza-Mosaikkunstwerkstätten** besuchen. Neben sehenswerten Dauerexponaten finden regelmäßig Ausstellungen namhafter internationaler Künstler statt. Ein weiterer, offizieller Stellplatz befindet sich direkt im Ort.

***Villa Lombardi**: Parken gegenüber bei [N 45°30'34" E 11°25'27"], Via Lovara 36, Apr bis Okt, Di bis So 9 bis 13 Uhr, Mi/Do/Sa/So auch 15 bis 18 Uhr, €€ | **Bisazza Galerie**: [N 45°29'16" E 11°25'27"], Viale Milano 56, Öffnungszeiten über die Website, meist Mi bis So 11 bis 18 Uhr, www.fondanzionebisazza.it*

(337) Offizieller WOMO-Stellplatz: Montecchio Maggiore

GPS: N 45°30'02" E 11°25'31", Via Salvo D`Acquisto. **Max. WOMOs:** 6-8.

Ausstattung: V/E, Strom, Mülleimer.

Beschreibung: Sauber gestaltete Pflasterflächen mitten im Ort, mit Zugangsschranke, nicht ganz ruhig, Gastronomie benachbart, Ortsmitte etwa 1,2 km.

Zufahrt: Von der SR 11 in Richtung Vicenza kommend nach der Galleria Centro Acquista links abbiegen, bei zweiter Gelegenheit rechts halten und dann immer geradeaus bis zum Stellplatz auf der rechten Seite.

Hinweis: Im Nachbarort Altavilla Vicentina gibt es einen weiteren Stellplatz, nich tallzu attraktiv, dafür mit frei zugänglicher V/E bei [**338**: N 45°31'00" E 11°27'20", Via Giovanno XXII].

Vicenza *(Markttag Di., Piazza dei Signori)*
Je nachdem, was Sie in der Stadt vorhaben und wie lange Sie bleiben möchten, sollten Sie zuerst Ihren Stellplatz aussuchen.

Zur Auswahl stehen zwei Großparkplätze mit Wohnmobilbereich und Busverbindung ins Zentrum, ein Agricampeggio und ein Campingplatz, der nicht allzu weit von der Innenstadt entfernt, aber unmittelbar an der Autobahn liegt.

(339) WOMO-Stellplatz: Vicenza 1 Parcheggio Stadio Bassano

GPS: N 45°32'35" E 11°33'32", Via Bassano. **Max. WOMOs:** 40.
Ausstattung: V/E, WC, Mülltonnen, Beleuchtung, teils Videoüberwachung.

Beschreibung: Mit Zugangsschranke versehener, normaler, asphaltierter Großparkplatz mit Womo-Einrichtungen. Tags belebt, nachts relativ ruhig. Ortszentrum etwa 1,6 km, Bus fährt vom Parkplatz direkt in die Innenstadt, Linie Nr. 10 oder 17 bis Piazza Castello.
Zufahrt: Fahren Sie auf der SS11 immer geradeaus stadteinwärts, bis Sie mitten in der Stadt am Kreisverkehr zur Viale Milano rechts abbiegen, da die Fahrtrichtung geradeaus gesperrt ist. Nachdem Sie linker Hand eine Parkanlage passiert haben, folgen Sie dem mit einem Fußball gekennzeichneten Weg zum „Stadio". Nach dem Stadion am Kreisverkehr links abbiegen und dann rechts in den Parkplatz einfahren. Die Wohnmobilplätze befinden sich ganz hinten auf der rechten Seite.
Preis: Ein Wohnmobil-Parkticket muss bei der Einfahrt gelöst und vor der Ausfahrt am Automaten gezahlt werden. Bis zu 24h pauschal €€.

(340) WOMO-Stellplatz: Vicenza 2 Parcheggio Cricoli

GPS: N 45°33'48" E 11°32'52", Via Pforzheim. **Max. WOMOs:** 40.
Ausstattung: V/E, Mülleimer, teils Beleuchtung und Videoüberwachung.
Beschreibung: Normaler, asphaltierter Großparkplatz mit Womo-Einrichtungen und Zugangsschranke.. Meist belebt, nachts einigermaßen ruhig, Ortszentrum etwa 2 km, Bus fährt vom Parkplatz direkt in die Innenstadt, Linie Nr. 30 bis „Contra San Marco".
Zufahrt: Fahren Sie auf der SS11 immer geradeaus stadteinwärts, bis Sie nach einer Straßenüberführung noch in der Vorstadt rechts Richtung Thiene/Schio abbiegen können. Folgen Sie der Schnellstraße für ca. 5 km immer geradeaus bis an einem Kreisverkehr der Parkplatz Cricoli angeschrieben steht. Zunächst noch weiter geradeaus, dann kurz danach rechts ab zur Einfahrt.
Parkgebühr: Ein Parkticket muss gelöst und vor der Ausfahrt am Automaten gezahlt werden. Bis zu 24h pauschal €€ für Womos, Busfahrt im Parkticket enthalten.

(341) WOMO-Agricampeggio: Vicenza Azienda Corona

GPS: N 45°33'27" E 11°34'25", Strada Bertesina 53. **Max. WOMOs**: 5.
Tel.: +39 339 582 41 19.

Öffnungszeiten: April bis September.
Ausstattung: V/E, Strom, Mülltonnen.
Beschreibung: Einfache Übernachtungsmöglichkeit auf einem stadtnahen Bauernhof. Schattenlose parzellierte Plätze auf Schotter, relativ eben, ruhige Lage, Verkauf von Eiern und Gemüse, Bushalt rund 400 m entfernt, Stadtzentrum rund 2km.
Preis: €€.
Zufahrt: Dem Stadtring bis auf die Ostseite Vicenzas folgen, dort am Kreisverkehr neben dem Biosupermarkt Richtung Bertesina, Padova und Autobahn abfahren. Nach der Bahnüberführung die zweite Straße nach links zum Hof am Ende wählen.

(342) WOMO-Campingplatz: Vicenza Camping Vicenza

GPS: N 45°31'03" E 11°36'07", Via U. Scarpelli 35.
Internet/Tel.: www.campingvicenza.it, +39 0444 58 23 11.
Öffnungszeiten: April bis September.
Ausstattung: Alle Einrichtungen, Spielplatz, Schwimmbad (gegen Gebühr).
Beschreibung: Meist schattiger Platz mit Stellplätzen auf Rasen. Ganz schön angelegt aber zeitweise etwas laut durch die nahe Autobahn/ Schnellstraße, Ortszentrum ungefähr 7 km, Bus Nr. 19 fährt 200 m vor der Campingplatzeinfahrt ab und bis zur „Viale Venezia Fronte Civico 8". Von dort zu Fuß in ca. 10 Min. Richtung Norden ins Zentrum.
Preis: €€€€-€€€€€.
Zufahrt: Am einfachsten von der SS11 noch vor Einfahrt in die Stadt der Wegweisung nach auf die Autobahn A4 Richtung Padua wechseln. Bis Ausfahrt „Vicenza-Est" fahren. Dann nach der Mautstation an den nächsten drei Kreisverkehren jeweils die erste Ausfahrt wählen und gleich danach rechts in den Campingplatz einfahren.
ca. 10 Min. Richtung Norden ins Zentrum.

Unterwegs in Vicenza

Je nachdem, wo Sie in der Innenstadt ankommen, haben Sie verschiedene Startpunkte. Da es sich bei der Beschreibung um einen Rundweg handelt, können Sie jederzeit einsteigen, die entsprechenden Stellen sind im Text vermerkt.
Wenn Sie mit Bus Nr. 10 oder 17 gefahren sind, starten Sie an der **Piazza Castello**. Als letzter Überrest der einstigen Scaligerburg, nach der der Platz benannt ist, steht ein Turm, der **Torre di Castello** am westlichen Ende. Die mit Säulen geschmückten Bauwerke am Platz wurden teilweise von Vicenzas berühmtem Baumeister Andrea Palladio erdacht. Über die südöstlich anschließende **Contrà Vescovado** spazieren Sie zuerst zur größten Kirche der Stadt, dem Dom **Santa Maria Maggiore**. Er ist innen eher schlicht gehalten. Ein Grund dafür ist die weitgehende Zerstörung im Zweiten Weltkrieg. Viele Teile des ursprünglichen Bauwerks stammten von Palladio. Heute trägt nur mehr die Kuppel seine Handschrift.
An der **Piazza Duomo** gegenüber befindet sich das große Diözesan Museum (*Di bis So 10 bis 13 Uhr und 14 bis 18 Uhr, €, Sammeltickets mit anderen Museen erhältlich, www.*

Piazza Matteotti

„La Basilica Palladiani“

museodiocesanovicenza.it). Daneben gibt es einen unscheinbaren Eingang zur **Criptoportico Romano**. Der unterirdische Tunnel gehörte ursprünglich zu einem Palast und stammt aus dem 1. Jahrhundert n. Chr. Es ist der einzige seiner Art, der noch existiert. Leider muss man großes Glück haben, um genau während der spärlichen Öffnungszeiten da zu sein *(nur jeden 2. So im Monat, 10 bis 12 Uhr).*

Weiter geradeaus spazieren Sie durch die **Contrà Muschiera** *(Hier treffen Sie auf die Route, wenn Sie mit Bus 18/19 gekommen sind)* und steuern auf die zentrale **Piazza dei Signori** zu. Bevor Sie den Platz betreten, drehen Sie sich einmal kurz nach rechts: So können Sie den Künstler Palladio einmal direkt in Augenschein nehmen: sein Standbild befindet sich dort, etwas ins Eck abgeschoben, an der gleichnamigen Piazzetta.

Der große Platz weiter links nimmt einen allein durch seine Ausmaße in Beschlag. Einst bestand er aus mehreren kleinen Plätzen, auf denen Fisch, Brot und Kräuter streng voneinander getrennt gehandelt wurden. Im Lauf der Zeit wuchsen sie alle zusammen. Noch heute schlagen die Markthändler hier ihre Zelte auf. Auch der Markuslöwe auf seiner Säule fehlt nicht. Der höchste Punkt, **Torre di Piazza,** ist eines der ältesten Bauwerke ringsum und stand schon lange vor dem Palast, an dessen Fassade er sich heute anlehnt.

Unübersehbar ist natürlich der prachtvolle Palazzo della Ragione, genannt **Basilica Palladiani**. Er gilt als eines der großartigsten Bauwerke Palladios und wurde in die Weltkulturerbe-Liste aufgenommen. Nach

Blick auf Vicenza vom Monte Berico

langjähriger, aufwendiger Restaurierung ist das Gebäude seit 2012 wieder für die Öffentlichkeit zugänglich. Im Inneren finden unterschiedliche Ausstellungen statt, meist in Verbindung mit bildender Kunst. Im Keller befindet sich eine archäologische Zone, die dem Gebäude im wahrsten Sinne bis an die (vorpalladianischen) Grundmauern rückt *(Piazza dei Signori, wechselnde Öffnungszeiten und Preise je nach Ausstellung, Tickets am Infopoint, Mo bis Do 10 bis 17 Uhr, Fr bis So bis 18 Uhr, Kellerführungen nur Mo Vormittag mit Voranmeldung unter ardeaarcheo@gmail.com, €).*

Torrione del Castello

Auf der Rückseite des Palastes können Sie an der **Piazza Delle Erbe** manchmal den **Torre Del Girone** erklimmen – leider ohne regelmäßige Öffnungszeiten. Gehen Sie noch ein Stück entlang des Contà Pescaria bis zum Kanal. Von der **Ponte S. Paolo** haben Sie den schönsten Blick auf den Kanal und die benachbarte Ponte S. Michele – ein echtes Postkartenmotiv! Ein Stück zurück und dann rechts entlang der **Contrà S. Paolo** führt Sie der Weg weiter zum östlichen Eingangstor in die Stadt, der **Piazza Matteotti**. Am Platz befindet sich das Büro der **Touristeninformation** und das **Museo Civico** im Palladio-Bauwerk **Palazzo Chiericati**. Es zeigt vor allem Gemälde und andere, meist mittelalterliche Kunst bedeutender lokaler aber auch überregionaler Künstler *(www.museicivicivicenza.it, Di bis So, Jul/Aug von 10 bis 18 Uhr, sonst 9 bis 17 Uhr, €€, Sammeltickets mit anderen Museen erhältlich)*.

Dahinter verläuft der **Corso A. Palladio**, die zentrale Achse Vicenzas. Schräg rechts vor Ihnen hinter einer Mauer verborgen, können Sie das **Teatro Olimpico betreten**. Es ist das älteste feststehende und überdachte Theater der Welt und unbedingt einen Besuch wert. Faszinierend sind die mit Tiefe arbeitenden Kulissen und der ansteigende Besucherraum, die bereits vor hunderten von Jahren ein besonders plastisches Schauspiel ermöglichten. Auch bei einem einfachen Tagesbesuch fängt man die Atmosphäre gut ein. An Karten für eine der raren Abend-Vorstellungen zu gelangen, ist dagegen eher schwierig

(www.teatroolimpicovicenza.it, Di bis So, Jul/Aug 10 bis 18 Uhr, sonst 9 bis 17 Uhr, €€, Sammeltickets mit anderen Museen erhältlich).
Wenn Sie keines von Palladios Bauwerken verpassen wollen, können Sie ab hier den Schildern des „Itinerario Palladio" statt unserer Tour weiter folgen. Mit Schautafeln wird entlang des Weges ausführlich auf alle seine Bauwerke eingegangen.
In jedem Fall betreten Sie erneut das Zentrum über den Corso A. Palladio. Nach einem Grünstreifen rechts zweigt eine kleine Straße ab, die Sie zur **Kirche Santa Corona** führt. Im Inneren finden Sie Werke von Bellini, Veronese und Palladio. Die Gebeine des großen Baumeisters liegen darin begraben (*www.museicivicivicenza.it, Di bis So im Jul/Aug von 10 bis 18 Uhr, sonst 9 bis 17 Uhr, €, Sammeltickets mit anderen Museen erhältlich*).
Direkt dahinter steht das **Museo Naturalistico Archeologico.** Vor allem Steinfragmente, Statuen und im Obergeschoss ausgestopfte Tiere gehören zur Sammlung *(Contra Santa Corona 4, www.museicivicivicenza.it, Di bis So, Jul/Aug, 10 bis 18 Uhr, sonst 9 bis 17 Uhr, €, Sammeltickets mit anderen Museen erhältlich*).
Weitaus bedeutender ist da die weiter hinten versteckte **Galerie im Palazzo Montanari**. Die opulente Sammlung im Barockpalast hat sich auf venezianische Meister und orthodoxe Ikonen spezialisiert *(Contra Santa Corona, www.gallerieditalia.com, Di bis So, Jul/Aug 10 bis 18 Uhr, sonst 9 bis 17 Uhr, €, Sammeltickets mit anderen Museen erhältlich*).
Zurück am Corso gehen Sie nach rechts weiter und passieren die auffälligen **Palazzi Da Schio und Thiene.**
Rechts, durch den Contrà Porti stoßen Sie zur Route, wenn Sie mit Bus Nr. 30 angekommen sind. In der Straße können Sie das **Palladio-Museum** besuchen. Modern und teils multimedial wird das Leben und Schaffen Palladios, und wieterer bedeutender Künstler seiner Zeit ausführlich dargestellt *(www.palladiomuseum.org, Di bis So, Jul/Aug 10 bis 18 Uhr, sonst 9 bis 17 Uhr, €€, Sammeltickets mit anderen Museen erhältlich*).
Nochmals ein Stück weiter entlang der Hauptstraße zweigt rechts der **Corso Antonio Fogazzaro** ab, der Sie erst zum **Palazzo Valmarana** auf der rechten Seite bringt. In der Palladio-Villa ist ein Teil mit Möbeln und Wandschmuck ausgestattet und kann besichtigt werden *(www.palazzovalmaranabraga.it, Mo bis Fr von 10 bis 13 Uhr, €€)* Im Anschluss können Sie weit hinaus bis zum nördlichen Stadttor spazieren. Es reicht aber vermutlich, wenn Sie nur bis zum **San Lorenzo Konvent** mit großer, gotischer Basilika und Kreuzgang daneben gehen. Auch am Platz davor ist meistens etwas los und Straßenkünstler laden zum Verweilen ein. Von hier an zweimal nach links und Sie stehen wieder am **Corso Palladio** und gelangen rechts herum zurück zur **Piazza del Castello**. Falls Sie möchten, können Sie zum Abschluss noch einen Blick hinter die Torbögen in die kleine Grünanlage **Giardino Salvi** werfen. Es gibt Wasserläufe und Statuen zusehen, im hintersten Eck erblicken Sie die Säulenhalle **Loggia Valmarana**.

Andrea Palladio

Der 1508 in Padua geborene Architekt war ein echter Star seiner Zeit und ist in ganz Venetien bis heute allgegenwärtig. Ursprünglich zum Steinmetz und Bildhauer ausgebildet, arbeitete er bis zu seinem 28. Lebensjahr ausschließlich in diesem Beruf. Dann lernte er den Philosophen Trissino kennen. Der förderte ihn und 1540 begann er als Architekt in Vicenza zu arbeiten. Einige der heute noch existierenden Palladio-Villen stammen aus dieser Anfangszeit seines Schaffens. Sein erstes echtes Prestigeprojekt zog er bei einer öffentlichen Ausschreibung 1549 an Land: den **Palazzo della Ragione** zu Vicenza, zu dem andere Größen seiner Zeit Pläne eingereicht hatten – er stach sie alle aus und bekam den Zuschlag. Das Ergebnis war die **Basilica Palladiani**. Schlagartig war er zur Berühmtheit avanciert und unzählige Aufträge folgten. In Venedig wurde man auf ihn aufmerksam. Seine Pläne zum Bau der Rialtobrücke und eines Neubaus des Dogenpalastes, der kurz zuvor durch Feuer teilweise zerstört worden war, fanden jedoch kein Gefallen und wurden nie verwirklicht. Mit den Kirchen **San Giorgio Maggiore** und **Il Redentore** setzte er sich schließlich zwei andere bedeutende Denkmäler in der Lagunenstadt.

Der letzte Großauftrag in Vicenza betraf das fantastische **Teatro Olimpico**, dessen Fertigstellung er nicht mehr erleben sollte. Er verstarb am 19. August 1580 im Alter von 71 Jahren. Das Theater wurde erst vier Jahre später unter Leitung seines Sohnes Silla und seines Schülers, dem Architekten Scamozzi fertig gestellt und eingeweiht.

Beeinflusst wurde Palladio in seinem Schaffen Zeit seines Lebens vom großen Michelangelo, doch fügte er den alten Lehren immer wieder neue, eigenständige Impulse hinzu, die seinen palladianischen Stil prägten. In den späteren Jahrhunderten hatte dieser immer wieder großen Einfluss, wie zum Beispiel auf den Klassizismus in Europa und in den Vereinigten Staaten.

Villen und Kloster am Monte Berico

Haben Sie noch Muße für einen weiteren Rundgang? Dann verpassen Sie nicht das **Santuario Monte Berico** (Parkplatz am Monte Berico bei [N 45°32'09" E 11°32'42"]) und die Villen an der Ostflanke des Hü-

Santuario Monte Berico

Villa La Rotonda

gels. Von der wundervollen Terrasse an der Piazza Victoria genießen Sie eine grandiose Fernsicht über ganz Vicenza hinweg. Dahinter erhebt sich die Wallfahrtskirche **Madonna di Monte Berico**. Verschiedene Künstler haben sich an dem Bau verewigt, unter anderen natürlich auch Andrea Palladio. Sie wurde im Gedenken an das Ende der Pestepidemie im 15. Jahrhundert errichtet. Gehen Sie vor dem Gebäude nun rechts den 300 Meter langen Bogengang hinab bis zum Ende und halten sich dort erneut rechts Richtung Treppe, gehen aber ganz rechts, entlang der Mauer, in die schmale Gasse weiter. Nach einem Stück Weg passieren Sie rechts eine weitere Mauer mit eigentümlichen, zwergenhaften Figuren – sie gehört zur **Villa Valmarana ai Nani**, erbaut im 17. Jahrhundert. Um den Namen „Villa der Zwerge" rankt sich eine Sage: einst lebte in der Villa angeblich eine junge Adelige, die kleinwüchsig war. Um ihrer geliebten Tochter Schmach und Unverständnis draußen in der Welt zu ersparen, umgab die Mutter sie ausschließlich mit kleinwüchsigen Bediensteten und ließ um die Villa eine hohe Mauer ziehen. Dies ging jahrelang gut, bis ihre Tochter zu einer jungen Frau herangewachsen war und eines Tages aus einem der oberen Fenster des Hauses sah. Just in dem Moment ritt ein Prinz mit seinem Gefolge vorbei und dem Mädchen wurde die jahrelange Täuschung bewusst. Sie stürzte sich vom Turm der Villa und hauchte ihr Leben aus.

Villa Valmarana ai Nani

Bis jetzt mehr oder minder plausibel, katapultiert sich die Sage nun aber definitiv ins Reich der Märchen: die kleinwüchsigen Bediensteten trauerten so sehr um die allseits geliebte junge Herrin, dass sie erstarrten und seitdem und für immer dar auf der Mauer ihr steinernes Dasein fristen... Was gesicherte Fakten angeht, ist bekannt, dass die Villa mit Fresken Giambattista Tiepolos und seines Sohnes ausgemalt wurde. Mehrere Räume und der Garten können besichtigt werden *(Via Dei Nani 8, www.villavalmarana.com, Mär bis Anfang Nov, 10 bis 18 Uhr, sonst bis 16 Uhr, €€)*. Nur einen Steinwurf entfernt vom Eingang der **Villa Valmarana** befindet sich ein weiteres Mal ein Großwerk Palladios: die **Villa Americo Capra detta La Rotonda**. Sie gilt als Inbegriff palladianischer Baukunst und wurde erst nach seinem Tod durch seinen ehemaligen Schüler Scamozzi, der schon das Teatro Olimpico fertig stellte, nach seinen Originalplänen erstellt *(Via della Rotonda 45, www.villalarotonda.it, Park: Di bis So, Villa: nur Mi/Sa 10 bis 12 Uhr und 15 bis 18 Uhr, Nov bis Mär 10 bis 12 Uhr und 14.30 bis 17 Uhr, €€)*. Für den Rückweg folgen Sie der **Via della Rotonda** weiter. Dabei kommen Sie an einem netten Picknickplatz vorbei. Nach insgesamt rund 700 Meter können Sie rechts einen beschilderten Pfad zwischen den Weinstöcken einschlagen, der Sie zum recht interessanten **Kriegsmuseum „del Risorgimento e della Resistenza"** führt *(Viale Dieci Giugno 115, Di bis So 9 bis 13 Uhr und 14 bis 17 Uhr, Eintritt frei)*. Von dort weiter nach rechts bergauf, gelangen Sie zurück zum Ausgangspunkt am Kloster.

Colli Berici

Nach der Großstadthektik Vicenzas stehen Ihnen zum Abschluss ein paar gemütliche Kilometer über Land bevor. Kein Ort wäre dafür besser geeignet, als die **Colli Berici**. Diese sich unvermittelt aus der flachen Ebene aufwölbende Landschaft ist artverwandt mit den Euganeischen Hügeln etwas weiter südwestlich (siehe Tour Drei). Sie ist allerdings weit weniger touristisch erschlossen und mehr ein Wochenendziel der angrenzenden Städte Vicenza, Padua, Verona und Venedig. Außerdem ist sie ein honorables Weinanbaugebiet, nicht das Erste aber das Letzte auf unserer Reise. In den Hügeln finden Sie immer wieder ausreichend ausgeschildert Möglichkeiten zum Verkosten oder Einkehren.

Ein erstes Ziel ist das kleine **Costozza**. Malerisch am östlichen Rand der Hügel gelegen, gibt es trotz der geringen Größe eine beachtliche Anzahl schöner alter Villen und einige lauschige Restaurants. Direkt vor dem Ortsschild fahren Sie rechts ein und stoßen auf eine Kirche mit burgähnlichen Außenmauern. Sie können hier parken oder nach rechts weiterfahren, sofern Sie mit der Maximalhöhe von 2,80 Meter zu-

Villen in Costozza

rechtkommen. Zum größeren Parkplatz vor der **Villa Schio** bei [N 45°28'18" E 11°36'12"] kommen Sie aber in jedem Fall noch. Sie kann samt Garten und dem in den Berg gebauten Weinkeller zeitweise besichtigt werden.

***Villa Schio**: Via Villa 117, www.costozza-villaschio.it, Di – So, genaue Zeiten laut aktuellem Aushang, Erw. ab 12 J. 10 € incl. Führung, nur Park 5 €*

Entweder weiter durchs niedrige Tor oder auf demselben Weg zurück bis zur Hauptstraße, können Sie gleich ein Dorf weiter nach rechts erneut einen interessanten Abstecher machen. Parken Sie Ihr Fahrzeug irgendwo in **Lumignano**. Von der Dorfstraße führt bei [N 45°27'38" E 11°35'17"] gleich hinter der Kirche ein Weg den Hang hinauf zur **Eremo San Cassiano**. Halb in die natürlichen Höhlen am Fels gebaut, klebt die alte Einsiedelei förmlich unterhalb der Klippen. Eine schöne Kurzwanderung führt in rund 30 Minuten dorthin.

***Eremo San Cassiano**: Besichtigung von innen nur jeden ersten Sonntag im Monat möglich*

Weiter südlich in **Barbarano Vicentina** und in **Zovencedo** treffen Sie auf zwei schöne Weingüter, die Übernachtungsmöglichkeiten bieten. Nach weiteten sieben Kilometer folgt der **Lago di Fimon**. Der flache See liegt eingebettet in einer Talmulde und ist das einzige nennenswerte Gewässer im Umkreis. Es gibt eine kleine Bar, einen schönen Spazierweg ringsum und im Sommer kann man kleine Boote mieten. Der Seeparkplatz lädt zum Verweilen ein. Im See kann man Karpfen, Barsche und Waller beobachten, auch Reiher und andere Vogelarten sind an den Ufern heimisch. Am Parkplatz neben dem Nordufer kann man über Nacht bleiben, [**345:** N 45°28'44" E 11°32'41", Via Lago di Fimon]

Vom See nehmen Sie die Zufahrtsstraße zurück, bleiben nun aber rechts herum im Tal und lassen die Hügel, von denen Sie kamen, hinter sich. Über die **Via Monticello** fahren wir so bis **Arcugnano**. Unterwegs treffen Sie auf einen weiteren Agriturismo mit Wohnmobilstellplätzen.

Weinberge bei Barbarano Vicentina

Lago di Fimon

(343) WOMO-Agricampeggio: Barbarano Vicentino Cantina Pegoraro

GPS: N 45°25'01" E 11°33'10", Via Calbin 24. **Max. WOMOs:** 8.
Internet/Tel.: www.cantinapegoraro.it, +39 0444 88 64 61.
Ausstattung: Toilette, WLAN, Mülleimer.
Beschreibung: Schöner fast ebener Schotterstellplatz an einem Weingut, tolle Lage, Weinprobe obligatorisch.
Preis: Bei Weinprobe/-kauf kostenlos.
Zufahrt: Ab Lumignano der Hauptstraße nach Süden folgen, dann rechts nach Mossano abfahren und direkt am Ortsbeginn links ab bis zum Weingut nach rund 300m rechts.

(344) WOMO-Agricampeggio: Villaga-Zovencedo Agriturismo Valle Verde

GPS: N 45°24'45" E 11°30'26", Via Fagnini 11. **Max. WOMOs:** 8.
Internet/Tel.: www.agriturismovalverde.it, +39 0444 86 82 42.
Öffnungszeiten: März bis Anfang November
Ausstattung: V/E, Strom, Toilette / Dusche, WLAN, Waschmaschine / Trockner.
Beschreibung: Schöner Agriturismo mit Stellplätzen auf Schotter, teils mit Restaurantbetrieb, Hofladenverkauf, ruhig, fast eben, kein Schatten.
Preis: €€.
Zufahrt: Ab Lumignano der Hauptstraße bis Ponte Barbarano folgen, dann rechts nach Barbarano Vicentino abfahren und im Ort den Schildern nach Zovencedo folgen. Dann links nach Pozolo abfahren und nach einiger Zeit an einem Gedenkkreuz beschildert links abfahren.

(346) WOMO-Agricampeggio: Arcugnano Agriturismo Il Lago

GPS: N 45°29'04" E 11°32'28", Via Monticello 47. **Max. WOMOs:** 15.
Internet/Tel.: www.agriturismoallago.it, +39 0444 27 35 28.
Öffnungszeiten: April bis Mitte September.
Ausstattung: V/E, Strom, Toilette / Dusche, Spülgelegenheit, Picknickplatz.
Beschreibung: Stellplätze auf Rasen. Ruhiger, schöner Platz, teils etwas Schatten. Das Zentrum des kleinen Ortes ist etwa 1,3 km entfernt, der

Lago di Fimon knapp 1 km.
Preis: €€€.
Zufahrt: An der Straße, die vom Lago di Fimon nach Arcugnano führt. Wenn die Straße einen Linksknick macht, stehen rechts ein paar Häuser. Die Campinggelegenheit ist nur auf einem kleinen Holzschild vermerkt.

Ein Stück weiter kommen Sie im Ortsteil Arcugnano-Torri an. Um weiter durch die Hügel zu steuern, folgen Sie erst dem Schild nach Vicenza zurück und fahren dann am Kreisverkehr links nach Arcugnano. Bleiben Sie fürs Erste auf dieser Straße und genießen Sie die Fahrt durch die Weinberge. Später halten Sie sich wieder in Richtung Zovencedo. Wenn Ihnen die Gegend gefällt und Sie sich länger aufhalten möchten, etwa um eine Radtour zu machen, statten Sie der **Touristeninformation** einen Besuch ab. Sie ist an der nächsten Gabelung angeschrieben *(Via Dell`Artigianato 15)*. Steil bergab stoßen Sie nur wenig später auf eine größere Straße. Von dort halten Sie sich links weiter bis Pederiva und über Meledo zum letzten Stellplatz in den Collis in **Grancona**.

(347) Offizieller WOMO-Stellplatz: Grancona

GPS: N 45°25'26" E 11°27'07", SP 109. **Max. WOMOs**: 7-8.

Ausstattung: V/E (frei zugänglich), Strom, Picknickbänke, Mülltonnen.
Beschreibung: Kleines, von der Straße getrenntes Freizeitgelände. Erdboden, nachts ruhig, zuletzt etwas ungepflegt, Halbschatten, Ortszentrum etwa 150 m.
Zufahrt: An der Nebenstraße SP109, die von Pederiva nach Meledo führt. Kurz nach Grancona.

In Meledo verlassen Sie die Hügel und steuern rechts auf die größere Stadt **Lonigo** zu. Zwei letzte Villen gibt es im Umkreis – in Sachen Öffnungszeiten brauchen Sie in beiden Fällen allerdings etwas Glück. Die **Villa Pisani Detta la Rocca** liegt westlich der Stadt am Hügel. Von der **Palladio-Villa Pisan-Bonetti** ist nur mehr der Haupttraktion übrig. Sie beherbergt eine Galerie. Bei **San Bonifacio** erreichen Sie die Autobahnauffahrt – oder machen einen kleinen Schlenker nach Montebello. Dort haben Sie eine letzte Gelegenheit am **Agricampeggio Fracanzana** bei [**348:** N 45°26'33" E 11°22'42", Loc. Fracanzana, Jun bis Aug, €€€-€€€€, alle Einrichtungen, WLAN und Pool] oder einem einfachen Stellplatz mit V/E zu übernachten, [**349:** N 45°27'10" E 11°22'43", Via G. Gentile].

***Villa Pisani**: Einfahrt bei [N 45°23'36" E 11°24'02"], Via Rocca, www.laroccapisana.com, Höhe des Einfahrtstores prüfen, nur Sa, Mär/Apr und Okt/Nov, 10 – 12 Uhr und 14.30 – 17 Uhr | **Villa Pisan-Bonetti**: [N 45°21'28" E 11°22'17"], Via Risaie 1, www.villapisani.net, +39 444 83 11 04, zuletzt nur mit Voranmeldung*

Allgemeine Landeskunde

Geografie:

Hauptstädte: Italien – Rom. Provinz Venetien – Venedig. Provinz Friaul – Triest. Fläche: Italien 301.338 qkm, Venetien 18.391 qkm, Friaul 7.856 qkm
Die Provinzen Venetien und Friaul (offiziell Friaul/Julisch-Venetien) sind Teil der Republik Italien und bilden den nordöstlichsten Landesteil. Begrenzt werden die Provinzen im Süden von der rund 230 Kilometer langen Adriaküste, im Westen von den Nachbarprovinzen Emilia Romagna, Lombardei, und Trentino/Südtirol, im Norden von der Grenze zu Österreich und im Osten von der Grenze zu Slowenien. Flächenmäßig reihen sie sich zusammengenommen im europäischen Vergleich zwischen Mazedonien und Albanien ein. Im Süden herrschen flache Tiefebenen entlang der Küste und Poebene vor. Im Osten befinden sich karstige Hügel und Bergzüge und im Norden die Dolomiten. Es gibt eine größere Anzahl an Naturschutzgebieten, besondere Protektion genießt der Nationalpark Belluneser Dolomiten. Die höchste Erhebung stellt der Marmolata-Gipfel mit 3343 m dar.

Bevölkerung:

Einwohnerzahl: Italien gesamt ca. 54 Millionen, Venetien: 4,9 Millionen, Friaul: 1,2 Millionen.
Die Bevölkerung ist traditionell stark katholisch geprägt, rund 80 Prozent der Einwohner gehören dieser Religion an. Daran haben auch die Einwanderungswellen seit den 1970er Jahren nichts geändert. Am meisten Menschen kamen aus Rumänien und Moldawien in die Region (rund 140.000), gefolgt von Marokko, Albanien und China.

Städte:

Die größten Städte (über 50.000 Einwohner) in Venetien und Friaul sind: Verona (260.000), Venedig (259.000), Padua (212.000), Triest (203.000), Vicenza (112.000), Udine (99.000), Treviso (86.000), Pordenone (52.000) und Rovigo (51.000). Die Stadt Ferrara, die in diesem Buch vorkommt, aber bereits in der Emilia-Romagna liegt hat 132.000 Einwohner.

Wirtschaft:

Die Provinzen gehören zu den wirtschaftsstärksten in Italien. Auch wenn Landwirtschaft, inklusive Weinbau, bis heute einen großen Stellenwert einnimmt, hat sich die Region zu einem wichtigen Industriestandort entwickelt. Aber auch der Tourismus gehört zu den Haupteinnahmequellen, vor allem entlang der Adriaküste.

Kultur:

Nicht umsonst wird Italien als eine Wiege der Kultur bezeichnet. Wenn auch nicht so stark wie in anderen Landesteilen, haben Römer, Kelten und Langobarden allerorts ihre Spuren hinterlassen. Ausgrabungen, viele alte Städte, die seit hunderten von Jahren existieren und unzählige Schätze sakraler und profaner Kunst, bieten Interessierten eine unglaubliche Fülle an Möglichkeiten zum Entdecken und Erkunden.

Politk:

Bei Italien handelt es sich um eine parlamentarische Republik, die seit dem Jahr 1946 besteht, die Verfassung trat ein Jahr später in Kraft. Die fünf höchsten Ämter bekleiden (Stand 12/22):

- der Staatspräsident (Sergio Mattarella, Partito Democratico)
- die Ministerpräsidentin (Giorgia Meloni, Fratelli D`Italia)

- der Senatspräsident (Iganzio La Russa, Fratelli D`Italia)
- der Präsident der Abgeordnetenkammer (Lorenzo Fontana, Lega)
- Präsidentin des Verfassungsgerichtshofs (Silvana Sciarra)

Ärztliche Versorgung und Medikamente

Arztbesuch: Wenn Sie in Norditalien ärztliche Hilfe benötigen, können Sie grundsätzlich mit einer guten Versorgung rechnen. Im Hinterland kann es dabei aber Verständigungsprobleme geben. Deutsch spricht hier kaum ein Arzt (außer vielleicht im Grenzgebiet zu Österreich und Südtirol), englisch oft nur schleppend. In den Touristenzentren am Mittelmeer dagegen benötigen Sie meist keine Fremdsprachenkenntnisse – mit Fahnen, Plakaten und Schildern wird hier auf die jeweiligen sprachlichen Fähigkeiten der Ärzte hingewiesen. Durch den Chip auf Ihrer gesetzlichen Krankenkassenkarte können Ihre Daten in Italien eingelesen werden. Sie erhalten die gleichen Leistungen wie Italiener. Die Zuzahlungen der Krankenkassen für erbrachte Leistungen, sind sehr unterschiedlich und so kann es passieren, dass Sie am Ende auf einer gesalzenen Rechnung sitzen bleiben. Abhilfe schafft die Auslandskrankenversicherung. Für relativ wenig Geld sind Sie besser abgesichert und wir können Ihnen nur dazu raten, eine solche für Ihren Urlaub abzuschließen. Viele Versicherer bieten so etwas für verhältnismäßig wenig Geld an, teils lässt sich die Versicherung über Ihre Kreditkartenfirma oder einen Schutzbrief Ihres Automobilklubs bzw. Ihrem Autoversicherer abdecken.
Apotheken: Apotheken gibt es ebenfalls in ausreichender Anzahl, auch in kleinen Orten ist es kein Problem gängige Medikamente zu erhalten. Ab Kleinstadtgröße gibt es in den Orten Nachtapotheken, in den Großstädten auch 24-Std.-Apotheken. Die regulären Öffnungszeiten sind meist von 8.30 - 12.30 Uhr und von 15.30 - 19.30 Uhr. Die aktuellen Notdienste sind, wie bei uns, außen angeschlagen. Auch hier gilt, nicht jede(r) Mitarbeiter(in) besitzt deutsche Sprachkenntnisse. Im Zweifelsfall schadet es nicht, wenn Sie wichtige Medikamente, auf die Sie angewiesen sind, als Vorrat mitführen.

Ausrüstung

Was Sie in Ihrem Womo so mitnehmen, ist selbstverständlich ganz Ihnen und Ihren Bedürfnissen überlassen. Gerade im Sommer machen Sie nichts verkehrt mit Grill, Markise und Campingmöbeln, um den Aufenthalt jederzeit nach draußen verlegen zu können. Badesachen sollten in dieser Jahreszeit obligatorisch sein und es ist angebracht, die Moskitogaze an den Fenster nochmals zu kontrollieren, denn die kleinen Plagegeister können in manchen Ecken unserer Region, je nach Jahreszeit, gehörig nerven. Moskitoschutz sollte sowieso ganz oben auf der Packliste stehen, ebenso wie Sonnencreme. Wenn Sie in den Dolomiten wandern möchten, achten Sie unbedingt auf passende Bekleidung. Wanderstiefel und Wetterschutz sollten nie fehlen. Wanderstöcke können sehr hilfreich sein, Sonnenschutz, -brille und ein Wasservorrat sollte stets mitgeführt werden. Fahrräder können sehr nützlich sein. Wenn Sie die Möglichkeit haben, Roller oder Motorrad mitzuführen, sind die für so manche Passstraße eine tolle Alternative.

Baden

Die Adriastrände von Jesolo und Co. erfreuen sich ungebrochener Beliebtheit, vor allem bei vielen Deutschen, Österreichern, Schweizern und natürlich Italienern. Doch auch Gäste aus dem östlichen Teil Europas werden immer zahlreicher. Tatsächlich ist für jeden Geschmack etwas dabei. Wer neben Sonne, Strand und Meer auch Unterhaltung und Party wünscht, ist am Besten im Raum Jesolo oder Bibione aufgehoben. Etwas gediegener und familiärer geht es in Rosolina Mare und Lignano zu. Gewachsene Orte mit mehr italienischem Flair finden Sie in Caorle und Grado. Daneben existieren noch einige kleine Badeorte wie Eraclea Mare, Marina Julia oder Sistiana, wo weniger deutsche Touristen unterwegs sind und einige abgelegene, wilde Ecken, wie das Valle Vecchia und der Lido Staranzano.

Des einen Freud ist des anderen Leid: die größte Anzahl schöner Strände ist im Sommer mit Strandliegen und Schirmen in Reih und Glied belegt. Wenn Sie sich dort niederlassen, wird eine nicht ganz unerhebliche Tagesmietgebühr von meist 20 – 40 € für eine Garnitur (2 Liegen plus Schirm) fällig. Freie Strände, wo Sie sich auf mitgebrachtem Gestühl oder einfach im Sand niederlassen können, sind in den Touristenmetropolen nicht immer ganz einfach zu finden. Einen „Spiaggia libera" gibt es aber immer. Auf den Touren weisen wir auf solche Bereiche besonders hin.
Abgesehen vom Meer finden sich im Hinterland einige schöne Seen und Flüsse zum Baden. Das Wasser ist zwar meist eher kalt, dafür klar und sauber, vor allem, wenn es direkt aus dem Gebirge oder Grundwasser kommt.

Meist ist das Wetter gut und die See ruhig. Die Warnflaggen sollten Sie dennoch kennen:
Gelb-Rot: Zeigt an, dass ein Strandabschnitt von Rettungsschwimmern überwacht wird.
Gelb: Stärkerer Seegang oder Strömungen können ungeübten oder schwächeren Badegästen gefährlich werden. Erhöhte Vorsicht beim Baden.
Rot: Gefahr. Das Baden ist verboten.
Schwarz/Weiß: Dieser Bereich ist für Wassersportler reserviert, dort nicht baden.
Blau: Diese Fahne zeigt nur an, dass es sich um einen Strand mit überwachter, unbedenklicher Wasserqualität handelt.

Für FKK-Fans gibt es in Norditalien nicht allzu viele Strandabschnitte, in denen man ungeniert die Hüllen fallen lassen kann. Möglich ist es beispielsweise rund um Bibione, am Oststrand nahe dem Leuchtturm und am Brussa-Strand. Außerdem am Alberoni Strand im Süden der Insel Lido di Venezia und zwischen Sistiana und Triest an den Abschnitten Filtri und Barbary. „Topless" ist an den normalen Stränden möglich, aber in den letzten Jahren eher selten.

Einkaufen

Nicht umsonst ist Italien als Feinschmeckerregion bekannt. Viele Produkte, die längst Einzug in unsere Küche gehalten haben, stammen aus dem Land am Mittelmeer und können hier oft günstiger, frischer, einfach besser erworben werden als daheim. Doch lassen Sie sich nicht täuschen, das allgemeine Preisniveau für Lebensmittel liegt eindeutig über dem zu Hause. Zwar hat seit Jahren die Discounterkette Lidl Einzug gehalten und es gibt ein paar Italo-Pendants dazu, doch wenn Sie gute italienische Ware möchten, müssen Sie schon ein paar Euro auf den Tisch legen. Eine weit verbreitete Möglichkeit sich einzudecken, sind die überall und jederzeit stattfindenden Märkte. Die Einheimischen machen davon ausgiebig Gebrauch. Frisches Obst und Gemüse sowie typisch italienische Spezialitäten, wie verschiedene Käse- (Parmesan, Gorgonzola, Maniago, Asiago, Mozzarella, etc.) und Wurstsorten (Salami, Coppa. rohe und gekochte Schinken, etc.) erhalten Sie zu angemessenen Preisen. Das italienische Lebensgefühl gibt es gratis dazu. Wir haben in den Tourtexten bei den Ortsnamen auf alle erwähnenswerten Wochenmärkte hingewiesen.

Vergleichsweise günstig lässt sich überall in der Reiseregion Wein erstehen – wen wundert's... Man sitzt hier ja direkt an der Quelle. Große Gebiete sind Weinanbauland und am besten kauft man direkt vom Erzeuger. Nicht schön, aber durchaus verbreitet und praktisch, vor allem im Wohnmobil, ist die Mitnahme im Mehrliter-Plastikgebinde.

Auch Bier in großen Mengen, sowohl durchaus schmackhaftes, einheimisches in vielerlei Sorten und mit teils abenteuerlichen Prozentangaben, als auch Importware, vor allem aus Deutschland, finden Sie in jedem Supermarkt. Auf die bekannten Softdrinks müssen Sie nirgends verzichten. Alle großen, internationalen Marken und einiges darüber hinaus können Sie überall erstehen.

Ein- und Ausreise

Für Bürger Deutschlands, Österreichs und der Schweiz reicht zur Einreise ein gültiger Personalausweis oder Reisepass. Zwischen Deutschland, Österreich und Italien gibt es in der Regel keine Grenzkontrollen, auch wenn es in letzter Zeit vor allem zwischen Deutschland und Österreich zu Ausnahmen kam. Außerdem benötigen Sie Ihren nationalen Führerschein und die Zulassung. Ein Auslandsschutzbrief und eine grüne Versicherungskarte sind nicht vorgeschrieben, werden aber empfohlen.

Essen und Trinken

Was wäre ein Italienurlaub ohne leckere Pizza und Paste, ein vorzügliches Mal bei einem guten Glas Wein, Desserts und Eis? Zu „La Dolce Vita“ gehört kulinarischer Genuss einfach dazu.

Interessant ist die Einteilung bzw. was die verschiedenen Bezeichnungen im Namen der Restaurants bedeuten:

Bars: Oft reiner Stehausschank mit Bistrotischen etc. Neben Getränken erhalten Sie hier kleine Teigwaren, süß oder herzhaft, auf die Hand.

Birreria: Ein einfaches, günstiges Bierlokal, in dem Sie kleine Gerichte wie Pizza oder Gegrilltes zu günstigen Preisen erhalten.

Buffet: Eine Besonderheit im Raum Triest - in diesen einfachen Lokalen erhalten Sie zu einem Glas Wein oder Bier deftige, meist fleischlastige Kleinigkeiten gereicht.

Cafe: Neben Kaffeespezialitäten und anderen Getränken erhalten Sie, wie in der Bar, kleine Gebäckstücke. Anders als bei uns, muss aber keine größere Kuchenauswahl damit verbunden sein.

Enoteca: Ein Weinlokal, in dem Sie auch essen können. Meist ist die Auswahl eher klein, der Anspruch aber gehobener.

Gelateria: Die gute alte Eisdiele, oft in Verbindung mit einem Cafe betrieben

Osteria: Ein traditionell einfaches Gasthaus, in dem man ohne viel Firlefanz etwas „Anständiges“ auf den Teller bekommt. Inzwischen gibt es auch teure Nobellokale, die sich so nennen, daher besser vorher die Preise prüfen.

Pasticceria: Eine Konditorei, teils mit Gastbereich, teils ohne. Oft in Verbindung mit einem Cafe betrieben.

Piadineria: Das Angebot dreht sich maßgeblich um belegte, erwärmte und zusammengeklappte Teigfladen. Schmackhaft und sättigend, nicht nur zwischendurch.

Pizzeria: Diese Kategorie bedarf keinerlei Erklärungen. Hier dreht sich alles um die heißen Teigfladen. Oftmals gibt es eine Auswahl anderer einfacher Gerichte wie Nudeln.

Ristorante: Dies ist der höchste Gastro-Standard in Italien. Es ist üblich, dass Sie hier immer ein volles Menü essen können (aber meist nicht müssen). Die Karte reicht also mindestens vom ersten („primo“) über den zweiten Gang („secondo“), zum Hauptgericht und weiter bis zum Nachtisch.

Rosticceria: Eine Art italienischer Schnellimbiss. Kleine, schnelle Gerichte werden hier serviert, gern deftig vom Grill und immer auch zum Mitnehmen gedacht.

Spaghetteria: Auch hier ist der Name Programm – es gibt Nudeln bis zum Abwinken und meist noch so Einiges mehr.

Trattoria: Ein einfacheres Speiselokal, in dem es oftmals regionale Küche zu erschwinglichen Preisen gibt. Meist können Sie hier ein ganzes Menü essen. Die Trattoria schließt die Lücke zwischen traditioneller Osteria und Ristorante.

Praktisch überall, wo Sie sich an einen Tisch setzen, wird zusätzlich zum genannten Preis das „Coperto“ erhoben: Damit wird das Gedeck und Brot etc. am Tisch bezahlt. Der Service bekommt teils einen Teil davon. Ein gewisses „on top“ Trinkgeld ist dennoch üblich. Beachten Sie, dass in Italien in allen Gaststätten inzwischen Rauchverbot herrscht! Ausnahmen gibt es nur bei getrennten Räumen mit eigenem Lüftungssystem.

Bitte haben Sie Verständnis, dass wir nur Gaststätten vermerken, die italienische oder internationale Kost anbieten. Es gibt zweifelsohne eine große Anzahl guter Japaner, Chinesen, Franzosen etc., doch das sprengt einfach den Rahmen.

Feiertage

Die gesetzlichen Feiertage in Italien sind:

- Capodanno (Neujahr, 01.01.)
- Epifania (Heilige Drei Könige, 06.01.)
- Pasquetta (Ostermontag, wechselnde Daten des Kirchenkalenders)
- Anniversario della Liberazione (Tag der Befreiung, 25.04.)
- Festa del Lavoro (Tag der Arbeit, 01.05.)
- Festa della Repubblicca (Tag der Republik, 02.06.)
- Ferragosto (Mariä Himmelfahrt, 15.08.)
- Ognissanti (Allerheiligen, 01.11.)
- Immacolata Concezione (Mariä Empfängnis, 08.12.)
- Natale (1. Weihnachtsfeiertag, 25.12.)
- Santo Stefano (2. Weihnachtsfeiertag, 26.12.)

Zu beachten sind noch die Ferientermine, während denen viele Italiener im eigenen Land unterwegs sind und es in Restaurants, auf Campingplätzen und an Stränden ein ganzes Stück voller wird. Den Höhepunkt erreicht die Reisewelle alljährlich rund im Ferragosto, den 15.08.

Gas

Wenn Sie zwei gefüllte 11-kg-Gasflaschen im Wagen dabeihaben, werden Sie kaum in die Verlegenheit kommen, unterwegs Gas zu benötigen. Falls es doch zu Engpässen kommt, können große Campingplätze in den Tourismusregionen an der Adria oftmals weiterhelfen. Durch die vielen deutschen Gäste werden dort gar nicht so selten deutsche Flaschen getauscht, gefüllt oder zum Kauf angeboten. Italienische Gasflaschen haben einen anderen Anschluss und benötigen einen Adapter (im Fachhandel erhältlich).
Wenn Sie mit einem fest eingebauten Tank oder einer Tankflasche ausgestattet sind, haben Sie keinerlei Problem. Diese lassen sich an Autogas-Tankstellen befüllen, die es flächendeckend in ganz Norditalien gibt.

Geld und Kreditkarte

Wenn Sie Bargeld benötigen, finden Sie allerorts Bankomaten, die einfachste Möglichkeit, sich mit Ihrer Kreditkarte vor Ort mit Geld zu versorgen. Da die Maestro- und VPay-Systeme ab 2023 eingestellt werden sollen, sollten Sie

sich rechtzeitig um eine Kredit- oder Debitkarte kümmern, um sicher Geld abheben zu können. In fast jedem Fall wird eine Bearbeitungsgebühr berechnet, die sich aber in Grenzen hält.
Sollte Ihnen Ihre Kredit-/Bankkarte abhandenkommen oder gar gestohlen werden, sollten Sie diese schnellstmöglich sperren lassen.
Dafür gibt es in Deutschland eine zentrale Sperrrufnummer, an der aber leider nicht alle Geldinstitute partizipieren. Für Österreich und die Schweiz gibt es verschiedene Nummern.
Informieren Sie sich daher unbedingt vor Reiseantritt bei Ihrem Kreditinstitut darüber und notieren Sie sich die Rufnummern am besten mehrfach.

Zentrale Sperrrufnummer für Deutschland (viele Bankkarten und Kreditkarten):
+49 116 116 oder +49 30 4050 4050
Außerdem möglich:
Zentrale Sperrrufnummer für Master Card allgemein:
+1 636 72 27 111 (R-Gespräch)
Zentrale Sperrrufnummer für Visa allgemein:
+1 410 581 99 94 (R-Gespräch)
Zentrale Sperrrufnummer für American Express:
+49 69 97 97 20 00 (D und A), +41 44 65 96 333 (CH)
Zentrale Sperrrufnummer für Diner Club:
+49 7531 36 33 111 (D), +43 1 50 13 50 (A), +41 58 75 08 080 (CH)

Haustiere

Die Mitnahme von Haustieren ist weitgehend unproblematisch. Entsprechende Impfpapiere sollten Sie mitführen. Auch wenn ihr Haustier gechipt ist, bringt das im Ernstfall viele Vorteile mit sich. Auf Campingplätzen dürfen Hunde so gut wie immer mitgenommen werden, oft ist eine Gebühr fällig. An Stränden ist die Mitnahme, mit Ausnahme ausgewiesener Hundestrände, dagegen nicht gestattet.

Kartenmaterial

In Zeiten der Satellitennavigation hat sich das Mitführen von Straßenkarten für viele ja grundsätzlich erledigt. Wir empfehlen dennoch, eine gute Übersichtskarte in petto zu haben. Das Navi kann ausfallen, das Signal gestört sein oder Sie wollen sich einfach einen optischen Überblick verschaffen – in jedem dieser Fälle ist die gute alte Straßenkarte überlegen. Wir bevorzugen eine detaillierte Variante mit großem Maßstab - so finden Sie sich auch auf Nebenstrecken immer gut zurecht.

Unsere Empfehlungen:
- Venetien und Friaul, 1:200.000 von Marco Polo
- Italien Blatt 4 - Venetien, 1:200.000 von Kümmerly & Frey
- Italien Blatt 5 - Friaul Julisch Venetien, 1:200.000 von Kümmerly & Frey

Konsularische Hilfe und Notrufnummern

Wir drücken Ihnen die Daumen, dass Sie keine der hier aufgeführten Nummern benötigen, denn in jedem Fall wäre das wohl mit einem mehr oder minder unerfreulichen Anlass verbunden ... Nichtsdestotrotz ist im Notfall jede dieser Nummern Gold wert.

Deutsche Vertretung im Reisegebiet:

Generalkonsulat Mailand:
Ingrid Jung
Vial Solferino 40, 20121 Milano

Telefon: +39 02 623 11 01 (Notfallnummer +39 335 790 41 70)
Fax: +39 02 655 42 13
E-Mail: info@mailand.diplo.de
Mo bis Fr 8.30 bis 11.30 Uhr, Di auch 14 bis 16 Uhr
Telefonzeiten: Mo bis Do 8.30 bis 12.30 Uhr und 13.30 bis 17 Uhr, Fr bis 14 Uhr

Honorarkonsulat Venedig:
Dr. Paola Nardini
S. Croce 251, Palazzo Condulmer, 30135 Venedig
Telefon: +39 041 523 76 75
Fax: +39 411 244 84 69
E-Mail: venedig@hk-diplo.de
Mo – Fr, 9 – 13 Uhr, Di auch 14 – 18 Uhr
Telefonzeiten: Mo – Fr, 9 – 10.30 Uhr

Österreichische Vertretungen im Reisegebiet:

Botschaft in Rom:
Via Pergolesi 2, 00198 Rom
Telefon: +39 06 844 01 41
Fax: +39 06 854 32 86
E-Mail über Website www.bmeia.gv.at/oeb-rom

Österreichisches Honorarkonsulat Triest:
Piazza della Borsa 14, 34121 Triest
Telefon: +39 040 24 19 098
E-Mail: consolatoaustria.ts@gmail.com
Mo 8.30 bis 10.30 Uhr

Österreichisches Honorarkonsulat Venedig:
S. Croce 251, Palazzo Condulmer, 30135 Venedig
Telefon: +39 041 524 05 56
Fax: +39 041 524 21 51
E-Mail: consolato.austria@zoppas.com
Mo bis Do 10 bis 12 Uhr

Österreichisches Honorarkonsulat Verona:
Piazza Bra 10, 37121 Verona
Telefon: +39 335 718 90 51
E-Mail: consolatoaustria.vr@gmail.com
Termine nach tel. Vereinbarung

Schweizer Vertretungen im Reisegebiet:

Generalkonsulat Mailand:
Via Palestro 2, 20121 Milano
Telefon: +39 02 77 79 161
Fax: +39 02 76 01 42 96
E-Mail: milano@eda.admin.ch

Konsulat Padua:
Via Commerciale 29, 35010 S. Giustina in Colle
Telefon: +39 04 99 32 37 05
Fax: +39 04 99 32 38 13
E-Mail: padova@honrep.ch

Konsulat Venedig:
Dorsoduro 810, Campo S. Agnese, 30123 Venezia
Telefon: +39 041 522 59 96
Fax: +39 041 244 38 63
E-Mail: venezia@honrep.ch

Weitere wichtige Notrufnummern in Italien sind:
Rettungsdienst: 118, Polizei: 112, Feuerwehr: 115

Kriminalität

Italien ist berühmt-berüchtigt für Autoaufbrüche und Taschendiebstahl. Die Regel dabei ist an sich ganz einfach: dort wo es viele Touristen gibt, gibt es auch viele Ganoven. Daher sollten Sie im Getümmel von Verona oder Venedig besonders gut auf Ihre Sachen achten. Anderenorts ist die Gefahr bestohlen zu werden, eher klein. Leider werden auch Wohnmobile in letzter Zeit häufiger aufgebrochen als noch vor ein paar Jahren. Lassen Sie zur Sicherheit keine Wertsachen offen darin liegen oder führen Sie am besten erst gar nicht teures, aber unnötiges mit... Unserer Erfahrung nach hilft es, zum Beispiel beim Parken auf einem abgelegenen Stellplatz während einer Wanderung oder während des Badens Dachluken halb geöffnet zu lassen, die Rollos zu schließen, Pantoffeln vor die Tür zu stellen und ein Kofferradio im Fahrzeug laufen zu lassen...

Öffnungszeiten

Die Läden öffnen vormittags meist zwischen 8.30 / 9.30Uhr. Abends ist erst zwischen 19 / 21 Uhr Schluss. Dazwischen liegt allerdings eine große Lücke, die man dringend beachten sollte: Die Siesta ist den Italienern heilig. Selbst in großen Städten kommt es einem in der Mittagszeit, die in der Regel von 12 / 12.30 Uhr bis 15.30 / 16 Uhr andauert, vor, als sei man mutterseelenallein unterwegs und die Bürgersteige sind tatsächlich wie hochgeklappt. Selbst in Venedig oder Verona schaut das über weite Teile der Städte nicht anders aus. Eine Ausnahme bilden die Touristenorte am Meer. Hier bekommen Sie fast immer fast alles, was das Urlauberherz benötigt: Speisen, Getränke, Strandutensilien, Lebensmittel und Produkte des täglichen Bedarfs einzukaufen ist tageszeitenunabhängig kein Problem.

Pannenhilfe/Unfall

Wenn Sie eine Panne haben und Hilfe benötigen, erhalten Sie diese über die italienischen Partnervereine Ihres heimischen Automobilklubs. Hier die Notrufnummern der größten Klubs:

Deutschland
ADAC: +49 89 22 22 22 (Schaden) bzw. +49 89 76 76 76 (Erkrankung)
ACE: +49 711 53 03 43 536
AvD: +49 69 66 06 600

Österreich
ÖAMTC: +43 1 25 12 000
ARBÖ: +43 50 12 31 00

Schweiz
TCS: +41 58 82 72 220
ACS: +41 44 283 33 77

Falls Sie einen Unfall haben, empfiehlt sich ein Europäischer Unfallbericht, den Sie gemeinsam mit dem Unfallgegner vor Ort ausfüllen. Solche Vorlagen

können Sie z.B. im Internet kostenfrei downloaden und ausdrucken.
Auf alle Fälle sollten Sie die Polizei unter 112 kontaktieren, um etwaigen späteren Problemen mit der Versicherung vorzubeugen.

Reisezeit

Das Klima im Friaul und in Venetien ist sehr unterschiedlich. Im Norden ist es durch die Alpen geprägt, im Süden am Meer mediterran.
Norden: im Winter ist in vielen Wintersportgebieten Hochsaison. Auch Wintercamping ist durchaus verbreitet. Allerdings eignet sich diese Jahreszeit weniger zum Herumreisen. Die Straßenverhältnisse sind einfach nicht entsprechend. Im Frühjahr strahlt die Landschaft in sattem Grün und bunten, blühenden Farbtupfern. Die Temperaturen liegen bei 8 bis 20 Grad. Im Sommer kann es in den Bergen recht warm werden. Dennoch kann man, im Vergleich zur Küste, fast immer mit gemäßigten 15 bis 25 Grad rechnen. Der Spätsommer und Herbst sind die idealen Wanderzeiten. Nicht zu heiß, nicht zu kühl und selbst im Hochgebirge liegt in der Regel kein Schnee. Im Oktober können die Nächte schon wieder empfindlich kalt werden, im November gibt es meist den ersten Schneefall in höheren Lagen. Temperaturen: 5bis15 Grad.
Süden: Die Saison ist hier ziemlich genau eingegrenzt. Zwischen Oktober und April ist, gerade in den Strandregionen, alles geschlossen und Sie kommen sich dort, wo im Sommer Trubel herrscht, wie verlassen vor. Städte wie Venedig sind davon unberührt und eigentlich immer eine Reise wert. Wenn Hitze, Trubel und Menschenmengen nicht so ganz Ihr Ding sind, sollten Sie weite Teile der Küste im August meiden. Vor allem die mittlere Woche ist Hochreisezeit der Italiener und dann „geht fast nichts mehr". Dabei schwitzen Sie bei warmen 28 bis 38 Grad. Unser Tipp sind daher die Monate Mai bis Juli und Ende August bis Ende September, zumindest, wenn Sie ein bisschen Badespaß im Meer mitnehmen wollen (Temperaturen 21 bis 32 Grad, Wasser 19 bis 24 Grad).

Straßenverkehr

Soviel anders als daheim läuft es auch im Straßenverkehr Italiens nicht. Hier einige wichtige Regeln und Abweichungen:

Maut: Zu beachten ist, dass Autobahnen fast immer mautpflichtig sind. Gezahlt wird, indem Sie eine Mautkarte zu Beginn der Fahrt an einem beschränkten Zugang ziehen (müssen) und dann bei der Ankunft an Ihrer Ausfahrt zahlen. Beachten Sie die Markierungen. Nur wo Geldscheine, Münzen und eine Hand abgebildet sind, sitzt Jemand an der Station und nimmt sich Ihrer an. Nachts und an kleinen Mautstationen kann es passieren, dass diese Spur geschlossen oder gar nicht vorhanden ist. Dann müssen Sie sich mit Automaten rumschlagen (Symbol Geld ohne Hand). Zur Sicherheit schadet da eine Kreditkarte nicht, die den Vorgang meist vereinfacht. Noch einfacher wird es mit der ViaCard oder dem Telepass. Wenn Sie sich vor der Reise für eines dieser Systeme registrieren, können Sie die entsprechend markierten Spuren nutzen und oftmals einfach durchfahren (mehr Infos bei Ihrem Automobilclub oder z.B. unter www.tolltickets.com).

Im Prinzip gilt: alles wie daheim. Ein paar Dinge sollten Sie aber beachten.
• Äußerst beliebt und bei vielen ausländischen Fahrern gefürchtet, sind die häufigen Kreisverkehre, die an großen Straßen auch mal zwei- oder sogar dreispurig sein können. Fast immer hat der Verkehr im Kreisel Vorfahrt (durch entsprechende Vorfahrt-Achten-Schilder gekennzeichnet). Haben Sie keine Angst und fahren Sie, wenn sich eine Lücke im Verkehr ergibt, zügig ein. Beim Ausfahren Blinker setzen und gegebenenfalls auf die äußere Spur ziehen – Sie werden schon reingelassen.

• In Italien ist das Mitführen von Warnwesten Pflicht. Nicht nur bei einer Panne oder bei einem Unfall, sondern immer, wenn Sie sich an einer Straße ohne Bürgersteig außerhalb von Ortschaften bewegen, müssen Sie diese strenggenommen tragen.

• Es ist Vorschrift, alles was über die Stoßstange Ihres Fahrzeuges hinausragt, mit einem speziellen rot-weiß gestreiften, reflektierenden Warnschild zu versehen, also Fahrräder, Transportkisten oder Motorräder an Ihrem Campingfahrzeug (erhältlich im Campingzubehörhandel, etwa 20 bis 35 €, von den billigen Papp-/Kunststoffvarianten würden wir eher abraten, die halten nicht lange). Dieses Schild brauchen Sie übrigens auch, wenn Sie nur einen Fahrradträger montiert haben, der gar nicht ausgeklappt ist – in der Regel ragt er über das Heck hinaus, und wenn es nur Zentimeter sind.

• Außerhalb geschlossener Ortschaften muss auch tagsüber mit Abblendlicht gefahren werden. Gewöhnen Sie sich am besten an, das Licht bei jedem Fahrtantritt einzuschalten falls ihr Fahrzeug nicht sowieso mit einem Tagfahrlicht ausgerüstet ist.

• Mitzuführende Gegenstände: Verbandskasten, Warndreieck, Warnweste.

• Promillegrenze: 0,5 Promille.

• Das private Abschleppen auf Autobahnen ist verboten.

• Erlaubte Geschwindigkeiten, wenn nicht anders gekennzeichnet: unter 3,5t in Orten 50 km/h, Landstraßen 90 km/h, Schnellstraßen 110 km/h, Autobahnen 130 km/h bis über 3,5t in Orten 50 km/h, Landstraßen 80 km/h, Schnellstraßen 80 km/h, Autobahnen 100 km/h.

Strafen:
Früher gefürchtet, hat es der italienische Staat mit teils rigiden Strafen inzwischen geschafft, die italienischen Autofahrer(innen) einzubremsen. Wir konnten weder in den Städten noch am Land einen großen Unterschied zum Verkehr / Verhalten daheim feststellen. Zeiten wo wir angehupt wurden, weil wir die Ampel nicht bei Rot nahmen oder man mit 200 km/h auf der Landstraße überholt wurde, gehören der Vergangenheit an. Die Kehrseite der Medaille ist: besagt harte Strafen können auch Sie treffen.
Die Promillegrenze sollten Sie tunlichst beachten. Bei Verstößen werden bis zu 6000 (!) EUR fällig, der Führerschein wird eingezogen und im schlimmsten Fall auch das Fahrzeug. Ab 0,8 Promille droht Gefängnis, ab 1,5 Promille kann sogar ihr Fahrzeug versteigert werden.

Hier ein kleiner Auszug aus dem restlichen Strafkatalog:

• Geschwindigkeitsübertretungen von 10 bis 40 km/h: 159 bis 639 EUR

• Überfahren einer roten Ampel: 154 bis 613 EUR

• Parkverstöße: 39 bis 159 EUR

• Fahren ohne Gurt: 76 bis 306 EUR

• Fahren ohne Licht: 39 bis 159 EUR

• Telefonieren während der Fahrt: 152 bis 608 EUR

• Keine Sicherheitsweste bei einer Panne:39 bis 159 EUR

• Fahren ohne Ladungssicherung: 80 bis 318 EUR.

Tanken

Das Netz an Tankstellen ist dicht und Sie werden kaum Probleme haben, Sprit zu bekommen. Die Preise, vor allem für Diesel, sind allerdings in den letzten Jahren fast immer höher gewesen als beispielsweise in Deutschland. Zuletzt lagen sie bei etwa 1,76 €/l für Benzin und bei 1,94 €/l Diesel (Stand 12/22).

Übernachten

Italien ist eine Wohnmobilnation. Und da diese Art des Reisens fest verankert ist, finden Sie fast überall oftmals gut ausgestattete Stellplätze zu geringen Preisen oder sogar kostenlos. Welche Ausstattung Sie erwartet, ist jeweils angegeben. Bitte beachten Sie, das „V/E“ neben der Versorgung bedeutet dass Grauwasser und in der Regel auch die Toilette entsorgt werden kann. Statt echter Auslässe werden allerdings immer wieder nur einfache Bodenroste angebracht, für die man dann im Idealfall eine entsprechende Hebelhilfe im Gepäck hat, um auch den Inhalt des Fäkaltanks möglichst rückstandsfrei entsorgen zu können. Rechnen Sie auch damit, dass Anlagen zeitweise außer Betrieb sind – das kann und wird vorkommen.

Wo keine offiziellen Stellplätze vorhanden sind, haben wir Ihnen alternative, freie Möglichkeiten zum Parken angegeben, auch über Nacht. Ein generelles Verbot eine Nacht stehen zu bleiben, gibt es nicht. Zumindest solange man kein Campingleben entfaltet und nur in seinem Fahrzeug schläft. Außerdem sollte jeder darauf achten, die Plätze sauber zu halten und keinerlei Hinterlassenschaften zu verursachen.

Außerdem ist eine größere Anzahl an Campingplätzen sowie Agricampeggi, also kleineren Campinggelegenheiten an Höfen, Pensionen oder anderen Gastbetrieben, zusätzlich im Buch vermerkt – dort können Sie es sich gemütlich machen und sich mehr entfalten. Die Formulierung „alle Einrichtungen“ umfasst immer V/E, Toilette / Dusche und Strom.

Bildnachweis:

Alle Fotos in diesem Buch stammen von den Autoren, ausgenommen:

© **Brandtner, Ileana:** S. 101, S. 106, S. 114, © **Brandtner, Kasia:** S. 107, S. 110, S. 115, © **Ralf Gréus:** S. 92 unten, S. 94, S. 100, S.112, **Pixabay:** Simone_ph S. 131, jkijewski S. 149 oben, eagle77 S. 177, WikiImages S. 227 oben, Moritz320 S. 266, Francesco Foti S. 270 und S. 290 oben, Lorenz Puff S. 271 oben, Leonhard Niederwimmer S. 275, **Wikimedia Commons –** ***Zero/gemeinfrei:*** Iztrsta S. 161, S. 162, Semolo75 S. 278 unten, ***CC BY-SA 2.0:*** G. Sighele S. 135, Mararie S. 268, ***CC BY-SA 2.5:*** Kufoleto S. 222, ***CC BY-SA 3.0:*** Johann Jaritz S. 199 unten, Antonio de Lorenzo S. 249, ***CC BY-SA 4.0:*** Gyozvyr S. 32 oben, M&A S. 132, Claconvr S. 137 und S. 217 oben, Sirleonidas S. 180 oben und S. 255 oben, Lessormore S. 191, EliziR S. 200, Rollroboter S. 206 und S. 273, Naturpuur S. 211, Holapaco77, S. 243, Lavalec S. 267 oben, Armen Gurekian S. 285 rechts, Alipitalia S. 289

Q

R

S

T

U

V

Z

Der WOMO® Online-Service

Nutzen Sie auch das Angebot unseres Online-Shops!
Unter **www.womo.de** finden Sie nicht nur alle Reiseführer, sondern weitere wertvolle Anregungen und Zusatzinformationen – von der Gesamtübersicht aller Touren eines WOMO-Reiseführers bis zu weiterführendem Material.
Dazu gehören:

- die **besten Autokarten**, die garantiert die komplette Reiseroute abdecken
- und die **passenden Rother-Wanderführer** mit den schönsten Wanderregionen Ihres Reiselandes.

Einfach sicher unterwegs.

Sichern Sie Ihr Wohnmobil ab: mit unserer **exklusiven**, universellen und **sofort sichtbaren** Einbruchssperre. Sie wird **ganz einfach** in die beiden Tür-Armlehnen eingehängt, zusammengeschoben und abgeschlossen.

Der WOMO® Knackerschreck

- Passend für Ducato, Peugeot, Renault Master, MB Sprinter bis 2018 und VW (alle Typen)
- Krallen aus **10 mm massivem**, einbrennlackiertem, also nahezu unverwüstlichem Stahl

und nur bei **www.womo.de**

Alle WOMO® Reiseführer auf einen Blick

Albanien, Ulrike und Frank Staub
Allgäu, Heiner Newe
Andalusien, Christina und Christian Winkler
Auvergne, Esther Vergenz
Baden-Württemberg, Heiner Newe
Baltikum, Stefanie Holtkamp und Andrea Bergmann
Bayern Der Nordosten, Heiner Newe
Bayern Der Südosten, Christina und Christian Winkler
Bayern Der Nordwesten, Heiner Newe
Belgien/Luxemburg, Ulrike und Frank Staub
Bretagne, Anette Scharla-Dey und Franz Peter Tschauner Neu 2023
Burgund, Ralf Gréus
Dänemark, Anke Globi
Elsass, Ralf Gréus
England Der Süden, Christina und Christian Winkler
England Der Norden, Christina und Christian Winkler
Finnland, Uwe und Annegret Rohland
Französische Alpen, Heiner Newe Neu 2023
Französische Atlantikküste Der Norden, Esther Vergenz
Französischer Jura, Heiner Newe
Griechenland, Waltraud Roth-Schulz und Reinhard Schulz Neu 2023
Harz, Heiner Newe
Hessen Der Norden, Anette Scharla-Dey und Franz Peter Tschauner
Hessen Mitte und Süden, Anette Scharla-Dey und Franz Peter Tschauner
Hunsrück/Mosel/Eifel, Anette Scharla-Dey und Franz Peter Tschauner
Irland, Uwe und Annegret Rohland
Island, Jutta und Alexander Ramin Neu 2023
Korsika, Waltraud Roth-Schulz und Reinhard Schulz
Kroatien, Silvia Sussmann und Peter Simm
Languedoc-Roussillon, Ralf Gréus
Ligurien, Ralf Gréus Neu 2023
Lothringen, Friedrich Riehl
Lüneburger Heide, Heiner Newe
Marokko, Ulrike und Frank Staub
Mecklenburg-Vorpommern Teil 1, Stefanie Holtkamp und Andrea Bergmann
Mecklenburg-Vorpommern Teil 2, Stefanie Holtkamp und Andrea Bergmann
Mittel-Italien, Friedrich Riehl
Münsterland, Regina Stockmann
Namibia, Ute Nast-Linke und Frank Linke
Neuseeland Der Norden, Andrea Lossen und Dieter Giesen
Neuseeland Der Süden, Andrea Lossen und Dieter Giesen
Niederlande, Friedrich Riehl
Normandie, Anette Scharla-Dey und Franz Peter Tschauner
Norwegen Der Süden, Waltraud Roth-Schulz und Reinhard Schulz
Norwegen Der Norden, Waltraud Roth-Schulz und Reinhard Schulz
Österreich Der Osten, Christina und Christian Winkler
Österreich Der Westen, Christina und Christian Winkler

Weitere Infos unter **www.womo.de**

Ostfriesland, Heiner Newe
Pfalz, Ralf Gréus
Piemont und Aostatal, Ralf Gréus
Peloponnes, Waltraud Roth-Schulz und Reinhard Schulz
Polen Der Norden, Nicola Kluftinger
Portugal Der Norden, Stephanie Seufert
Portugal Der Süden, Stephanie Seufert
Provence Der Westen, Ralf Gréus
Provence Der Osten, Ralf Gréus
Pyrenäen, Stefanie Holtkamp und Andrea Bergmann Neu 2023
Rumänien, Christina und Christian Winkler
Sachsen, Anette Scharla-Dey und Franz Peter Tschauner
Sardinien, Waltraud Roth-Schulz und Reinhard Schulz
Schleswig-Holstein und Hamburg, Heiner Newe
Schottland, Uwe und Annegret Rohland
Schwarzwald, Ralf Gréus
Schweden Der Norden, Uwe und Annegret Rohland Neu 2023
Schweden Der Süden, Waltraud Roth-Schulz und Reinhard Schulz
Schweiz Der Osten, Stefanie Holtkamp und Andrea Bergmann
Schweiz Der Westen, Stefanie Holtkamp und Andrea Bergmann
Sizilien, Christina und Christian Winkler
Slowakei, Ulrike und Frank Staub
Slowenien, Silvia Sussmann und Peter Simm
Spanien Der Norden, Waltraud Roth-Schulz und Reinhard Schulz Neu 2023
Spanien Der Osten, Waltraud Roth-Schulz und Reinhard Schulz
Süditalien Der Osten, Waltraud Roth-Schulz und Reinhard Schulz
Süditalien Der Westen, Waltraud Roth-Schulz und Reinhard Schulz
Südafrika Krügernationalpark, Ute Nast-Linke und Frank Linke
Südwestfrankreich, Stefanie Holtkamp und Andrea Bergmann
Südtirol, Waltraud Roth-Schulz und Reinhard Schulz
Tal der Loire und Paris, Anette Scharla-Dey und Franz Peter Tschauner Neu 2023
Thüringen, Katja Eisenschmidt
Toskana und Elba, Ralf Gréus Neu 2023
Trentino, Silvia Sussmann und Peter Simm
Tschechien, Eva und Steffen Peuker
Umbrien und Marken, Ralf Gréus Neu 2023
Ungarn, Silvia Sussmann und Peter Simm
Venetien und Friaul, Christina und Christian Winkler Neu 2023
Wales, Christina und Christian Winkler
Zentralspanien Der Osten, Ulrike und Frank Staub Neu 2023
Zentralspanien Der Westen, Ulrike und Frank Staub Neu 2023

Außerdem im Programm:
Die gordische Lüge – Reiseroman, Ralf Gréus
Allgemeines Wohnmobil Handbuch, Reinhard Schulz
Allgemeines Wohnmobil Kochbuch, Waltraud Roth-Schulz
Heitere Wohnmobil Geschichten, Silvia Sussmann und Peter Simm

Ihr WOMO® Stellplatz-Dienst

Wir führen Sie zu den **schönsten Orten**, die unsere erfahrenen Autoren **selbst besucht und getestet** haben. Die GPS-Daten ihrer Stell- und Campingplatz-Empfehlungen finden Sie im Online-Shop unter **www.womo.de**

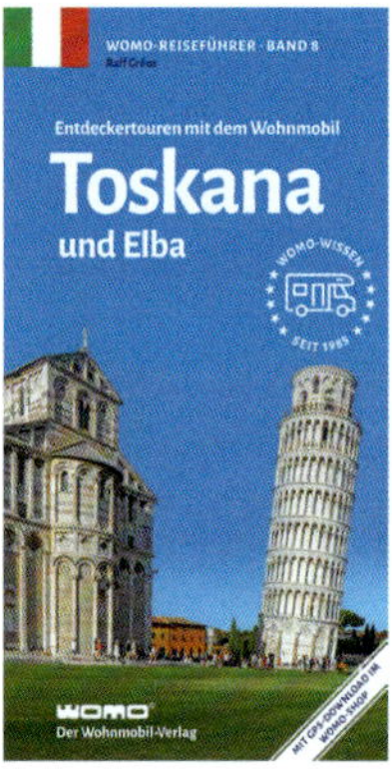

Mehr erfahren. Mehr erleben.

womo.de ist der **Spezialist** für Ihren entspannten **Erlebnisurlaub auf vier Rädern**. Profitieren Sie für Ihre Reisevorbereitung und -planung von unserer **jahrzehntelangen Erfahrung**.
Seit 2022 arbeiten wir daran, Bewährtes noch besser zu machen: Dazu gehört die **moderne Optik** unserer neu gestalteten und **neu aufgelegten** Reiseführer.

Selbstverständlich werden unsere WOMO-Reiseführer permanent auf einen **aktuellen inhaltlichen Stand** gebracht. Jeder einzelne bietet eine Fülle an Ideen, Inspiration und Information **für Ihren Erlebnisurlaub**.

Wenn Sie persönliche Anregungen oder **konkrete Fragen zu Ihrer Reiseplanung haben**, dann schreiben Sie uns gern unter: **verlag@womo.de**

Den kostenlosen Download-Link für die **GPS-Daten** zu diesem WOMO-Reiseführer finden Sie im Shop unter: **www.womo.de**
Ihr Passwort lautet: **Ve8maC**

WOMO®
Der Wohnmobil-Verlag
An der Liethe 4
36452 Kaltennordheim
Telefon: 036946 20691
www.womo.de